U0541701

网络时代的服务型经济

中国迈进发展新阶段

江小涓 等 ◎ 著

The Service Economy in the Internet Era
China Entering a New Stage

中国社会科学出版社

图书在版编目(CIP)数据

网络时代的服务型经济：中国迈进发展新阶段/江小涓等著.—北京：中国社会科学出版社，2018.4
ISBN 978 - 7 - 5203 - 0366 - 8

Ⅰ.①网… Ⅱ.①江… Ⅲ.①服务经济—经济发展—研究—中国 Ⅳ.①F719

中国版本图书馆 CIP 数据核字（2017）第 081508 号

出 版 人	赵剑英
责任编辑	王 茵
特约编辑	吕 丞
责任校对	闫 萃
责任印制	王 超

出　　版	中国社会科学出版社
社　　址	北京鼓楼西大街甲 158 号
邮　　编	100720
网　　址	http://www.csspw.cn
发 行 部	010 - 84083685
门 市 部	010 - 84029450
经　　销	新华书店及其他书店

印　　刷	北京君升印刷有限公司
装　　订	廊坊市广阳区广增装订厂
版　　次	2018 年 4 月第 1 版
印　　次	2018 年 4 月第 1 次印刷

开　　本	710×1000　1/16
印　　张	27.5
插　　页	2
字　　数	333 千字
定　　价	98.00 元

凡购买中国社会科学出版社图书，如有质量问题请与本社营销中心联系调换
电话：010 - 84083683
版权所有　侵权必究

目　　录

导言：服务经济时代的来临 …………………………………… (1)
　　一　服务业主导的增长：符合我们的期待吗 ……………… (1)
　　二　本书结构和主要内容 …………………………………… (4)

第一章　服务和服务业：若干基本问题和研究难点 ………… (9)
　　一　定义、分类和特征 ……………………………………… (9)
　　二　精神和心理需求：服务消费的重要领域 …………… (17)
　　三　服务经济研究的特殊困难和问题 …………………… (23)
　　四　互联网时代服务业的创新与质变 …………………… (28)

第二章　服务业比重上升：真实增长与名义增长 ………… (33)
　　一　服务业比重上升的两种含义 ………………………… (33)
　　二　"名义"增长的"真实"意义 …………………………… (42)
　　三　名义增长带来的挑战与问题 ………………………… (46)

第三章　中国服务业：阶段特征、国际比较及偏差
　　　　　解释 ………………………………………………… (52)
　　一　中国服务业发展的历史回顾 ………………………… (52)

二　影响服务业发展的相关因素：国际比较 …………… (71)

　三　影响服务业发展的相关因素：国情特点 …………… (79)

第四章　中国服务业的全要素生产率及其对制造业的影响 …………………………………… (83)

　一　研究背景、文献和研究对象 ……………………… (83)

　二　数据来源和基本信息 ……………………………… (85)

　三　服务业与制造业在"对外开放度""税收负担"和"全要素生产率"方面的异质性概述 ……… (87)

　四　回归分析Ⅰ：对外开放度、税负、市场竞争程度与全要素生产率 ………………………………… (106)

　五　回归分析Ⅱ：服务业效率与制造业效率之间的关系 ………………………………………………… (113)

　六　结论与政策建议 …………………………………… (115)

第五章　政府与市场的合理分工：以公共服务业为例 …………………………………………… (120)

　一　公共服务业的重要性和特殊性 …………………… (120)

　二　发展公共服务业的重要意义 ……………………… (126)

　三　特殊问题：无限需求和有限供给 ………………… (130)

　四　相关经济理论问题 ………………………………… (132)

　五　高效合理提供公共服务 …………………………… (138)

第六章　经济利益与社会价值的权衡：以文化产业为例 …………………………………………… (147)

　一　理论演进与相关争论 ……………………………… (147)

二　潜力巨大的消费领域 …………………………………（157）
　三　国情特点与独特优势 …………………………………（161）
　四　几个特殊问题 …………………………………………（165）

第七章　互联网大数据时代的服务业创新 …………………（176）
　一　内容创新和商业模式创新 ……………………………（177）
　二　若干创新案例 …………………………………………（181）
　三　问题和挑战 ……………………………………………（197）

第八章　全球化时代的服务生产与消费 ……………………（203）
　一　服务全球化的特点和复杂性：传统形态 ……………（203）
　二　促进服务全球化的主要因素 …………………………（210）
　三　互联网时代的服务全球化：新的形态 ………………（214）

第九章　文化产业的经济学分析 ……………………………（223）
　一　文化、文化产品、文化产业的概念及其经济学
　　　特征 …………………………………………………（225）
　二　当前国内外关于文化产业发展的研究脉络 …………（234）
　三　文化产业发展的经济学理论分析 ……………………（237）
　四　文化产业的发展趋势——矛盾中寻求平衡，
　　　平衡中实现发展 ……………………………………（263）

**第十章　全球价值链视角下中国动画电影产业发展
　　　　模式变迁研究**
　　　　——一个演化经济学的视角 …………………………（272）
　一　引言 ……………………………………………………（272）

  二　动画电影产业的价值链与全球价值链 ……… （273）
  三　基于全球价值链的中国动画电影产业发展
    模式演进：一个演化经济学的视角 ……… （284）
  四　动画电影产业政策变迁：如何建设"有为
    政府" ……………………………………… （295）
  五　简要总结 …………………………………… （302）

第十一章　保险业视角下的生产服务业特性与创新 ……… （306）
  一　保险业与制造业理论与实证比较 ……………… （306）
  二　作为服务业的保险业创新——互联网保险 …… （326）
  三　我国作为服务业的保险业改革
    发展政策建议 ………………………………… （338）

第十二章　新的信息技术条件下政府的决策与服务 ……… （343）
  一　政府决策和服务具备新的信息基础 ………… （343）
  二　政府履职的有利条件 ……………………… （346）
  三　开放公共数据和创造新的生产力 …………… （355）
  四　问题与挑战 ………………………………… （358）

第十三章　服务经济理论：挑战及创新 ……………… （363）
  一　从信息经济学回到古典经济学：大数据的
    理论意义 …………………………………… （363）
  二　对价格理论和宏观调控的挑战 ……………… （366）
  三　学习研究模式的变化 ……………………… （373）
  四　创新高回报、市场控制力与收入差距扩大 … （374）
  五　服务业劳动生产率低的判断还正确吗 ……… （379）

六　经济理论创新发展的探索方向……………………（385）

**第十四章　中国服务业展望：巨大创新空间和发展
　　　　　潜力** ………………………………………………（391）
　一　国际比较：进入加速发展时期 ……………………（392）
　二　与国情特点相关的强劲推动力 ……………………（393）
　三　互联网时代的独特优势 ……………………………（395）
　四　加快改革开放促进创新发展 ………………………（399）
　五　协同共治与有效监管 ………………………………（404）

附录：服务经济理论演进及启示 ………………………（408）

后　记 ……………………………………………………（433）

导言：服务经济时代的来临

一 服务业主导的增长：符合我们的期待吗

2015年，服务业在中国经济总量中的比重首次超过50%，意义重大，标志着我们进入了服务经济时代。今后若干年，服务业将成为中国经济发展的主导力量。与先行国家同期发展阶段相比，服务业在中国地位更为重要。这种重要性既来自量的增长，也来自质的提高，更来自对经济社会和人们生活多方面的深刻影响。今后服务业创新创意更多，服务内容更加丰富多彩，与农业、制造业的融合更紧密，对经济全局的影响更大，对人们生活各方面的渗透更广，对收入分配和社会公平带来新的问题，对公共服务和社会治理带来更多新挑战和新机遇。

理论分析和产业发展实践都表明，"服务"与"商品"的性质有许多不同，服务业带动的增长与制造业带来的增长有许多不同，服务消费与商品消费的获得感有许多不同。这三个不同使得服务业主导的发展阶段有若干特点。这些特点有些符合我们的期待，有些会出乎人们的预料，还有一些会引起社会质疑。下面先举几个例子。

例一：1980年，北京买一台17英寸黑白电视机的价格约为1000元，聘一位家政服务员的价格为500元/年，两者中商品消费占大头。2014年，北京买一台21英寸平面彩色电视机的价格约为1000元，聘一位家政服务员的价格约为36000元/年，两者中服务消费占大头。然而真实的消费内容和消费结构没有改变：买了一台电视机和聘了一位家政服务员，而且电视机的品质相对改善更多。

问题一：我们服务消费的比重上升了，带来了福利改善吗？

例二：2011年冬季，海南辣椒运到北京销售，海南椒农以13.8元/千克卖给收购商，运送全程绿色通道，也没有乱收费，到北京农贸市场后的零售价格为30元/千克。北京消费者购买辣椒的价格，大部分是"流通环节"产生的成本。

问题二：流通环节收益超过了生产环节收益，这种现象合理吗？

例三：2014年，中国网络游戏产业销售收入超过1200亿元，成为娱乐业产值大户。但是，玩游戏这类消费受到不少质疑：花了钱，费了时间，耽误了工作和学习，影响了亲友之间的交流。

问题三：精神消费和物质消费等价吗？网络游戏产业的GDP和汽车产业的GDP等价吗？

例四：2013年10月，央视播出了一个系列调研，报道了星巴克在4个国家的售价，中国居首位。据央视计算，成本不足5元的中杯拿铁要卖27元。这个案例在国内各界引起广泛关注，许多观点批评其借助国外品牌在中国"赚大钱"。

问题四："物质"成本很低的服务翻倍收费合理吗？哪些因素决定服务价格？

最近几年，与互联网、大数据相关的服务业加快发展，传统服务业的许多重要性质发生了变化，许多新兴类型的服务业快速发展。特别是依托网络新出现的服务业，从一开始就摆脱了劳动生产率低的特点，动摇了传统服务经济理论的若干重要假设和判断。

例五：2014年下半年，国内工程机械行业13家重点企业通过对其下游客户遍布全球设备的GPS监控，发现客户的设备开工率逐月下降，到12月已经低于53%。这些企业的产品在全球市场份额占比超过三分之二，监控可以具体到每一台设备和每个时点。得出的数据足以代表全球建筑业的整体状况。

问题五：大数据时代，市场主体还需要政府提供信息来减少"盲目决策"吗？

例六：音乐会和其他艺术表演等只能"现场欣赏"，是服务业低效率的经典案例。然而，音乐+互联网后的情形全然不同，2012年12月最后一周，天后泰勒共售出5470万张数字唱片；2014年，我国网络音乐用户规模达4.78亿元，数字音乐的市场规模达491.2亿元。

问题六：互联网时代，服务业还具有劳动生产率低的特性吗？

这些例子表明，服务业推动的增长与制造业推动的增长有许多不同。过去多年，我们生活改善主要表现为物质产品消费的增加：家用电器、手机、轿车、住房等；今后我们生活改善相当程度上是非物质的：旅游、美容、健身、玩游戏、看大片、去咖啡店聊天、通过网络购物和听音乐，还要为家政服务员付出与我们自己所挣相差无几的薪水。这是我们想要的生活状况吗？这些问题都会在本书得到回应和分析。

二　本书结构和主要内容

第一章是"服务和服务业：若干基本问题和研究难点"。首先讨论服务的定义和特征，即非物质性和不产生有形产品，以及这个特征的含义和对生产者、消费者的影响。接下来讨论服务的分类、不同类型服务的特点及其带来的理论研究难点。这一章还专门讨论了精神和心理需求对服务业发展的重要影响。近年来，信息和网络带来许多重要变化，例如克服信息不对称、降低交易成本和生产消费的扁平化等，对服务业特征和业态等带来新的重要影响，本章对此有扼要介绍。

第二章是"服务业比重上升：真实增长与名义增长"。本章对服务业在经济总量中比重上升的含义做了较为详细的讨论。服务业比重上升，既有服务量实质增长的贡献，也有服务价格上升相对较快的贡献。文中提出决定服务业比重上升的四个主要因素，即"一实三名",一个真实增长因素是指服务消费"量"的实在增长,三个名义增长分别指服务相对价格上升、服务专业化和外移以及自我服务转为市场化服务。作者还指出,从静态看后几种增长是"名义"的,从动态看它们都蕴含着真实变化,有重要意义,积极的意义体现在专业化分工提高生产效率等方面,同时,也带来物价持续上升等长期压力。

第三章是"中国服务业:阶段特征、国际比较及偏差解释"。新中国成立到改革开放之前服务业发展缓慢,最近十年发展加快,比重持续上升。但与国际上相同收入水平的国家相比,比重仍然偏低。本章简要回顾了制约中国服务业发展的主要因素,包括经济发展水平、劳动力结构、消费率、全球制造基地、城市化水平等国情特点和发展阶段的影响,也包括改革滞后、开放度偏低等体制因素的影响。

第四章是"中国服务业的全要素生产率及其对制造业的影响"。这是本书中学术性最强的一章,作者使用规范的计量经济学方法,用中国第二次经济普查数据,研究中国服务业的全要素生产率及其对制造业的影响,包括服务业全要素生产率和平均效率水平分布的异质性、服务业全要素生产率对制造业全要素生产率的影响、服务业和制造业在对外开放度、税收负担、全要素生产率及其他方面的差异等。结论是,服务业的总体效率提升对制造业总体效率的提升有显著影响。

第五章是"政府与市场的合理分工:以公共服务业为例"。首先讨论公共服务的双重性质:经济和社会,事业和产业,公平和效率。接下来在区分基本公共服务和非基本公共服务的基础上,提出发展基本公共服务和基本公共服务的不同要求。还分析了与公共服务相关的几个重要理论问题,包括边际效应、平均效应和公共服务的机会成本等，理解在公共服务领域中实现政府和市场合理分工的重要性。

　　书中第六章、第九章和第十章都研究文化产业，但有各自的定位和角度。第六章是"经济利益与社会价值的权衡：以文化产业为例"，重点从历史和意识形态的角度研究文化和文化产业，简要分析其中相互冲突的观点，展现了不同时期经济利益和社会价值的取舍与平衡。近些年，文化产业＋互联网发展极为迅速，产业性质发生了显著变化，这也是一个分析重点。这一章还指出，中国在文化传统和市场规模方面的独特优势，使文化产业必将成为重要的支柱产业。

　　第七章是"互联网大数据时代的服务业创新"。"＋互联网"和"互联网＋"的服务业展现出增长引擎的力量。在网络经济和大数据时代，技术创新、内容创新和商业模式创新三位一体。创新产生了"平台"式产业组织、"推送"和"搜索"式服务供给方式、"粉丝经济"式市场渠道以及自助和互助服务的兴起、共享经济的发展等，还特别分析了大数据时代创新逻辑的改变及其重要意义。

　　第八章是"全球化时代的服务生产与消费"，文中讨论了服务贸易的特点和复杂性及其为统计和研究工作带来的难点，描述了近些年服务贸易和服务业跨国投资的迅速发展及其推动因素，研究了中国服务贸易的发展历程和现状，分析了信息服务业的发展对整个服务贸易的重要影响，特别是信息服务自身可贸易、降低交易成本、远距离精准服务能力提高和解决市场信任问题等因素的影响。这一章还重点分析了跨境电子商务的发展状况。

　　第九章到第十二章是四个服务业部门的研究。第九章是"文化产业的经济学分析"，从经济和产业角度分析文化产业现状和发展趋势。主要内容有：文化产业具有劳动生产率高和反经济周期效应等特点，文化产业在微观层面、中观层面和宏观层面的特点，文化产业的创新特征、产业链和集聚效应等。还提出了政府在文化产业发展中的作用，强调要处理好文化产业与文化事业、大众文化和小众文化等若干重要关系。

第十章是"全球价值链视角下中国动画电影产业发展模式变迁研究——一个演化经济学的视角"。文中介绍了互联网和信息技术进步对动画电影产业全球价值链带来的多重影响；从产业、企业和贸易三个方面分析产业发展模式变迁过程，着重分析了中国动画电影产业的价值链分工与产业比较优势的关系，分析了市场主体不断创新提升竞争力和向价值链高端发展的过程，以及市场机制如何引导产业发展模式转变。作者还分析了这个过程中政府的作用，对未来产业政策的方向提出建议。

第十一章是"保险业视角下的生产服务业特性与创新"。对保险业作了较为全面的分析，着重讨论了保险业作为服务行业的特点、保险业与制造业产业特征的比较等。特别分析了"保险+互联网"这种新业态，从多个角度探讨了互联网发展对保险业服务内容创新、商业模式创新等带来的影响。关于今后发展趋势，作者提出了混业经营、市场化制度变革、加强资金集聚和配置功能、互联网保险覆盖面扩展和渗透度深化、市场竞争加剧等趋势。

第十二章是"新的信息技术条件下政府的决策与服务"。分析互联网对政府服务的多种影响。着重从精准定向调控经济、发现行为异常的市场主体从而加强市场监管、准确有效提供个性化公共服务等方面做了分析。文中还分析了信息技术发展对公共数据开放提出的要求，政府及时开放长期积累的海量公共数据，公民、市场主体和社会组织就能够对数据价值进行挖掘，创造新的生产力。这一章也分析了信息技术发展对现有行政体系运行带来的挑战和应对之策。

第十三章是"服务经济理论：挑战及创新"。互联网大数据能提供及时足量透明的对称信息，似乎正在改变信息经济学所强调的"信息不完备"的前提。文中分析了信息服务的价格形成机制对传统微观经济学理论提出的挑战，大数据提供的精准定向和差异化调控能力对传统宏观经济理论的挑战，网络经济中成功者高回报导致收入差距扩大对社会公平带来挑战等。这一章还研究了互联网大数据对人类学习思考模式和研究方法产生的深刻影响。总之，互联网大数据时代的经济现实表明，理论需要创新和发展。

第十四章是"中国服务业展望：巨大创新空间和发展潜力"。从国际比较、国情特点和互联网产业发展等多个角度，展望中国服务业发展前景。国际经验显示我们进入服务业加速发展时期，国情特点要求服务业加快发展，中国庞大的人口规模、世界领先的互联网技术和活跃的商业模式创新都将为服务业发展带来强劲推动力。今后中国服务业可能呈现出速度更快、比重更高的发展趋势。

第一章 服务和服务业：若干基本问题和研究难点

一 定义、分类和特征

（一）服务的定义

"服务"通常是指没有实物形态产出的经济活动，因此"无形性"是基本性质，例如家政服务、音乐会演奏、零售业、保安、教育、旅行服务等，这些经济活动并没有产生实物结果。与制造业相比，服务有一些特点：一是生产和消费的同步性，即生产过程需要消费者参与，服务供给和服务消费同时同地发生，例如教育服务，需要教师提供服务和学生接受服务同步进行，而制造业产品是先生产出来再进行消费；二是不可储存性，服务是一个过程，"随生随灭"，生产和消费不能错期，例如现场音乐会的演奏、看护病人、体育训练等，这个性质与同步性必然同时存在；三是需求差异性，有些服务需求的个体差异很大，不可能批量和标准化供给，如医疗服务、家政服务等。下面，我们引用不同时期的两个经典表述，进一步说明研究者对服务一词的理解和定义。

法国古典经济学家萨伊较早研究了服务的内涵。他在1803年出版的《政治经济学概论》一书中指出："有一种这样的价值，它必定是实在的价值,因为人们非常珍视它,愿以贵重和经久的产品交换它,但它却自己没有永久性,一生产出来,便立即归于毁灭。"萨伊把这种价值称作"无形产品",并指出:"无形产品同样是人类劳动的果实""是资本的产物"①。萨伊所称的"无形产品"可以看作一种广义服务的概念,因为其范畴除了为他人提供"无形产品"之外,还包括"人从他人努力而得到的愉快"②,这个表述已经很接近现代服务业的一项重要功能:提供精神和心理消费,提高愉悦感和幸福感。

T. P. 霍尔(T. P. Hill)在 1977 年提出了服务的一个定义:"服务是指人或隶属于某一经济单位的物在事先合意的前提下由于其他经济单位活动所发生的变化","服务的生产和消费同时进行,即消费主体的变化和生产主体的变化同时发生,这种变化是同一的,服务一旦生产出来必须由消费者获得而不能储存","服务在其生产时一定要交付。这就成为它同商品生产的根本区别","服务在其生产时一定要由消费者获得,这个事实意味着服务是不能由生产者堆到存货中的"③。

上述两个定义指出了服务所具有的"生产与消费的同时性""不可存储性"等典型特征,被此后的经济学家广泛引用。

近几十年,信息服务业的发展对服务业上述定义带来很大挑战。信息技术的应用为一些无形、不可储存的服务提供了有形载体,例如音像制品将音乐会等无形服务过程变为有形制品,此时"服务"可以储存,服务的生产和消费在时间和地点上可以相互分离。研究者对这些变化已经做出了反映,20 世纪 80 年代中期,巴

---

① [法] 萨伊,1997,《政治经济学概论》,陈福生、陈振骅译,北京:商务印书馆。
② 同上书,第 131 页。
③ Hill, T. P. 1977, "On Goods and Services", *Review of Income and Wealth*. 23 (4).

格瓦蒂（Bhagwatti，1984）、桑普森（Sampson，1985）等学者相继扩展了服务的概念，他们将服务分为两类，即需要物理上接近的服务和不需要物理上接近的服务。但是也有一些学者认为，虽然有了信息技术，但服务的"无形"特征并没有改变，有形的只是载体而不是"服务"本身。人们买存储介质，不是为了其本身，而是为了搭载其上的内容，例如文化娱乐制品是以有形产品为载体的无形服务。[1] 相当多的学者认为信息服务业可以被看作例外，大多数服务仍然具有前述特征。综合这些讨论看，服务的基本性质没有根本改变。因此，虽然存在争议，但却没有出现共识性更强的新定义，因此迄今为止，学术界仍然广泛使用上述性质和特征来定义和描述服务和服务业。[2]

下面，我们引用联合国《1993年国民账户体系》关于服务的界定作为一个权威定义："服务不是能够确定所有权的独立实体，它们不能脱离生产单独地进行交易；服务是定做生产的异质产出，它一般是由生产者按照消费者的需要进行的活动，从而实现消费单位的状况的变化；到生产完成时，它们必定已经提供给消费者。"但联合国同时也扩展了服务的定义："有一组产业部门一般划入服务业，它们生产的产出具有货物的许多特征……这些产业部门的产出可以确定所有权，它们经常储存在有形物体——纸、磁带、软盘等等之中，它们像普通货物一样可以进行交易。"该定义既指出了服务的异质性以及服务生产和服务消费的不可分割，又能容纳信息服务的"可存储""可贸易"等新特点。该定义得到了

---

[1] 也有学者认为信息产业不具备服务业的特征，因为服务本质上是一种过程而不是产品，而无形产品也是产品，不应被计入"服务业"中。

[2] 关于服务业定义的争论，并不是在信息服务业出现后才有的，以往也存在，例如牙医提供假牙这种有形产品，保险业提供跨期服务等，都存在于传统服务业中，与信息技术的使用无关。

经合组织、联合国贸易和发展会议、世界贸易组织等国际组织的认可，并沿用至今。

在现实国民经济统计和管理中，并不对服务业下严格定义，而是采取"排除法"，即不能定义为农业和工业的产业就是服务业。联合国的《标准产业分类》（ISIC），把国民经济分为十个部门：农林渔猎；矿业；制造业；电力、煤气、供水；建筑业；批发、零售、旅馆、饭店；运输、储运、通信；金融、保险、不动产；政府、社会与个人服务；其他经济活动。后面7项合并构成服务业。

（二）服务是否创造价值：影响持久的疑问[①]

1. 质疑的观点

亚当·斯密（Adam Smith）将经济行为划分为生产性与非生产性两类，判断标准是能否带来资本增值和财富积累，在斯密时代，能够吸收大量投资、产生利润并积累财富的主要是制造业，许多服务业不具备这种性质，例如用人的劳动、艺术家的表演等，因此服务被认为是非生产性的。自斯密以来，质疑服务业的观点基本上来自这个标准，产生了延续至今的持续影响。[②] 斯密之后约200年，另一个与斯密观点相似但角度不同的代表性观点来自鲍默尔（Baumol，1967），他在20世纪60年代提出了服务业生产率低的判断。[③] 他认为，商品生产部门受技术进步和规模经济的影响，劳动生产率持续提高，实际工资随之增长，工资增长效应会"溢出"（roll out）到服务业部门，却因为这个部门基本上没有采用新

[①] 这一节未标注出处的引文，请参见本书附录中更详细的论述和文献来源。

[②] 服务经济思想史演进中，还有许多重要观点，可以参见附录：服务经济理论演进及启示。

[③] Baumol, W. J. 1967, "Macroeconomics of Unbalanced Growth: The Anatomy of an Urban Crisis", *American Economic Review*, 57 (3).

技术和产生规模经济的空间，工资增长不能被劳动生产率的增长所抵消，因此，提供单位服务的成本将变得越来越高。他的研究发现，美国许多大城市由于服务业高成本，出现了所谓的"成本病"（cost disease），引发了财政危机，因为与制造业相比，服务业在生产方法和技术方面存在差异。因此，他从一个相对负面的视角看待服务业的增长。

本书导言所举的电视机和家政服务员的例子就很典型：20世纪80年代初期，制造业中临时工（主要来自农村，与家政服务员有可比性）的平均工资约800元/年，到2014年，全国城镇私营单位就业人员平均工资为3.6万元/年，北京更是高达52902元/年，但由于劳动生产率极大提高，每台电视机中的劳动成本并不高，单台电视机的价格反而下降。由于不同行业之间工资水平要求趋向平均（否则就没有人持续在低收入行业就业），家政服务员的工资水平也必须向上述水平趋近，但由于家政服务的劳动生产率并未提升，仍然是一位家政服务员服务一个家庭，因此聘请保姆的费用大幅上升。从宏观看，随着服务比重上升，经济总体生产率增长将不可避免地下降。

2. 肯定的观点

与斯密不同，另一些经济学家肯定服务的价值。比斯密略晚的让·巴蒂斯特·萨伊是这一派学者的重要代表。萨伊是效用价值论的创始者，他对生产的定义是：所谓生产，不是创造物质，而是创造效用。他的另一个相关表述是：凡是需要支付价格的东西就是生产。[①] 从这两个定义出发，萨伊必然将服务视为生产性劳动，因为服务同样创造效用，同样需要付费购买。他认为各类经

---

① 需要指出的是，同期的其他学者也提出过服务创造财富这个观点。例如皮埃尔·L. 布阿吉尔贝尔（P. Lepesant de Boisuilbert），转引自德劳内和盖雷（2012）。

济活动相互依存，没有服务，生产就难以顺利进行，社会无法正常运转，因此服务业也创造财富。

当代诸多学者已不再讨论服务业是否创造财富这个问题，而是视服务业为经济活动的一个当然组成部分，而且是重要的新增长点。20世纪四五十年代，科林·克拉克（Clark，1940）、让·福拉斯蒂（Fourastié，1949）等学者认为，随着收入水平的提高，人们对服务需求的比例也相对提高，因此服务业必定加快增长。稍后，维克多·富克斯（Victor Fuchs）于20世纪60年代提出，当服务业就业所占比重超过就业总数一半时，一个经济体就进入了服务经济时代，并据此判断美国已经进入"服务经济"时代。富克斯指出，服务最终需求增长和中间服务需求增长具有同样的重要性。与此同时，许多学者也认可服务业自身效率较低这个判断。例如，富克斯就以1930—1960年的数据说明，就业向服务业转移的原因并不是商品和服务在收入弹性上的差异，而是在人均产出（生产率）上的差异。通俗地讲，由于劳动生产率低，所以需要吸纳更多人力资本。

3. 马克思的观点及中国学术界的相关讨论

中华人民共和国成立后前30年，中国学者对服务业的看法主要受马克思的影响。和斯密相似，在那个特定的时代，马克思看到了技术革命和机械化带来实物生产力的巨大提升，看到了产业资本的扩张及其强大的盈利能力，因此他强调"物质生产"（material production）。马克思并没有专门针对服务业的系统表述，相关内容分散在其著作中，主要观点是：服务业对再分配有积极作用，但对价值和剩余价值没有贡献。[①] 马克思还有一个观点也非常

[①] 作者对这个问题有不解：马克思用生产所需的劳动量来解释价值，而服务从其典型形态上看完全由劳动构成，创造价值完全是题中应有之义，为什么会被认为是不创造价值呢？也许当时他关注的重点不在于此。

重要,即服务业存在"低效率"问题。他认为在商业部门,劳动分工并不是依据机械化过程,而是根据它们活动的专门化。商业企业数量的相对增长是因为商业领域的经济活动不容易实现机械化,因此没有规模经济。马克思不是最早表述这个观点的研究者,例如斯密也有过类似表述,但马克思的观点更加鲜明。

在社会主义国家中,马克思的观点对实践产生巨大影响,例如苏联使用物质生产净值(Net Material Product)、新中国成立后30多年使用工农业总产值代替西方国家的国民生产总值(Gross National Product)指标,直接将服务业排除出创造价值的领域。20世纪80年代初期中国改革开放后,经济理论界开始关注国外的观点和方法,服务业发展引起学术界的高度重视。关于服务业是否创造价值是当时经济学界讨论的重要问题之一。[1] 到80年代中期前后,学术界开始从正面讨论第三产业的发展问题。[2] 到90年代中期前后,服务经济理论研究进入了国内经济理论研究的主流,受到高度关注。

回顾这些争议可以看出,人们对服务业意义和地位的判断差异显著,原因有以下几个方面:一是不同时期创造经济和社会价值的主要产业不同;二是人们观察、解读的角度不同;三是服务业本身具有复杂性,纳入当时"主流"理论框架中分析有难度。[3] 时至今日,研究者对服务业的重要地位、价值创造等都有高度共识,但对服务业劳动生产率、服务业增长带来的福利改善等问题,学

---

[1] 参见于光远,1981,《首都经济学界继续座谈生产劳动与非生产劳动的问题》,《经济学动态》第4期。

[2] 参见李江帆,1984,《服务消费品的使用价值和价值》,《中国社会科学》第3期;李江帆,1985,《服务消费品的生产规模与发展趋势》,《经济理论与经济管理》第2期。

[3] 关于这部分内容更详细的分析,可参见本书附录:服务经济理论演进及启示。

术界仍然在研究、争论之中。

（三）服务业的分类

服务业的分类方法较多，从本项研究的内容考虑，介绍以下三种分类。

1. 传统服务业和现代服务业

何谓传统服务业，人们的理解和定义并不相同。本书使用以下定义：传统服务业是指早于现代制造业之前就存在的服务行业，如前面提到的家政服务、医生、保安、军队、旅行服务、零售商业、艺术生产、教育等。这些服务业具有以下经济学意义上的特征：第一，没有规模经济。由于这类服务生产和服务消费不可分离，消费需求又高度个性化，因此"批量""标准化""劳动分工"等产生规模经济的基本要求不能满足；第二，技术含量低。制造业的进步主要体现在高效率机器设备上，多数传统服务业是直接的劳务活动，机器设备难以普遍应用；第三，劳动生产率提高缓慢。这是上述两个特征的必然结果。

现代服务业是指随着现代制造业的出现以及因人们生活方式变化而发展起来的服务业。例如金融服务、商务服务、市场营销服务、研发设计服务、信息服务、交通运输服务等。从这些行业就可以看出，现代服务业具有技术含量高、规模经济显著、劳动生产率提高快的特点。由于信息技术的应用使一些传统服务业的性质发生了变化，因此一些采用信息技术的传统服务业具有了现代服务业的特征，例如以音像制品为载体的表演业、以网上交易为载体的零售业、应用了网络技术的远程教育和远程医疗等，都具备了现代服务业的特征。

2. 生产性服务业和生活性服务业

这是国内服务业研究中比较常用的分类方法。生产性服务为其他生产者提供中间服务投入，生活性服务为消费者提供最终消费服务。这种分类也被称为中间消费服务和最终消费服务。显然，在现代制造业出现以前，生活性服务业是服务业的主体部分，例如前面多次提到的家政服务、保安、医疗、教育、旅行服务等。随着制造业的发展，为其提供服务的生产性服务业发展迅速，研究表明，在20世纪80年代，生产性服务业在服务业中已占有一半左右的比重，也是增长最快的部分（Gershuny and Miles, 1983；格鲁伯和沃克，中译本，1993）。虽然理论上可以做上述划分，但在现实研究中对两类服务业进行测度是难题。因为许多服务业同时为生产者和消费者提供服务，例如金融、流通、房地产、通信、批发商业等行业。因此在实践中，哪些行业是生产性服务业，哪些是生活性服务业，划分起来会有不少困难，重叠交叉部分较多。

3. 可标准化的服务业和不可标准化的服务业

可标准化的服务业强调结果或过程的同质化，因此可以进行专业化分工，使用高效率设备，实现规模生产，提高劳动生产率，例如信息、通信、金融业等。不可标准化的服务业与前者相反，不可能普遍用机器替代劳动，从事大规模同质化生产，其中一些属于专业知识密集型服务，如医疗、教育、文化、咨询等，另一些属于直接劳动型服务，如家政、保安、保洁等。这个分类虽然国内不经常用，但十分重要：它涉及劳动分工、规模经济、劳动生产率等经济分析中最核心、最重要的概念，两种类型的服务业对经济增长和服务相对价格变化的影响也很不相同。

二 精神和心理需求：服务消费的重要领域

在经济发展水平较低时期，许多商品消费主要是实用性消费，以满足最基本的生活需求,例如买饮料为了止渴,买食品为了充饥。在物质产品较为匮乏的时期,人们对精神文化消费持一种否定的态度。例如斯密就认为,有一类服务如演员的对白、雄辩家的演说、音乐家的歌唱等,不能生产什么东西供日后购买等量劳动之用,而是随生随灭的。斯密说过,这类服务是国民财富的损失,因此产生的支出是以减少资本积累为代价的:"资本增加,由于节俭;资本减少,由于奢侈与妄为。"(《国富论》)

当代社会的一个基本特征是精神和心理需求持续上升,且在服务消费中的比例持续上升,例如文化和消遣性信息的消费。这类消费带来幸福、愉悦的精神感受和满足、归属感和自我评价升值等心理感受,消费者愿意为这些非实物的"感受"付费,因此是有价值的。这类需求大致可以分为两种类型。

(一)实物消费中的精神和心理附加值

大量物质产品不断提高附加值,仅仅靠增加其实用功能远远不够,还要靠增加精神和心理消费的因素。例如,消费类产品的所谓"名牌""新款",多数与新技术关系不大,而与流行、时尚、文化等文化创意密切相关。品牌创建、时尚元素、营销策略等是为高端产品创造出高附加值的主要因素。例如,完全相同材料和质量的运动服装,如果由大牌体育明星代言就身价倍增,几个著名运动服装品牌每年仅付给体育明星和俱乐部的代言费用达数亿美元甚至更高。也就是说,穿费德勒、罗纳尔多、姚明代言过的衣服,虽然价格不菲,却是一种精神和心理消费。再如,购买奔驰跑车或者LV包时,既能满足便捷出行和提拿物品等的与"实物"相关的功能,也能满足安全耐用、驾驶舒适的"实用"功能,还能满足表达品位、显示身份、炫耀财富的精神和心理需求。再如去装修高档、环境幽雅、无排队等候时间、服务人员举止优雅的餐厅用餐,既能满足"进食""品尝"等生理和心理需求,也能满足舒缓压力、感受情调的精神需要。只要消费者从中获得了满意、愉悦、快乐的感受并愿意为此付费,精神和心理消费就创造了价值。

但是,对提供这类需求所付出的成本,社会上有许多观点并不完全理解和赞同。例如在咖啡店中喝咖啡,其价格远远超出在家中自制的成本,也远远超出在超市、街头自动售货机中购买的价格。消费者愿意去咖啡店消费,是因为喜欢店里的环境、格调、舒适感或者其他感受,也愿意为此而支付较高价格。但是,这些精神和心理消费非常个性化,无形且不易显著,因此许多观察者对此提出质疑。2013年10月,央视曾播出了一个系列调研,报道了星巴克在4个国家的售价,中国居首位,不仅高于美英等发达国家,甚至比发展中国家印度也高出一倍,据央视计算,成本不足5元的中杯拿铁要卖27元。消息引来各方关注,有人认为,星巴克在中国成了"土豪",牟取暴利;也有人认为,这是市场行为,一个愿打一个愿挨。实际上,整个咖啡店行业的价格都大致如此,且不说价位更高的蓝山咖啡,几个与星巴克竞争的洋咖啡品牌如COSTA、太平洋咖啡等,价格都不比星巴克更便宜。就连本土咖啡店品牌也基本定位在这个水平。例如,长长久久这个武汉本土咖啡店,也表示30元/杯才能勉强盈利。"很多人认为一杯咖啡卖30元是暴利,其实这是误解。"该店负责人吴斌表示,"一杯咖啡的原料成本,确实如央视调查所言只值四五元钱,但其他成本非常高。该店200平方米的经营面积,年租金就达60万元,加上装修、经营管理等成本,一年费用支出超过200万元。去年(2012),公司在星巴克群光店附近开了一家店,每杯售价20元,由于生意一般,无法支撑其经营,今年(2013)首义路店营业后将价格调到了 30 元/杯，才勉强盈利"①。业内人士称，房租、人工等成本昂贵，是全国大城市咖啡店经营的共同难题。用一句流行语表达，"哥卖的真不是咖啡，是房租"。从消费者的角度看，多数都认同"星巴克喝的不全是咖啡"这个理念，消费的是文化、情调，是轻松的氛围，是约会同事朋友和商业伙伴的地方，因此，星巴克中国店的翻台率远低于美国，很多人一泡就是几个小时，这也必然导致价格高。但是，对消费者来说，这种精神和心理需求的满足是实实在在的。

（二）纯粹的精神和心理消费

所谓纯粹，是指这些消费并没有搭载在某种实物产品上，而是独立存在，直达精神和心理层面。许多文化产品具有典型性。例如观看音乐会，人们对演奏使用的乐器不感兴趣，消费的是美妙的音乐。再如网络游戏，人们在虚拟的网络世界里冲突对抗，并没有任何实物产品存在，而是纯粹的精神和心理感受。这类消费还包括电影、书刊、旅游、健身等。近些年"搞笑经济""幽默产业"以极快的速度增长，形式和内容丰富多彩，例如目前国内微博上专业搞笑微博就有上千个，其中有影响微博的粉丝达到几十万、上百万，因为消费者特别是年轻白领群体有释放心理压力的需求。对于这类消费的价值，取得共识并不容易，争议一直存在。但是，这类消费的不断增长是所有与创意相关服务业不断发展的前提。如果认为"商品"与"服务"在经济发展中同等重要，就要承认物质消费与精神和心理消费两种行为同样重要：爱迪生发明电灯提高了人类物质生活质量，而任天堂发明游戏增加了许多人的精神愉悦感和心理满足感。总之，服务业要发展，"乐"这个

---

① 此案例引自《湖北日报》2013 年 10 月 2 日报道《一杯星巴克到底该卖多少钱》。

精神和心理需求就要成为重要消费目的，衣食住行乐成为新的需求组合。

对"乐"的需求是人类与生俱来的需求，为什么在当代才孕育出了规模巨大的产业？一个重要原因是网络的发展。一方面，网络提供了以"点击率"为基础的商业盈利模式，使大量以往自娱自乐的创作可以转化为商业创意，具有了市场价值，插上了利润的翅膀，产业发展具备了足够的激励。另一方面，网络提供了可复制、低成本的多种找"乐"的消费模式，普通消费者可以用极低成本获得大量的"乐"，消费规模极大拓展。而在此前只有少数人能够经常性地享受现场观赏表演、去影院看电影等文化消费。

精神和心理消费具有多样性，相当一部分需求例如文化和知识的消费带来幸福、充实、愉悦的精神感受和满足、归属感和自我评价升值等心理感受，还有提高品位、陶冶性情、提升修养、减缓压力等需求，这些传统意义上的精神和心理消费易于理解和接受。但是，有些精神和心理需求并没有被充分评估和理解，因而往往伴随着质疑。例如，认为商品消费是"实惠"，而追求名牌、寻求愉悦感、消费奢侈品、追逐明星等是"虚荣"的表现，不利于形成简单节俭的生活方式。再如，认为某些精神和心理消费是"不理性"的，例如当职业教育的学习费用和毕业后的收入水平之比相对最佳时，许多家长和学生却仍将接受普通高等教育作为首选，而不问这些专业就业的难度。一些观点认为这种选择是"盲目"和不理性的。但是，这种评价标准中缺失了上好大学所带来的精神和心理感受，在不少国家，高等教育在很大程度上是家长和孩子的精神消费产品，是学生智力、志向、素养等诸多非收入"品质"的标志，不能以可见收入和物质商品消费水平来衡量。但满足这些需求是服务业发展的重要内容，如果认为"商品"与

"服务"同等重要,就要承认物质消费和精神心理消费两种行为同样重要。

人类的精神和心理需求构成很复杂,除了上述积极和"存疑"的需求外,还有显示身份、炫耀财富等需求,有猎奇、攀比甚至嫉妒等需求,后者会诱导产生暴露他人隐私、制造或传播谣言、嘲讽诋毁他人等信息的制造和传播。这种信息的社会关注度高,高关注度就是高点击率,就是广告投放的密集区,因此从生产者的角度看是高附加值的产出。然而,将这类信息服务的需求和供给纳入经济分析、纳入"GDP"的统计,既有理论上的困难,更有道义上的质疑。这类信息的生产和消费虽然广受批评,但要完全消除却极为困难。无论人们承认和喜欢与否,与比较、攀比相关的心理需求普遍存在。[①] 对"富""贵""星"者各种信息特别是负面信息的收集和传播,是网络信息的重要部分,吸引了广泛的关注力,搭载和创造了形形色色的商业动作,在文化、信息等服务业中占有不能忽视的地位。在服务业研究中如何处理这类问题,在服务业统计中如何剔除这类产出,在服务业消费中如何控制这类需求,在服务业生产中如何控制这类供给,都是理论界和实务界面临的长期难题。[②]

---

① 有关"满足"和"幸福"感,经济学家作过研究,黄有光教授(2002)、田国强教授等(2006)都有较多的研究成果。这里概述几个观点:第一,幸福与个人收入水平正相关,与其他人收入水平负相关;第二,人均收入超过一定水平如1万—2万美元后,收入增长与满足或幸福感相关性很少或几乎不相关;第三,有许多抵消收入增长对幸福的影响的因素,其中有两点普遍而突出,环境污染和相对收入效应;第四,相对收入效应源自相互攀比,而不同类型商品和服务的攀比程度不同,收入类商品比休闲类商品具有更大的攀比度,私人商品比公共商品具有更大的攀比度,日常用品比健康、安全具有更大的攀比度等。

② 马克卢普将知识分为五类:实用知识、理智性知识、闲谈和消遣性知识、心灵知识和非必要知识。这里提到一些信息,在他的研究中被归为闲谈和消遣性知识。他认为这类知识对"真实性"要求不高,因为无论真实和虚构成分占多大比重,只要人们看得津津有味,就起到了闲谈和消遣的作用。可以参见马克卢普(中译版,2007)。

三　服务经济研究的特殊困难和问题

由于服务和服务业的复杂性，服务经济研究要面对一些特殊问题，它们都给分析研究和实际工作带来困难。

（一）内部构成庞杂

服务业内部的构成极其庞杂，既包括传统"纯劳动"型服务业如家政服务、餐饮、警察、保安等行业，也包括资金和技术高度密集的服务业如电信服务、航空服务、网络服务等行业，还包括知识含量很高的研发、软件、咨询、创意、数据服务等行业；既包括具备完全竞争性质的商业零售、餐饮、演艺、商务服务等行业，也包括具备自然垄断性质的金融、电信和网络服务等行业。服务业还包括大量具有重要非经济意义的行业，例如教育、文化、卫生以及社会管理和政府部门等。构成庞杂给研究工作带来的难题是："共性"难以概括，反映服务业一般特征的普适分析框架不易构建。因此，在服务经济研究领域，除很少数研究服务经济"一般理论"和服务业发展"一般规律"的文献外，大部分都是分行业的研究，难以描绘出服务业的整体面貌。

（二）统计复杂困难

服务的性质导致相当一部分服务业的统计复杂困难。第一，服务业存在大量个体、分散、隐蔽的生产和消费行为，统计体系难以全部覆盖和容纳。第二，服务是一个过程，没有实物产品，而过程的衡量比产品的衡量要困难得多，相同过程的结果可能并不相同，例如一位警察只是巡逻，另一位警察却抓住了小偷，两种服务的产出是否相同？类似问题存在于那些过程确定但结果不确定的服务行业中。第三，非市场化的服务没有市场化价格或者价格不完全，所有免费和价格受管制的公益性服务业都存在这个问题，虽然有一些变通办法统计其"产出"，但与市场化价格所表示的"产出"并不相同。由于这些以及更多的原因，服务业的统计误差要高于农业和工业，① 在各国经济统计中，服务经济的准确性都相对较差。国外有著名的统计学家甚至称服务业是"不可测度部门"（Griliches，1992；Klette and Griliches，1996）。中国长期以来也存在资料来源缺口、统计口径不同、非正式就业难以计入、服务价格指数缺失等问题。

（三）知识因素难以有效分析

知识经济时代，"知识"作为推动经济增长的重要因素，首先体现在与知识生产与传播相关的服务业中。这里"知识"一词既包括科学技术知识，即关于自然世界的运转规律，也包括经济、管理与社会知识等，即与人的行为和社会组织方式有关的知识。然而，人们对知识的重要性虽有广泛共识，但在经济分析和统计中却难以处理这个因素：第一，相当一批知识的当期产出难以衡量，例如教育投入持续增长，使人力资本中包含的知识、技能、产出质量和创新能力等不断提高，但却并不能被体现在当期甚至中期的服务产出中。第二，有些知识的消费难以衡量。例如放在家里的书和放在图书馆中的书，在出版社的销售收入中是等价的，但实际产生的知识消费量完全不同。而平装书和精装书虽然"产值"不同，但传播的知识却是相同的。第三，知识具有独特的经济属性，知识是一种"非排他性"的物品。尽管发明者试图独自占有知识，但知识只要被应用，就总是通过各种渠道进行扩散。

---

① 对中国服务业统计中的问题可以参见许宪春（2004）载于江小涓主编的《中国经济运行与政策报告 No.2：中国服务业的增长与结构》，2004 年版。国外学者的经典文献可以参见 Griliches（1992，1994），他提出服务业是"不可测度部门"。

知识还是非竞争性物品，新增一个消费者带来的边际成本近似为零。知识的这些性质使得人们对于知识密集型服务业的生产和消费模式产生争论，例如应该由公共部门还是私人部门从事科技创新活动？公共部门创新使知识具有了公共产品性质，对扩大知识消费有利，但私人部门的活力使其在科技创新中占有优势。再如，对知识进行严格的产权保护能够提高知识创造者的积极性，但却要影响对创造成果的广泛扩散和有效利用。

（四）精神和心理需求的不确定性

前面分析过，部分服务消费带来愉悦的精神感受和心理满足，因此是有价值的。所以在分析服务业问题时，需要将主观评价纳入经济分析之中。但是，精神和心理感受都是个性化、变化快且不精确的因素，将其纳入一种需要寻求"规律性"的分析框架中有不少困难。特别是所谓的精神和心理需求性质及构成复杂，有些需求如陶冶性情、提升自身修养等，具有正面的经济效益和社会效益，但同时也有诸如炫耀财富、满足猎奇心、虚荣心等需求，也会引导产生大量信息产品的供给，同样构成了服务业的产出。如何在服务业研究中处理这类问题是一个难题。

（五）制造与服务边界模糊

这个现象早已有之，近些年来日趋明显。第一，商品生产中的服务含量不断增加，商品中内含的研发、设计、金融、管理、信息、分销、专业服务等环节的增加值，在产品价值增值链中的比重持续上升，特别是随着信息产业的发展，信息相关产品的制造和信息服务高度融合，经常分不清商品和服务谁为主、辅，例如已经加载了软件的计算机、含有大量控制软件的设备等。第二，商品消费和服务消费相互融合和转化，对消费者来说，为了达到方便出行的目的，可以通过购买家用轿车这种商品消费方式，也可以通过租车或乘出租车这种服务消费方式。对企业来说，为了获得同样功能的中间投入，购买商品和购买服务的方式都可以满足，例如机器设备既可买也可租，两者分别被计入商品投入或服务投入。还有综合服务商城的出现，例如北京西单大悦城、北京金源购物中心等，都是既可以采购商品，又提供餐饮、儿童乐园、美容健身、影剧院、影楼、运动场所等消费服务，甚至还有教育培训机构、艺术培训机构、牙科、体检等服务。第三，企业性质日趋模糊，许多传统上的制造企业开始大量从事服务业。特别是IT业，大型企业日趋向综合服务企业转变，从提供产品为主转向提供一揽子服务为主。国外如IBM、GE、HP等，国内如华为、中兴、联想等，都已跨越制造和服务两个领域，成为制造与服务一体化的大型公司。

（六）资源配置中要实现政府和市场的合理分工

服务业覆盖的范围跨越经济和社会领域，相当一部分处在"社会事业"领域中，长期以来，中国在"社会事业"领域中的公共服务主要由政府配置资源。随着收入水平提高和人们消费结构的变化，愈来愈多的消费者愿意以个人支付的方式增加教育、卫生、文化、体育等服务消费，而且是多样化、个性化的服务需求。这种需求的增长推动了这些领域的产业化、市场化发展，相关服务业日益成为国民经济特别是服务业的重要组成部分。但是，这些市场化的服务供给以经济效益为主要遵循，与有些服务如教育、医疗领域的公平、可及的要求有冲突。如何在政府和市场两种资源配置方式中保持平衡，提供内容合意、比例恰当的基本和非基本服务，是这些领域长期面临的课题。

（七）服务贸易：使问题更加复杂的因素

从国际贸易的标准定义看，当一国劳动力向另一国消费者提供产品并获得外汇收益时，就发生了国际贸易，这个定义适用于商品贸易和服务贸易。长期以来,商品贸易主要通过商品跨境交易的方式进行。但是,由于服务的独特性质,"服务贸易"的形态比商品贸易复杂得多,有些超出人们的直观理解。这是因为服务本身的特点,使得符合"一国劳动力向另一国消费者提供服务并获得外汇收益"的贸易行为,除了"服务跨境交易"这种与商品贸易相似的形式实现外还有更多形式。世界贸易组织的《服务贸易总协定》将服务贸易划分为以下四类:一是过境贸易,即从一国境内向他国境内提供服务,这类似于商品贸易,例如影视产品贸易;二是当地贸易,即在一国境内向其他国家的消费者提供服务,这是由服务消费者跨境实现的,例如入境旅游、留学生教育等;三是商业存在,即一国的生产要素通过在他国设立机构向当地提供服务,这是由生产要素跨境流动并设立实体机构而实现的,例如设立外资服务企业;四是自然人过境服务,即一国的自然人在他国提供服务,这是由人员流动完成的,例如从国外聘请教师、医生护士等。为了更直观地理解,我们再举几个例子:美国研发机构为其他国家的企业研发产品,是服务过境贸易;新西兰接待中国游客,是由中国消费者跨境产生的当地贸易;英国金融机构在新加坡设立分支机构,是英国资本跨境流动产生的商业存在;德国医生在法国开设诊所,是德国自然人过境提供服务。总之,服务贸易包括与服务提供和消费相关的各种跨境移动行为,最简洁的定义就是以服务提供或服务消费为目的而产生的"人和物的国际流动"(Grubel,1987)。从上面的分析可以体会到,这个定义对统计和研究服务贸易问题带来很大的复杂性。有统计学家说过,《服务贸易总协定》对统计学家"形如噩梦"[①]。

[①] 商务部世界贸易组织司,2007,《"欧盟服务贸易统计分析"考察报告》,商务部提供。

四 互联网时代服务业的创新与质变

过去十多年，网络应用的惊人增长产生了极为重要的影响，导致服务理念、服务内容和服务模式的根本性变化。这些变化正在重构服务业的商业模式、市场结构、消费方式乃至思维模式。

第一，互联网改变了服务业的许多重要性质。信息传输技术特别是网络技术的出现，使许多服务业摆脱了生产和消费要"同时同地""面对面"这个传统服务业的基本特征，也由此摆脱了"不可储存""不可贸易"这类衍生的特点。首先，现代信息服务如电信运营、软件与系统集成、信息传输、网络与数字增值业务等，不仅可以错时、远距离提供，而且成本极低，可贸易性甚至超过制造业产品。其次，网络技术使更多的服务业改变了性质，例如远程教育和远程医疗、视频会议等新的服务提供方式，都使得以往必须现场消费的服务变为可以跨时、远距离甚至跨国消费。

第二，克服信息不对称从而扩大服务消费。制造业产品的性能和质量是标准化的，购买前就有大量信息可以参考。而许多服务在服务过程结束之前不可能准确知道其质量和适用性，例如一对一的教学、医生对特定病人的医治水平、老年看护、家政服务等。因此，对服务质量的信任问题是阻碍许多服务业发展的突出障碍。互联网能提供大量关于服务质量的信息，如用户评论、论坛交流等，不少商业网站还建立了信用查询及问责制度等，大数据的广泛使用更是挖掘出来与服务质量相关的巨量信息。这些进步使得原先难以把握的服务质量在很大程度上可观测、可预期，而无须在服务过程中反复试错。解决了关于质量的信息对称问题，服务消费就会得到快速发展。

第三，降低交易成本增加交易行为。许多服务虽然有潜在供给能力和广泛需求，但因交易成本过高，许多交易无法达成。互联网大数据在某些领域能够明显降低这类交易成本。例如，由于信息不对称和风险成本高，小微企业和个体经营者虽然对贷款普遍有需求，供给者也有大量闲置资金，但实际操作困难，远远达不到供需双方希望的规模。有了互联网大数据后，交易双方都可获得大量信用数据，特别是贷款人的信用度相当透明可查，交易成本显著降低，因此各类小贷微贷快速增长。

第四，生产消费扁平化改变了产业组织结构。随着互联网的繁荣发展，批发商、中间商、代理商等角色正在日益弱化，生产者之间和生产者与消费者之间的直接关联广泛建立，中间环节大为减少。商品和服务消费日益依赖于"平台""通道"这种模式，例如阿里、天猫、京东等电商平台，以及微信、微博等社交媒体和门户网站等。同时，扁平化的网络型生产组织日益发展，构建出高度灵活的数字化智能制造模式，推动着生产过程效率的普遍提升。生产组织结构的这些变化，极大提高了制造和服务领域的资源配置效率。

第五，自助服务、互助服务不断增加。互联网的兴起，社交媒体的广泛使用，使人们可以通过网络寻求解决方案，或者求助于别人来帮助。例如，基层医生可以通过临床决策支持系统帮助诊断疑难病人，教师可以通过教学网站获得新的教学方法和案例等。现在互联网自助医疗网站发展很快，患者通过互联网可以找到成百上千个有同样病患的病人，也能看到他们正在采用的疗法，并了解治疗效果等。如果一个患者准备服用某种药物，他可以先从网上找到许多服用此药的患者资料，查看他们服药结果之后，判断疗效和风险。当然，他很可能还要听取医生的意见，但自己掌控情况进行选择的能力明显增强。

本部分的分析表明,服务经济本质上是一种非实体化的经济,服务业在定义、测度、评价标准、生产消费关系、劳动生产率变化等方面与制造业有很大差异。这是研究服务经济问题的特点和难点。不过,现代技术特别是网络技术的发展,正在改变部分服务业的基本性质,但这种改变并不是向传统实体经济的特性收敛,而是继续出现新的特点。这使得服务业的"共性"越加难以概括,寻求普遍适用的分析框架更为困难,研究服务业问题的复杂性进一步增加,从而向传统理论提出更多挑战。

研究服务经济时特别要注意以下几点。一是"总量"分析要谨慎。不同服务行业的特点差别很大,服务业的汇总数据只是一组差异很大的数字之和,只是平均值,不能表示"一般性"。二是时间序列分析要谨慎。存在不连续、非边际的"快变量"是服务业的特点,例如互联网的出现就是革命性变化,简单的趋势外推和比较研究有可能导致较大偏差。三是判断服务业的发展水平要谨慎。服务业统计困难,非经济变量较多,易漏易误因素多,服务业产值和比重被低估的概率较大。四是要权衡不同关切,服务业存在多元目标和多种评判标准,要统筹考虑公共资源和市场资源的合理配置。在效率和公平之间保持合理的平衡关系。

参考文献

[法] 萨伊,1997,《政治经济学概论》,陈福生、陈振骅译,北京:商务印书馆。

Hill, T. P. 1977, "On Goods and Services", *Review of Income and Wealth*, 23 (4).

Bhagwatti, J. N. 1984, "Splintering and Disembodiment of Service and Developing Nations", *The World Economy*, 7 (2).

G. Sampson and R. Snape 1985, "Identifying the Issues in Trade in Services", *The World Economy*, 8 (2).

联合国、欧共体、国际货币基金组织、经济合作与发展组织、联合国贸发会议和世界贸易组织,2002,《国际服务贸易统计手册》。

[英]亚当·斯密,1972,《国民财富的性质和原因的研究》,郭大力、王亚南译,北京:商务印书馆。

Baumol, W. J. 1967, "Macroeconomics of Unbalanced Growth: The Anatomy of an Urban Crisis", *American Economic Review*, 57 (3).

[法]让-克洛德·德劳内、让·盖雷,2011,《服务经济思想史:三个世纪的争论》,江小涓译,上海:上海人民出版社、格致出版社。

Bookchin, M. 1991, *The Ecology of Freedom*, New York: Black Rose Books.

Clark, C. 1940, *The Conditions of Economic Progress*, London: MacMillan. Fourastié, J. 1949, *Le grand espoir du XXesiècle*, Paris: Presses Universitaires de France.

于光远,1981,《首都经济学界继续座谈生产劳动与非生产劳动的问题》,《经济学动态》第4期。

李江帆,1984,《服务消费品的使用价值和价值》,《中国社会科学》第3期。

李江帆,1985,《服务消费品的生产规模与发展趋势》,《经济理论与经济管理》第2期。

田国强,2016,《收入——幸福之谜》,《经济研究》第11期。

黄有光，2000，《金钱能买快乐吗?》，成都：四川人民出版社。

[美]马克卢普，2007，《美国的知识生产与分配》，孙耀君译，北京：中国人民大学出版社。

江小涓，2004a，《中国经济运行与政策报告 No.2：中国服务业的增长与结构》，北京：社会科学文献出版社。

江小涓、李辉，2004b，《服务业与中国经济：相关性、结构转换和加快增长的潜力》，《经济研究》第1、3期。

许宪春，2004，《中国服务业核算及其存在的问题研究》，载于江小涓主编，2004a，《中国经济运行与政策报告 No.2：中国服务业的增长与结构》。

Zvi Griliches 1992, *Output Measurement in the Service sectors*. Chicago: University of Chicago Press.

Klette, T., Griliches, Z. 1996. "The Inconsistency of Common Scale Estimators When Output Prices Are Unobserved and Endogenous". *Journal of Applied Econometrics*, 11 (4): 343 – 61.

商务部世界贸易组织司，2007，《"欧盟服务贸易统计分析"考察报告》，商务部提供。

第二章 服务业比重上升：真实增长与名义增长

服务经济本质上是一种非实体化的经济，服务业加快发展和比重上升的含义与实物经济相比有明显不同，本章主要讨论这个问题，并进一步阐释服务业增长的特点、意义和影响。

一 服务业比重上升的两种含义

理解服务业增长特殊含义的核心是：比重上升的原因可能是真实增长，也可能是名义增长。真实增长比较好理解，我们先举一个名义增长的真实例子，这个例子在导言中已经简要描述过，这里我们再比较详细地重述一下，用于后面的分析。

1980年，北京买一台17英寸黑白电视机的价格约为1000元，聘一位家政服务员的价格为500元/年，两者中商品消费占大头。简化起见，以它们分别代表商品消费和服务消费，则当时两者的比例关系为2:1，商品消费为主。2014年，北京买一台21英寸平面彩色电视机的价格约为1000元，聘一位家政服务员的价格为36000元/年，两者比例关系为1:36，服务消费为主。然而对消费者来说，消费内容和消费结构并没有实质改变，仍然是买了一台电视机和聘用了一位家政服务员。决定服务消费支出结构变化的是制造和服务两者比价关系的变化。①

这个案例说明了实际消费结构（以消费内容衡量）和名义消费结构（以支出结构衡量）的差异。当然，在经济发展各个阶段，实际消费结构和名义消费结构都存在差异，但这种差异在服务经济比重加快上升时期特别显著。笔者根据相关文献提供的研究思路和服务业发展现状，尝试概括提出决定服务业在国民经济中比重上升的四个主要因素，可以概括为"一实三名"。

（一）新增服务消费：真实增长

服务消费的真实增长，是指服务消费"量"的实在增长。我们分为生活性服务和生产性消费服务两类进行分析。

生活性服务消费的真实增长有几种类型，一是收入提高产生的服务需求，如高等教育服务、文化休闲服务、体育健身服务等，还有些服务需求会随着收入提高而不断扩展，例如金融服务，低收入时仅需要储蓄、信用卡、助学贷款等基本服务；其后增加住房、购车贷款需求，再其后又需要个人理财业务等。二是技术发展提供的新业态和新品种，与互联网相关的服务最有代表性，以网络游戏产业为例，2014年中国游戏产业实际销售收入达到了1144.8亿元人民币，晋升为千亿产业中新的一员，用户数量约达到5.17亿人，已超过电影、电视娱乐节目和音像制品这传统三大娱乐项目的收入。三是制造业产品带动的关联服务消费，例如购买家用电器、汽车、通信终端设备后，需要长期的配套服务；四是公共服务持续增加，例如更多的教育、医疗服务等。

---

① 这个案例及后面分析的部分内容，笔者在另一篇论文中使用过。考虑到案例的真实性和典型性，能恰当表明本章理论观点的现实意义，因此再次引用。见江小涓（2011）。

生产性服务消费的真实增长主要来源于技术变化、产业组织变化、最终需求变化和社会职能增加的引导，主要有四类需求。一是大量的服务活动如技术研发、设计创意、设备租赁等作为中间技术投入供应给农业、制造业甚至服务业自身。二是制造业愈来愈复杂的分工体系，要求有密集的服务网络如物流服务、网络服务等将其联结成分工协作体系。三是产品复杂性不断增加，要求有方便快捷的客户服务如培训服务、售后服务等。四是企业要处理日益扩展和复杂的外部关系，这些事务的专业性很强，例如企业之间的产权交易、污染排放权交易以及税务、法律等事务管理，企业往往将这类事务交由专业的服务公司来打理。

（二）服务相对价格上升：名义增长之一

第一章已经指出，许多直接提供劳务的服务业，劳动生产率提升较慢。因此，虽然制造业和服务业的工资水平都在提高，但制造业有劳动生产率的提高将其抵消，而服务业中工资上涨更多地表现为服务价格较快上涨。这就是前面例子中电视机和家政服务相对价格显著变化的原因。这种情况下，虽然以增加值衡量的服务产出比重上升，但服务量并没有相应等幅增长。由此可以看出，制造业和服务业价值比重变化并不等于"数量"比重的相应变化。制造业以产值衡量的产出比重虽然下降，但实物产出却在持续增加。服务业则相反，产值比重上升并不代表服务量的相应上升。[①]

20世纪60年代以来，这个问题就成为服务经济领域的研究重点之一。第一章中我们简单介绍了鲍莫尔对这个问题的研究，这里我们再做一些略为详细的介绍和评述。鲍莫尔为了说明自己的观点，使用了"非均衡增长"的概念，认为服务业劳动生产率上

[①] 程大中教授（2009）对这个问题做过深入的实证研究，表明近些年中国服务消费支出的增长，主要受服务价格上升的影响。

升慢于制造业，甚至处于停滞状况，但行业间工资水平要求趋同，因此服务价格相对于制造产品价格上升更快。服务业的劳动生产率增长缓慢源于两个因素，一是服务过程需要服务提供者直接参与，因此劳动力节约型的生产率提高几乎没有可能；二是服务无法标准化，因此规模经济效应无法实现。这个判断并不难理解，可以找出大量的案例：过去半个世纪，IT制造业员工的工资持续上升，然而由于技术进步，这个行业的劳动生产率以更快速率提高，能够抵消工资增长且有剩余，体现在员工工资增长而产品价格相对甚至绝对下降。然而在家政服务业，不仅过去半个世纪，甚至自这个行业产生以来，一直是一位家政服务员服务一个家庭的模式，劳动生产率几乎没有变化。但是，家政服务员的收入要以大致相同的速率随其他行业工资水平的增长而增长，否则就没有人愿意从事这个行业。也许有人提出这两个行业对员工的教育和工作能力要求不同，但这仅仅针对少数岗位，大量在IT产品加工装配流水线上工作的"打工妹"，与从事家政服务的"打工妹"在教育和工作能力上并没有"职业鸿沟"，相互转换很容易，因此工资水平不可能长期存在明显差别。循此思路可以导出一些重要推论：一是由于服务业的价格上升速度高于制造业，服务业较快发展更易引起价格总水平的较快提升。二是由于劳动生产率停滞而需求持续增长，服务供给的成本会不断提高，导致产出价值链中服务部分所占比重愈来愈大（W. Baumol, 1967）。

我们循此思路讨论中国现阶段服务业发展中的一个受到质疑的普遍现象："非生产环节"在商品增值链中比重较高。对此人们多持批评观点，例如商品在营销环节加价太多，甚至超过"出厂价格"，销售价格中流通环节的增值要高于制造环节的增值，即所谓的"为商业打工"。导言中我们简要举过海南辣椒运到北京销售的例子：海南杭小椒的收购价为13.8元，在北京的零售价格达到30元，涨价超过1倍多，这是非生产环节的不正常加价吗？下面我们再做更详细的分析。①

这个案例的全过程是：2011年1月22日，澄迈县果菜协会副秘书长谢先生的收购点收购了19.1吨辣椒，收购价平均每千克13.8元。这批辣椒送到冷库经过24小时预冷后，于23日晚装车北运，于26日傍晚抵达北京新发地农产品批发市场，批发价16元，加价2.2元。从新发地批发给岳各庄二级批发市场，加价约0.7元，二级批发商再加价后批发价为17.6元，要量小、需要拆件后批发的价格为20元左右。28日一早，在北京会成门站东农贸市场，杭小椒已经摆上摊位，零售价达每千克30元。

简单的计算就可以看出，在最终销售环节，每卖出一千克的杭小椒，椒农只得13.8元，流通环节要得16.2元，其中零售环节就要得到10元。然而，在流通过程中，各个环节均无所谓的暴利产生，我们分析两个加价比例最高的环节：长途物流环节和零售环节。从长途物流环节看，其费用主要有包装、预冷、运输、批发代销费几项，分别摊0.6元、0.2元、0.62元和0.5元，共计1.92元，收购商每千克赚0.28元。其中运输环节，3天2夜，2800公里，运费11500元。缴纳过海费、燃油附加费1780元；全程加油费用近6000元，可以赚到3000元左右，这3000元要扣除车辆的折旧、修理等费用，至少再扣去1000元，剩余2000元是司机的酬劳，两位司机整整3天2夜，赚得2000元实在不能算多。特别要说明的是，途经广东、广西、湖南、湖北、河南、河北等省区，各地均能严格遵守

---

① 此案例内容的背景资料引自2011年1月30日新华网的报道，本章中的一些数据和具体内容由笔者据此报道以及更多资料整理和计算，其中会成门市场的情况是笔者自己做的调查。

蔬菜运输绿色通道政策，对运输瓜菜的货车一律免过路过桥费。

零售环节确实加价幅度最高，但是，笔者专门去会成门站东农贸市场做过调研，摊位费等各种费用一个月约2000元，也不算高，摊到每千克菜中的费用也不高。主要的加价来自摊主的收入和零售中的损耗，摊主一个月收入1.2万元左右，赶上节日还能高一些，但是，摊主夫妇两人从早上4点起床去进菜到晚上7点收摊，每人每天工作超过12个小时（人少时会轮换吃饭和休息），这个收入水平不能算高。零售环节加价高是因为这个环节劳动生产率低：新发地批发商收一车菜就是20吨左右业务量，二级批发商每天业务量也以吨为单位，而零售商贩一天约销200—300千克，其中粗菜细菜都有，菜价越高加价越多，杭小椒是顶级的高档菜，因此加价最多。从上述描述可以看出，如果各个环节的劳动者要达到基本均等的收入水平，零售环节单位商品的加价就应该数倍甚至数十倍于批发环节。[1]

看完这个例子再回到理论分析中：服务业提高比重的宏观含义是国民经济中服务业的份额不断上升，相应的微观表现就是产品价值链中服务部分所占比重愈来愈大。换一种表述，就是在商品最终价格中服务环节"加价"增加，甚至超过"制造环节"或"农业生产环节"。流通环节加价多的原因并不复杂：生产制造环节能应用先进技术设备，劳动生产率不断提高，虽然单位劳动成本不断上升，商品价格却不涨甚至下降；而服务环节需要人对人的服务，不能采用替代劳动的技术，无法抵消劳动成本上升的影

---

[1] 当然，各个环节都还有可以降价的余地，例如办更多的批发和零售市场，以更多的竞争压力费用，或者政府给予补贴。但是以笔者的观点看，这些措施都不能从根本上解决所谓"最后一公里"加价幅度最高的问题，因为这种现象是由劳动生产率和规模经济这些基本规律所决定的。能改变这种状况的可能性目前来看是网络销售渠道，但尚缺乏系统可靠的实证研究。

响,单位服务成本不断上涨。

再举一个服务行业的例子,假定以往制衣环节和销售环节每天每位员工能加工或销售两件衣服,但制衣企业采用了更高效率的新设备后,每位员工每天可加工四件衣服,每件加价50元即可获得200元收入,而品牌女装零售环节需要人对人的服务,每位员工每天还是只能销售两件衣服,每件加价100元才能获得200元收入。此时单件服装最终价格中制造与流通环节的增值比率由以前的1:1变为了1:2,但并不意味着从事制造业"吃亏",从事两种工作员工的收入都是200元。

最终产品销售中"非生产环节"加价多,不仅源自最终销售环节劳动力成本高,还有更多的因素。例如,对于拥有著名品牌的公司,品牌形成和维护费用高昂,通常是商品非制造环节加价的主要因素。例如耐克公司和阿迪公司,每年有上亿美元的研发投入,从人体生物学各个角度和工业设计制造各个角度进行新产品的研究开发。此后在销售环节还要花数亿美元赞助许多重大赛事和顶级球队。每逢奥运会、足球世界杯这样的"大赛"年,著名体育用品公司的赞助费就高达数亿甚至十多亿美元。在这类体育用品生产巨头的产业链中,制造环节增加值多数约占不到三分之一,其余都在市场营销和流通环节。

要说明的是,服务业劳动生产率增长缓慢这个判断并不适合于所有的服务业。一些看上去"相同"服务的价格上升,但服务质量和水平也在提高,服务中的技术和知识含量增加。例如,医生现在每天可以诊治的病人数量与10年前一样(即所谓的实物劳动生产率没有提高),而收费大大提高(即所谓的成本上升),但现在医生诊治的水平与10年前相比可能明显提高,能解决许多以前诊断不清、治疗不了的问题(质量上升),这种质量变化反映在价格上是合理的。再如同病种手术费用的上升，除医护人员工资水平上涨外，还有一部分来自医生受教育年限增加、手术器械和监护设备费用增加等因素的影响，使手术过程的知识含量和技术含量增加。

毫无疑问，对"服务业劳动生产率低"这个判断最大的挑战，来自信息服务业特别是互联网技术的发展。这个问题在各章中都有所涉及，并将在第十三章"服务经济理论：挑战及创新"中集中讨论。

(三) 服务专业化和外移：名义增长之二

这是指原本处于制造业生产过程中或制造企业内部的服务供给独立出来，由专业化企业提供，形成生产性服务业，即由内部自制变为市场供应。现代大工业的发展是建立在"福特模式"基础上的，追求规模经济和范围经济，产品从设计、制造到销售和售后服务等，都在同一个企业内部完成，企业竞争力表现在完整价值链的整体能力上。在这个体系中，商品价值中含有大量服务内容，只不过这些服务是内部生产而不是外部投入，例如，体现在汽车制造过程中的服务包括产品研发设计、市场调研和开拓、生产融资和销售金融组合设计、人力资源管理和员工培训、售后服务等，这些服务在商品增值链中占有相当的比重。

然而，随着技术进步和市场竞争日趋激烈，这种无所不包的纵向生产组织方式在许多领域不再有竞争力，每个企业只能集中在有限的核心业务上，其他业务由更专业化的公司提供。因此，企业将部分原本内部提供的零部件和服务转为从外部购买。特别是20世纪90年代信息技术广泛应用以后，服务切割外移显著加速，成为产业分工发展的一个重要方面。切割外移的服务从信息系统维护、售后服务、后勤等"非核心业务"，逐步扩展到研发设计、供应链管理、客户管理、人力资源管理等核心业务。这类中间服务增长在很大程度上是对原有制造体系中内含服务的"切割"和外移形成的,服务从企业的内部环节转变为外部的市场关系,从内部分工转变为社会分工。这种"外移"的服务在生产性服务业中占有较高比重,根据格沙尼的计算,在20世纪六七十年代,服务业中就大约已有一半与工业相关:包括分销、商务处理、融资、设计、咨询、售后服务等。格沙尼认为,这些是与商品生产过程相关的服务,它们的增长速度受到商品生产方法与现代工业组织形式的影响。这些服务业的发展并不是因为有一个服务型社会在兴起,而是因为商品生产的方式在变化。[①] 对20世纪90年代初期加拿大服务业的研究也表明,中间服务需求在服务业中所占比重也达到一半左右(格鲁伯和沃克,中译本,1993)。这个因素对过去二三十年中国服务业的发展也有突出影响。由于过去很长时间中国制造企业追求"大而全""小而全",这种"外移"的服务在中国服务业发展中可能占有更突出的地位,例如,在20世纪90年代初期,大中型企业中,还有三分之二的企业自办运输车队;在20世纪末期,几乎所有的耐用消费品生产企业都自己承担商品的售后服务,这些情形目前已经很少见到,都已"外移"给专业公司来承担。上述类型的服务增长并没有为国民产出提供一个增量,而只是生产方式和生产组织形式的变化。

(四)自我服务转为市场化服务:名义增长之三

在社会成员流动性不强、社会分工不发达时,许多服务在家庭内部和亲朋之间无偿提供,不被计入国民生产总值之中。随着社会和家庭结构的变化,相当一部分家政服务社会化,成为有酬劳

[①] Gershuny, J. 1978, *After Industrial Society? The Emerging Self - Service Economy*, London: MacMillan.

动，就产出了 GDP。这个变化被形象地描述为"自己洗刷变为相互洗刷"。服务业的这种增长潜力在中国同样存在，2008年国家统计局对十个城市作了无酬劳动时间调查，有79%的受访者参与了无酬劳动；男性参与率为60%，人均2小时18分/天；女性参与率为97%，人均4小时30分/天；平均到全体国民，人均2小时44分/天，如果其中一半逐步转化为有酬劳动并取得社会平均收入，GDP要增加10%左右。这些一直存在但未被"计入"的服务因"计入"而构成增长的一部分，显然是名义增长。从发达国家经验看，有一部分家务劳动在较长时期内难以社会化：一是有些不宜或不愿社会化，例如照看亲人特别是儿童，乐在其中的房屋和花园修整等；二是服务价格上涨阻止社会化，例如聘用全职保姆价格昂贵，从而出现全职主妇；三是服务商品化，例如购买机器人提供部分家政服务、购买洗衣机替代手工洗衣等，使这些家政服务社会化的必要性降低。

从上面的分析可以看出，服务业"真实增长"的含义直接和明确，无须过多论述，需要特别关注和分析的是几类"名义增长"。但是，本节着重从静态进行分析，因此这些增长看似是"名义"的，如果从动态看，它们却都蕴含着真实变化，有重要意义，下面一节将对此进一步展开分析。

二 "名义"增长的"真实"意义

从动态、发展的角度看，服务业的"名义"增长有重要的实质意义。本节重点分析这些"名义"增长带来的四个积极变化：提高生产效率、提高服务水平、促进产业分工和提高劳动收入。

（一）专业化分工提高生产效率

在初始阶段，企业内部服务切割外移和家务劳动社会化确实是服务业的"名义"增长。但之后,由于生产组织方式、激励机制等发生变化,促使生产效率得以"真实"提高。

首先,有利于提高专业化水平。生产性服务诸如研究设计、市场研究、供应链管理、客户服务等,都是高度专业化的知识密集型服务,每一项业务需要的专业能力积累和人力资本构成不同。由生产企业内部提供时,业务量有限,不可能形成高度专业化的团队,外移给专业服务企业提供,可以显著提高专业化水平。例如,汽车设计是一项高度专业的业务,内部设计师分工细化,组合团队需要各方面的人才,同时还需要开发平台、零部件测试、安全性测试等大量的设施设备投资,单个企业自己设计新车往往成本高、时间长,难以在各方面都达到最高水平。因此,自20世纪80年代以来,愈来愈多的汽车制造企业将其核心业务"整车设计"外包给专业的汽车设计公司来做,其中既包括中国吉利、华晨这样的新生代汽车企业,也包括马自达、雷诺这些老牌生产企业。这些专业设计公司接单量大,可以聚集较多专业人才,在每一个细节设计上都有专门团队,配置大量硬件、软件,因此设计水平高、成本低、速度快。

其次,有利于提高人力资源的配置效率。有些高度专业化的服务,单个企业需求有限,或者在特定时段内的需求有限,或者需求具有间隔性,将这些服务内置于企业之中,相关人力资本不能满负荷工作。例如,产品设计、税务咨询、市场调研、企业诊断、售后服务等,都不是连续、稳定、平滑的生产性服务需求。以售后服务为例,企业刚推出一款新产品时,由于产品还需根据使用中的情况优化和完善,消费者也需要了解和熟悉产品的使用方法及性能,因此刚上市时的一段时期,售后服务需求量大,随着产品的完善和消费者对产品了解的增加,售后服务需求可能趋于稳定。如果由企业自己提供售后服务，峰谷时期业务量差别大，工作忙闲不均。专业化的客户服务公司能为多个企业的多个产品提供服务，需求峰谷错开，专业人员互补，达到规模经济。现在家用电器、汽车、手机等产品标准化程度高的耐用消费品领域，大多数企业都将售后服务外包给专业化的服务公司。这些专业公司有了较大的业务规模，就能够使用最先进的设备和聘用更专业的人才，降低成本并提供更好的服务。

（二）增强激励提高服务水平

专业化分工能够突出从业人员的专业优势，显示出其价值。这对那些在企业和机构中从事"非核心"服务工作的员工来说，有特殊的重要意义。以IT行业为例，虽然人们都认为IT是高技术工作，但如果一个机构自建IT系统，技术人员并不在这个机构的主要业务系统中，而是守着一个变化缓慢、业务单调的系统进行维护类的工作，没有机会和积极性跟上这个行业的最新发展，专业人员的积极性和业务能力都受到影响。专业化IT企业中的员工有机会参与不同项目，跟上技术发展变化，不断提高能力。如果企业将IT系统的建设和维护外包给这些专业化的企业，就能够得到更好的服务。还有一类服务从来都是机构中的辅助性工作，例如保洁服务、保安服务、绿化服务、餐饮服务、建筑物维修维护服务等，都是"边缘性"的工作，企业内部从事这类工作的员工没有自豪感，没有好的升迁前景，缺乏激励，难以管理。如果将这些业务外移出去，交给专业公司提供，情况就有很大改变。对那些专业从事保洁服务、保安服务、绿化服务等业务的企业来说，这些员工从事的都是公司的主流业务，只不过是派遣到不同企业去工作，员工有更多的企业认同感、发展机会和提升空间，有较强的激励机制鼓励其努力工作，不断提高工作效率。

（三）促进其他产业分工程度进一步提高

生产性服务业的发展是制造业分工发展的前提和必然要求。制造业分工深化，大量产品的制造过程被分解成为一个个专业化的节点，必然要求发展使这些专业化节点联结成为协作网络的相关服务业，包括信息服务、供应链服务、分销服务等。例如信息制造业的分工程度不断提高，许多企业都专注于产业链条中某个或某些价值节点，产业分工非常细化。以个人电脑为例，凡是涉及个人电脑的，如半导体、电路板、电源、连接线、硬盘、芯片、鼠标、软件等部件和服务，都成为专业化的部分，其中任何一部分都需要服务网络将其与这个体系中的其他部分有效联结，服务网络的水平和效率，直接影响着整个经济分工体系的水平和效率。过去三十年，制造业全球分工体系发展迅速，许多产品的不同部件和加工环节分布在不同国家进行，例如信息产品核心技术研发在发达国家，零部件制造在东南亚国家，劳动密集型环节加工和最终产品组装在中国，消费市场在全球，因此，需要密集的全球服务网络将这些经济"片断"连成整体。总之，制造业分工和服务业分工之间相互依赖关系在加深，服务业所需的制造业投入比例和制造业所需的服务业投入比例都在提高，两者高度互补，可以相互推动劳动生产率的提高。[①]

（四）改善收入分配

在前面电视机价格和家政服务员工资的比较中，我们说服务业的增长和比重上升是"名义增长"，但这仅仅是从服务消费者角度得出的结论。从服务提供者即保姆的角度看，这种"名义增长"却是实实在在的收入增长。从国民经济整体看，服务业中劳动报酬的增长快于其他生产要素报酬的增长，表明劳动者在收入分配

---

① 1994 年，Se-Hark Park 使用投入产出表，对 8 个太平洋地区国家生产性服务业与制造业的关系进行分析（Park, 1994）。此后许多学者沿用这个思路。

中份额的增加，反映出一个国家生产要素之间比价关系的变化：由于资本不断积累而劳动力数量持平甚至下降，因此资本和劳动两种要素的比例发生变化，等量资本收益相对下降，等量劳动收益相对上升。因此，服务业发展的一个重要意义是增加劳动报酬，改善收入分配。在发达经济体中，劳动者收入成为国民收入的主要部分，利润、利息和租金一般只占总收入的25%，其余主要是人力资本的收入（罗默，2006）。在这些国家，从事家政服务、餐饮服务的人员和IT产业普通员工的收入差距并不大，劳动密集型服务业不再是低收入的产业部门。[①] 目前发达国家收入最高的人并不仅仅是资本收益者，一些提供特殊人力资本的人士也进入最高收益的塔尖，例如电影明星、超级球星和公司总裁等。发展服务业对改善长期收入分配也有重要意义。教育、医疗等服务业面向全体国民提供服务，对于缩小劳动者教育差别、体质差别等非常重要，尤其重要的是能够使青少年不因家庭贫富而产生智力和体能方面的显著差别，从而减弱收入差距的代际传递。

三 名义增长带来的挑战与问题

服务业"名义"增长带来积极影响的同时，也带来新的问题和挑战，本节分析物价水平、交易费用和公共服务可持续性三个方面。

（一）物价上升的长期压力

从宏观经济的角度看，由于服务业价格上升速度高于制造业，

[①] 这能有效解释许多观察者提出的一个疑问：为什么收入水平较低的中国家庭能更多地雇用保姆，而高收入的美国家庭却用不起？这是因为中国服务业发展还处在相对较早时期，劳动力的供给相对充裕而廉价。但这两个条件都在发生快速变化。可以预期的是，虽然中国人均收入在不断提高，但会有更多的家庭承担不了雇用住家式保姆的费用。

服务业较快发展有可能引起价格总水平的较快上升，因此在服务业加快发展和比重上升的时期，有出现通货膨胀的倾向。鲍莫尔用投入产出表对美国1947—1976年的数据进行了计算，发现相当一部分服务业虽然产值比重上升，但实际产出比重基本不变，证明了这些服务业具有劳动生产率上升慢、价格上涨快的特点。由于服务业在经济总量中的比重不断上升，其价格上升将推动物价总水平加速上升，其他研究者也有类似发现（Baumol etc., 1991；Kravis etc., 1983）。许多国家包括中国近年的经验都表明，工业化发展到一定程度后，无论是家庭支出增加还是物价总水平上涨、服务价格上升都是最重要的影响因素。服务业的这种特性，有学者称之为服务经济的活力悖论（Raa and Schettkat, 2001）：一方面，相当一部分服务业劳动生产率停滞，以服务量衡量的产出增长缓慢（例如一个保姆只服务一个家庭的情况长期不变）；另一方面，同样是这些服务业，以产值描述的产出量却呈现快速增长（例如以家政服务员工资衡量的服务产出）。理解这个悖论，是理解服务业对增长和价格影响的一个核心问题。

（二）增加交易费用

服务供给从制造业中分离出来，能够提高专业化分工水平和提高生产率。但是，专业化分工与合作机制并不免费，原本内含在企业内部的生产和服务独立出去，从内部生产变为外部供给，由内部指令性生产变为外部市场化供给，必然产生新的交易费用和新的风险。由于以下原因，服务专业化比制造专业化可能产生更多的交易费用。第一，服务质量事先约定难。制造业中间投入品是质量和技术标准明确的零部件、元器件，在合同中可以明确规定相关内容，不合格产品易于判别。而许多服务中间投入的质量和标准难以把握，愈是高知识含量和专业化程度高的服务，投入和结果之间的不确定性就愈强,例如研究开发新技术新产品、市场营销、管理活动等,都不易事先确定衡量标准。因此,将这些服务切割出去,由专业化机构通过市场机制来提供,在制定和履行服务合同时会很麻烦,达不到预期的风险相对较大。第二,外部提供服务与内部生产的衔接较难。许多生产型服务贯穿于企业生产经营活动全过程中,而不是像零部件制造和加工工序那样可以完全独立进行,例如开发新产品要与企业各个部分的能力相匹配。将这些服务移出企业由外部供给,需要与企业内部各个环节反复沟通,交易成本可能很高。正是因为这些原因,长期以来生产性服务的专业化程度大大低于零部件的专业化程度。总之,在专业化的益处和市场交易的成本之间寻求平衡点,将是生产性服务业选择产业组织模式的长期权衡。

(三) 公共服务供给成本长期上升

公共服务是典型的劳动密集型服务业,单位服务成本长期呈现上升趋势。从发达国家经验看,公共服务提供要长期面对财务压力,这是由公共服务的供求双方都不完全受市场机制调节这个特点所决定的。一方面,供给增长慢,这是因为公共服务是非市场化的服务,提供者感受的竞争压力相对较弱,提高效率、降低成本和增加供给的动力相对不足;另一方面,需求增长快,这是因为公共服务消费不完全由消费者个人付费购买,需求增长缺乏有效约束,公众以各种方式迫使政府不断增加供给。同时,公共服务还是典型的劳动密集型服务业,劳动生产率上升缓慢,单位服务成本长期呈现上升趋势,即使提供同样服务量,也需要愈来愈多的财政支出。这些因素叠加必然导致公共服务支出不断增加,因此政府不得不把国民收入中越来越大的份额投入这些领域。发达国家的经验表明,如此长期下去难以为继。有研究者将公共服务部门的过快增长看作发达经济体经济增长停滞的重要原因。①

参考文献

陈宪、黄建锋，2004，《分工、互动与融合：服务业与制造业关系演进的实证研究》，《中国软科学》第10期。

程大中，2009，《收入效应、价格效应与中国的服务性消费》，《世界经济》第3期。

[加] 格鲁伯、沃克，1993，《服务业的增长：原因与影响》，陈彪如译，上海：上海三联书店。

黄少军，2000，《服务业与经济增长》，北京：经济科学出版社。

江小涓，2011，《服务业增长：真实含义、多重影响和发展趋势》，《经济研究》第4期。

江小涓，2004a，《中国经济运行与政策报告No.2：中国服务业的增长与结构》，北京：社会科学文献出版社。

江小涓、李辉，(2004b)，《服务业与中国经济：相关性和加快增长的潜力》，《经济研究》第1期。

联合国贸易与发展会议，2004，《世界投资报告2004：转向服务业》，冼国明等译，北京：中国财政经济出版社。

萨伊，1997，《政治经济学概论》（中译本），北京：商务印书馆。

许宪春，2004，《中国服务业核算及其存在的问题研究》，载于江小涓主编，2004a，《中国经济运行与政策报告NO.2：中国服务业的增长与结构》。

---

① 这种现象被称为"生产者太少"，非生产的公共部门占有了过多资源，参见 Bacon and Eltis (1996)。

[美] B. 约瑟夫·派恩、詹姆斯·H. 吉尔摩, 2012, 《体验经济》, 毕崇毅译, 北京: 机械工业出版社。

罗默, 2006, 《市场经济下取得平等前景的思考》, 《比较》第 25 辑, 北京: 中信出版社。

Baumol, W. J. 1967, "Macroeconomics of Unbalanced Growth: The Anatomy of an Urban Crisis". *American Economic Review*, 57 (3).

Baumol, W. J., S. A. Blackman, and E. A. Wolff 1991, *Productivity and American Leadership: The Long View*, Massachusetts: MIT Press.

Gershuny, J. 1978, *After Industrial Society? The Emerging Self-Service Economy*, London: MacMillan.

Park, Se-Hark 1994, *International Relationship between Manufacturing and Service*, ASEAN Economic Bulletin. No. 10.

Kravis, I. B., Heston, A. W. and Summers, R. 1983, *The Shard of Services in Economic Growth*, at Adams and Hickman (ed), Global Econometrics: Essays in Honor of Laurence R. Klein, the MIT Press.

Raa, T. and R. Schettkat 2001, *The Growth of Service Industries: The Paradox of Exploding Costs and Persistent Demand*, Cheltenham: Edward Elgar.

Bryson. J. R., and P. W. Daniels 1998, *Service Industry in the Global Economy*, Vol. I and II, Cheltenham: Edward Elgar.

Eichengreen, B., and P. Gupta 2009, "The Two Waves of Service Sector Growth", NBER Working Paper, Series 14968.

Falvey, R. E., and N. Gemmell 1996, "Are Services Income Elastic? Some New Evidence", *The Review of Income and Wealth*, 42 (3).

Fuchs, R. V., 1968, *The Service Economy*, New York: Columbia University Press.

Grubel, H. G., 1987, "All Traded Service Are Embodied in Materials or People", *The World Economy*, 10 (3).

Hill, T. P., 1977, "On Goods and Services", *Review of Income and Wealth*, 23 (4).

Bacon, R. and W. Eltis, 1996, Britain's *Economic Problem Revisited*, London: Macmillan.

第三章　中国服务业：阶段特征、国际比较及偏差解释

新中国成立后前 30 年经济发展中，服务业的发展不被重视。改革开放以来，对发展服务业重要性的认识逐步加强，服务业发展逐步加速，在国民经济中的比重逐步提高。特别是过去几年，由于制造业发展速度放缓，服务业特别是信息服务业迅猛发展，服务业发展速度加快，比重持续上升。本章回顾中国服务业发展和服务经济理论研究的历程，讨论影响中国服务业发展的若干重要因素。

一　中国服务业发展的历史回顾

（一）被忽视的服务业（1949—1980）

新中国成立后前 30 年，受苏联政治经济学和长期计划体制的影响，服务业基本上处于主流工作之外。新中国成立之初，国内经济理论界直接引入苏联的理论体系、观点和分析框架，理论研究和经济工作长期对服务业"排斥""忽视"。这种状况产生的思想和历史背景，是马克思的社会再生产理论对新中国经济建设的指引。按照这个理论，社会资本扩大再生产的实现条件，是生产

资料部门的优先增长,这是新中国成立以来集中力量优先发展重工业的主要理论依据。

但是,20世纪50年代末期,过分强调优先发展重工业所导致的问题开始显现,50年代集中力量发展重工业和大规模搞建设,使得农业和轻工业发展缓慢,供给严重不足。因此在60年代初中期,经济理论开始讨论国民经济"比例"问题,主要有两个分析框架:一是研究生产资料的生产和消费资料的生产这"两大部类"的比例关系,二是研究"农、轻、重"这三者的比例关系。无论重视"重"还是"农、轻、重"比例,服务业都没有进入其中。

有了这个理论指引,这一时期政府实际工作部署中,服务业不被重视,在重大决策、计划和项目安排中,服务业很少出现。以改革开放前的4个五年计划的重点为例,"一五"计划是建立社会主义工业化的初步基础;"二五"计划是继续进行以重工业为中心的工业建设;"三五"计划是以农业为基础、以工业为主导;"四五"计划主要在粮食、棉花、钢、原煤、发电量、铁路货运量等方面做出了规定。总体看,重点都是发展工业特别是重工业,服务业中只有作为发展工业所必需的运输和商业在个别时期得到体现。最能说明服务业不被重视的例子,是国民经济统计中将服务业剔除在外,只计算工农业总产值。新中国成立后,中国国民经济核算体系使用了苏联的"物质平衡表体系"(MPS)。制定MPS的基本依据是马克思主义的再生产理论,它根据劳动的性质,将国民经济划分为物质生产领域和非物质生产领域。在非物质生产领域投入的社会劳动,不增加供社会支配使用的物质产品总量,不创造国民收入,因此在计算国民收入时不予体现。

由于理论和实践中都不受重视,新中国成立后前30年服务业发展缓慢。1980年，中国服务业的产值比重和就业比重两个指标在世界各国中都列居最后几位，服务业增加值占中国国内生产总值的比重仅为21%，服务业吸纳的就业占全社会就业总数的比重仅为13%。同一年，服务业占国民生产总值的比重，全球平均为56%，高、中、低三个组别收入水平国家的平均比重分别为59%、46%和30%，服务业就业占全社会就业总数的比重，全球平均和三个收入组别分别为60%、62%、49%和45%。①

（二）加快发展但仍然滞后的阶段（1980—2002）

1. 服务业增加值和就业人数的持续增长

20世纪80年代初期，经济理论界认识到，用中国传统方法研究产业结构问题，不能全面表达一个国家产业结构状况和发展趋势。同时，西方产业经济学中的一些观点开始受到关注，学术界开始讨论服务业发展问题。一些学者质疑服务业部门不创造价值的观点，认为服务业创造价值，应计入国民生产总值。到80年代中期，学术界已经开始对三次产业进行系统研究，并且开始使用"服务业"这个概念。进入20世纪90年代后，服务业发展滞后的问题日益突出，成为国民经济继续高速增长的主要制约因素，因此成为经济理论界关注的重点问题之一。②

从实践看，决策层和产业界对服务业发展的重视程度不断提高。1992年，中央颁布的《中共中央国务院关于加快发展第三产业的决定》，决定要加快发展第三产业，并且明确要求"第三产业增长速度要高于第一、第二产业"，此后多次制定促进服务业发展的文件和政策。1992年，国家统计局制定了《中国国民经济核算

---

① 中国服务业的这组数据，由于统计方法等方面的原因被低估，但即使考虑了这个因素，中国服务业比例仍然较低。可参见江小涓（2004b）。

② 这段理论研究情况的详细评述，可参见江小涓（2009）。

体系（试行方案）》，1999年，国家统计局制定了《中国国民经济核算体系》，标志着中国国民经济核算体系向 SNA 全面转轨，即采用了三次产业分类的新核算体系。

在这段时期，服务业发展相对加快，到 2002 年，服务业增加值占 GDP 的比重已经升至 41.5%，就业比重升至 28.6%。如图 3-1 和图 3-2。

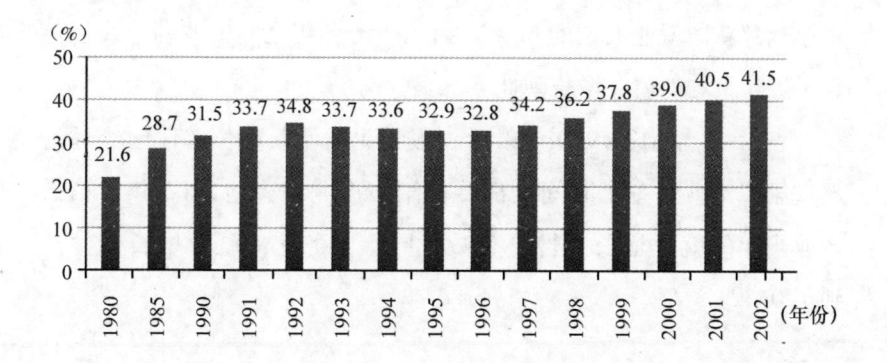

图 3-1 中国服务业增加值占 GDP 比重变化

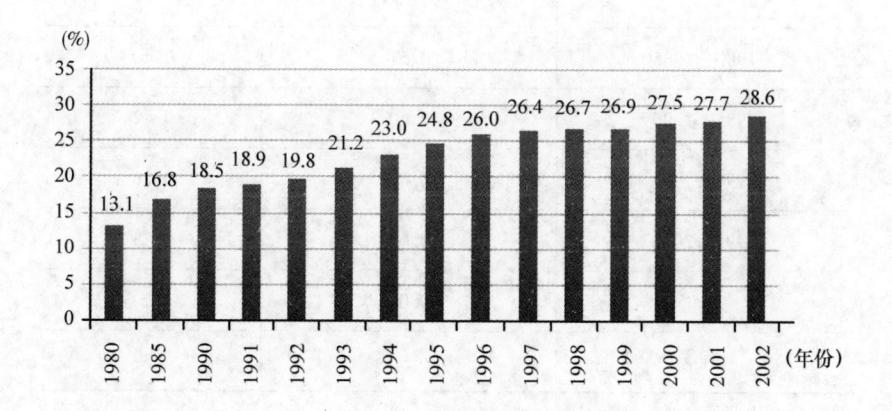

图 3-2 中国服务业从业人员比重变化

图 3-1 和图 3-2 显示了改革开放后前 20 多年服务业发展的特点：增加值比重和就业比重处于缓慢但持续上升过程中。两个比重相比较，虽然服务业增加值比重更高，但当时制造业增加值占 GDP 的比重更高，达到 50%；而服务业就业占就业总数的比重已经超过制造业，成为非农产业吸纳就业的主渠道。与制造业相比，服务业具有更高的就业弹性，2002 年与 1978 年相比，服务业就业人数从 4890 万人增加到了 2.11 亿人，新吸纳就业人数 1.62 亿人，占非农产业全部新增就业人数的 65%。为了平滑各年之间的波动，我们计算了五年平均的就业增长弹性。

表 3-1 显示，1990 年以后，服务业的就业增长弹性已经远远超过第二产业，各个时间段都要比第二产业高。到 2002 年，第二产业当年的就业增长弹性是负数，同年服务业的就业增长弹性达到了 0.32。

表 3-1　　　　　　　　第二产业与服务业就业增长弹性

年份	第二产业就业增长弹性	服务业就业增长弹性
1980—1985	0.51	0.40
1985—1990	0.40	0.42
1990—1995	0.08	0.26
1995—2000	0.07	0.23
2001	0.01	0.12
2002	-0.38	0.32

数据来源：各年《中国统计年鉴》。

第三章 中国服务业：阶段特征、国际比较及偏差解释　　57

2. 国际比较：发展仍然滞后

虽然这段时期服务业发展加快，但和同等水平国家相比，服务业在国民经济中的比重仍未达到"平均水平"。2002年，中国属于下中等收入国家，图3-3和图3-4分别是下中等收入国家服务业增加值比重与人均 GNI、服务业就业比重与人均 GNI 的散点图。①②

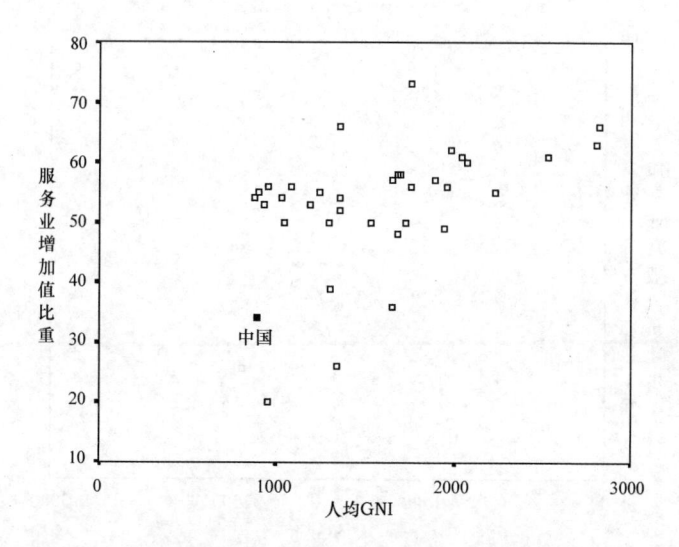

图3-3　服务业增加值比重与人均 GNI 散点 (2002)

图3-3显示，在下中等收入国家组别中，人均 GNI 和服务业增加值比重两者之间存在显著的正向相关性。中国服务业在国民

---

① 为了具有可比性，其他国家和中国的数据都使用世界银行的数据，数据来源于世界银行 (2003)。

② 世界银行使用人均 GNI 作为划分国家组别的依据，为了统一我们这里也使用人均 GNI，国民收入 GNI 和 GDP 只相差国外要素净收入，绝大多数国家两者相差很小，不影响分析结果。

经济中的比重，明显低于同组别的大部分国家和同等收入水平的大部分国家。

图 3-4 显示，在下中等收入国家组别中，人均 GNI 和服务业就业比重两者之间存在较弱正向相关性，与增加值比重相比离散性更强。中国服务业就业比重低，在全部同组国家中居倒数第一位。

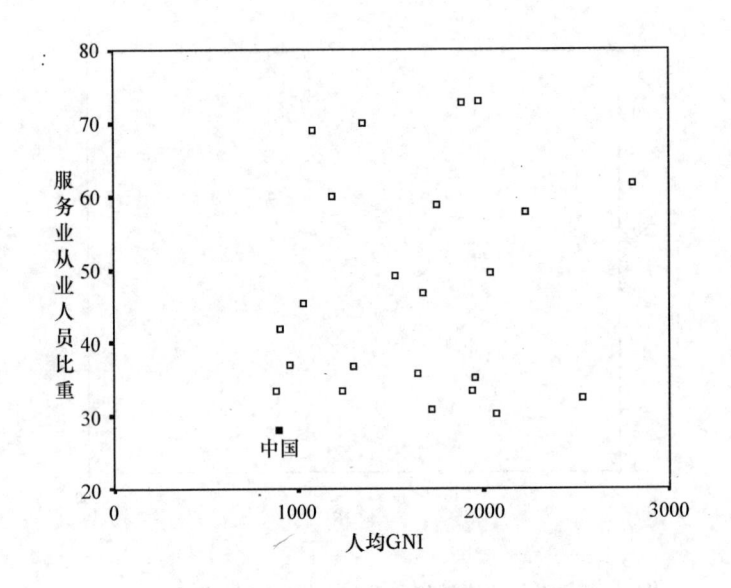

图 3-4 服务业从业人员比重与人均 GNI 散点（2002）

3. 服务业内部结构变化

这一阶段，服务业内部结构变化有两个突出特征。

第一个特征是，传统服务业比重下降，现代服务业比重上升。表 3-2 和表 3-3 分别是服务业内部各个行业增加值比重的变化和服务业内部各个行业就业比重的变化。两张表的最后一列都是 2002 年与 1991 年比重的差。

增加值提高幅度最大的是社会服务业和邮电通信业，分别增长了 5.9 个百分点和 5.5 个百分点，教育文化广播电影电视业增长了 2.3 个百分点，也比较大；交通运输仓储业和批发零售餐饮业降低幅度最大，分别是 7.2 个百分点和 5.4 个百分点，国家机关政党机关社会团体降低了 1.3 个百分点，其他几个行业变动不大，在 1.3 个百分点范围内。

表 3-2　　20 世纪 90 年代以来中国服务业各行业增加值比重的变化（%）

行业	1991	2001	2002	1991-2002
农林牧渔服务	0.7	0.8	0.8	0.1
地质勘查水利管理	1.1	1	1	-0.1
交通运输仓储	17.5	10.9	10.3	-7.2
邮电通信	2	7.1	7.5	5.5
批发零售贸易餐饮业	28.9	23.9	23.5	-5.4
金融保险业	17.8	16.8	16.5	-1.3
房地产业	5.1	5.7	5.8	0.7
社会服务	6.2	11.6	12.1	5.9
卫生体育社会福利	3	3	3	0
教育文化广播电影电视	6.3	8.4	8.6	2.3
科学研究综合技术服务业	1.3	2.1	2.2	0.9
国家机关政党机关社会团体	9.2	7.8	7.9	-1.3
其他行业	0.9	0.9	0.8	-0.1

数据来源：2004 年及以前各年《中国统计年鉴》。

表3-3　20世纪90年代以来中国服务业各行业年底就业人员比重变化（%）

行业	1991	2001	2002	1991-2002
地质勘查水利管理	1.81	0.6	0.54	-1.27
交通运输邮电通信	14.73	11.66	11.42	-3.31
批发零售贸易和餐饮业	27.32	27.1	27.24	-0.08
金融保险	2.13	1.92	1.86	-0.27
房地产业	0.44	0.61	0.65	0.21
社会服务	5.5	5.59	5.99	0.49
卫生体育社会福利	5.04	2.82	2.70	-2.34
教育文化广播电影电视	13.64	8.97	8.58	-5.06
科学研究综合技术服务	1.63	0.94	0.89	-0.74
国家机关政党机关社会团体	10.35	6.3	5.89	-4.46
其他行业	17.4	33.48	34.23	16.83

数据来源：2004年及以前各年《中国统计年鉴》，由于统计年鉴上分类的不同，上面两个表格行业分类略有不同。

就业比重提高幅度最大的是未被包括在一般分类中的其他服务业，提高了16.83个百分点；排在其次的是房地产业和社会服务业，分别提高了0.21个百分点和0.49个百分点，其他的各个行业所占比重都下降了。其中下降幅度最大的是教育文化广播电影电视业，下降了5.06个百分点。

综合两张表，在服务业增加值结构中，传统的交通运输仓储业下降比例最大，代表现代服务业的邮电通信业、其他服务业上升比例最大。这种变化比较符合规律：现代服务业相对地位提升，而传统服务业相对地位下降。

第二个特征是，服务业各个行业就业弹性差异明显，表3-4

第三章 中国服务业：阶段特征、国际比较及偏差解释 61

和图 3-5 是各个行业增长就业弹性。

表 3-4　1991—2002 年服务业内部各行业就业增长弹性

行业	1991 - 2002
地质勘查业水利管理业	- 0.789
交通运输、仓储及邮电通信业	0.199
批发和零售贸易餐饮业	0.571
金融保险业	0.449
房地产业	0.725
社会服务业	0.435
卫生体育和社会福利业	- 0.105
教育、文化艺术及广播电影电视业	0.036
科学研究和综合技术服务业	- 0.068
国家机关政党机关社会团体	- 0.056
其他行业	1.036

数据来源：根据 2004 年及以前各年《中国统计年鉴》计算得到。

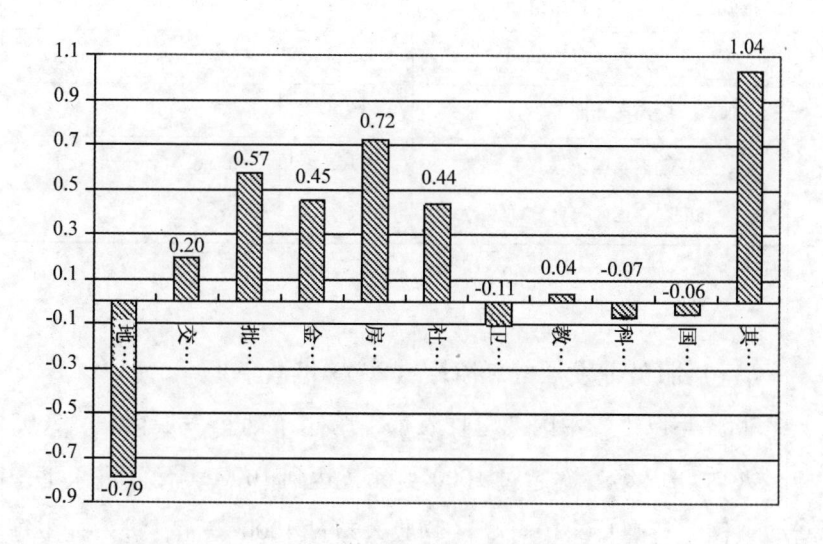

图 3-5　1991—2002 年服务业各行业就业增长弹性

1991—2002年，服务业中增长就业弹性最大的是"其他行业"，包括法律服务、会计服务、建筑及工程服务、专业设计服务、计算机系统设计、管理、科学和技术咨询、广告等行业，是典型的劳动密集型行业。排在第二位的是房地产业，达0.725。批发和零售贸易餐饮业、金融服务业和社会服务业的弹性也比较大，分别为0.571、0.449和0.435。其他就业弹性高于0.1的还有交通运输、仓储及邮电通信业。

表3-5是80—90年代OECD国家服务业内部结构的变化。虽然与我们的分类不同，但显示出了同样的趋势：比重上升的是现代服务业部门如金融、保险、房地产、商务服务以及科学教育和社会服务及其他服务业部门的比重变化不大。

表3-5　OECD国家服务业内部各个行业占GDP比重及变化（%）

行业	1987	1997	比重变化
批发、零售、餐饮和旅馆（Ⅰ）	15.2	14.6	-0.6
运输、仓储和通信（Ⅱ）	6.8	7.1	0.3
金融保险、房地产、商务服务（Ⅲ）	15.4	17.6	2.2
公共管理及国防（Ⅳ）	11.5	11.6	0.1
教育、卫生、社会服务及其他（Ⅳ）	8.6	10.1	1.5

数据来源：*The Service Economy*, OECD, Paris, 2000。

（三）服务业发展的新阶段（2003年至今）

2003年以来，中国人均收入水平跨越了两个发展阶段：2003年，人均GDP第一次超过1000美元，达到1090美元，进入下中等收入国家行列；2010年，人均收入超过4000美元，进入上中等国家行列。在这个时期，人们普遍意识到服务业在吸纳就业、降低资源消耗、保护环境,乃至在转变经济发展方式等方面的重要意义。中央和地方政府制定出台了多个促进服务业发展的政策文件,例如,2007年,国务院印发了《关于加快发展服务业的若干意见》,2008年,国办印发了《关于加快发展服务业若干政策措施的实施意见》等。现实经济中,服务业的发展也有所加快,比重有所上升,而且速度呈现加快趋势。2015年,服务业增长速度已经超过制造业。

1. 服务业比重持续提升

这一阶段,服务业在整个国民经济中的比重继续上升,其中,增加值比重从2003年的42.1%提高到2014年的48.1%,提高了6个百分点。服务业就业比重从2003年的29.3%提高到了2014年的40.6%,提高了11.3个百分点,劳动力继续快速转入服务业。如图3-6与图3-7。

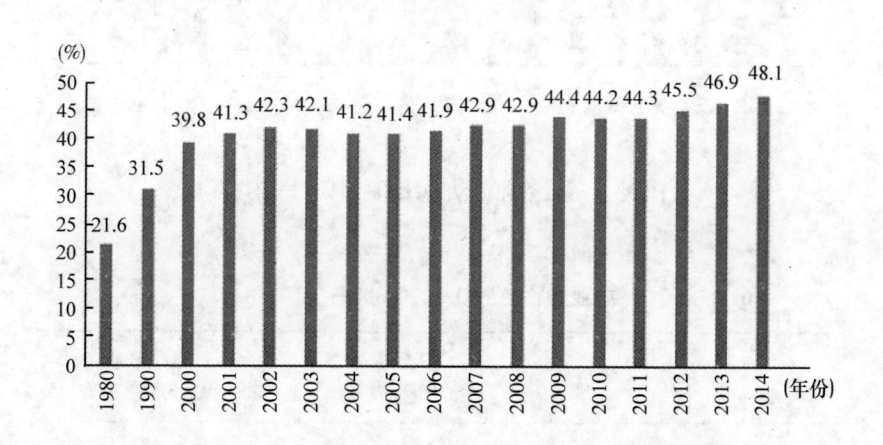

图3-6 服务业增加值比重(1980—2014)

表3-6是第二产业和服务业就业增长弹性的比较。这个时期,服务业吸纳就业的能力有起伏。2000—2005年,服务业就

业增长弹性仍然高于第二产业,大约为第二产业的 2 倍。而 2005—2010 年,情况反了过来,服务业就业增长弹性只有 0.13,而第二产业达到了 0.26。2011—2012 年两个产业的就业弹性都有大幅波动。2013—2014 年,服务业和工业的就业弹性再次出现显著变化。第二产业就业增长弹性变为负值,第三产业的就业增长弹性显著上升至 0.5 以上,第三产业的就业吸纳优势显现。

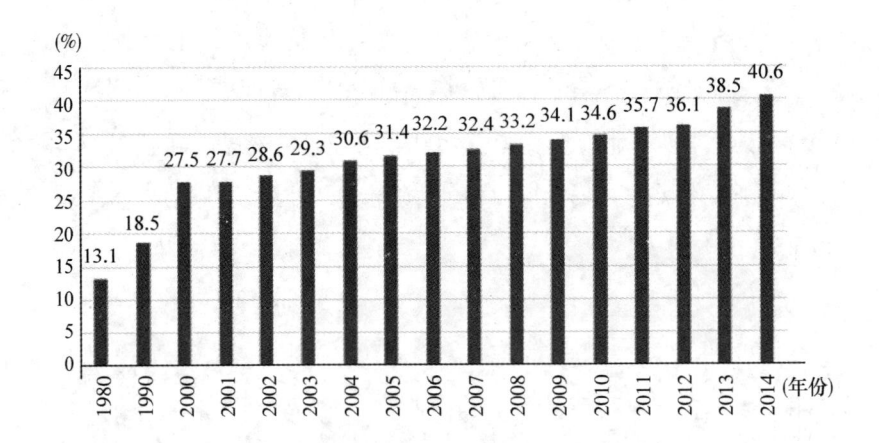

图 3-7 服务业劳动力比重(1980—2014)

表 3-6 就业弹性系数比较(2000—2014)

年份	第二产业 就业增长弹性	第三产业 就业增长弹性
2000—2005	0.13	0.24
2005—2010	0.26	0.13
2011	0.18	0.19
2012	0.41	0.11

第三章 中国服务业:阶段特征、国际比较及偏差解释　　65

续表

年份	第二产业 就业增长弹性	第三产业 就业增长弹性
2013	-0.04	0.52
2014	-0.05	0.54

数据来源:根据国家统计局在线数据库有关数据计算。

2. 国际比较:发展仍然滞后

与国际相同收入水平国家平均情况相比,中国服务业比重仍然偏低。2014 年,中国第三产业增加值比重和男性女性劳动力比重分别提高到 48.1% 和 40.6%。与上中等收入组别相比,增加值比重仍低于其平均水平 62.4%。男性女性劳动力比重仍显著低于上中等收入组别,低于平均数 51.9% 和 69.5%,如图 3-8 与表 3-7。

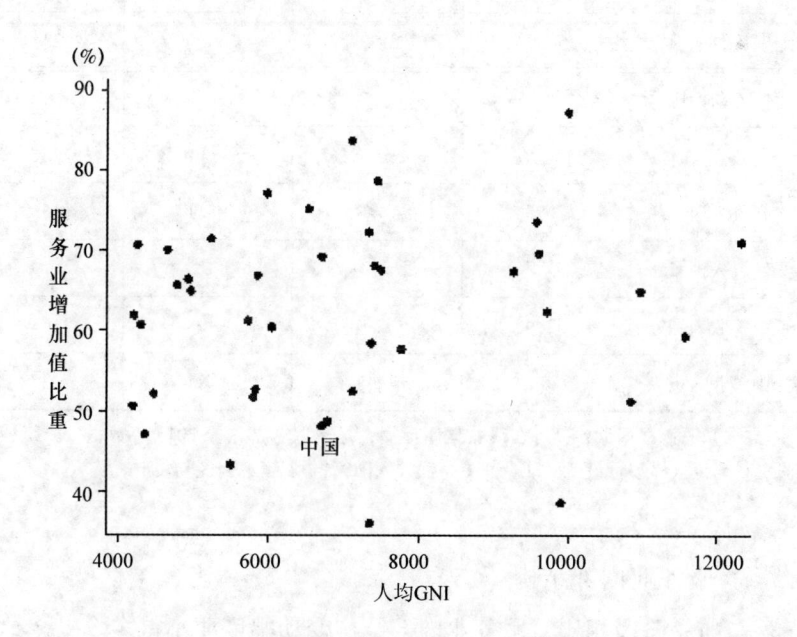

图 3-8　上中等收入国家组服务业增加值比重与人均 GNI 散点(2014)

表 3-7　不同国家组别服务业增加值比重和劳动力比重（2013）（%）

服务业比重				
	平均值	5%分位数	95%分位数	样本数
高收入国家	68.5	35.3	87.1	45
低收入国家	46.4	29.8	57.6	26
下中等收入国家	54.1	39.4	68.1	37
上中等收入国家	62.4	43.3	78.6	41
男性劳动力比重				
	平均值	5%分位数	95%分位数	样本数
高收入国家	61.1	46.1	77.5	45
低收入国家				
下中等收入国家	41.3	29.9	59.6	16
上中等收入国家	51.9	38.1	66.1	23
女性劳动力比重				
	平均值	5%分位数	95%分位数	样本数
高收入国家	85	74.8	95.1	45
低收入国家				
下中等收入国家	52.9	2.9	78	16
上中等收入国家	69.5	42.8	91	23

数据来源：根据世界银行在线数据库计算，样本取全部国家 2013 年数据。分组标准是 2013 年世界银行最新标准。其中，低收入国家组别劳动力比重数据缺乏。

3. 服务业内部结构

与前一阶段相比，服务业内部结构变动幅度要小得多。

考察增加值结构，2004—2014 年，比重波动最大的是金融业，比重提高了 6.74 个百分点,交通运输、仓储和邮政业排第二,比重下降了 4.87 个百分点。其他波动较大的分别有信息传输、计算机服务和软件业(-1.60%)、批发和零售业(1.33%)、住宿餐饮业(-1.93%)、房地产业(2.07%)、公共管理和社会组织(-1.56%)。其他各行业比重变化不超过 1 个百分点,见表 3-8。

表 3-8 服务业内部增加值结构(2004—2014)(%)

年份 类别	2004	2005	2006	2007	2008	2009	2010	2011	2012	2013	2014	2004-2014
第三产业												
交通运输、仓储和邮政业	14.41	14.76	14.73	14.25	12.46	11.30	11.02	10.93	10.29	9.88	9.54	-4.87
信息传输、计算机服务和软件业	6.56	6.49	6.29	5.78	5.98	5.51	5.12	4.77	4.80	4.91	4.96	-1.60
批发和零售业	19.29	18.43	18.26	18.16	19.93	19.58	20.59	21.17	20.60	20.73	20.62	1.33
住宿和餐饮业	5.68	5.71	5.66	5.34	5.04	4.81	4.65	4.47	4.04	3.97	3.75	-1.93
金融业	8.35	8.59	10.02	12.83	11.32	12.00	12.09	12.16	14.45	14.64	15.09	6.74
房地产业	11.11	11.23	11.41	11.82	11.22	12.60	13.12	13.05	13.27	13.00	13.18	2.07
租赁和商务服务业	4.07	3.97	3.87	3.63	4.27	4.18	4.48	4.58	4.44	4.66	4.87	0.80

续表

年份 类别	2004	2005	2006	2007	2008	2009	2010	2011	2012	2013	2014	2004-2014
科学研究、技术服务和地质勘查业	2.73	2.79	2.84	2.82	3.04	3.19	3.25	3.39	3.32	3.48	3.57	0.84
水利、环境和公共设施管理业	1.19	1.16	1.11	1.06	0.96	1.00	1.01	0.99	1.00	1.06	1.12	-0.07
居民服务和其他服务业	3.84	4.26	4.18	3.85	3.52	3.56	3.51	3.55	3.54	3.39	3.16	-0.68
教育	7.58	7.70	7.29	7.01	6.77	7.08	6.94	7.03	6.77	6.73	6.75	-0.83
卫生、社会保障和社会福利业	4.06	4.00	3.79	3.66	3.52	3.43	3.45	3.65	3.48	3.73	4.03	-0.03
文化、体育和娱乐业	1.62	1.62	1.56	1.46	1.46	1.51	1.44	1.47	1.48	1.47	1.42	-0.20
公共管理和社会组织	9.51	9.30	8.98	8.32	10.49	10.24	9.34	8.77	8.52	8.36	7.95	-1.56

数据来源：国家统计局各年《中国统计年鉴》。

考察就业结构，波动较大的分别有：教育（-4.96%）、房地产业（2.52%）、租赁商务服务业（1.97%）、信息软件技术服务业（1.82%）见表3-9。

表3-9 服务业内部就业结构（2003—2014）（%）

年份 类别	2003	2004	2005	2006	2007	2008	2009	2010	2011	2012	2013	2014	2003-2014
交通运输仓储邮政	10.82	10.64	10.21	10.04	9.98	9.76	9.51	9.15	9.09	8.73	9.85	9.76	-1.06
信息软件技术服务	1.99	2.08	2.16	2.26	2.41	2.48	2.61	2.69	2.92	2.91	3.81	3.81	1.82
批发零售	10.67	9.88	9.05	8.45	8.12	8.00	7.81	7.76	8.88	9.31	10.37	10.06	-0.61
住宿餐饮	2.92	2.98	3.02	3.01	2.98	3.01	3.03	3.03	3.33	3.47	3.54	3.28	0.36
金融	6.00	5.99	5.98	6.02	6.24	6.50	6.73	6.81	6.93	6.90	6.26	6.41	0.41
房地产	2.04	2.25	2.44	2.52	2.67	2.69	2.86	3.07	3.41	3.58	4.35	4.56	2.52
租赁商务服务	3.12	3.27	3.64	3.88	3.96	4.27	4.36	4.49	3.93	3.82	4.91	5.09	1.97
科研技术服务	3.77	3.74	3.79	3.86	3.90	4.00	4.09	4.24	4.09	4.32	4.51	4.62	0.85
水利环境公共设施管理	2.93	2.97	3.00	3.06	3.10	3.07	3.08	3.17	3.16	3.19	3.02	3.05	0.12
居民服务修理	0.90	0.91	0.90	0.93	0.92	0.88	0.88	0.87	0.82	0.81	0.84	0.85	-0.05
教育	24.52	24.69	24.67	24.64	24.36	23.86	23.25	22.93	22.18	21.61	19.64	19.56	-4.96

续表

年份 类别	2003	2004	2005	2006	2007	2008	2009	2010	2011	2012	2013	2014	2003-2014
卫生社会工作	8.25	8.33	8.47	8.61	8.69	8.77	8.93	9.17	9.31	9.40	8.96	9.18	0.93
文化体育娱乐	2.17	2.08	2.04	2.00	2.00	1.96	1.94	1.90	1.85	1.80	1.71	1.65	-0.52
公共管理社保社会组织	19.90	20.19	20.64	20.73	20.68	20.77	20.91	20.71	20.12	20.15	18.24	18.11	-1.79

数据来源：国家统计局各年《中国统计年鉴》。

表3-10是服务业内部各个行业就业增长弹性，不少行业弹性有显著变化。其中，按2005—2011年计算，信息技术软件服务业高达0.634，是弹性最高的行业，意味着增加值每增长1%，就业就提高0.634%。其他依次是：房地产业（0.449）、住宿餐饮（0.329）、卫生社会工作（0.286）、租赁商务服务（0.285）等。考察单个行业，2011年就业弹性较高的行业多数所占比重较小，除了卫生社会工作，其他几个都不超过5%。而比重较高的教育（22.18%）和公共管理社保社会组织（20.12%），其就业弹性分别只有0.084和0.176。2011—2014年，各个行业的就业增长弹性普遍都有显著提高，其中交通运输仓储邮政、批发零售、住宿餐饮、租赁商务服务、科研技术服务、居民服务修理等行业的弹性都超过了0.5，房地产和信息软件技术服务更是高达1.148和1.112。

表 3-10　　　　　　服务业内部各行业就业增长弹性

	2005—2011 年平均弹性	2011—2014 年平均弹性
交通运输仓储邮政	0.051	0.793
信息软件技术服务	0.634	1.112
批发零售	0.073	0.688
住宿餐饮	0.329	0.611
金融	0.210	0.227
房地产	0.449	1.148
租赁商务服务	0.285	0.763
科研技术服务	0.198	0.560
水利环境公共设施管理	0.261	0.278
居民服务修理	0.085	0.767
教育	0.084	0.144
卫生社会工作	0.286	0.260
文化体育娱乐	0.079	0.193
公共管理社会组织	0.176	0.291

数据来源：国家统计局各年《中国统计年鉴》。

二　影响服务业发展的相关因素：国际比较

根据产业发展理论，服务业的增长速度和在经济总量、就业总量中的比重，受许多因素的影响。这一部分，我们将通过建立数量经济模型，使用横截面数据、时间序列数据和面板数据，探究影响服务业发展的重要因素及其影响权重。为了使研究具有可比性，本节使用世界银行数据，涵盖全球 214 个国家或经济体自 1960 年以来的所有可得数据，但是，在不同时期各国能够提供的数据和指标并不一致，例如提供服务业增加值指标的国家要明显多于提供就业比重指标的国家。因此下面的表格中的样本数有变化。

（一）从横截面数据看相关性

表3-11是1980年以来服务业增加值、服务业就业比重与人均收入的相关性。

服务业增加值的相关性，除了1980年，其他年份都在0.60以上。从横截面看，1990年以来，服务业增加值和人均收入的相关性更强、更稳定。

劳动力比重与人均收入的相关性分为男性和女性。男性和女性劳动力比重与人均收入的关系在不同年份变动较大。特别是1990年有一次显著下降。但是，2000年以后，提升到0.7左右。而且，1990年以后，女性劳动力比重与人均收入的相关性要强于男性劳动力。

总之，1990年以后，服务业两个比重指标与人均收入的相关性都普遍提高了。

表3-11 不同年份服务业增加值、劳动力比重与人均收入的相关系数（全球平均数据）

项目 年份	服务业增加值	样本量	男性劳动力	女性劳动力	样本量
1980	0.4467	102	0.6491	0.5513	34
1990	0.6373	136	0.4267	0.4846	56
2000	0.6656	167	0.6565	0.7636	88
2010	0.6441	161	0.7472	0.7646	82
2012	0.6287	133	0.7071	0.7292	63

数据来源：世界银行在线数据库。

(二) 从时间序列数据看相关性

从时间序列数据分析看,服务业增加值比重与人均收入的相关性更强。全球平均的相关系数达到 0.9539,其中,按收入分组计算,只有低收入国家和发展中国家相关性较低,其他类别都在 0.9 以上,并且高收入国家又显著高于中等收入国家,见表 3-12。

表 3-12　服务业增加值比重与人均 GNI 相关系数 (时间序列数据)

国家类别	相关系数	样本量
全球	0.9539	42
高收入国家	0.9634	42
中等收入国家	0.9066	51
上中等收入国家	0.9032	51
下中等收入国家	0.9297	51
低收入国家	0.7883	33
东亚与太平洋发展中国家	0.8760	51
拉美与加勒比发展中国家	0.7814	48

数据来源:世界银行在线数据库。

(三) 从面板数据看相关性

使用面板数据模型来分析影响服务业发展水平的决定因素,如下式:

$$R = \alpha + \beta_1 \cdot GNIP + \beta_T \cdot X_T$$

其中:R 表示服务业的比重,分别对服务业增加值、男性劳动力、女性劳动力比重进行估计。服务业增加值比重,即服务业增加值占国内生产总值 (GDP) 的比重,是衡量服务业发展水平的最重要指标。

服务业劳动力就业比重仍然分为男性劳动力和女性劳动力所占第三产业就业比重两项指标，由于不同国家劳动力总量的性别构成存在较大差异，我们没有做简单平均，而是对两个指标分别建立模型。中国没有分性别统计，因此只是作为一个参考对照。

$GNIP$ 表示人均 GNI。世界银行划分国家组别的标准就是人均国民总收入，因此这里使用这一指标而不是人均 GDP。为了消除可能的异方差影响，对这一指标取自然对数处理。

X_T 表示控制变量向量。这些控制变量分为经济规模变量和经济特征变量两类。经济规模变量为劳动力总量，做取自然对数处理。经济特征变量表现一个国家的宏观经济特征，分别有固定资本形成总额占 GDP 比重、商品和服务出口占 GDP 比重、国内金融部门发行信贷占 GDP 比重、城市人口比重共 4 个指标，分别用来表征国家的投资规模、经济外向型程度、金融系统发展程度和城市化进程。

对各个模型分别进行随机效应和固定效应估计，结果如下。

1. 增加值模型

从表 3-13 看，服务业增加值确实与经济发展水平呈现明显的正向相关关系。即便考虑其他控制变量，人均 GNI 都是一个显著变量，系数大约为 4。对数函数形式说明增加值比重提高幅度低于人均 GNI 的增长速度。

控制变量的系数基本符合预期。总劳动力的系数是负值，说明劳动力越少，服务业比重越大，因此人口规模小的国家更容易实现服务业占主导的经济。城市人口比重越高，说明城市化程度越高，我们的模型证明，城市化和第三产业发展是正向的关系。固定资本形成总额的比重与服务业增加值的发展呈现反向关系，一

第三章 中国服务业:阶段特征、国际比较及偏差解释　75

定程度上可能是因为工业化的程度和固定资产投资正相关。国内信贷对服务业比重的关系为正,但是影响系数很小,只有0.03左右。商品和服务出口占GDP的比重对于服务业增加值比重是一个负向的影响,但是对于服务业就业比重都是正向的影响,见表3-13。

表3-13　　　　　　　　模型估计结果

变量指标	增加值RE模型	男性劳动力RE模型	女性劳动力RE模型
人均GNI（对数）	4.2381 (18.58)	2.9921 (9.91)	6.8723 (16.86)
总劳动力（对数）	-1.5446 (-4.27)	-1.6861 (-5.02)	-3.143 (-5.96)
固定资本形成总额占GDP比重	-0.0632 (-4.55)	-0.2146 (-9.29)	-0.2303 (-7.54)
商品和服务出口占GDP比重	-0.0991 (-11.11)	0.0696 (6.59)	0.0342 (2.41)
国内信贷占GDP比重	0.034 (9.23)	0.0280 (6.76)	0.0202 (3.7)
城市人口比重	0.1113 (4.06)	0.1926 (6.67)	0.2603 (6.14)
常量	41.7164 (8.15)	36.3202 (7.02)	39.1123 (4.98)
R^2（组内）	0.1893	0.2328	0.2747
R^2（组间）	0.4746	0.7245	0.7435
R^2（全部）	0.4881	0.6023	0.6192
Wald统计量	870	868.5	1023.2

续表

变量指数	增加值 RE 模型	男性劳动力 RE 模型	女性劳动力 RE 模型
Breusch & Pagan 拉格朗日乘数检验	15576.7	15576.7	8351.8
样本数	3240	1775	1775
组数量	168	146	146
sigma – u	9.9874	7.2638	11.9767
sigma – e	4.4651	3.8548	5.0522
rho	0.8334	0.7803	0.8489

2. 劳动力模型

劳动力模型的结论与增加值模型基本相同。无论对男性劳动力还是女性劳动力，我们最关心的人均 GNI 都是正向的影响。对女性劳动力就业的影响更高，男性劳动力的系数大概为 3，而女性劳动力的系数大概为 7。说明女性劳动力在服务业的就业随着经济发展变化更加敏感，服务业对女性就业的吸纳能力更强，这与我们一般的认知一致。

几个控制变量的系数方向也基本与预期相同。印证了服务业的发展与城市化水平、金融发展水平等之间的正向关系，而与工业化高度相关的固定资产投资水平则呈现负相关关系。

3. 按收入组别分别建模

虽然面板数据模型已经考虑了不同类型经济主体的差异，但是我们仍然有必要考虑不同收入组别的国家是否有显著的不同特征。根据世界银行分组，我们分为低收入国家、下中等收入国家、上中等收入国家、OECD 高收入国家和非 OECD 高收入国家等 5 个组别来分别建模。结果见表 3 – 14。

表3-14 服务业增加值比重模型（按收入组别，RE模型）

变量指标	低收入	下中等收入	上中等收入	OECD高收入国家	非OECD高收入国家
人均GNI（对数）	2.5164 (3.38)	6.1952 (12.89)	4.3961 (11.43)	2.9260 (7.66)	1.4852 (2.62)
总劳动力（对数）	1.0723 (1.17)	-2.5400 (-3.88)	-3.1377 (-5.10)	0.6821 (1.28)	-0.5204 (-0.35)
固定资本形成总额占GDP比重	0.1528 (4.55)	-0.1923 (-6.86)	-0.0991 (-3.34)	-0.1789 (-5.90)	-0.0757 (-2.55)
商品和服务出口占GDP比重	-0.1168 (-4.73)	-0.1073 (-4.70)	-0.1543 (-8.77)	0.0333 (2.92)	-0.1190 (-6.23)
国内信贷占GDP比重	-0.0755 (-5.31)	0.0532 (4.58)	0.0315 (4.05)	0.0264 (7.97)	0.0947 (9.42)
城市人口比重	0.2253 (2.75)	-0.0293 (-0.47)	0.1409 (2.94)	0.1536 (3.45)	-0.0885 (-0.62)
常量	8.9129 (0.69)	51.9450 (5.54)	65.4755 (7.78)	15.4452 (1.80)	63.5002 (3.42)
R2（组内）	0.1914	0.2387	0.2626	0.5756	0.3408
R2（组间）	0.0426	0.3217	0.3965	0.3896	0.0116
R2（全部）	0.0902	0.2426	0.3852	0.4681	0.0277
Wald统计量	132.31	250.18	335.1	796.6	162.9
Breusch & Pagan拉格朗日乘数检验	2332.3	3076.2	3712.7	2832.6	2026.2
样本数	599	783	902	611	345
组数量	31	41	46	30	20

续表

变量指标	低收入	下中等收入	上中等收入	OECD 高收入国家	非OECD 高收入国家
sigma - u	7.7353	8.3913	8.6383	4.5446	18.1542
sigma - e	4.8901	4.9856	4.2623	1.9966	4.0072
rho	0.7145	0.7391	0.8042	0.8382	0.9535

在所有组别，经济发展水平都是决定服务业增加值比重的显著影响因素。但是，不同组别影响系数大小差异很大。低收入国家组系数最低，说明在发展水平较低时，服务业比重与经济增长的关系最弱。下中等收入国家组别则达到了6.2左右，是全部组别中最高的。说明在下中等收入国家阶段，随着经济增长，服务业的比重会显著快速上升。到了上中等收入阶段，仍然达到较高的4.4。高收入国家组的系数都不大，一定程度上是因为发达国家服务业比重进一步提升的空间已经不大。但是OECD高收入国家明显比非OECD高收入国家系数高。非OECD高收入国家主要是一些小型岛国、小型城市型经济体以及石油输出国。可见，具有一定规模的OECD高收入国家在经济发展经验上更具有可参考性。

4. 其他重要因素的影响

除上一节所分析的因素外，下面几个因素对服务业发展也有明显影响。

（1）投资强度的影响。投资强度是指固定资产投资占GDP的比重。总体看，投资强度对服务业发展是一个负向影响因素。按收入组别看，只有在低收入阶段，投资强度是一个正向影响因素，但在其他阶段是负向因素。

（2）开放度的影响。开放度定义为商品和服务的出口占GDP

的比重。总体上是一个负向影响因素，服务业增加值比重和劳动力比重都随开放度的提高而下降，而且在不同发展阶段，商品和服务出口比重都是服务业增加值比重的负向因素，这可能是因为构成出口的主要是商品，因此开放度高，表明制造业出口多，从而提高了制造业占 GDP 的比重。

（3）金融发展的影响。金融发展定义为国内信贷占 GDP 的比重。总体上看，这是服务业比重提高的正向因素，而且对服务业增加值比重的影响要大于对就业比重的影响。仅在低收入国家组是显著的负向因素。从长期趋势看，随着收入水平的提高，金融发展的影响仍然为正，但逐渐变弱。

（4）城市化水平的影响。城市化水平定义为城市人口占全部人口的比重。总体上看，这是一个正向影响因素，而且对女性劳动力比重的影响更大，达到 0.26，而对男性劳动力影响系数只有 0.19。分阶段看，仅在下中等收入阶段是负向因素，这可能是因为在这个阶段，主要依靠工业化来推动城市化。

三 影响服务业发展的相关因素：国情特点

（一）低消费率的影响

低消费率对服务业发展有负面影响，这个判断与前面所讲的高投资率的负面影响是一致的。这个因素对中国服务业发展影响显著。长期以来，中国消费率较低，国际比较，中国最终消费率低于国际平均水平约 15 个百分点，其中政府消费的比重与全球平均水平基本相当，主要是居民消费比重明显偏低。2000 年中国的家庭消费仅占 GDP 的 47%，同年全球平均为 61%，低收入国家为 70%，中等收入国家为 59%，该比重在 2004 年下降到 40.5%，到

2014年更是进一步下降到38%。与此相对应，消费对经济增长的贡献度也低，2001年消费对经济增长贡献的份额为48%，最近几年，由于出口对经济增长的贡献为负值，消费的增长贡献率有所上升，2013年和2014年分别达到50%和51.6%，但仍然明显低于全球平均数和所有收入组别的数据。生活消费是服务业的重要组成部分，消费率低必然导致生活服务业发展慢和比重低。

（二）"为全球制造"的影响

前面已经分析过开放程度对服务业发展水平的影响，这个影响在中国特别突出。中国的制造业的出口比例非常高，被称为"世界工厂"，向全世界出口大量工业制成品。2007—2012年，中国GDP占全球的比重从6.18%上升到了11.5%，但同时制造业占全球的比重从12.68%上升到了22.37%，中国制造业的产出已经占了全球制造业总产出的1/5强。2012年，中国出口额达到20490亿美元，占全球出口份额的11.1%，是全球第一大出口国，其中制造业商品的出口占全球的比重更高达16.73%。大量生产供出口用的制造业产品，必然造成国内制造业比重的上升。

（三）改革滞后的影响

服务业中一些行业特别是一些发展潜力较大的行业存在限制进入和垄断现象，抑制了服务业的发展和最终需求。特别是一些有旺盛需求、供给不足却限制进入服务行业如非义务教育、医疗保健、文化服务等行业，处于服务实际获得价格较高、需求旺盛、有效供给却不能较快增加的状况中，消费者得不到有效服务、供给者也不能得到较高收入。这种状况的产生，是因为有一些服务业具有双重性质，既是经济含义上的产业，又有经济之外的职能和目标，例如教育、医疗等行业具有的公共服务性质，金融、通信等行业具有的安全性要求，文化产业具有的意识形态功能等。

坚持这些性质和功能很重要，但是并不该因此而抑制其产业的性质和要求。要在加强监管的基础上，深化体制改革，进一步加强市场在这些行业中资源配置的作用，放开进入，强化竞争，充分释放发展潜力。

回顾过去60多年，中国服务业发展呈现出与其他国家不一致的特征。这种状况受到理念、国情、发展模式、体制特点和开放程度等多种因素的影响。不过从发展过程看，符合一般规律，有许多共性，趋同趋势明显。

参考文献

黄少军，2000，《服务业与经济增长》，北京：经济科学出版社。

江小涓，2004a，《中国经济运行与政策报告 No.2：中国服务业的增长与结构》，北京：社会科学文献出版社。

江小涓、李辉，2004b，《服务业与中国经济：相关性、结构转换和加快增长的潜力》，《经济研究》第1、3期。

江小涓，1999，《理论、实践、借鉴与中国经济学的发展——以产业结构理论研究为例》，《中国社会科学》第6期。

何小峰，1981，《劳务价值论初探》，《经济研究》第4期。

世界银行，2004，《世界发展指标2003》，北京：中国财政经济出版社。

［美］西蒙·库兹涅茨，1989，《现代经济增长》，北京：北京经济学院出版社。

李善同、陈波，2002，《世界服务业发展趋势》，《经济研究参考》第11期。

李冠霖、任旺兵，2003，《我国第三产业就业增长难度加大——从我国第三产业结构偏离度的演变轨迹及国际比较看我国第三产业的就业增长》,《财贸经济》第 10 期。

钱纳里,1995,《工业化和经济增长的比较研究》,上海:上海三联书店。

许宪春,2000,《90 年代我国服务业发展相对滞后的原因分析》,《管理世界》第 6 期。

第四章 中国服务业的全要素生产率及其对制造业的影响

一 研究背景、文献和研究对象

中国经济增长正进入一个从要素投入型的粗放式增长模式向创新驱动、追求效率的可持续增长方式转变的时期。而经济增长宏观效率的主要度量指标便是全要素生产率（TFP）。在增长方式转变过程中，服务业在国民经济中的地位和作用会更加凸显。由此引出的问题是：中国服务业的全要素生产率现状如何？决定服务业的全要素生产率的变量有哪些？提高中国服务业，尤其是生产性服务业的全要素生产率，对于提升中国制造业的效率、促进制造业的升级有什么作用？

最近 20 年里国外发表了许多研究服务业的全要素生产率的文献。比如，Dundar 与 Lewis (1998) 就研究了高校里的研发部门全要素生产率的决定因素。Aleksandra Parteka 与 Joanna Wolszczak - Derlacz (2013) 运用 7 个欧洲国家的 266 个高等教育机构的数据，考察这些机构研发的全要素生产率在 2001—2005 年的动态变化情况。Kittelsen 等 (2015) 比较研究了北欧斯堪的纳维亚诸国医疗机构的全要素生产率，发现芬兰的医疗机构的全要素生产率要高于北欧其他国家的医疗机构的全要素生产率，原因在于，芬兰在医疗产业上具有比较优势。

关于全要素生产率的决定变量，国内外已经有不少研究把外国直接投资（FDI）作为一个重要的决定因素。比如，Harris 和 Robinson（2003）就专门考察了外国直接投资对于英国制造业的全要素生产率的影响。Harris 与 J. Moffat（2015）运用 1997—2008 年的英国企业数据，从企业的层面考察了外资对于东道国企业的全要素生产率的影响。国内的研究者也在外资进入对于服务业的发展的效应方面展开了研究，并取得一些成果。比如，查冬兰与吴晓兰（2006）选取 1998—2003 年江苏省服务业各行业为研究样本，通过回归方程，得出外国直接投资对服务业主要行业经济增长有不同影响的结论，发现在服务业内，外资对于房地产业的影响最大，对于交通和物流服务业以及通信服务业的影响次之，而对于研发服务业的影响最小。江小涓（2011）强调开放和改革对提升中国服务业总体效率的重要性，从理论上提出，存在着"真实"和"名义"两类增长因素。王恕立与腾泽伟（2014）较深入地研究了外国直接投资流入对于服务业全要素生产率的影响，并指出，外资对于服务业生产率发生效应的机制是要素再配置。

国内一些学者已经深入研究了分行业的服务业全要素生产率的异质性。王恕立与胡宗彪（2012）运用序列 DEA - Malmquist 生产率指数法测算了 1990—2010 年中国服务业细分行业的全要素生产率（TFP）、技术进步、纯技术效率与规模效率增长率。结果表明，中国服务业总体及细分行业的 TFP 均处于上升通道。王恕立与刘军（2014）还运用了中国服务业的企业数据，研究了服务业全要素生产率分布的异质性和资源再配置效率。

国内外许多学者都很关注服务业对于制造业发展的作用。台湾学者 Wen – Hsiang Lai 与 Hsiang – Yi Chen 就考察了产业内部和产业之间的服务上的灵活度和企业机制的合作网络对于机器制造业的生产率的影响。程大中（2008）运用投入—产出法和一般均衡方法研究了生产性服务业的发展对于其他经济部门的系统影响，并做了国际比较研究。陈启斐与刘志彪（2014）利用动态面板 GMM 模型实证研究了生产性服务进口对中国制造业的影响。他们的研究发现，生产性服务进口可以显著促进中国制造业的技术进步。对细分行业的研究表明，金融服务进口贸易、研发服务进口贸易和商业服务进口贸易都可以促进制造业的生产率的提升。

我们在前人研究的基础上，运用中国第二次经济普查数据，基于索罗余项法和随机前沿分析方法（SFA），做了四方面的研究工作：一是计算了四位数服务业产业和四位数制造业产业的全要素生产率；二是估算分析了决定制造业和服务业全要素生产率的若干制度变量和政策变量的影响作用；三是定量地分析了中国服务业和制造业分二位数产业的税收负担，并讨论了税收负担在服务业内部子部门之间的异质性，通过回归分析考察了税收对于服务业和制造业全要素生产率的负面影响；四是从省、市、区的层面讨论了服务业全要素生产率与制造业全要素生产率之间的内在关系，揭示服务业全要素生产率的提高与制造业升级之间协调发展的经济规律。

二 数据来源和基本信息

本节研究运用中国国家统计局 2010 年提供的第二次全国经济普查数据（这是关于中国经济单位在 2008 年 12 月 31 日时点上的主要经济变量的数据），原始数据以企业和事业单位为观察单位，经过加总,以四位数产业为观察单位。从这个数据里,我们可以获得一位数产业、二位数产业、三位数产业和四位数产业的工业、服务业的基本经济信息。其中,一位数工业产业包含采矿、制造业和电力燃气水三大产业以及14个一位数的服务业产业(没有包含公共管理和国际组织)。

二位数产业分类中包含工业产业(采矿、制造、电力燃气水)中的39个产业和45个二位数服务业产业,其中证券业的数据缺失。

三位数产业分类中包含191个工业产业与174个服务业产业。

难能可贵的是,这个经济普查数据里包含了850个四位数产业的经济信息。其中,工业的四位数产业有525个,服务业的四位数产业有325个。但是,在工业与服务业的四位数产业数据里,各有18个产业数据是缺失的。这样,可供我们研究的数据就只包含507个四位数工业产业和307个四位数服务业产业。由于该数据包含如此多的四位数产业信息,尤其是其包含了如此多的服务业四位数产业的经济信息,就使得我们有可能对制造业和服务业之间的全要素生产率的异质性,及其服务业内部、制造业内部的子产业之间在全要素生产率方面的异质性展开研究。

该数据覆盖了企业和事业单位的主要财务指标,包括年初存货、年末存货、固定资产与折旧、主营业务收入、主营业务成本、主营业务利润、企业或事业单位承担的税收、利息支出、工资支出,实收资本信息,以及资本按国有、集体、法人、个人、港澳台、外资划分的资本结构信息,还包括就业人数信息。这就为我们构建服务业和制造业的生产函数,估算全要素生产率提供了足够的信息。

由于我们除了这一数据,再也没有关于2008年以后中国服务业和制造业的四位数产业的数据,于是下面的分析就仅仅是依据

2008年这一年的数据,分析的方法也只是以横截面回归分析为主。

三 服务业与制造业在"对外开放度""税收负担"和"全要素生产率"方面的异质性概述

(一)"外资进入度"或"对外开放度"

我们将"外资进入度"等同于"对外开放度"。其定义为:一个产业里的实收资本里的港澳台资本和外资/该产业内的全部实收资本。

表4-1给出了2008年年底中国全部二位数制造业和二位数服务业的"外资进入度"即"对外开放度"的信息。我们可以从最后一栏"平均值"看出,总的说来,中国服务业的对外开放度不如制造业的对外开放度高。中国2008年的制造业对外开放程度的平均值为6.62%,而服务业的对外开放度的平均值只有3.69%。请注意,表4-1里所谓的"制造业"是指"广义的制造业"即全部工业。表4-1里所谓的"服务业"也是指"广义的服务业",即全部服务业产业。

表4-1 2008年第中国广义制造业和广义服务业的对外开放度
(从高到低排序)

制造业			服务业		
二位数行业名称	行业代码	对外开放度(%)	二位数行业名称	行业代码	对外开放度(%)
饮料制造业	15	23.16	餐饮业	67	21.85
纺织服装、鞋、帽制造业	18	19.08	软件业	62	18.29

续表

制造业			服务业		
二位数行业名称	行业代码	对外开放度（%）	二位数行业名称	行业代码	对外开放度（%）
造纸及纸制品业	22	17.20	体育	91	15.51
食品制造业	14	16.87	房地产业	72	14.29
化学纤维制造业	28	14.68	计算机服务业	61	13.49
石油加工、炼焦及核燃料加工业	25	14.09	电信和其他信息传输服务业	60	10.44
化学原料及化学制品制造业	26	13.64	零售业	65	7.21
通信设备、计算机及其他电子设备制造业	40	12.76	其他服务业	83	6.49
农副食品加工业	13	11.29	地质勘查业	78	6.07
电气机械及器材制造业	39	9.35	教育	84	4.91
交通运输设备制造业	37	9.03	研究与试验发展	75	4.81
非金属矿物制品业	31	8.76	航空运输业	55	4.57
医药制造业	27	7.41	娱乐业	92	4.28
金属制品业	34	6.64	道路运输业	52	4.15
专用设备制造业	36	6.62	住宿业	66	4.13

续表

制造业			服务业		
二位数行业名称	行业代码	对外开放度（%）	二位数行业名称	行业代码	对外开放度（%）
木材加工及木、竹、藤、棕、草制品业	20	6.24	批发业	63	3.47
塑料制品业	30	6.17	租赁业	73	3.14
文教体育用品制造业	24	6.17	居民服务业	82	3.02
非金属矿采选业	10	5.78	环境管理业	80	2.08
通用设备制造业	35	5.62	商务服务业	74	1.97
仪器仪表及文化、办公用机械制造业	41	5.48	科技交流和推广服务业	77	1.76
水的生产和供应业	46	5.39	城市公共交通业	53	1.76
有色金属冶炼及压延加工业	33	5.06	建筑装饰业	49	1.54
燃气生产和供应业	45	4.54	建筑安装业	48	0.64
皮革、毛皮、羽毛（绒）及其制品业	19	4.47	社会福利业	87	0.56
工艺品及其他制造业	42	2.78	专业技术服务业	76	0.48
印刷业和记录媒介的复制	23	2.13	装卸搬运和其他运输服务业	57	0.38

续表

制造业			服务业		
二位数行业名称	行业代码	对外开放度（%）	二位数行业名称	行业代码	对外开放度（%）
纺织业	17	1.91	公共设施管理业	81	0.37
橡胶制品业	29	1.85	房屋和土木工程建筑业	47	0.24
黑色金属矿采选业	8	1.71	文化艺术业	90	0.23
电力、热力的生产和供应业	44	1.38	卫生	85	0.14
黑色金属冶炼及压延加工业	32	0.43	广播、电视、电影和音像业	89	0.08
家具制造业	21	0.26	其他金融活动	71	0.05
煤炭开采和洗选业	6	0.18	邮政业	59	0.05
废弃资源和废旧材料回收加工业	43	0.04	仓储业	58	0.05
有色金属矿采选业	9	0.01	其他建筑业	50	0.00
石油和天然气开采业	7	0.00	铁路运输业	51	0.00
其他采矿业	11	0.00	水上运输业	54	0.00
烟草制品业	16	0.00	管道运输业	56	0.00
平均值		6.62	银行业	68	0.00
			保险业	70	0.00

续表

制造业			服务业		
二位数行业名称	行业代码	对外开放度（%）	二位数行业名称	行业代码	对外开放度（%）
			水利管理业	79	0.00
			社会保障业	86	0.00
			新闻出版业	88	0.00
			证券业	69	
	—		平均值	—	3.69

数据来源：中国第二次经济普查数据，2010年。以下各表的数据来源相同。

除了在"对外开放度"的平均值上服务业不如制造业高以外，还有两点需要加以指出：

（1）从表4-1可以看出，广义制造业的二位数产业数目没有广义服务业的二位数产业数目多，但是，在广义制造业二位数产业里，"对外开放度"超过10%的产业数就有9个，而在广义服务业的二位数产业里，对外开放度超过10%的产业个数只有6个。

（2）到2008年年底，在39个广义制造业的二级产业里，只有石油和天然气开采业、其他采矿业与烟草制品业的外资进入度为零，即只有这三个二级产业对于FDI是不开放的。其他36个二级产业，都或多或少有外资进入。但在服务业的44个二级产业里，就有9产业的外资进入度为零，说明从产业政策上说，中国的服务业对于外资的不开放程度要高于制造业。

从表4-1还可看出，制造业和服务业里，对外开放度最高的都是与餐饮业有关的。2008年，中国的饮料制造业对外开放度达到23.16%；与此同时，服务业里的餐饮业的对外开放度也达到21.85%。

外资在服务业里进入度在10%—20%间的子产业有信息产业（软件、计算机服务、电信和其他信息传输服务）、房地产以及体育。

（二）行业间税负差异

表4-2A和表4-2B分别给出了二位数广义制造业和二位数广义服务业的税负差异信息。这个表还包含2008年中国各个二位数产业在平均工资和就业比重上的差异信息。相关的定义如下：

税收负担＝（主营业务税金及附加＋税金＋增值税）/主营业务收入。

平均工资＝应付工资/从业人员年平均人数；单位：千元/人年。

就业比重＝行业 i 的从业人员年平均人数/制造业（或者服务业）全部从业人员年平均人数之和。

表4-2A 制造业内部各二级产业间在税负、平均工资和就业比重上的差异

行业名称	行业代码	税率（%）	排序	平均工资	排序	就业比重（%）	排序
煤炭开采和洗选业	6	8.93	3	15.92	22	8.71	2
石油和天然气开采业	7	5.44	23	50.55	1	1.99	18
黑色金属矿采选业	8	7.79	10	14.84	26	1.05	28
有色金属矿采选业	9	7.07	15	24.03	9	1.13	27
非金属矿采选业	10	9.35	2	8.61	37	2.13	17
其他采矿业	11	8.72	4	4.49	39	0.04	39
农副食品加工业	13	4.64	35	15.68	24	4.98	5

续表

行业名称	行业代码	税率（%）	排序	平均工资	排序	就业比重（%）	排序
食品制造业	14	4.84	30	14.03	28	2.37	15
饮料制造业	15	8.34	7	18.71	16	4.04	9
烟草制品业	16	25.70	1	17.67	19	0.20	36
纺织业	17	4.75	34	14.34	27	4.10	8
纺织服装、鞋、帽制造业	18	8.28	8	13.57	31	1.18	26
皮革、毛皮、羽毛（绒）及其制品业	19	5.98	20	16.41	21	1.94	20
木材加工及木、竹、藤、棕、草制品业	20	4.85	29	13.59	30	1.24	24
家具制造业	21	4.63	36	18.03	18	1.45	22
造纸及纸制品业	22	7.41	13	15.78	23	1.89	21
印刷业和记录媒介的复制	23	6.55	16	11.46	35	1.24	25
文教体育用品制造业	24	4.84	31	11.17	36	0.07	38
石油加工、炼焦及核燃料加工业	25	5.19	27	31.28	3	0.97	29
化学原料及化学制品制造业	26	5.16	28	18.78	15	6.47	3
医药制造业	27	8.44	6	23.36	10	2.30	16
化学纤维制造业	28	3.25	39	20.88	11	0.31	35
橡胶制品业	29	7.75	11	15.64	25	0.69	31
塑料制品业	30	4.52	37	12.81	32	1.95	19
非金属矿物制品业	31	6.19	17	13.94	29	12.60	1

续表

行业名称	行业代码	税率(%)	排序	平均工资	排序	就业比重(%)	排序
黑色金属冶炼及压延加工业	32	4.75	32	34.84	2	3.76	12
有色金属冶炼及压延加工业	33	3.83	38	27.84	6	1.36	23
金属制品业	34	5.32	25	16.74	20	2.56	13
通用设备制造业	35	5.85	21	20.24	12	5.55	4
专用设备制造业	36	5.48	22	20.15	13	3.83	11
交通运输设备制造业	37	6.09	19	24.20	8	4.76	6
电气机械及器材制造业	39	4.75	33	18.15	17	2.38	14
通信设备、计算机及其他电子设备制造业	40	5.42	24	29.07	5	3.86	10
仪器仪表及文化、办公用机械制造业	41	8.07	9	19.24	14	0.49	33
工艺品及其他制造业	42	6.16	18	11.48	34	0.43	34
废弃资源和废旧材料回收加工业	43	7.36	14	8.08	38	0.12	37
电力、热力的生产和供应业	44	7.74	12	29.74	4	4.51	7
燃气生产和供应业	45	5.25	26	26.18	7	0.61	32
水的生产和供应业	46	8.51	5	11.92	33	0.77	30
平均数		6.75		18.81		2.56	

表4-2B 服务业内部各二级产业间在税负、平均工资和就业比重上的差异

行业名称	行业代码	税率(%)	排序	平均工资	排序	就业比重(%)	排序
房屋和土木工程建筑业	47	3.68	34	16.46	1	49.492	1
建筑安装业	48	3.55	35	14.94	2	3.540	6
建筑装饰业	49	4.58	24	9.84	4	1.647	10
其他建筑业	50	3.74	33	9.28	6	0.764	15
铁路运输业	51	5.61	14			0.032	38
道路运输业	52	4.55	25			3.341	7
城市公共交通业	53	4.35	27			1.293	13
水上运输业	54	5.77	12			0.088	34
航空运输业	55	3.44	36			0.272	26
管道运输业	56					0.014	41
装卸搬运和其他运输服务业	57	4.03	30			0.665	17
仓储业	58	2.49	39			0.190	30
邮政业	59	3.37	37			0.981	14
电信和其他信息传输服务业	60	3.83	32			1.625	11
计算机服务业	61	5.41	18			0.718	16
软件业	62	5.47	16			0.528	20
批发业	63	2.72	38	6.57	8	7.407	2
零售业	65	4.90	23	5.51	9	6.050	3
住宿业	66	6.81	10	9.37	5	2.414	9
餐饮业	67	10.33	4	7.56	7	2.686	8

续表

行业名称	行业代码	税率（%）	排序	平均工资	排序	就业比重（%）	排序
银行业	68					0.031	39
证券业	69						
保险业	70					0.005	43
其他金融活动	71	5.70	13			0.044	36
房地产业	72	7.58	7	12.91	3	5.422	4
租赁业	73	5.27	20			0.208	29
商务服务业	74	5.45	17			4.861	5
研究与试验发展	75	3.99	31			0.251	27
专业技术服务业	76	4.90	22			1.510	12
科技交流和推广服务业	77	4.26	28			0.540	19
地质勘查业	78	8.24	5			0.163	32
水利管理业	79	18.14	1			0.040	37
环境管理业	80	5.55	15			0.303	25
公共设施管理业	81	15.55	2			0.228	28
居民服务业	82	5.40	19			0.476	21
其他服务业	83	7.54	8			0.611	18
教育	84	4.48	26			0.417	23
卫生	85	4.11	29			0.425	22
社会保障业	86					0.001	44
社会福利业	87					0.008	42
新闻出版业	88	5.12	21			0.175	31
广播、电视、电影和音像业	89	8.22	6			0.113	33

第四章 中国服务业的全要素生产率及其对制造业的影响　97

续表

行业名称	行业代码	税率(%)	排序	平均工资	排序	就业比重(%)	排序
文化艺术业	90	7.00	9			0.054	35
体育	91	10.40	3			0.024	40
娱乐业	92	6.73	11			0.344	24
平均数		5.96		10.27		2.273	

注：四位数服务业中很多行业没有工资，因此无法获得这些二位数行业的工资水平。

通过表4-2A和表4-2B，我们可以看到：

（1）总体说来，在"营改增"以前，中国服务业的微观税负并不比广义制造业的税负重。如表4-2A最后一栏所示，2008年年底，广义制造业的平均税率为6.75%；而表4-2B最后一栏显示，在2008年年底，广义服务业的平均税率为5.96%。这说明，在2008年年底，服务业的平均税率还低于制造业的平均税率。

（2）如果我们把注意力集中于与制造业密切相关的"生产性服务业"，按"生产性服务业"的定义，应该包含仓储、物流、交通、批发商业和零售商业、租赁、商业服务业、专业服务业、科技推广、研发部门、金融服务产业等。我们从表4-2B里可以看到，2008年，即在"营改增"以前，中国的"生产性服务业"的平均税率在3%—5%。如仓储、装卸搬运和其他活动、水上运输业的税率都在2.4%—5.77%；批发业的税率只有2.72%；零售业的税率是4.90%；其他金融活动业的税率是5.70%；租赁、商业服务业、研发部门、专业服务业、科技推广服务业的税率都在3.99%—5.45%。以上这些生产性服务业的平均税率，不仅低于广义制造业的平均税率（6.75%），而且也低于广义服务业的平均税率（5.96%）。这说明，在"营改增"以前，中国"生产性服务业"的税收负担问题并不突出。

（3）服务业中有一些部门的税负比较重，不但高于广义服务业的平均税负，而且也高于广义制造业的平均税负。对比表4-2A和表4-2B，我们不难发现，在二位数的服务业产业中，税率最高的产业是水利管理业（税率为18.14%），其次为公共设施管理业（15.55%），以下依次为体育（10.40%），餐饮业（10.33%），地质勘查业（8.24%），广播、电视、电影、音像业（8.22%），房地产业（7.58%）。说明税负重的服务业大部分属于传统的餐饮、文化产业和房地产业。

表4-2A和表4-2B中显示的就业信息也值得注意。在中国的广义制造业里，占全部工业就业比重最高的二位数产业依次为非金属矿物制品业、采煤业、化学原料与化学制品制造业、通用设备制造业、农副食品加工业。而在广义服务业的二位数产业里，占全部就业比重最高的产业依次为房屋和土木工程建筑业、批发业、零售业、房地产业、商务服务业，即批发、零售业与房屋和土木工程建筑业的就业占服务业的全部就业比重最高。

（三）广义服务业与广义制造业之间在总体效率上的比较

这里的"总体效率"里的"总体"，有两层含义：一是把广义制造业中的507个四位数产业看作一个整体，同时也把广义服务业里307个四位数产业看作一个整体，我们分析比较制造业和服务业的总体效率；二是总体效率与"总生产函数"有关系，我们分别构造了制造业和服务业的总生产函数，又分别求出这两个总生产函数里"全要素生产率"，因而这个"全要素生产率"不是企业个体的全要素生产率，也不是二位数、三位数、四位数产业中的个别产业的全要素生产率，而是507个制造业产业、307

个服务业产业的总体的全要素生产率。

我们假设，在科布—道格拉斯生产函数里，所有行业的α、β相同。在此基础上，我们运用 TFP（索罗余项方法）和 SFA（随机前沿分析方法），估算了中国的广义制造业和狭义制造业的全要素生产率和平均效率水平，也估算了中国的广义服务业和狭义服务业（即生产性服务业）的全要素生产率和平均效率水平。表4-3给出了我们的计算结果。这里，"广义制造业"是一位数行业代码为 B—D 的行业，"广义服务业"是一位数行业代码为 E—R 的行业。如不特殊说明，我们说的制造业和服务业都是指广义口径的制造业和服务业。"狭义制造业"是一位数行业代码为 C 的行业，"狭义服务业"是一位数行业代码为 F—H、J—M 的行业。

表4-3　　　　　　四位数行业层面的总体效率

行业类别	全要素生产率	平均效率水平
广义制造业	2.93	0.98808
广义服务业	2.52	0.988028
狭义制造业	2.98	0.988086
狭义服务业	2.85	0.98807

我们的研究发现，运用索罗余项法得到的全要素生产率，与通过"随机前沿分析方法"得到的平均效率水平是一致的。使用全要素生产率和平均效率水平所衡量的效率相关性为0.9999。从表4-3可以读出，2008年，中国广义服务业的全要素生产率为2.52，稍低于广义制造业的全要素生产率（2.93）。如果狭义地计算制造业的全要素生产率和狭义服务业（即生产性服务业）的全要素生产率，则得到的生产性服务业的全要素生产率结果为2.85，

这要高于全体服务业的全要素生产率。我们还发现，狭义服务业的全要素生产率（2.85）与狭义制造业的全要素生产率（2.98）之间的差距（只有0.13），要小于广义服务业全要素生产率与广义制造业全要素生产率之间的距离（0.41）。

按"随机前沿分析方法"得到的平均效率水平结果，与全要素生产率计算结果是类似的。表4-3显示，如果比较广义制造业与广义服务业的平均效率水平之间的差距，则后者比前者差十万分之五点二；如果比较狭义制造业与狭义服务业的平均效率水平之间的差距，则后者比前者仅差十万分之一点六。这说明在狭义服务业（即生产性服务业）的层面上，服务业的总体效率比一般服务业要有所提高，与制造业的总体效率水平之间的距离在缩短。

（四）行业之间效率水平比较

表4-4给出了2008年中国39个二位数广义制造业产业和44个广义服务业产业的全要素生产率的信息。该表显示：

（1）与广义制造业全要素生产率平均值2.85相比，广义服务业的全要素生产率平均值为2.22，后者要低于前者。

（2）服务业在全要素生产率的行业间分布上，显示出比制造业更高的异质性：广义制造业的39个二位数产业的全要素生产率分布区间为［1.86，3.82］；而广义服务业44个二位数产业的全要素生产率的分布区间是［1.09，3.89］，后者的分布区间要宽于前者。

（3）如果细看44个服务业子产业的全要素生产率数字，就不难发现服务业内部在效率方面存在着等级。表4-4显示，在中国服务业内部，全要素生产率水平存在着四个等级：效率最高的服务产业是批发业、仓储、管道运输与零售业，其全要素生产率都在3.04—3.89。其次才是航空运输、铁路运输业、地质勘查、银行、保险业、社会保障业,其全要素生产率在 2.5—2.9。再次是信息产业、软件、专业技术推广、研发、商业服务业(如会计事务所等)等,这些部门的全要素生产率在 2.09—2.48。传统的消费性服务业、文化服务业、公交、福利事业服务业的全要素生产率都在 2.00 以下。这说明,现代服务业的全要素生产率要高于传统服务业的全要素生产率,生产性服务业的全要素生产率要高于消费性服务业的全要素生产率。

表 4-4　制造业和服务业的全要素生产率(从高到低排序)

制造业			服务业		
二位数行业名称	行业代码	全要素生产率	二位数行业名称	行业代码	全要素生产率
有色金属冶炼及压延加工业	33	3.82	批发业	63	3.89
石油加工、炼焦及核燃料加工业	25	3.71	仓储业	58	3.34
烟草制品业	16	3.52	管道运输业	56	3.26
黑色金属冶炼及压延加工业	32	3.29	零售业	65	3.04
通信设备、计算机及其他电子设备制造业	40	3.27	地质勘查业	78	2.90
饮料制造业	15	3.16	银行业	68	2.85
化学原料及化学制品制造业	26	3.11	铁路运输业	51	2.83
金属制品业	34	3.07	水上运输业	54	2.78
化学纤维制造业	28	3.06	保险业	70	2.76
交通运输设备制造业	37	3.03	社会保障业	86	2.54

续表

制造业			服务业		
二位数行业名称	行业代码	全要素生产率	二位数行业名称	行业代码	全要素生产率
电气机械及器材制造业	39	3.00	航空运输业	55	2.53
农副食品加工业	13	2.98	软件业	62	2.48
专用设备制造业	36	2.97	专业技术服务业	76	2.48
通用设备制造业	35	2.97	广播、电视、电影和音像业	89	2.43
家具制造业	21	2.97	计算机服务业	61	2.42
医药制造业	27	2.94	科技交流和推广服务业	77	2.39
仪器仪表及文化、办公用机械制造业	41	2.94	新闻出版业	88	2.39
塑料制品业	30	2.93	研究与试验发展	75	2.37
皮革、毛皮、羽毛（绒）及其制品业	19	2.92	其他金融活动	71	2.35
废弃资源和废旧材料回收加工业	43	2.92	电信和其他信息传输服务业	60	2.33
橡胶制品业	29	2.84	房屋和土木工程建筑业	47	2.24
食品制造业	14	2.82	卫生	85	2.19
文教体育用品制造业	24	2.82	商务服务业	74	2.09
石油和天然气开采业	7	2.81	装卸搬运和其他运输服务业	57	2.09
工艺品及其他制造业	42	2.78	其他建筑业	50	1.99
燃气生产和供应业	45	2.77	公共设施管理业	81	1.97
纺织业	17	2.76	房地产业	72	1.96
木材加工及木、竹、藤、棕、草制品业	20	2.69	租赁业	73	1.94

续表

制造业			服务业		
二位数行业名称	行业代码	全要素生产率	二位数行业名称	行业代码	全要素生产率
印刷业和记录媒介的复制	23	2.68	建筑装饰业	49	1.93
煤炭开采和洗选业	6	2.63	其他服务业	83	1.90
非金属矿物制品业	31	2.62	建筑安装业	48	1.89
纺织、服装、鞋、帽制造业	18	2.59	娱乐业	92	1.89
黑色金属矿采选业	8	2.56	居民服务业	82	1.88
有色金属矿采选业	9	2.53	餐饮业	67	1.86
造纸及纸制品业	22	2.51	邮政业	59	1.85
非金属矿采选业	10	2.30	教育	84	1.72
电力、热力的生产和供应业	44	2.23	水利管理业	79	1.68
其他采矿业	11	1.93	文化艺术业	90	1.66
水的生产和供应业	46	1.86	体育	91	1.64
平均值		2.85	道路运输业	52	1.60
			环境管理业	80	1.50
			城市公共交通业	53	1.39
			社会福利业	87	1.17
			住宿业	66	1.09
			证券业	69	
			平均值		2.22

表4-5 分省的制造业、服务业总体效率比较

（按服务业全要素生产率从高到低排列）

省份	服务业全要素生产率	服务业平均效率水平	制造业全要素生产率	制造业平均效率水平
湖南	3.75	0.992135	3.90	0.992147
内蒙古	3.72	0.992721	3.75	0.992723
上海	3.53	0.992562	3.49	0.992561
江苏	3.35	0.994799	3.37	0.994799
浙江	3.34	0.993806	3.49	0.993811
北京	3.31	0.565374	3.34	0.57353
黑龙江	3.23	0.995668	3.21	0.995668
重庆	3.16	0.762397	3.24	0.770383
江西	3.03	0.713465	2.89	0.706706
福建	2.94	0.990966	3.07	0.990976
山东	2.93	—	3.18	—
广东	2.92	0.995344	2.95	0.995345
辽宁	2.91	0.984435	3.15	0.984495
吉林	2.90	0.995714	2.97	0.995716
广西	2.85	0.990415	3.14	0.990437
海南	2.81	0.986307	2.66	0.986297
河南	2.81	0.696849	3.29	0.742465
陕西	2.77	0.990025	2.83	0.990032
安徽	2.66	0.994333	2.88	0.99434
宁夏	2.66	0.968842	2.92	0.968981
新疆	2.64	0.619227	2.78	0.634138

第四章 中国服务业的全要素生产率及其对制造业的影响　　105

续表

省份	服务业全要素生产率	服务业平均效率水平	制造业全要素生产率	制造业平均效率水平
天津	2.63	0.62369	2.69	0.636707
云南	2.62	0.986393	2.81	0.986415
湖北	2.55	0.994921	2.84	0.99493
全国	2.52	0.988028	2.93	0.98808
四川	2.52	0.988028	2.93	0.98808
河北	2.49	0.995655	2.83	0.995662
青海	2.41	0.517617	2.5	0.528546
贵州	2.32	0.982917	2.36	0.982925
甘肃	2.19	0.569261	2.31	0.593082
山西	2.15	0.537547	2.04	0.531311
西藏	2.05	0.965538	1.56	0.965276

注：由于数据缺失，未能计算出山东省的平均效率水平。

表4-5列出了广义制造业和广义服务业效率水平的分省比较结果。我们可以看出，按全要素生产率得到的计算结果，与按随机前沿分析方法得到的平均效率水平结果在省际间排序上是一致的。但是，按服务业效率排序与按制造业效率排序，所得到的排序会有所不同。比如，浙江省与江苏省之间，如果按服务业效率排序，则是江苏省高于浙江省；但如按制造业效率高低排序，则是浙江省胜出江苏省。

但是，不管是按服务业效率高低排序，还是按制造业效率高低排序，湖南省、内蒙古自治区和上海市总是在2008年的省际全要素生产率排序里占据第一、第二、第三名。全国分省的服务业全要素生产率的分布区间为 [2.05, 3.75]，制造业全要素生产率的省际分布区间为 [1.56, 3.90]，这说明，在 2008 年，中国服务业的全要素生产率平均说来还略高于制造业的全要素生产率。并且，服务业的全要素生产率的省际差异要小于制造业的全要素生产率的省际差异。当然，从发展的角度看，无论是制造业还是服务业，中国落后地区的全要素生产率的提升还有相当的空间。

四 回归分析Ⅰ：对外开放度、税负、市场竞争程度与全要素生产率

我们在前面估算得到的 507 个四位数制造业产业和 307 个四位数服务业产业的全要素生产率和平均效率水平数值的基础上，考察体制变量和政策变量对于制造业和服务业的全要素生产率与平均效率水平的效应。这里的体制变量是指"对外开放度"和"产业竞争程度"；这里的政策变量主要指税收政策，用"税负"来度量。在我们的估算模型里，被解释变量为四位数行业层面效率，分别为"全要素生产率"和"平均效率水平"。解释变量里的"对外开放度"的定义是："港澳台商资本与外商资本之和"与实收资本的比值。"税负"的定义如前所述。

（一）假说

我们的计量分析是基于以下四个假说：

假说 1：外资进入会促进服务业效率提高。

这一直是我们引进外资的基本假设之一。通常来说，外资所掌握的人力资本（技术）和组织资本（先进的管理，市场网络等）比中国国内企业要先进，因此，一个产业提高对外开放程度，会

带来更优质的人力资本和组织资本，从而会提高该产业的全要素生产率。但是，平新乔等（2007）的实证研究发现，至少对于中国制造业的技术进步与全要素生产率而言，这个假说在根据2004年第一次经济普查数据所做的回归分析中没有得到证实。我们这次以2008年中国第二次经济普查数据为基础，重新检验这一假说。

假说2：提高税负会降低全要素生产率。

税负与全要素生产率之间的负相关关系是基于以下理论：构成全要素生产率的基本要素是企业和产业的人力资本、组织资本和社会资本（社会体制、竞争的公平性、激励机制等）。而税收会打压人力资本、组织资本和社会资本，因为税收会从激励机制上压抑人的积极性。正如Briant等（2015）所指出的那样，政府的税收优惠会给企业家的创新带来强劲的激励，促进技术创新，促进新兴工业区和服务业区域的形成。Fairlie等（2015）也用计量实证结果证实了，政府提高对企业家培训项目的补贴，会促进人力资本与组织资本的形成。因此，如果反过来，政府要加重企业税负，就会伤害人力资本、组织资本和社会资本，从而降低全要素生产率。

假说3：竞争会提高全要素生产率。

竞争会提高企业人力资本、组织资本的效率，从而提高全要素生产率。而一个行业越是趋于竞争，其产品价格便越会与边际成本和平均成本接近。这会反映在"市场价格加成"上，价格加成便会越是趋近于1；从产业内的企业的财务指标来看，就会表现为"主营成本与主营收入之比"上升。因此，"主营成本与主营收入之比"是衡量产业竞争程度的一个间接度量指标，该指标与全要素生产率之间的相关关系应该为正。

假说4：资本回报率与全要素生产率之间的相关关系应该为正。

实收资本与主营业务收入之比，相当于是资本回报率的一个倒数。这里的"资本回报"，当然不是像狭义的资本红利、利息那样的概念，而是包含了残差收入在内的全部回报，即全部剩余。因此，如果主营业务收入对实收资本的比率高，就反映了企业或产业的平均效率水平高。反过来说，"实收资本与主营收入之比"，与全要素生产率之间的相关关系就应该为负。

（二）回归结果

表4-6A和表4-6B分别给出了以"全要素生产率"为解释变量和以"平均效率水平"为解释变量的OLS回归结果。

表4-6A 四位数产业服务业和制造业效率的决定因素分析

（TFP为被解释变量）

变量名称	广义行业定义口径		狭义行业定义口径	
	(1)	(2)	(3)	(4)
	服务业全要素生产率	制造业全要素生产率	服务业全要素生产率	制造业全要素生产率
对外开放度	0.611	0.254	0.619	0.295*
	(0.128)	(0.146)	(0.138)	(0.0836)
税率	-1.424	-0.474	-7.233***	0.480
	(0.134)	(0.547)	(0.00108)	(0.543)
主营成本与主营收入之比	2.865***	0.778**	2.974***	0.593*
	(0)	(0.0145)	(0)	(0.0778)

第四章 中国服务业的全要素生产率及其对制造业的影响　109

	广义行业定义口径		狭义行业定义口径	
	(1)	(2)	(3)	(4)
变量名称	服务业全要素生产率	制造业全要素生产率	服务业全要素生产率	制造业全要素生产率
实收资本与主营收入之比	-0.132***	-0.190***	-0.116***	-0.483***
	(1.04e-06)	(4.61e-08)	(6.36e-05)	(0)
常数项	0.810***	2.384***	1.097***	2.597***
	(0.000211)	(0)	(0.000595)	(0)
观测个数	247	504	175	466
拟合优度	0.448	0.097	0.486	0.131

注：括号内是 P 值 ***、**、* 分别表示在1%、5%、10%的水平上显著。

表4-6B　四位数行业层面服务业和制造业效率的决定因素分析
（平均效率水平为被解释变量）

	广义行业定义口径		狭义行业定义口径	
	服务业平均效率水平	制造业平均效率水平	服务业平均效率水平	制造业平均效率水平
变量名称				
对外开放度	7.68e-05	3.20e-05	7.76e-05	3.71e-05*
	(0.125)	(0.140)	(0.136)	(0.0789)
税负	-0.000178	-6.05e-05	-0.000899***	5.86e-05
	(0.133)	(0.536)	(0.00111)	(0.549)
主营成本与主营收入之比	0.000357***	9.57e-05**	0.000369***	7.24e-05*
	(0)	(0.0153)	(0)	(0.0824)
实收资本与主营收入之比	-1.66e-05***	-2.39e-05***	-1.46e-05***	-6.04e-05***
	(8.64e-07)	(3.44e-08)	(5.47e-05)	(0)

续表

变量名称	广义行业定义口径		狭义行业定义口径	
	服务业平均效率水平	制造业平均效率水平	服务业平均效率水平	制造业平均效率水平
常数项	0.988***	0.988***	0.988***	0.988***
	(0)	(0)	(0)	(0)
观测个数	247	504	175	466
拟合优度	0.447	0.098	0.486	0.133

注：括号内是P值***、**、*分别表示在1%、5%、10%的水平上显著。

1. "对外开放度"效应

（1）我们看到，"对外开放度"在表4-6A与表4-6B里，无论是对于广义的服务业，还是对于狭义的服务业（即生产性服务业），无论是对于服务业的全要素生产率，还是对于服务业的平均效率水平，其效应都是正向的，但都未通过显著性检验。

（2）在狭义的制造业口径上，"对外开放度"对于制造业的全要素生产率和平均效率水平的效应为正，并在10%的水平上显著。这说明，从狭义的制造业和狭义的生产性服务业比较的角度说，在制造业里外资对于效率的提升作用要强于其在生产性服务业里的促进作用。

（3）从回归系数的绝对值看，我们发现，在表4-6A与表4-6B里，狭义的产业口径里比广义口径里外资对于效率的提升系数都要大一些。这意味着，在生产性服务业里，外资对于总体效率的影响作用，会大于其在一般性服务业里对效率的提升作用。

因此，我们的计量回归结果显示，在广义的制造业上，外资并没有对于全要素生产率和平均效率水平发生显著的正向作用；只是在狭义的制造业口径里，外资对于效率的正向效应才在10%的水平上显著。而在服务业里，外资对于全要素生产率和平均效率水平的效应都没有通过显著性检验。这个结果仍然不能确切证实假说1。

2. 税负效应

表4-6A和表4-6B显示，税负对于服务业的全要素生产率和效率平均水平的作用都为负面，并且在生产性服务业口径里，税收的这种负面作用在1%的水平上显著。从回归系数的绝对值比较可以看出，税收对狭义服务业的总体效率的负面影响，要甚于对广义服务业的总体效率的负面效应。

但是，税负对于制造业的作用方向不确定，在广义制造业产业里，税收对于全要素生产率和效率平均水平的作用都为负面，但在狭义制造业的口径里，税收对于效率的作用是正向的。不过，税收对于制造业总体效率的效应，无论是在广义的制造业，还是在狭义的制造业，无论是对全要素生产率，还是对效率平均水平，都是不显著的。

税收对于服务业的负面影响，我们可以做两方面的解释：一是税负的确会伤害服务业领域企业的动力，压抑产业效率。二是正如我们在前面简单统计分析里所看到的，在中国服务业里，全要素生产率水平是存在四个等级的，越是现代的服务业，越是生产性的服务业，其效率水平越高；正如我们在行业税负比较里指出的那样，越是生产性的服务业，其税负反而低。这样，在统计上就会呈现税负与全要素生产率之间的显著的负相关关系。

到此，假说2得到验证。

3. 竞争性与全要素生产率

表4-6A、表4-6B显示，"主营成本与主营收入之比"对于

广义和狭义的服务业，对于服务业的全要素生产率和效率平均水平的边际效应，都在1%水平上显著为正，这意味着在服务业产业里，产业竞争程度提高，主营成本与主营收入之比越是接近于1，市场价格加成水平越低，则行业的总体效率便会显著上升。因此，假说3得到验证。

同时，从表4-6A我们看到，"主营成本与主营收入之比"对于广义和狭义的制造业的全要素生产率的边际效应，都要弱于其对于广义和狭义服务业的全要素生产率的边际效应：一是制造业方程里的"主营成本与主营收入之比"对全要素生产率的回归系数的绝对值小于其在服务业方程里的回归系数绝对值，二是显著性水平也要低于服务业方程里的显著性水平。在表4-6B里，我们可以看到同样的结果。

综上所述，提高产业竞争程度，对于服务业总体效率水平的提高的边际效应要大于、强于对于制造业的边际作用。这证明了，在服务业里实行改革，加强竞争，降低垄断程度，对于提高产业竞争力，会起到比在制造业里更好的作用。也许，这是由于服务业里的产业改革还刚刚开启，改革的效应会比较大；而在制造业里改革已经实施十多年，加强竞争所带来的边际效应在递减。

这样，假说3得到验证。

4. 资本回报率与全要素生产率

如表4-6A和表4-6B所示，无论是广义的制造业和服务业，还是狭义的制造业和服务业，无论是对全要素生产率，还是对效率平均水平，"实收资本与主营收入之比"的效应都显著为负，并且在1%的水平上显著。这意味着，资本回报率与全要素生产率、产业效率平均水平之间存在一种显著为正的相关关系。假说4得到验证。

同时，我们要注意到，在表4-6A和表4-6B里，相对于服务业，制造业的回归系数的绝对值都要大得多。这可能意味着，资本回报率与产业总体效率之间的相关性，在制造业领域要大于其在服务业领域。

五 回归分析Ⅱ：服务业效率与制造业效率之间的关系

为了分析服务业是否支持、促进了制造业发展这一问题，我们做了两步估算：

第一步，以每个省、自治区、直辖市的四位数广义制造业和四位数狭义制造业为观察单位，构建总生产函数，估算出每个省、自治区、直辖市的广义制造业与狭义制造业的全要素生产率和效率平均水平；同时按每个省、自治区、直辖市的四位数广义服务业和四位数狭义服务业为观察单位，构建总生产函数，估算出每个省、自治区、直辖市的广义服务业和狭义服务业的全要素生产率和效率平均水平。

第二步，在第一步的基础上，我们将31个省份的制造业全要素生产率与31个省份的服务业全要素生产率做二元回归，将31个省的制造业效率平均水平与31个省份的服务业效率平均水平做二元回归。我们这样做的理论基础是：在中国，省、自治区、直辖市是一个相对独立的经济区域，在省、自治区、直辖市内部，服务业与制造业之间也许相关关系较强。

表4-7A与表4-7B总结了这个回归结果。

表4-7A 服务业效率与制造业效率的关系
（使用全要素生产率作为衡量效率）

变量名称	制造业全要素生产率	制造业全要素生产率
服务业全要素生产率	1.019***	1.020***
	(0)	(0)
常数项	0.0502	-0.241
	(0.829)	(0.380)
观测个数	31	31
拟合优度	0.848	0.832

注：括号内是 P 值。***表示在1%的水平上显著。

表4-7B 服务业效率与制造业效率的关系
（使用平均效率水平衡量效率）

	广义行业定义口径	狭义行业定义口径
变量名称	制造业平均效率水平	制造业平均效率水平
服务业平均效率水平	0.970***	1.054***
	(0)	(0)
常数项	0.0301***	-0.0526***
	(0.00109)	(4.27e-05)
观测个数	30	30
拟合优度	0.997	0.996

注：括号内是 P 值。***表示在1%的水平上显著。

表4-7A 显示，无论是从广义的服务业与广义的制造业的关系角度，还是从狭义的服务业与狭义的制造业的关系角度看，服务业全要素生产率与制造业全要素生产率之间，都存在着显著的正相关关系，且显著水平是1%。这说明，发展服务业，不但是

服务业本身的需要，而且也可以推动、提升制造业的全要素生产率，即推动制造业的升级，提升制造业的竞争力，做强中国的制造业。

表4-7B进一步显示，在以"平均效率水平"为度量的回归方程里，狭义的服务业与狭义的制造业之间的相关关系要强于广义服务业与广义制造业之间的相关关系，狭义的服务业与狭义的制造业之间的相关关系为1.054，而广义的服务业与狭义的制造业之间的相关关系为0.970。这说明，生产性服务业对于狭义制造业的支持作用要强于一般服务业对于全部工业的支持作用。为了做强中国的制造业，我们首先应该做好、做强中国的生产性服务业。

六 结论与政策建议

我们运用中国第二次经济普查数据，分别计算了中国制造业和服务业的外资进入度、税负与两位数、四位数产业的全要素生产率和平均效率水平，并进一步研究了对外开放度、税负、行业竞争程度等体制变量与政策变量对于制造业和服务业产业的总体效率水平的影响，并且研究了服务业与制造业之间的关系。我们的研究有三大发现：

（1）中国服务业内部在全要素生产率水平上是存在相当的异质性的，大体说来存在四个等级：效率最高的服务产业是批发业、仓储、物流与零售业；其次是运输业、地质勘查、银行、保险业；再次是信息产业、软件、专业技术推广、研发、商业服务业（如会计事务所等）等；而传统的消费性服务业、文化服务业、公交、福利事业服务业的全要素生产率是最低的。这说明，现代服务业的全要素生产率要高于传统服务业的全要素生产率，生产性服务业的全要素生产率要高于消费性服务业的全要素生产率。

（2）我们的研究发现，至少到21世纪的头10年，外资进入对于提升中国服务业的全要素生产率和平均效率水平的作用还尚不显著，尽管这种作用是正向的。增加税负会显著地压抑服务业的全要素生产率；并且税收的这种负面作用在生产性服务业领域比在一般服务业领域更甚。因此，从税收激励的角度说，政府在设计税收制度时，对生产性服务业适当实施优惠，是有利于经济结构改善，有利于提高生产性服务业的总体效率水平的。

（3）我们的研究从分省的层面证实了服务业的总体效率与制造业的总体效率之间存在着正向的、显著的内在关系。省、自治区、直辖市作为中国经济增长和产业发展的一个主要的集聚区域，具有相对独立性，是制造业和服务业布局的一个基本空间。因此，我们从省区的观察单位层面上证实了服务业发展尤其是生产性服务业的全要素生产率和平均效率水平与制造业的全要素生产率、平均效率水平之间，存在着强的、显著的相关关系，就说明，在一个省区内，服务业的总体效率提升是与制造业的总体效率的提升密切相关的；服务效率高的省区，往往也是制造业效率高的省区；发展服务业尤其是发展生产性服务业，要与发展高端制造业统筹兼顾。

税负既然对服务业尤其是生产性服务业的全要素生产率具有显著的负面作用，那么，为了提升服务业的总体效率，就应当适当减税。中国目前仍在经历"营改增"的过程中，如何对服务业适当减税？应当看到，我们的数据分析已经表明，中国在"营改增"前夕，服务业的税负问题，主要是结构性问题，即部分文化服务业、消费性服务业、公共管理服务业的税负比较重,但服务业作为一个整体,税负并不重于制造业的税负。因此,应当注意在"营改增"之后,让整个服务业的税负仍然低于制造业的税负。我们在表4-2A、表4-2B里关于税负的量纲是"税收额/主营收入",而"主营收入"一般是小于"营业额"的,一般说来,"主营收入"为"营业额"的80%。这样,表4-2A、表4-2B里所显示的2008年中国生产性服务业的税负比率为5%,相当于说2008年生产性服务业的营业税率大体为4%。按"营业税"改成"增值税"时税率要大体乘3计算,"营改增"之后的生产性服务业的增值税税率以不超过12%为宜。如果要进一步减轻生产性服务业的税负,则可以考虑其增值税税率不超过10%。

参考文献

Aleksandra Parteka and J. Wolszczak – Derlacz (2013), "Dynamics of Productivity in Higher Education: Cross – europeanevidence Based on Bootstrapped Malmquist Indices", *Journal of Productivity Analysis*, 40.

Brient, A., M. Lafourcade, and B. Schmutz (2015), "Can Tax Breaks Beat Geography? Lessons from the French Enterprise Zone Experience", *American Economic Journal: Economic Policy*, Vo. 7 (2).

Dundar H, Lewis DR (1998), "Determinants of Research Productivity Inhigher Education", *Research in High Education*, 39 (6).

Fairlie, R., D. Karlan, and J. Zinman (2015), "Behind the GATE Experiment: Evidence on Effects of and Rationales for Subsidized Entrepreneurship Training", *American Economic Journal: Economic Policy*, Vo. 7 (2).

Harris R, Robinson C (2003), " Foreign Ownership and Productivityin the United Kingdom: Estimates for UK Manufacturing Usingthe ARD", *Review of Industrial Organization*, 22.

Harris, R, and Moffat, J (2015), " Plant – level Determinants of Total Factorproductivity in Great Britain, 1997 – 2008", *Journal of Productivity Analysis*, doi: 10.1007/s11123 – 015 – 0442 – 2.

Kittelsen, S. A, B. A. Winsnes, K. S. Anthun, F. Goude, ?...Hope, U. Ha˙kkinen, B. Kalseth,

J. Kilsmark, E. C. Rehnberg, H. Ratto (2015), "Decomposing the Productivity Differences between Hospitalsin the Nordic countries". *Journal of Productivity Analysis*, 43.

Wen – Hsiang Lai and Hsiang – Yi Chen (2013): "Extreme Internal – external Industrial – service Flexibilities and Inter – firm Cooperative Networks in High – technology Machine Manufacturing", *Journal of Business Research*, 66.

陈启斐、刘志彪，2014，《生产性服务进口对我国制造业技术进步的实证分析》，《数量经济技术经济研究》第3期。

程大中，2008，《中国生产性服务业的水平、结构及影响——基于投入—产出法：国际比较研究》，《经济研究》第1期。

查冬兰、吴晓兰，2006，《服务业外国直接投资对服务业各行业经济增长的影响分析》，《国际贸易问题》第11期。

江小涓，2011，《服务业增长：真实含义、多重影响和发展趋势》，《经济研究》第4期。

平新乔等，2007，《外国直接投资对中国企业的溢出效应分析》，《世界经济》第8期。

王恕立、胡宗彪，2012，《中国服务业分行业生产率变迁及其异质性考察》,《经济研究》第 4 期。

王恕立、刘军,2014,《中国服务企业生产率异质性与资源再配置的效应》,《数量经济技术经济研究》第 5 期。

王恕立、腾泽伟,2015,《FDI 流入、要素再配置与中国服务业生产率——基于分行业的经验研究》,《国际贸易问题》第 4 期。

第五章 政府与市场的合理分工：以公共服务业为例

公共服务是服务业中的一个重要而特殊的领域。公共服务既是经济问题也是社会问题，既有事业性质也有产业性质，既要讲公平也要讲效率。当从不同角度看待问题时，公共服务业的评判标准和优先目标并不相同。因此，这个领域中不同观点多，各国的发展模式也有明显不同。在政府有效提供基本公共服务的前提下，本章较多地从经济角度讨论问题。要强调的是，用经济学的角度观察和分析问题和从赚钱、盈利的角度看待问题并不相同，经济学研究的是如何在相互竞争资源的不同领域合理有效配置资源这个问题。在公共服务的领域中，产出最大化或者成本最小化，并不能成为资源合理配置的唯一标准甚至主要标准，服务的公平性、可及性和消费者的获得感等，都是重要标准。本章的核心问题是统筹考虑这些因素，如何在公共服务领域的资源配置中实现政府和市场的合理分工。

一 公共服务业的重要性和特殊性

（一）从"社会事业"到"公共服务业"

在中国有若干重要的行业，长期以来被称为"社会事业"，主要包括教育、科技、文化、卫生、体育等,也包括提供社会保障服务、民政服务、公共安全服务等部门。长期以来,这些领域主要由政府财政投入,由政府设立的事业单位提供服务,其服务的内容和规模主要由政府相关部门确定,提供服务的价格也由政府确定。因此这些领域提供服务的能力和水平要受政府财力和工作效率的约束,长期以来处于供给短缺的状况。

随着收入水平提高和人们消费结构的变化,这个领域的供给和需求出现了重要变化,一是部分消费者需要愈来愈多样化的服务并愿意自己为此付费;二是原有的"事业单位"不断提高"计划外"提供服务的比例以收取较高费用,例如公办高校所办的各种高收费学历和非学历教育,公立科研院所为社会提供有偿科研服务,公立医院提供一定比例的"特需服务",等等;三是愈来愈多的市场主体开始进入这个领域并提供服务,因此,这些"社会事业"中的相当一部分具有了产业的性质和特点。近些年来,基于这些变化和借鉴国外经验,人们更多地使用"公共服务"来定义和表述这些部门,替换"社会事业"这个概念,以体现其兼有"公益属性"和"产业属性"的特点。本书也将使用这个概念。

(二) 公共服务的定义及特殊性质

"公共服务"是一个定义并不清晰的概念。大体上含有公民应该享有的服务、具有"公共品"性质的服务、由公共部门提供的服务这样几层含义。在此不做精确定义,而是结合上述几种含义进行分析。

公共服务业之所以需要专门研究,有两个重要原因。一是"公共"带来的特点,二是"服务"带来的特点。

1. "公共"带来的特性

"公共"这个特性及其带来的基本要求,是政府在服务供给中要承担重要责任。首先，这些公共服务中相当部分涉及公民的基本权利，例如接受基础教育的权利、获得基本医疗服务的权利、享受基本生活保障的权利等。因此，当依靠市场机制无法提供普遍覆盖和公民能普遍承受的服务时，政府就要发挥提供者的作用。其次，这些服务中相当一部分具有"公共品"的性质，具有非竞争性、非排他性和正向外部性。以科学知识为例，科学知识在使用时不会消耗。每个个体都可以消费知识，而不会减少其他人对知识的消费，也不需要与其他经济体形成竞争，用经济学的语言表达，新增一个消费者的边际成本近似为零，因此，知识是非排他性和非竞争性的物品。同时，科学知识还具有显著的正向外部性，一旦有了新的科学发现，就会通过各种渠道进行扩散，并给社会各相关方面带来收益，而且不需要支付额外的成本，这就是知识的正向外部性。由于知识具有上述性质，导致知识的生产者无法垄断发明知识所带来的全部收益，因此，由私人部门生产和提供知识可能达不到社会总效益的最优点，需要政府以适当方式发挥作用。

2. "服务"带来的特性

本书第一章分析了"服务"所具有独特性质，而公共服务具有这些性质的典型形态。一是教育、医疗、文化等服务，通常没有实物形态的产出，具有"无形性"；二是教育和医疗等服务要求老师和学生、医生和患者同时参与，具有生产和消费的"同步性"；三是有些服务需求如医疗服务需求的个性化很强，只能一对一服务，不能批量提供服务，存在"需求差异性"。显然，这些公共服务是典型的劳动密集型产业，自动化、机械化的技术使用较少。因此，人力成本持续上升，劳动生产率又难以提高，导致单位服务成本较快上升。如果政府提供较多的公共服务，就会对政府支出产生不断增长的压力。

（三）基本与非基本公共服务

公共服务可以分为基本公共服务和非基本公共服务。这个区分非常重要，决定着政府和市场各自在资源配置中的定位及相互关系。

过去很长时间，中国主要靠政府提供公共服务，有两种主要方式：一是国家机关直接提供公共服务或者政府所办的"事业单位"直接提供，例如公共安全、义务教育、基本社会保障等；二是政府通过财政支出，为居民购买服务或补贴消费支出，例如文化活动、养老服务、体育健身等。最近一些年，随着居民收入水平的提高，对教育、医疗、文化等服务需求不断增加，有些已经明显超出生存与发展的基本要求，继续由政府提供这类服务，既不合理也难以持续。因此，基本公共服务和非基本公共服务的概念被提出并广泛使用，政府要确保的是基本公共服务。

对于基本公共服务的定义和范围，社会各方面有较强的共识，即基本公共服务是一定发展阶段上最低范围的公共服务，可以定义为为了保护个人最基本的生存权和发展权、维持本国经济社会的稳定、提供基本的社会正义和凝聚力所需要的基本社会条件，包括基本生存权（如基本养老保障、基本生活保障等）、形成基本生活生产能力（如基础教育等）、满足基本健康需要（如基本健康保障等）。最根本的一点，就是要面向绝大多数人的"基本需求"，并且能够向低收入者倾斜以保障社会公平正义。例如义务教育培养人的基本生活生产能力，是全体社会成员的"基本需求"，政府提供均衡的义务教育，使孩子无论家庭状况如何都能接受良好教育，防止社会不公平问题的代际传递，因此往往用政府办教育的方式保障基础教育的同质均衡供给，这就是面向绝大多数人的

"基本需求"。再如基本医疗服务也是绝大多数人的"基本需求",在多数国家,政府的保障方式是建立起广泛覆盖的基本医疗保障体系,在此基础上,补贴穷人使其能够进入这个体系,这就是向低收入者价格倾斜的差别化补贴,社会对此高度认可。[1]

基本公共服务要与一定的经济发展水平和公共财政能力相适应。在中国,政府首次正式提到基本公共服务这个概念,是在《国民经济和社会发展第十一个五年规划纲要》中,要求公共财政配置的重点要转到为全体人民提供均等化基本公共服务方面,并提到了公共财政预算安排的优先领域,包括农村义务教育和公共卫生、农业科技推广、职业教育、农村劳动力培训、促进就业、社会保障、减少贫困、计划生育、防灾减灾、公共安全、公共文化、基础科学与前沿技术以及社会公益性技术研究、能源和重要矿产资源地质勘查、污染防治、生态保护、资源管理和国家安全等。这个文件中表述的以上领域可以视为当时阶段基本公共服务的主要领域。近几年来,在政府文件和实际操作中,基本医疗服务、家庭贫困儿童学前教育和营养补助、贫困人群的养老服务等,也逐步纳入基本公共服务的范围。

非基本公共服务是指超出和高于基本公共服务范围和水平的公共服务。这类服务可以分为两部分,一部分可以引入市场机制提供或运营但又不能完全由市场决定价格的服务,因此需要政府通过控制定价、提供财政税收优惠等多方面措施给予支持的服务业。例如高等教育、职业教育、医疗服务、普及性文化活动、全民健身等服务,还有为老年人、残疾人、低收入者等特定群体提供的低价格服务等。

还有一部分非基本公共服务完全可以通过市场配置资源,政府

---

[1] 更多分析可参见陈昌盛、蔡跃洲(2007)和黄恒学、张勇等(2011)。

无须直接或间接提供，而是通过开放市场并加强监管，鼓励和引导社会力量举办和经营。在教育领域，提供满足特殊需求的学前教育、教育培训、继续教育等市场化的教育服务以及高端教育培训如 MBA 等；在医疗卫生领域，提供满足高端需求的特需医疗服务和卫生保健服务等；在文化领域，提供经营性文艺演出，影视节目的制作、发行和销售，休闲娱乐活动，出版物发行和印刷，中介经纪等服务；在体育领域，提供体育休闲娱乐、体育竞赛表演、体育用品消费、体育中介等体育产业服务；在社会福利领域，提供满足老年人、残疾人等群体高水平、多样化特殊需求的市场化养护、康复、托管等服务；在公共安全领域，提供满足特殊需求的公司安保、社区安保等服务。这部分具有市场化性质的服务业，是市场决定资源配置的产业领域。

对某些非基本公共服务，政府需要承担起设计制度的责任。非基本服务的一个显著特点，是有明显的个人收益。例如高等教育、产业技能培训等，接受者会提高能力并因此获取更高收入，因此个人付费符合情理。但是对一些低收入者来说，他们无力事先承担相应的教育费用，政府要设计出可行、合理的付费方式，为这类学生提供支持。例如高等教育中的学生贷款，就能使低收入学生先贷款上学，再用未来收入还款。但是如果没有良好的制度设计，这种贷款风险较高，金融机构往往不愿贷，因此需要政府参与制定控制风险和加强监管的方案。再如在医疗保险领域中，存在逆向选择问题：一方面，身体好的人不愿保险，身体不好的人才想保险；另一方面，保险公司只给身体好的人保险，而将身体不好的人排除在外。必须由政府设计出机制，对双方都有强制要求，使这个体系能运转、有效率。

无论是基本服务还是非基本服务，都需要权衡情况认真设计和选择。例如在现代社会，如果还有人吃不起饭是不能接受的，但解决问题不是向所有人免费供餐，而是通过收入转移或定点定向供餐，让低收入者可以免费吃饭。都免费供餐，会占用本应用于低收入者的有限资源。医疗问题也类似，每个人都应该享有基本医疗服务，但方式也未必是向所有居民提供免费医疗服务，而是针对低收入者设计出合理的保障方式，或者由政府提供基本医疗服务，或者补助穷人加入医保体系。

有些公共服务可以由政府提供也可以由市场提供，采用哪种方式，要在公平和效率之间权衡选择。一方面，要看市场能否准确评价这种服务融资的成本、收益和风险，并由此决定能否提供市场化解决方案。例如，接受高等教育的大学生已经成人，可以成为贷款主体，上学和就业之间的时间间隔也较短，上大学融资的成本、收益和风险都相对确定，因此在大多数国家，助学贷款已经成为家庭贫困大学生接受高等教育的主要解决方案。但是，中小学生距离就业时间远，就业后收入状况不确定，中小学生也不是市场责任主体，因此无法用市场化的办法解决问题，政府出资办义务教育就成为基础教育的主要提供方式。另一方面，要看政府自身管理能力和监管市场的能力。例如，当权力和市场关系密切、腐败风险较高时，或者政府对各种形式市场组织的评判和监管能力不足时，服务外包就不一定是好的选择，因为此时外包的服务不是由"最合适"的商业机构提供，而是由"有关系"的商业机构提供，很可能不但不能提高服务效率，而且会增加服务成本和降低服务质量。

二 发展公共服务业的重要意义

（一）完善基本公共服务供给，保障公民基本需求

当前，基本公共服务不到位、不均等的问题仍然突出，推进基本

公共服务均等化是各方面的普遍共识和基本要求。基本公共服务不均等，突出表现在城乡差距上。从制度设计上看，城乡之间在养老保险、医疗保险等方面就有明显差距，有些差距甚至大于城乡居民收入的差距。例如城乡居民近些年的收入差距约为3:1，而职工和农民之间基本医疗保障水平的差距高于这个比例，虽然其中有一些不可比的因素，但基本公共服务并没有显著缩小城乡差距这个判断应该能够成立。从服务质量上看，在义务教育、公共卫生和基本医疗服务等方面，城市有更多的优秀和合格人才，配置了更优质的设备；在基础设施及环境保护方面，城市提供了更多更好的公路、厕所、垃圾处理站、供水及排水工程等。今后一些年，在基本公共服务均等化方面，还有大量的制度设计、政策完善和措施落地等方面的工作要做，政府公共支出结构也要有明显调整，使全体公民可以共享改革发展的成果，并能够向低收入群体倾斜。

（二）形成经济发展新的增长点

随着收入水平上升，公民对教育、科技、卫生、文化、体育等消费的需求以更快的速度上升是普遍规律，新的需求变化必然驱动投资和生产行为的变化，导致产业结构的改变，因此这些服务占GDP的比重以及吸纳的就业占就业总量的比重将持续上升。参照国际经验和中国发展趋势，并考虑这些领域中我们已经制定的中长期发展规划，到2020年，这些领域的产出占服务业产出的比重会超过40%，占GDP的比重达20%以上，对公民生活质量和社会公平有着更为重要的影响。特别是许多非基本公共服务产业发展迅速，对整个经济增速、结构和效率有可能起到显著的促进作用。

（三）科技、教育和卫生等服务对提高长期劳动生产率意义重大

教育、医疗、健身等领域的投资，从短期看并没有后续财富产

出，提供的服务本身即用即逝无法积累，因此这些投资从短期看是低效率的。然而，从中长期看，教育、科技、卫生、体育等公共服务，对经济增长、社会进步和公民福祉都有重要意义。对此，古典经济学家已经有过研究和阐述。斯托齐提出了服务能够产生"内在收益"（internal benefits），这些收益当时没有交换价值，但是有社会价值。这个观点的重要意义在于揭示了服务效益的持久性问题，这种内在收益是增加财富的有力工具。因此，公共服务并没有阻碍资本积累，相反，由于内在收益可以被积累，因此对整个经济部门的效率和积累都是有贡献的。这些观点的实质已经触及当今时代"人力资本"的概念。[①] 特别在当今的知识经济时代，"知识"作为推动经济增长的重要因素，主要体现在公共服务业之中，大量科技投入和人力资本投入能够促进提高长期劳动生产率，例如教育投入持续增长，使人力资本中包含的知识、技能、产出质量和创新能力等不断提高。[②]

（四）教育、卫生服务与改善收入分配

教育、卫生等服务业的发展，对收入分配改善将产生重要影响。

从发达国家的经验看，随着人均收入水平的提高，人口和劳动力的增长呈现缓慢下降趋势，甚至出现零增长和负增长。这将导致劳动力的价格较快上升，劳动者在收入分配中的份额

[①] 这方面的观点可以参见［法］让—克洛德·德劳内、让·盖雷，2011，《服务经济思想史：三个世纪的争论》，江小涓译，上海：上海人民出版社、格致出版社。

[②] 有不少学者认为，所谓服务业真实劳动率停滞的判断，表明现行统计体系无法反映知识的投入和产出，体现不出来服务业技术进步的贡献。服务业产出计量的难题中，技术和知识的投入和产出最难测度。较早深入阐述过这个问题的学者是时任美国经济学会主席的 Griliches（1992），他提出人们对经济的测度能力十分有限，而服务业就是其中问题最突出的"不可测度部门"。较新的一篇综述见 Mandel（2006），此文面对社会读者，表达简洁，事例生动，产生很大影响。但学术界对其概念和推理的严谨性也提出不少质疑。

将快速增加。劳动收入成为国民收入的主要组成部分。一些西方马克思主义者的研究表明，利润、利息和租金等非劳动收入一般只占发达市场经济总收入的25%，剩下的都是劳动收入。即使将非劳动收入这部分完全平均分配，对于消除贫困也是有用的，但对于消除不平等作用有限。世界银行也认为，超过77%的社会财富由人力资本等无形资本构成。这些观点认为，今天发达国家出现的收入不平等，原因主要在于劳动者能力的差别，而不是拥有资本多少的差异，因此，改善收入分配，最重要的是通过发展财政支持的基本公共教育和公共卫生，增加贫困家庭接受教育和保健服务的机会，消除不同家庭拥有的人力资本不平等的现象，使所有孩子拥有大致相同的发展机会。通过教育割断父母收入和孩子发展之间的关联，才能消除因家庭贫困而出现的代际传递。[1][2] 因此，加快发展教育、卫生等公共服务，对于缩小不同出身劳动者的知识、文化素质和体质，保证他们有基本平等的就业能力和发展机会以及缩小收入差距有重要意义。

通过教育、文化等公共服务，政府还能使社会整体认识水平和文明程度不断提高。受过良好的教育，公民能更好地理解所处的经济社会环境，提高对自身和对社会的理解和认识能力。[3] 这种能力涉及个人如何选择适宜的生产生活方式，涉及社会价值观、凝

---

[1] 约翰·罗默是耶鲁大学的经济学教授，西方马克思主义学派的代表人物，2006年春季他在清华大学发表了上述内容的演讲，参见《市场经济下取得平等前景的思考》，《比较》第25辑，北京：中信出版社。

[2] 参见 World Bank, 2010, *The Changing Wealth of Nations – Measuring Sustainable and Development in the New Millennium*, Washington D. C.: World Bank Publication。

[3] 萨伊、穆勒和斯托齐等人都对此有过论述，参见[法]让—克洛德·德劳内、让·盖雷，2011，《服务经济思想史：三个世纪的争论》，江小涓译，上海：上海人民出版社、格致出版社。

聚力的形成和认同。例如，教育和健康知识的普及，能够增加公民对健康生活方式的理解。现代社会中健康问题的性质在发生变化，许多慢性病如心脏病、糖尿病和抑郁症，都与不当的工作和生活方式相关，因此也可以通过改变工作和生活方式加以预防。教育和文化等服务还能增加社会凝聚力，这种凝聚力来自人际间的相互理解、与他人合作的技能和社会集体行为的意愿等。有研究表明，教育通过培养认知能力、自我效能和韧性，在保证社会凝聚力方面发挥着重要作用。[1]

三　特殊问题：无限需求和有限供给

上一节分析了公共服务的重要意义，但这并不意味着公共服务越多越好。公共服务有两个普遍特点，一是需求持续增长，二是供给成本上升快，两种因素叠加必然导致公共服务的困境：一方面财政投入持续增长难以为继，另一方公民不断增长的服务需求没有得到满足并招致对政府的不满。出现这种困境，是因为基本公共服务的供求双方都不完全受市场机制调节，均衡点不易形成。

（一）需求增长缺乏约束

公民对公共服务的需求增长快，是因为政府提供的服务主要不是由消费者直接付费购买，在个体消费者看来是免费或低价的，因而需求增长缺乏有效约束，公众消费意愿强烈，要求政府不断增加供给。此外，有些公共产品因融资与消费错期，当期供给缺乏约束，也助长了需求的过度增长，例如基本养老制度，参与者

---

[1] 经济合作与发展组织，2011，《教育概览2010》，北京：教育科学出版社。

缴费和领取养老金的时间间隔很长,如果现时劳动力构成相对年轻,制度设计就有可能选择现收现付制,此时缴费人多、保费收入多而领取养老金的人数少,因而有可能给予较高水平的养老金,增加政府受拥护的程度;但到彼时老龄化到来时,保费收入减少,领养老金的人数增加,养老金的水平又降不下来,收支出现缺口,成为财政负担。

需求增长缺乏约束的另一个原因,是有些服务需求没有止境。人们对健康、长寿的愿望强烈而且伴随终生,对新的医疗保健技术极为渴望,美国的医疗保健和制药产业很发达,医疗费用也相应处于全球最高水平。但人们仍然不满意,医疗费用仍然不够用。医疗产业继续研发尖端医疗技术和新的药品,昂贵的新型医疗技术和新药不断上市。尽管美国企业为职工购买医疗保险支付了巨额费用,成为制约美国产业国际竞争力的重要因素,但面对不断增长的医疗费用仍然入不敷出,同时医疗保险体系又提供了大锅饭式的支持体系,每个消费者都想从锅中多舀一些,导致需求总量不断增加。不仅美国,许多国家的医保体系运转总是绷得很紧,时常有难以持续的压力。

(二)服务成本持续上升

有两项因素导致这个趋势的必然性。首先,公共服务中的相当一部分如教育、医疗等服务,是典型的劳动密集型产业,是人对人、个性化的服务,自动化、机械化的技术使用较少。人力成本持续上升,劳动生产率又难以提高,导致单位服务成本较快上升。其次,服务提供者是政府所属机构,缺乏竞争压力,降低成本、提高效率、增加供给的动力不足。因此,即使服务提供总量不变,也需要国民收入中越来越大份额的投入。这意味着赋税和政府支出水平的不断提高,会给政府和整个社会带来巨大压力。有研究者将公共服务部门的过快增长看作发达经济体经济增长停滞的重要原因。①

较早时期的经济学家已经关注到这个问题。例如，法国经济学家卡尔松，曾是法国路桥监察长和法国最高税收法庭的一员，他所处的19世纪末期到20世纪初期，法国公共支出快速增长，引起了他对这个问题的特别关心。卡尔松提出：我们经常提到并警告过的政府有职责干预的想法得到社会的普遍认可，并有助于政府的扩张。当前某些流行思想鼓励政府免费提供服务，并取消初等教育学校收费和桥梁、运河的收费。如果政府能够明智地使用经费，这些预算的增长可能不会是坏事。但是我们必须要问的问题是：假设不可能用更低的成本得到同样的结果，公共服务是否运作良好？这将是一个每天都会出现的问题，而且基本上无解。② 确实，这个问题长期争论而无解，从近些年发达国家经验看，公共服务可持续的压力一直存在且不断加剧。通过改革提高供给效率和约束过度需求，保障长期可持续，是公共服务经济学的长期主题。

四 相关经济理论问题

公共品的供给和需求问题是经济学理论的一个重要研究领域，有完整的理论体系。这里我们不做系统介绍，仅就与本章研究内容关系密切的几个问题做简要分析，希望有助于对这个问题的进一步理解。

---

① 这种现象被称为"生产者太少"，非生产的公共部门占有了过多资源，例如 Bacon and Eltis（1996）的分析。

② ［法］让—克洛德·德劳内、让·盖雷，2011，《服务经济思想史：三个世纪的争论》，江小涓译，上海：上海人民出版社、格致出版社。

(一) 边际效应、平均效应及其意义

边际效应是指消费者在逐次增加消费某种商品或服务时带来的单位效用,边际效应一般是递减的。平均效用是指消费所有商品或服务带来效用的平均值。这里消费者可以是个体也可以是整体。例如政府提供免费食品对最穷的1%群体来说极其重要,维持了生命的延续和尊严,边际效应很高;但对接下来的5%、10%的群体来说,免费提供食品的边际效应相对减弱;对相对富裕群体来说,意义甚微。平均效应就是上述各部分效应的平均数。

将最高值的边际效应视为平均效应,是要求政府在社会领域采取干预政策时最常见的不恰当理由。很多时候,开始制定一项政策,针对的是那些效果确定的基本需求。但是,当这些政策取得明显效果后,继续将其延伸到更多领域,就有可能混淆边际效应和平均效应,出现认识偏差。例如提供九年制义务教育,个体和社会的回报都很高,但并不能简单推论,认为普遍再多接受几年教育会继续获得同样的高回报。再如,贫困地区孩子营养不足,给他们每天补充半斤奶,平均身高能多长5厘米,但不能因而推论说所有孩子再多喝半斤奶都能多长5厘米,因为大多数孩子营养已经基本够量。再如,大学中最好的100名学生接受优质教育能带来100项创新成果,但不能说再增加100名学生就能再出现100项创新。还有,1/5有学习意愿和学习能力较强的本科毕业生继续接受研究生教育,他们的收益—成本之比很高,但不能说下一个1/5的学生接受研究生教育也能带来同等的效益。政府举办基础教育,所有公民都能从中受益,但此后再接受什么程度、什么特点的教育,个性化就很强。每个个体的智力水平、特色专长、好奇心、工作和生活态度差别很大,后续教育投入的边际回报也就差别很大。特别是接受与日后工作无关的理论性、学术性的研究生教育,

对相当一批人来说可能收益很小甚至是负回报了。因此，在制定社会政策时，把握好边际效应和平均效应的差别非常重要，不能直接从边际效应跳到平均效应并据此决策。

（二）公共服务的机会成本

由于资源总量有限，做 A 事可能要放弃做 B 事，B 的潜在收益就是 A 的机会成本。政府通过税收筹集资金提供公共服务，居民和市场主体就要因为缴税而减少自身的消费或投资，这就是公共服务的机会成本。在不同公共服务项目中，选择 A 项服务就要减少 B 项服务，B 项服务也是 A 项服务的机会成本。仅就一项公共服务讨论是否必要意义不大，总是多多益善，难点在于为此放弃什么以及是否应该放弃。展开来看，机会成本不仅是资金，还包括各类资源。例如，为了增加教育服务，就需要投入资金、土地和教师，这些生产要素就不能再用于其他领域的生产活动，如制造机器设备、修建高速公路或者生产消费用品了。用作研究和发展的资源也是同样情形。再如当财政支出能力给定时，教育支出比例高，医疗、文化等比例就会相对低，而应该以多大比例支出用于某类公共服务，是很复杂的问题。医疗服务对提高公民健康水平很重要，但是医疗不是健康，影响健康的因素很多，医疗只是其中之一。特别是在低收入水平的条件下，诸如个人营养、教育、住所、饮水和卫生设施等方面的改善对健康状况的影响可能更重要，如果以减少这些基本健康保障为代价提供更高水平的医疗服务可能并不合理。

与上述观点相关的另一观点是，政府提供服务并不是真正免费，而是公民以纳税的方式集体付费，政府以公共服务方式统一供给，全体公民都有享有的权利。以这种方式提供的服务内容，需要有高度的社会共识，因此各国都将此类服务限定在"基本"

需求的领域。在这个范围之外，是应该政府多征税并以公共服务的方式向全民提供更多服务，还是应该少征税给公民个体更多的选择权，两者并没有优劣对错，只是权衡选择。

（三）服务提供的公平性

政府提供较多的基本公共服务，总体上有利于社会公平。特别是中国当前阶段，基本公共服务不足和均等化不够是突出问题，要继续增加供给。非基本公共服务的情形则比较复杂，在有些领域，政府提供较多的非基本公共服务，有可能违反公平性要求。这是由于非基本服务领域的消费需求不均匀，中高端服务往往是相对较高收入的居民消费较多。以高等教育为例，城市青年上大学的比例远远高出农村青年，如果高等教育免费或者政府大幅度补贴，就相当于政府补贴那些相对高收入家庭的学生，为了这类补贴而进行税收融资，有明显的累退性质，不利于社会公平。例如，2002年，英国白领家庭的孩子85%都上大学，而劳工家庭仅有15%，如果高等教育免费或者政府大幅度补贴，就相当于出租车司机、保洁工人要为伊顿公学的毕业生们纳税。

但是，许多低收入居民也希望能获得一些非基本服务，但凭自身收入却难以承受。此时，政府有必要制定一些支持性政策，精确指向贫困家庭和低收入群体。例如，家庭贫困的孩子也希望能接受高等教育，但却无法支付相关费用。此时解决问题的办法不应该是高等教育全免费，而是通过助学体系资助特定家庭的孩子接受教育。在这些领域，政府干预关键是合理、适度和精准，否则有可能事与愿违。还以助学贷款为例，如果认为是给贫困学生补贴而使其利率明显低于市场水平，就会有一些本不需要这些贷款的高收入家庭学生使用这些贷款，甚至将这些贷款转用于其他用途。

研发也是一个易认识不清的领域，创新具有明显的社会收益，因此将其视为是公共品、强调加大政府投资的观点很有市场。但这个观点对解释现代经济中的创新不太有效。正是市场经济的出现，企业之间为各自利益而进行研发竞争，才出现了史无前例的创新纪录，竞争推动创新是市场机制最本质的特征之一。特别是企业的研发行为，不应被视为公共产品，将特定企业的研发函数看作整个经济的研发函数，会导致分析中的误导和实践中的困难。公共机构的研究人员对政府资助项目的需求无止境，但其效率如何难以判断。而企业的研发行为自身就具备一种机制，使那些好的项目能够被筛选出来，使那些无效的创意被尽早摒弃以使资源不至于被浪费在无利可图的活动上。对只有少数企业无力或不愿投入又有确定经济社会需求的项目，政府介入才有正当理由。

（四）公共品供给的激励机制

制造业产品大多数都是私人产品，一个消费者购买后，其他消费者就无法获得同一个商品。然而许多服务业具有公共产品的性质，即具有非竞争性和非排他性。这类服务在使用时不会消耗。一些人的消费不会影响其他人的消费，也不需要与其他人形成竞争性消费，新增消费者带来的边际成本近似为零。例如，一部电影拍摄出来后，制作拷贝和放映的成本很低，增加更多的免费或低价观影人数并不会增加太多额外成本，如果通过网络观看电影，成本几乎为零。即使是一些传统服务业，新技术也赋予其公共品的性质，如一场音乐会，现场只能容纳数百人、数千人或者最多数万人，但却可以通过电视直播达到消费者的全覆盖。即使不直播，也可以采用录制光盘、视频网站下载等方式低成本广泛提供。然而在现实中，服务提供者并没有借技术进步之便发挥其服务的公共品性质，相反，他们总是在努力消除这些创新带来的影响，以保证继续以非公共品的方式提供服务并获得收益。诸如剧院中的演出拒绝电视转播，电影院即使有空座也不允许未购票的消费者观看，影视产品在银幕荧屏播出一段时间后才开始销售光盘和允许视频网站下载等，以保证"票房"收入。

这些行为从企业角度看是合理的，因为若可以免费提供，消费者都会寻求免费消费的机会，不会有人愿意为此付费，再接下来的结果就是没有人愿意研发、生产和提供。但是，从社会角度看，上述行为又是不合理的，若不如此，这些服务可以让更多的消费者免费消费，增加社会福利。最有争议的是药品的研发和销售。许多药品制造成本极低，但药品售价却很高，因为前期研发费用巨大。如果能按照较低的制造成本来扩大药品供应，就能够挽救更多人的生命，但却可能因研发费用无法收回而导致新的研发行为减少。这种两难状况在服务业中普遍存在。如何解决技术所带来的"公共品"性质和市场规则要求的非公共品提供方式，处理的原则是要在激励创新和高效使用创新成果之间进行权衡。如果加以严格保护，对创新者是充足的激励，但代价是创新成果的低效使用。如果没有保护，投入的回报就可能偏低，创新行为的持续性就没有保障。

近几年来，随着互联网技术的发展和商业模式创新，理论和实践一直在探索"双赢"途径，许多服务可以较好地兼顾激励和公益。一是通过技术手段解决，充分发挥规模经济优势，低成本提供，以量换价。2012年，优酷土豆网、乐视网等推出了付费电影业务，刚下线的影片即可以在网络上观看，定价为五元，因为当时盗版DVD的最低价格就是五元。五元相对于影院票价非常便宜，但能带来大量观众特别是那些不愿去影院的消费者。目前这种模式已经广泛在有线电视服务商中使用。还使有线电视节目也有了更多的选择，消费者可以选择付费观看没有插播广告的有线电视频道，也可以免费观看插播广告的公共频道节目。这种设计在激励和公益之间达到了一个各方都可以接受的平衡。还有政府采购模式也可以使用，例如在公共文化服务领域，政府可以以购买服务的方式出资购买一些优秀文化产品，然后低价或免费向公民提供，这样既能解决具有公共品性质的服务的广泛提供问题，也能避免政府设立的机构创新创意激励不足的问题。

五 高效合理提供公共服务

（一）不断增加基本公共服务供给

基本公共服务是人民群众的基本需求和公共利益，公益性是其基本特征，保障其供给是政府的基本职责。目前这方面还存在不少问题，包括覆盖面不全、服务可及性不足、布局不够合理、不同群体保障水平差别较大等。

提供基本公共服务是政府义不容辞的责任。基本公共服务应该成为财政支出的主要科目，在这个基础上，要选择适宜的提供方式。基本公共服务提供有3种主要形式：（1）直接供给，例如，政府提供免费的义务教育，所有孩子都可以享受。（2）服务付费，例如医疗服务，由医疗机构提供并收费，政府通过医疗保障体系支付全部或部分费用。（3）购买服务，即由政府向商业机构购买服务，再向公民提供，例如一些民办学校提供义务教育服务，政府按公办学校相同的生均费用给予补贴。具体方法的选择取决于许多因素，当市场主体能够以更低成本提供同样甚至更好的服务，原则上都应逐步采用购买服务的方式。这样有利于动员各方面社会资源增加服务供给，形成有序竞争，提高服务质量和效率。但是,当权力和商业大量交易、腐败的风险很高时,购买服务可能不是一个好的选择,因为此时外包的服务很可能不是由"最合适"的商业机构提供,而是由"有关系"的商业机构提供。

基本公共服务均等化程度较差是中国长期存在的突出问题,特别是城乡之间保障水平差距明显。科学、合理的转移支付是实现均等化的直接而又容易见效的手段。目前城乡居民在享受基本公共服务方面的差距,不仅在于城市拥有更多数量的基本公共服务资源,也在于城市对基本公共服务资源集中利用程度更高;农村基本公共服务资源有限又很分散,影响服务质量,例如一些农村学校和卫生院服务半径内学生数量和病人数量很少,教育医疗资源一方面数量不够质量不高,同时又利用不足。要想得到高质量的基本公共服务,需要因地制宜地集中利用基本公共服务资源,例如当学校住宿条件具备、交通条件改善时,在人口密度较低的地区可以适当合并农村学校、农村卫生院等。

(二) 慈善界提供公共服务:新的探索和有益补充

困难人群最需要政府的公共服务,但在许多时候又得不到所需要服务,因为即使是公共服务机构,针对穷人的服务供给意愿也不足。例如科学研究和技术开发领域中的公共投入就容易忽视穷人的需求,因为科技人员是教育程度高和相对较富有的人,对那些能够改善穷人状况的科学技术缺乏感同身受。许多贫穷国家易患的疾病特别是传染病,发达国家的科学家并不愿研究,因为即使研发出来,穷人也无法承担费用。再如偏远贫困农村地区沼气池的修建利用,是一举多得的好事。可以解决家庭燃料,搞好农村卫生工作,保护生态环境。然而,无论在中国还是在其他发展中国家,这项技术的开发、改进和服务都存在不少问题,而且都不是难以克服的问题。但这项技术既不尖端也不前沿，主要在草根阶层应用，引不起科学家和工程师的持续兴趣。

近些年来，在政府和企业之外出现了"第三方"提供公共产品的运作模式，较多地应用在新药研发领域，比尔·盖茨对此做出了重要贡献。20世纪90年代中期，比尔·盖茨有一次非洲之旅，目睹了极度贫困的当地居民，受到极大震撼。盖茨看到报道，每年有数百万儿童死于轮状病毒（一种容易导致新生儿患肠胃炎的病毒）的侵害，但这种病毒在富裕国家基本上已经灭绝了，因此很少有发达国家的科学家关注类似这种只发生在贫穷国家的疾病，富国政府也缺少作为。他意识到，一些对穷人极为重要的救命药如治疗疟疾、艾滋病等药品，研发药品的费用高昂，但多数患者无法支付高昂治疗费用，市场容量受限制，因此私人研究机构没有积极性研发这类药物。政府研究机构中的研究者因为这些研发行为短期不能见效或者不是"科学顶峰"而缺乏兴趣，因此其研发工作效率也往往较低。盖茨尝试的方式是：鼓励私人机构研究，然后由基金会高价购买，再低价或免费给全世界的病人特别是穷人使用。非洲之旅后，盖茨的注意力集中到了卫生保健领域，重点领域为传染病、艾滋病及肺结核、生育保健及儿童保健、全球性卫生保健活动等。最近几年，盖茨甚至资助一种新型马桶的研制。在非洲，随地排泄产生的卫生问题，每年夺去150万名五岁以下儿童的生命，而西式马桶并不适用，因为后者需要复杂的下水道系统，且太过费水。因此盖茨大力推动马桶技术的创新，希望能够研制独立型太阳能马桶，该系统可对水进行再循环，并将人类排泄物分解转化为可储存能源。

盖茨认为不仅要做慈善，而且要以企业化的方式运作慈善事业。他的基金会使用量化指标衡量投资，衡量投入是否真正起到了帮助穷人的效果，希望能够以最具成本效益的方式做慈善。① 他要求评估各项工作的结果，不仅是技术活动本身，也包括已有技术成果的应用程度，例如不仅要看是否研发出了廉价有效的治疗艾滋病药物，还要看最边远贫穷的病人能否得到这些药物。

（三）推进非基本公共服务提供多样化

在非基本公共服务提供中，政府应该更好地发挥促进供给的作用，同时也要更好地发挥市场和服务提供者的积极性，寻求更有效率的服务提供方式。首先要突破理念障碍，允许市场主体追求经济效益，并不一定使公共服务和公共产品的提供受到限制或导致高价。例如保护知识产权是为了让研发者从中获利，调动市场的创新活力，用利润这一燃料助燃智慧的火花。全球文化创意产业快速发展，同样得益于市场机制和利润这个润滑剂。全球文化存量是一个巨大的资源库，长期以来在经济和社会两个方面都未得到有效利用。近几十年来，经商业动机的刺激和经济链条的传递，迅速向保存和开发两个方向集聚，不仅创造出了规模庞大的文化产业集群，还通过多种方式使巨量传统文化得以保存、展示和传承。

与此同时，政府在基本公共服务提供中负有增加投入、激励供给和平衡各种利益关系的重要责任。还以研发为例，科研工作的参与者不断增加，在参与者之间要保持合理的激励和利益分配。为保持足够的激励，需要使研究机构和人员能够分享由其科技活动所创造的利益。但是，这种激励有可能使公立研究机构和科研人员背离、放弃国家目标和公共利益，寻求从事有经济回报的研究项目，或者将政府资助项目引向有利可图的领域。在研发机构

---

① 详细情况可见博鳌亚洲论坛 2013 年年会的相关报道。

多、研究经费激增时，现实和潜在的利益关系十分复杂，因此需要有健全的体制应对这类问题和不断增长的挑战。

公共服务还要适应网络社会的变化和挑战，网络迅速改变着提供公共服务的适宜方式。一个例子就是美国国家航空航天局（NASA）创新中心在其网站上公布了一项研究任务，要求制定一个太空辐射暴露的测算公式来保护美国宇航员。来自53个国家超过500名问题解决者响应了号召。本来对于这个长期以来棘手却无法解决的问题，NASA把它放到了互联网上，并没有抱太大期望，然而他们却从新罕布什尔州郊区的一位退休射频工程师那里得到了超出他们要求的方案，这个方案对于太阳质子事件预测的准确率高达85%，使得NASA直呼"杰出"。

（四）平衡各方诉求和利益

孤立讨论某项公共服务时，服务对象总会说多多益善。但当服务数量与征税数量相关时，当多提供某一类服务就要减少另一类服务时，达成一致意见就很困难，恰当的决策也并非易事。政府有时较多依赖于所谓的"科学决策"，即依靠专家论证某项政策的目标、成本、收益和可持续性等。但是公共服务的消费者都是纳税人，他们有权利表达对公共服务资源配置的意愿，即要求通过"民主决策"来决定这类问题。事实上，在许多国家，公民经常对教育、医疗等公共服务提供不满意，其诉求与"科学"做出的判断有很大不同，例如专家更多关注医保基金的平衡问题和长期可持续问题，而普通民众要求保险公司和政府在当下提供最好的医疗服务。在这两者之间把握好平衡是公共服务中的重要问题。

（五）推进事业单位改革

中国长期以来事业单位是提供公共服务的主体和骨干，但不少事业单位市场意识淡薄，创新动力不足，经营管理僵化，不适应市场经济条件下提供公共服务的要求。要加快转变政府职能,推进政事分开,管办分离,形成政府主导、社会力量广泛参与的服务组织格局。这里特别要强调人事制度改革的重要性。社会领域的发展特别依赖于人力资本的质量,愈是高知识含量和高度专业化的服务,关键人力资本的重要性就愈突出,需要能够有效激励人力资本的人事管理和薪酬制度。例如高水平专业人士的"多点执业",以个人为核心的"工作室",因事而设的"创作组",大量的个体自由职业者等,都是社会领域特有的组织方式,需要更灵活有效的人事管理制度。

(六) 稳步扩大开放

稳步开放教育、医疗、体育等领域,引进优质资源,这是中国对外开放的新领域,也是社会领域相关产业加快发展的新机遇。近些年来,非基本公共服务领域的全球化趋势明显。在教育领域,教材、师资和学生的跨国流动日趋频繁。美国和英国的高等教育年出口额超过100亿美元。职业教育发达的德国,已有1/5以上的职教机构开展了跨国教育服务。在科技领域,科技全球化是近些年来全球化中最重要的新特征之一,大量的新知识新技术以商品贸易、跨国投资、技术贸易和人员流动等为载体,迅速在世界范围内传播应用。在文化领域,借助数字技术和网络技术,影视作品、音乐制品、书刊、网络游戏等文化产品的制作和消费大量跨国进行。在体育领域,运动员、教练员的国际交流频繁,各国取得突破的非传统优势项目,大都有外国教练的指导。在北京奥运会上,中国不少有突破的项目如女子个人射箭金牌、男子佩剑金牌、女子曲棍球银牌等,都有外籍教练的功劳。同时,乒乓球、体操、跳水等我国强势项目,有多名优秀教练和运动员在国外效力。服务领域的开放使我们能有效利用两个市场两种资源,丰富和提高人民群众的服务消费,促进服务业发展和增强国际竞争力。

　　社会事业领域扩大开放要强调以下几个方面。一要吸引高水平人力资源和智力资源。科学研究、教育、医疗、文艺体育等行业,都高度依赖专业化人才,凝聚在人身上的隐含知识和特殊技能十分重要。我们要像前些年制造业吸收外资那样,制订更多的诸如"千人计划"等规划,努力引进全球最好的人力资源。二要引进中高端服务能力。在中国,教科文卫体等行业中的优质人力资源集中在国有企事业单位,民间投资主要分布在中低端、个性化的服务领域。通过开放引进中高端服务能力,能够在尽快满足多元化消费需求的同时,通过竞争和示范效应,促进国内相关产业加快改革创新。三要促进中国相关产业走出去。近些年来,国际社会对中国科技教育、医疗保健、文化体育等行业的关注程度提高,加强交流与合作的意愿增强,我们要抓住这个机遇。

　　这里要特别强调,社会事业领域的开放要确保安全和主动权。社会领域开放涉及一些特殊问题。一是意识形态问题。社会领域中有相当一部分与国家软实力、社会价值观、文化传承、公共治理等问题相关,在改革开放中要正确把握导向和主动权,不能出现偏差。二是社会效益问题。在改革开放中,基本公共服务要不断得到加强,非基本公共服务也要做到社会效率和经济效益的统一,突出强调社会效益。为了确保上述两点,不少国家对服务领域开放有更严格具体的要求。《服务贸易总协定》也采用了"行使政府权力所提供的服务"这个概念,把这些服务排除在该协定要求开放的适用范围之外,为缔约国政府留下更多的自主空间。我们要把握好开放的领域和进程,牢牢把握主动权,确保经济社会稳定安全。

参考文献

陈昌盛、蔡跃洲，2007，《中国政府公共服务：体制变迁与地区综合评估》，北京：中国社会科学出版社。

黄恒学，2011，《政府基本公共服务标准化研究》，北京：人民出版社。

[法]让—克洛德·德劳内、让·盖雷，2011，《服务经济思想史：三个世纪的争论》，江小涓译，上海：上海人民出版社、格致出版社。

罗默，2006，《市场经济下取得平等前景的思考》，《比较》第25辑，北京：中信出版社。

经济合作与发展组织，2011，《教育概览2010》，北京：教育科学出版社。

尼古拉斯·巴尔，2007，《高等教育融资：发达国家的经验，发展中国家的选择》，《比较》第29辑，北京：中信出版社。

中国经济研究和咨询项目组，2006，《中国社会保障体系改革：问题和建议》，《比较》第24辑，北京：中信出版社。

肯尼迪·阿罗，2006，《不确定性和医疗保健的福利经济学》，《比较》第24辑，北京：中信出版社。

[美]阿瑟·侯赛因、尼古拉斯、斯特恩，2006，《中国的公共财政、政府职能与经济转型》，《比较》第26辑，北京：中信出版社。

Zvi Griliches 1992, *Output Measurement in the Service Sectors*, Chicago: University Of Chicago Press.

Mandel, M., S. Hamm, N. York, C. J. Farrell, and S. Paul 2006, "Why The Economy Is A Lot Stronger Than You Think", *Business Week*, February 13.

Robert, B. and W. Eltis 1996, *Britain's Economic Problem Revisited*, London: Macmillan Press.

World Bank 2010, *The Changing Wealth of Nations – Measuring Sustainable and Development in the New Millennium*, Washington D. C.: World Bank Publication.

第六章 经济利益与社会价值的权衡：以文化产业为例

进入服务经济时代，以往物质生产占主导的生产方式将让位于非物质生产占主导地位的生产方式；物质消费为主导的消费方式将让位于非物质消费为主导的消费方式。在这个时代，文化产业将得到极大发展。

文化产业在发展过程中始终充满着争议。本章的重点是从历史、民族和意识形态的角度研究文化和文化产业，并对其中相互冲突的主要观点做简要分析，突出了与文化产业发展相关的理念及其演变过程、文化产业的独特性质以及现代信息技术的巨大影响。这一章还分析了中国具有发展文化产业的独特优势，特别是民族传统文化灿烂久远、丰富多彩和人口众多、市场规模大这两大优势，文化产业必然成为重要的支柱产业，中国必将成为文化产业大国。

一 理论演进与相关争论

"文化产业"一词从其被学者使用之日起，就处于持续的争论之中。本章将从几个不同的角度择要阐述。

（一）古典争论：高雅还是低俗

"文化"（culture）是一个很宽泛的概念，据说学者对文化下过的定义有200多种，但仍然缺乏一个严格、精确并得到共识的定义。定义过于宽泛会失去特性，例如定义为"人类在社会历史发展过程中所创造的物质财富和精神财富的总和"，那就是天下皆文化了，没有给"非文化"留下些许空间。定义过于狭窄又不能概括到位，例如将文化定义为"意识形态所创造的精神财富"，那又会将许多承载文化内容的物质财富排除在外。笔者倾向于这样一个定义：文化指人类发展过程中所创造的精神财富及其物质载体，以及与之相适应的日常行为习惯和制度形态。

以往很长时期，人们都将文化与贵族阶层、知识分子等上流阶层的知识结构、意识形态和行为举止联系在一起，同时也将其与商业行为远远隔离。19世纪中期英国著名诗人、教育家阿诺德就提出："文化不以粗鄙的人之品位为法则，任其顺遂自己的喜好去装束打扮，而是坚持不懈地培养关于美观、优雅和得体的意识，使人们越来越接近这一理想，而且使粗鄙的人也乐于接受。"毫无疑问，在持上述观点的学者眼中，"文化"与"产业"是不相干的。

"文化产业"一词何时出现有不同的说法，一个较有共识的观点是，文化产业一语诞生于1944年，由德国学者阿多诺和霍克海默提出。[①] 这个概念的提出受到广泛质疑，许多学者认为文化不能成为产业，认为商业化会损伤正宗的艺术，使艺术为了追求利润而向低俗趣味靠拢和低头。实际上，在文化产业一词出现之前，文化商业化发展趋势就与资本主义生产方式几乎同时出现，到19世纪初期时已

---

① 转引自［英］吉姆·麦圭根，2010，《重新考虑文化政策》，何道宽译，北京：中国人民大学出版社。

经有相当声势,当时通常被称为大众文化。贵族阶层、知识分子等上流阶层,对大众文化总体上持一种批评态度,认为大众文化是低劣的欣赏趣味。阿多尔诺就认为,创作者已经不再从审美角度来制作音乐,取而代之的是上座率和经济利润,音乐作品丧失了艺术欣赏性,变成了商品的另一种符号形式,造成公众欣赏能力的退化。[1]他们所提倡的是"以这些上层欣赏的优秀文化作为提升人性的途径和手段,学习研究自古以来人类最优秀的思想、文化、价值资源,从中补充、吸取自己所缺乏的养分"[2]。长期以来,以上述立场批判大众文化的观点从未中断,担心这种状况持续下去,全社会的欣赏趣味变得庸俗不堪,文学经典无人问津。[3] 这些观点反映了知识分子维护精英文化,欣赏高雅艺术,呼吁理性思考的精神气质。这类观点有时被概括为"文化悲观论",认为商业化和市场经济会促使文化堕落,认为现代文化常常比不上历史上的某个时期,如古典时期、启蒙运动时期以及19世纪,等等。

稍后,知识界对文化产业的认知出现了新的变化。许多学者已经不是仅仅从所谓的理性角度"中性"地看待大众文化,而是开始接受、欣赏和享受文化产业的繁荣与发展。出现这种新变化的背景是,随着时代的发展,"大众"所指的人群结构发生着显著变化。以往"大众"往往指那些受教育程度低、阅读能力差、艺术鉴赏能力弱的社会下层人士,而从20世纪后半期以来,教育广泛普及,民众的生活水平显著提高,中产阶级成为人口构成的主要

---

[1] 参见陈学明等,1998,《社会水泥——阿多尔诺、马尔库塞、本雅明论大众文化》,昆明:云南人民出版社,第51—62页。
[2] 参见[英]马修·阿诺德,2002,《文化与无政府状态》,韩敏中译,北京:生活·读书·新知三联书店。
[3] 参见[英]约翰·斯道雷,2010,《文化理论与大众文化导论》,常江译,北京:北京大学出版社。

部分即成为"大众",他们的知识结构、生活方式、世界观和价值观等已有很大改变,为之服务的文化产业也随之出现变化,既有纯粹找乐、简单直白的娱乐节目,也有风格多样、内涵丰富的多种艺术产品。文化产业的发展推动了大众文化的丰富多样,学者们总能从其中找到符合自己口味的文化产品,观赏和研究趋向一体。

最近一些年,文化的商业化、市场化带来文化的发展繁荣被越来越多的研究者所重视和赞同。有学者用"商业文化礼赞"为标题研究这个问题,用100多年文化的发展历程,论证了市场经济发展促进了音乐、文学和视觉艺术的发展,而对市场需求的迎合,从根本上看有助于激发文化产业的创造性。市场经济是一种充满活力的制度构架,有利于艺术和艺术产业的发展,这不仅是因为财富能满足人们的基本需求,提升人们的追求目标,提高人们对艺术的兴趣;而且,市场经济能够增强艺术家的独立性,使多种艺术观念并存,多种艺术产品出现。总之,市场经济在其他领域展现的活力,同样构建着文化的创造性、异质性和多样性。最有力的证据就是,当代文化的各种表现形式,其中包括视觉艺术、文学、音乐和建筑都展现出前所未有的蓬勃发展。这些研究者认为,根本用不着对市场经济中的文化和文化产业发展持悲观态度,而是应该对文化的商业化持赞许态度。[①]

(二)"阶级"争论:目的还是工具

过去一个多世纪,一些西方马克思主义学者对文化产业概念和文化商业化发展趋势提出批判。批判有两种基本立场,其一,认为文化产业标志着垄断资本主义向文化领域的扩张。资本家为了

---

① 参见[美]泰勒·考恩,2005,《商业文化礼赞》,严忠志译,北京:商务印书馆。

利润,通过将文化商业化、市场化来获得剥削工人、获得剩余价值的新途径。其二,认为发展文化产业是为了扩大影响,欺骗和影响大众。大众文化并不是在大众那里自发形成的文化,而是统治阶级通过文化产业强加在大众身上的一种伪文化。这种文化以商品拜物教为其意识形态,以制造人们的虚假需要为欺骗手段,改变人们的价值观,最终达到自上而下整合大众的目的。特别是文化产业化后,艺术家们为了获得资金,创作过程便不能依据创意者个人的艺术偏好来进行,成为"戴着镣铐的舞蹈",不可避免地进入了"媚俗"的陷阱。德国学者阿多诺、英国学者利维斯等都是这种观点的代表人物。[1]

同时,也有一些西方马克思主义学派和学者对大众文化和文化产业表示肯定和赞同。在19世纪中期到20世纪中期,这些学派强调要利用大众文化宣传革命主张和推动革命实践。其中代表人物多数是革命家和政治家。例如列宁就认为,艺术属于人民,必须在广大劳动群众中有其最深厚的基础,它必须为这些群众所了解和喜爱,它必须从群众的感悟、思想和愿望方面把他们结合起来并使他们得到提高。[2] 毛泽东也曾经讲过同样的观点,认为文学作品或艺术作品,能使人民群众惊醒起来,奋斗起来,推动人民群众走向团结和斗争,改造自己的环境。[3] 这种观点在那些具有革命倾向的知识分子中流行并得到拥护,这里举几个代表人物为例。例如活跃于20世纪20—50年代的德国戏剧作家布莱希特,长期努力将艺术变为马克思列宁主义的斗争武器,不仅要解释世界,而

---

[1] 参见陆扬、王毅,2007,《文化研究导论》,上海:复旦大学出版社。
[2] 参见[美]梅·所罗门,1989,《马克思主义与艺术》,杜章智、王以铸译,北京:文化艺术出版社。
[3] 同上。

且要改造世界的原则用于戏剧,达到在观众中创造战斗精神的目的①。再如本雅明和萨特,他们赞同大众文化,是因为革命需要被艺术唤醒的大众,这些大众将成为革命的主体。他们特别重视电影,是因为电影能够被大批量复制,因而能被利用来影响大批观众。在萨特等学者眼中,已经有了"受众群"这样的概念,以表达其对受众数量的企盼。出于这个立场,他们强调传媒的"大众性"和"渗透力",与戏剧、音乐会这些必须现场观赏因而只有极少受众的文化形态相比,报纸、广播、电影等文化产品无所不在,时刻能够被大众关注到②。

20世纪50年代以来,超出"革命"目的来思考大众文化,成为学术界的一种新潮流。例如,英国伯明翰学派是西方马克思主义研究的一个重要流派,有广泛的影响,他们赞同大众文化,但立场已经不同于此前"利用"的观点,他们并不是为了利用大众,而是对文化本身和文化的意义进行了重新思考和定义。这个学派中的一些代表性学者出身社会下层,深刻理解工人阶级的需求,从情感上努力打破文化的贵族和精英传统。在这些学者看来,文化并非属于少数人,而是整个社会的生活方式以及由此产生的观念。这就大大扩展了文化的内涵和外延。按照这个定义,文化是由社会全体成员共同创造和分享的,而不是专属于高等级人的所谓文化。这些学者持中立、实证的立场,研究大众文化如何影响公民的理念和行为,如何影响一个社会的意识形态,研究大众文

---

① 参见[美]梅·所罗门,1989,《马克思主义与艺术》,杜章智、王以铸译,北京:文化艺术出版社。
② 参见[美]梅·所罗门,1989,《马克思主义与艺术》,杜章智、王以铸译,北京:文化艺术出版社;[法]萨特,2005,《什么是文学?》,《萨特文集》(第7卷),沈志明、艾珉主译,北京:人民文学出版社。

化与经济、商业和社会人际等方面的复杂关系。①

（三）当代争论：经济问题还是"文化"问题

文化能否作为产业来研究分析，能否按市场规则运作，这不仅是古典争论，而且是现实问题。在人文学者中，质疑的观点一直存在，这类观点对技术进行了人文反思。提出技术会使文化全面异化，大规模复制技术生产出的标准化"文化产品"具有同质性，接受这种文化产品的人们将沦为没有特点和个性的人。这类文化产品包围了我们，人们渐渐习惯从文化产品中关注文化以外的东西。以电影为例，从黑白电影到彩色电影，观看电影的主要目的还是感受故事内涵和领略明星风采。但到了3D、4D时代以后，很多观众主要感受到了惊险刺激和各种奇观，电影的内容不再是最重要的，因此已不能被称为"文化"了。

在我国，文化长期以来被定义为"社会事业"，其中"社会"表明不是"经济"，而"事业"表明不是"企业"。可以说，文化长期以来不被纳入经济分析框架。近些年来，国内提出文化产业的概念，认可了其经济性质。将文化纳入经济分析之中有两个重要意义。一是提高基本文化服务的供给效率，二是促进非基本文化服务产业化、市场化。更好地发挥政府和市场两个积极性，提高社会领域资源配置效率。

这种转变的大背景是中国发展进入了新的阶段。随着经济社会发展水平的不断提高，政府提供的"基本公共服务"远远不能满足公民的需求。例如，随着公民文化需求不断多元化，公民愿意欣赏哪些艺术产品是非常个性化的偏好，此时再由政府规划和少数非市场化的事业单位提供，无法满足群众对文化娱乐活动的丰

---

① ［英］约翰·斯道雷，2010，《文化理论与大众文化导论》，常江译，北京：北京大学出版社。

富需求。如果排斥市场有效发挥作用，最终限制了这些产业的发展。因此，文化的商业化、产业化发展势在必行。

首先，从"事业"向"产业"转变，会推动服务提供者形成市场观念。事业单位中的研究者和从业者，较多看重表达自身的理念、心意和情绪，例如我们经常讲的艺术片，讲究故事本身的"精彩"和"深刻"，强调的是影片传递的理念和意境。而这些在很大程度上都是创作者对这类问题的思考和理解，因此多数情形下很"小众"，市场份额有限。而商业性的文化产品是为大批量消费者生产的，例如所谓的商业片讲究的是"市场导向"，道理很简单，作为一种休闲和消遣，大众走进电影院时已经有了一个心理预期——娱乐和刺激。

其次，从"事业"向"产业"转变，能带来更强的资源组合能力。随着技术的发展，文化的发展和传播变得日益昂贵。要做出成就，就要增强组合资源的能力。仅就文化创意而言，似乎并不费钱，因为其基本的元素是人们的思想活动，供给充裕甚至可以说是无限。但是，从创意到产品的转换是极其昂贵的。愈是技术含量高的文化产品愈是如此。以网络游戏产业为例，15年前开发一款高端游戏的成本约为300万美元，10年前开发成本已经飙升至2000万美元，5年前开发成本达到1亿美元，现今的开发成本已达数亿美元。2014年年底问世的大型FPS游戏大作《命运》(Destiny)，根据开发商Bungie工作室与发行商动视暴雪的文件显示，制作成本高达5亿美元。而《星际穿越》这个2014年最抢眼的美国大片，制作成本也只有1.65亿美元。显然，再有天才的创意者，依靠自身能力也无法支持这些复杂创意产品的生产，因此争取投资或资助成为文化创意的前提条件。正是由于创意环节之外需要很多的其他资源特别是资金投入，文化创意产品越来越多地从"劳动密集型艺术"向"资本密集型艺术"转变。

具有人文精神的艺术家们，对于技术替代"自然""传统""手艺"和"个性"，必然会产生怀疑甚至抵制的心绪。这种情形在技术发展史上多次出现。中国的作家们在20世纪90年代以前，还经常有要不要用电脑写作的争论。当时一些作家特别是老作家，认为电脑写作没有感觉，仍然坚持手工写作。但是，无论这种感受引起多少共鸣，文人们还是纷纷"换笔"，开始使用电脑写作，现在还有个别作家拒绝用电脑写作，但电脑无疑已经成为作家写作的主要方式。对那些早已"换笔"的作者来说，虽然也常常怀念用笔写作的年代，怀念"书写"的酣畅兴悦，时常翻看久违的手稿，但无法抵制现代技术带来的巨大便利。对网络写手来说，笔和纸差不多已经是古董了。

当然，文化产业、文化市场仍具有与制造业不同的鲜明特征。从创意者的行为特征看，一方面，参与商业创意活动的创意者不可避免地受到经济激励与约束的影响，特别在契约已经签订的情况下，他们不可能完全迁就自己的艺术取向。另一方面，创意者的偏好也不同于古典经济学的"经济人"假设，他们的机会主义行为倾向会少一些，会更关注自己的产品。"经济学家们通常认为，雇佣工人并不关心他们所生产的产品的特点性能。他们所考虑的只有工资、工作条件以及所需要花费的精力，而不会考虑到产品的式样、颜色或是特性。熟练的工人十分关注并为自己的工作质量以及所生产的产品而自豪，但是经济学家们却很少认为这些因素会影响组织结构。然而，在创意行为中，创造者（艺术家、演员、作家）却非常注重产品的原创性、卓越的艺术表现以及艺术的和谐统一。这些对艺术成就的关心与顾客对产品的接受程度不无关系，虽然它们之间的关系不一定很密切。"音乐家们可能会注重取得演奏的细腻性,这一点那些常去音乐会的人可能不会注意到,但他们的音乐同行们对这一点会一目了然。"① 创意者本身会自发地关心自己的创意结果,而不像其他行业的工人那样只关心薪酬高低。对艺术过程本身的追求会从内心提供一种努力工作的激励,在绝大多数情况下,这种激励有助于创意产品文化价值和市场价值的实现。那些从事软件设计类的专业人员也具备相似特点,他们抱定决心要掌握自己所从事的工艺,对自己的劳动成果负责并以之为荣。②

无论学术理论层面的争论如何进行,文化产业还是按照文化特点和市场规律不断发展壮大繁荣。特别是有了互联网和全球市场后,一个好的艺术产品是以全世界消费者为对象的,消费者规模迅速扩张,才能滋养出丰富多样和数量巨大的文化产品市场。在20世纪80年代之前,靠一首歌、一支曲或一部小说能够成为富豪的文化人少之又少,歌剧、芭蕾这样的高雅艺术更难以致富。不是它们不好,而是无法影响一个庞大人群。而在当下,借助电视和网络,许许多多的歌曲同时在全球流行,许多著名剧团的歌剧和芭蕾演遍全世界,受众面大增,院团收入也随之增加。扩大消费人群不仅靠生产者"走出去",也要靠消费者"走进来",最典型的形态就是与旅游产业相结合。中国艺术家的市场创新能力很强。"印象"系列是中国原创的实景演出的代表,2004年3月,实景演出《印象·刘三姐》开始在桂林阳朔公演,这台演出是世界演艺舞台上第一个以自然山水为舞台的超大规模表演,这台实景演出诞生的初衷很简单也很"经济":将游客留在阳朔过夜。此

---

① 参见[美]凯夫斯,2004,《创意产业经济学:艺术的商业之道》,孙绯译,北京:新华出版社。
② 参见[加] Pete McBreen, 2004,《软件工艺》,熊节译,北京:人民邮电出版社。

前，游客来阳朔，在乘船游漓江之后，多半会选择返回桂林。《印象·刘三姐》的出现填补了阳朔夜游项目的空白。这个演出极费人工，每场演出都需要600多位当地壮族农民和渔民，真正体现了当地独特的自然景观和劳动力低成本的优势。随后成为中国文化旅游开发的"时髦"模式，实景演出开始在多地上演。从《印象·丽江》《印象·西湖》《印象·大红袍》《梦萦周庄》《天门狐仙》到《鼎盛王朝·康熙大典》，实景演出已经成为风靡中国的文化旅游开发模式。

文化产业的发展不仅使得大众通俗文化在市场上兴盛，而且高雅文化也因之繁荣。因为大众化的文化产品在获得利润和市场的同时，也为传统"高雅"艺术的发展提供资金、市场和人才支持。如今不仅是电影、流行音乐完全进入市场，大多数传统音乐、绘画和雕塑作品都在市场上销售。有了商业化，创意才能寻求到要素、渠道和市场，并产出实际成果。因此，对市场的作用应该正确理解。美国文化领域的产业化和商业化程度全球最高，确实带来一些严重问题，但其文化总体上并未呈现出价值观没落的景象，自信、诚信、创新等仍然是文化的基调和特色。近些年我国文化产业在市场作用下呈现爆发式增长，但核心价值观依然占主导地位并有了更加丰富多样的载体形态和传播途径。

二 潜力巨大的消费领域

虽然文化产业这个概念的提出已经有半个多世纪的历史，但是至今并没有统一的定义，甚至没有形成统一的称谓，在不同的国家被称为文化产业、文化创意产业、创意产业、文化休闲产业和版权产业，等等，内涵和定义也不完全相同。Throsby（2001）

在综述他人相关定义的基础上有过一个描述式的定义。他将文化分为一个同心圆的三个层面，最核心的层面是"创意"，第二层为利用创意形成的有高度文化内涵的产品，第三个层面是具有文化内容的其他产业如旅游、广告和建筑等。[1] 这个划分同时兼顾了创意这个核心内容和在此基础上扩展的广泛产业链，在理论界和产业界有相对较高的认同度。

2004年我国国家统计局对文化产业的界定和划分就大体上应用了这个思路。这个定义是：文化及相关产业是指为社会公众提供文化产品和文化相关产品的生产活动的集合。范围包括：(1) 以文化为核心内容，为直接满足人们的精神需要而进行的创作、制造、传播、展示等文化产品（包括货物和服务）的生产活动；(2) 为实现文化产品生产所必需的辅助生产活动；(3) 作为文化产品实物载体或制作（使用、传播、展示）工具的文化用品的生产活动（包括制造和销售）；(4) 为实现文化产品生产所需专用设备的生产活动（包括制造和销售）。

我国文化产业已经经过了10余年的高速发展，得益于我国经济社会的整体高速发展，文化产业已经粗具规模。国家统计局提供的数据表明，经国家统计局核算，2014年中国文化及相关产业增加值23940亿元，比上年增长12.1%，比同期GDP现价增速高3.9个百分点；占GDP的比重为3.76%，比上年提高0.13个百分点。与此同时，文化事业也得到较快发展，2014年全国文化事业费583.44亿元，比上年增加52.95亿元，增长10.0%；全国人均文化事业费42.65元，比上年增加3.66元，增长9.4%。具体见表6-1。

---

[1] 参见 Throsby, D. 2001, *Economics and Culture*, Cambridge: Cambridge University Press.

表6-1　　　　　2014年中国文化及相关产业增加值

类别名称	绝对额（亿元）	同比增长（%）	所占比重（%）
第一部分　文化产品的生产	14671	15.6	61.3
一、新闻出版发行服务	1209	5.2	5.1
二、广播电视电影服务	1059	4.5	4.4
三、文化艺术服务	1127	7.0	4.7
四、文化信息传输服务	2429	36.5	10.1
五、文化创意和设计服务	4107	17.5	17.2
六、文化休闲娱乐服务	1702	11.2	7.1
七、工艺美术品的生产	3037	13.6	12.7
第二部分　文化相关产品的生产	9269	7.1	38.7
八、文化产品生产的辅助生产	2835	12.7	11.8
九、文化用品的生产	5564	6.6	23.2
十、文化专用设备的生产	869	-5.7	3.6
合计	23940	12.1	100.0

注：同比增长为现价增长速度，未扣除价格因素。
数据来源：国家统计局。

文化产业高速发展的根本原因，一是需求增长，二是供给能力增长。

随着收入水平的提高，居民对文化产品的需求快速增长，带动文化产业快速发展。一是搭载在实物消费品上的精神和心理需求，以往主要看商品的实用性，但现在增加了对时尚、品位、个性显示等要求，就会要求"名牌""新款"、流行、阶层、职业等元素，这些都是"文化"添加的增加值。二是无须搭载在某种实物产品上的精神和心理消费，诸如音乐、电影、书刊、旅游、健身、网络游戏、各种消遣性信息等。无论哪种形态，这些消费能带来幸福、愉悦的精神感受和满足、归属感和自我评价升值等心理感受等，消费者愿意为这种感受付费，成为服务消费的一个重要部分，产生了对文化产业的巨大需求。

从文化产品的供给看，技术进步为文化产业发展提供了手段和载体。近些年来文化娱乐产业的一个重大变化，是数字技术、网络技术、移动网络技术的迅猛发展和广泛应用，催生了一大批新兴业态和新的服务产品。文化产品对技术的依赖程度空前提高。文化创意产业中利用最多的数字技术是当代世界最为核心的技术领域，动画产业早已成为融合最先进电脑制作技术的行业。互联网的出现催生了网络游戏、音乐视频下载服务等。以手机为主要终端的移动互联网的出现，使彩信、手机视频、手机游戏、微信等得到迅速发展。平板电脑的兴起则带动了触摸屏游戏、交互式电子杂志等产业的发展。在这类新型产业链的上端，是各类文化资源的数字化与上载，下游则是消费类信息技术产品的普及和数字化文化娱乐产品的迅猛发展。新技术还使得提供个性化产品和服务成为可能，例如基于大数据的各种推送服务，这种"个性化"成为现实，本身就反映了现代社会消费文化的技术支撑特征。

技术迅速发展为新的创意开发打开巨大空间，新产品占据了文化产品供给的主流。以娱乐产业为例，网络游戏产业发展最为迅速。2008年以后，我国电脑网络游戏产品呈爆发式增长。据国际数据公司等机构联合发布的《2014年中国游戏产业报告》中的数据显示，2014年中国游戏市场（涵盖网络游戏、移动游戏和单机游戏等细分市场）实际销售收入达到了1144.8亿元人民币，晋升为千亿产业中新的一员。同时，中国游戏市场用户数量达到5.17亿人，比2013年增长了4.6%。无论是收入还是用户，网络游戏这个依托于数字和网络技术的新产业，早已经超过电影、电视娱乐节目和音像制品这三大传统娱乐项目规模之和。

从 2011 年起，手机网络游戏开始流行，当时许多人认为其流行还要等待一段时间。因为手机比之电脑，存在网速、手机处理器内存、手机的屏幕分辨率以及电池的使用时间等诸多限制因素，特别是电池的使用时间是非常大的限制，网络游戏是一种需要时间才能玩下去的游戏，自然，手机电池不够网络游戏挥霍，就等于退出了游戏市场。然而，随着手机技术和手机网络游戏双方的努力，手机网游不可避免地流行开来。2013 年成为中国手机游戏元年，2014 年是爆发年，2014 年移动游戏的用户规模比 2013 年增长 62.3%。截至 2014 年 11 月中旬，手机网络游戏用户规模为 5.04 亿户，使用率从 2013 年底的 20% 左右提升至 62.3%。年底已经有超过 5 亿户在玩手机游戏，业内普遍认为，2015 年，手机网游用户将超过电脑网游用户的规模。

三 国情特点与独特优势

（一）人口多提供广阔市场

现代文化产业投入巨大，要求有一个庞大的市场。中国人口数量世界第一，有共同文化和语言的消费者数量巨大，能提供最为"庞大"的市场，例如电影、电视娱乐节目的受众数量，就与有共同文化、语言人群的数量高度相关。近些年来，中国已经有多部票房收入过 10 亿元的电影，除了影片水平不断提升外，直接的原因是观影者众多。中国和印度能成为世界电影大国，观众人数众多是重要原因。再如网络游戏，2013 年国内排名靠前的网络游戏如《梦幻西游》《武林外传》《大话西游》等，都有数量巨大的玩家。仅开发"三国"题材的游戏就有上百种，诸如《盛世三国》《魔神三国》《热血三国》《幻想三国》《萌将三国》《三国志》《三国魂》《三国美女》等。没有相同文化基因的巨大消费群体，这种状况无法想象。开发商对《降龙之剑》这款国内著名游戏的营销宣言是：涵盖了中华五千年历史，完整诠释了浩瀚的中华历史文明，囊括了《山海经》《封神榜》《西游记》等中国传统的神话传奇，让玩家可以在历史的长河中，亲自体验战国纷乱、楚汉争霸、三国鼎立、隋唐交替、宋金对抗、元败明兴六个历史时代的风云变幻。这种依托共同历史文化背景开发的游戏，在有13亿多人口的国家中有着巨大的市场空间。

（二）人口多能容纳多种商业模式

人口多还为商业模式的创新提供巨大空间。因为任何小众的活动在中国都能达到可观的市场规模。

文化创意活动有一个区别于其他商业活动的显著特征，这类商业活动中夹杂着展示个人理念、经验和才艺等非商业动机，这类行为是"爱好"而非"利益"驱动的，不能完全用经济逻辑来解释。例如许多著名英文杂志电子版如英国的《经济学家》、美国的《商业周刊》等，几乎每期网络上都有中译本，都是有名或无名的志愿者翻译上传的。还有美国大片，也经常由志愿翻译组提供字幕翻译，例如曾经最有名的字幕网之一"人人影视"是2004年由加拿大的一群留学生创办的，到2014年底因版权问题关闭时，已翻译了多部美剧。这些论坛都在显著位置标注着类似"字幕组由网络爱好者自发组成，不以营利为目的，加入仅凭个人兴趣爱好，没有任何金钱实质回报"的声明，多数译者也确实因爱好而非营利目的参与。总之，文化创意产业特别是网络的兴起为个人提供了展示自我的机会，其中一些人出于成名后的商业目的，但更多的人就是"玩票"，希望得到关注，而在传统的创意架构中他们根本没有机会。

不过，虽然多数参与者的初始动机并不是商业性的，但在"注意力就是生产力"的互联网产业中，吸引大量人群关注的行为必然演变为一种新的商业模式。刚才提到的字幕组是由"义工"组成的，但是发布字幕的平台即网站却是商业性质的，利用流量来获得广告收入。

由于人口基数大，一些创新创意即使只有很小比例的人群关注，就能够支持其商业性运作。这种例子很多。例如国内社交视频网站"六间房"，就是将兴趣和注意力转变为商业模式的成功案例。"六间房"将网站特色定位为"秀场"，用户可以通过视频直播间展示才艺、电子竞技技能等。网站吸引了大量艺人和热爱艺术的人群参与，他们在"六间房"拥有一个网络直播间，可以随意展示自己，可以与喜欢自己的粉丝们互动。目前和"六间房"正式签约的"主播"已超过27万人。他们中间有寻求生计和谋求发展的草根艺人，也有更多的艺术爱好者，提供着丰富多样的"节目"，网站的日均访问人数达到500多万人次。具备了这样的用户规模，"六间房"的经营模式得以运转，网站的盈利主要靠用户对虚拟物品的消费，用户可以向艺人赠送虚拟物品，如鲜花、蛋糕、跑车、飞机等，不同物品标价不同，用"六币"（"六间房"社区虚拟货币）购买。简单来说，歌手和主播们在线上唱歌，粉丝和观众在线下"打赏"，即向心仪的演员赠送礼物，这就是"六间房"主要的业务模式。"六间房"的一些人气主播，在网上开在线生日会，粉丝购买的虚拟蛋糕就可达到数万份，网站因此获得收入，歌手也会从中提成。这是将爱好和注意力转化为商业模式的一个典型案例。还有那些在其他国家是很小众的冷僻文化领域，在我国都可能有足够多的消费市场。例如，曾有网民想以蚂蚁为主题制作 T 恤衫，这样的"小众"兴趣也能很快以众筹模式融资实现。

（三）传统文化：中国文化产业发展的重要源泉

近些年来，利用传统文化进行创新并实现产业化的潮流在许多国家兴起，传统文化利用领域不断拓宽，产业化规模持续扩大。

按照世界知识产权组织的定义，传统文化表现形式常常是几代人源远流长的社会和社区的创造过程得出的产品，反映和证明社区历史、社区文化、社会特征和社会价值。包括语言表现形式，如民间故事、民间诗歌和谜语、记号、文字、符号和其他标记；音乐表现形式，如民歌和器乐；行动表现形式，如民间舞蹈、游戏、艺术形式或礼仪；有形表现形式，如民间艺术作品，特别是绘画、雕刻、木工、珠宝、编织、刺绣、服饰等，还有工艺品、建筑形式等。

传统文化作为文化产业发展的重要源泉和动力有其必然原因。传统文化群众基础广泛，以其为素材开发出的产品易被大众接受，市场广阔。特别是现代化物质世界缺乏人文关怀，以传统知识为素材的文化创意能更好地满足人类精神需求，体验安全感和归属感。我国历史悠久，民族众多，文化发达，生物和文化多样性丰富，有卷帙浩繁的文化典籍，传统文化和知识存量巨大，领域广泛，有许多创意发力点，开发潜力当为全球之最。

近几年来，基于传统故事和场景的影视产品和其他文化创意产品蔚然成风，好莱坞的《功夫熊猫》和《花木兰》等影片就在中国和多国市场上广受欢迎。传统文化也是近些年来我国影视节目最重要的题材之一，《甄嬛传》《舌尖上的中国》等节目不仅在国内多个电视台重复播出，而且在全球中华文化圈内广受欢迎。在文化产业、旅游产业、食品药品制造产业、建筑和工业设计等产业中，基于传统文化的创新创意必将成为趋势。

基于传统知识的技术开发也显出广阔前景。受限于已有科学知识的限制，许多领域中现代科技的开发利用逼近极限，研发费用昂贵，突破难度加大。传统文化和知识内涵大量的经验性知识，创新潜在价值巨大，在投入产出比上亦有明显优势。例如传统医药产业化拓展很快，经典方剂通过现代工艺制作成产品就能带来巨大的市场空间。仅中药一项即拥有 1 万余种药物和几十万种方剂，民间秘方验方不计其数。即使其中很小一部分能够标准化后制成药物，市场价值也难以估量。

传播、弘扬本土传统文化还受到政府的重视和支持。在现代化建设和全球化趋势中，不少国家特别是具有丰富民族文化存量的国家，担心传统文化、知识和价值观受到侵蚀甚至消融。政府都强调传承和发扬传统，支持基于传统文化和知识的文化产业发展，增强民族自豪感和国家凝聚力。

四　几个特殊问题

（一）产业组织方式要能够有效发挥人力资本作用

创意是文化产业的发展源泉和文化产业项目成功的关键。创意往往来自个体或小团队的创造性，创意团队中有核心成员，甚至项目团队就是围绕"关键的个体"组建的。因此，在"创意"阶段，产业组织必须能够发挥关键个体的创造力。例如各种类型的工作室、创意坊等，即使在大企业内部，也往往设立专题组、项目组等，使个人或小团体的创造性能够展现出来。这类商业组织形态灵活多样，内部收入差距很大，能够充分调动关键人力资本的创造积极性。

　　文化产业中的核心优秀人才被称为"星""家",如歌星、影星、画家、剧作家等,他们的收入很高,是全社会收入最高的塔尖部分。对这种现象已经有一个理论分析思路,被称为"超级明星理论"。1981年,芝加哥大学的罗森(Sherwin Rosen)[1]首次提出了经济学的"超级明星理论",试图解释为何在一些职业中,少数杰出人物即超级明星能够获得极高收入。超级明星现象在许多行业都存在,但在演员、歌星、作家、运动员等职业中最为明显,这也是该理论名称的来源。根据罗森的观点,这种不平均来自一种竞赛效应,某个稍稍"优秀"一点的人能够轻易赢得整块蛋糕,使其他人什么也得不到。人们宁愿花10美元看一场顶级的网球比赛,也不愿花5美元甚至1美元看一场二流选手的比赛。所以这就像一场竞争,赢者获得一切,而且他只需胜出一点点就足够,而最优秀者要获得巨大市场份额,依赖于传播技术的极大发展。史上最强的巴西足球运动员贝利(Pelé)1958年一踢成名,为世界各球队所垂涎。但据说到1960年,桑托斯队每年仅付给贝利15万美元的报酬,约合现在的110万美元。2009—2010年赛季,克里斯蒂亚诺·罗纳尔多的薪酬为1700万美元。贝利收入不高,不是因为比赛的质量不够好,而是因为只有很少人能有机会欣赏他的表演,因为第一颗电视通信卫星Telstar I直到1962年才发射。2010年在南非举办的国际足协世界杯赛(C. 罗纳尔多代表葡萄牙队参赛)在200多个国家和地区转播,共有超过250亿人次的观众收看。单总决赛就有7亿观众。C. 罗纳尔多赚到更多的钱,是因为他的能力得以传播给更多的人欣赏。

---

[1] Rosen S. 1981, "The Economics of Superstars", *The American Economic Review*, 71 (5).

在大多数文化产业中，创意完成后还要进行"产品"的制作。许多文化产品具有可以"复制"的特征，有些是重复表演如演出市场，有些是重复消费如多次玩在线网络游戏，还有些是重复生产搭载着创意内容的物理媒介，例如音像制品、电影拷贝等。复制产品和消费次数增加的成本很低，市场规模是经营效益的关键。因此在制作和传播环节，企业规模往往较大。2012年，全球五大文化企业的经营收入都超过200亿美元：迪士尼公司409亿美元，新闻集团334亿美元，时代华纳289亿美元，美国直播电视集团272亿美元，贝塔斯曼集团224亿美元。

（二）三方市场关系：服务提供、服务消费和广告

商品生产只需供需两方存在就能完成生产和消费的过程。但文化产业特别是广播电视和网络服务等市场却普遍实行三方共存的生产消费模式：服务提供方、服务消费方和广告商。因为广播电视节目和网络信息向消费者收费在操作上成本高昂且难以执行，但是节目制作和信息收集要付出很大成本，这个市场是如何运作的？维系这种市场关系的是广告商的加入。广告商向电视台支付费用，电视台在转播中插播广告，消费者以非自愿观看广告为代价"免费"观看播出的节目和信息。长期以来，这是广播电视节目和网络信息服务最常见的市场结构，目前仍然是主要形态。近些年来，随着技术进步和商业模式的创新，广播电视和网络市场运作有了新的选项，例如有线电视频道的出现，使得服务提供者和消费者都有了更多的选择性，消费者可以选择付费观看不插播广告的有线电视频道，或者免费观看插播广告的公共频道节目。研究这种市场结构是网络经济学的一个重点。[1]

---

[1] 可以参见［美］大卫·伊斯利、乔恩·克莱因伯格，2011，《网络、群体与市场》，李晓明、王卫红、杨韫利译，北京：清华大学出版社。

（三）传统文化的保存传承、利益享有和产权保护问题

在利用传统文化大力发展文化产业的过程中，一个全球性的难题始终存在，即传统文化知识的知识产权保护问题。传统文化对一个民族或者一个社区有着重要作用，它一方面起到共有精神和文化家园的作用，同时作为创造和创新的来源，在经济发展中发挥作用。但是在现代社会中，传统文化在特定创造人或群体之外被大量使用，诸如工艺品、表演、服装、出版、设计业等文化产业中大量借鉴了传统文化知识。现今，发达国家和发展中国家的许多企业都利用传统文化的形式和材料创造财富。

然而，那些传统文化知识的特定持有者或者持有群体，对传统文化被广泛用于创造财富持有异议。的确，这些传统文化本应为持有它们的特定群体创造区域性的就业机会，发展旅游业并从中获得收入，即应该由他们来将这些传统文化产业化、商业化。从这个角度看，非特定持有者开发利用这些传统文化知识，就是一种免费搭车的行为，是一种侵权行为。这种诉求在国际上得到重视，1967年，《保护文学艺术作品伯尔尼公约》修正案得到通过，其中第15条第4款提出了对民间文学艺术表现形式/传统文化表现形式提供国际保护的目标。1976年，通过了《突尼斯发展中国家版权示范法条》，它包括了对民间文学艺术进行专门保护。1982年，在世界知识产权组织和联合国教科文组织的主持下，通过了《保护民间文学艺术表现形式，反对不正当使用和其他损毁行为的国家法律示范法条》（以下简称"1982年示范法条"）。它们明确了两种侵权行为："不正当使用"和"其他损毁行为"，确立了保护传统知识表现形式、防止其遭受不正当使用和其他损毁行为的原则。该示范法条影响了许多国家对传统文化知识的保护理念和保护行为。

但是，现实操作有不少困难。首先，许多传统文化知识很难确认占有这种文化和知识的创造者或传承者，即使目前已经局限在某个区域内的传统文化和知识，历史上也有过多次的变迁和转移，例如京剧应该属于哪个特定区域所有？帝王服饰应该属于皇族吗？民族工艺品应该属于广泛的同族人民，那么在工艺品制造企业中有企业家、投资人或艺人属于这个民族，是否就能合理使用？其次，现代社会中，传统文化在特定创造人或群体之外被大量使用，客观上会起到提升社会大众对传统知识的知晓度和认可度的作用，进而为这些特定群体带来益处。这一点在旅游产业中特别明显。例如多个文学和艺术作品对摩梭人传统婚姻习俗的描述，使得泸沽湖地区成为旅游热点。"阿诗玛"是彝族撒尼人的经典传说，充分体现了撒尼人民的生活习惯和风俗人情。电影《阿诗玛》的创作演出，才使得阿诗玛作为云南文化的一个符号深入人心，带来无数商机。还有，近两年非常受欢迎的纪录片《舌尖上的中国》，描述了许多地域和民族的美食，推动了其中不少食品的产业化、商品化，也为这些地区带来不少游客。如果对上述民族艺术品进行严格的知识产权保护，这些机会就都不会出现，这种状况并不符合民族艺术和知识持有群体的愿望。相反的例子有许多，大量的传统工艺美术品因为不能广泛为人们所欣赏，缺乏需求，市场狭小，生产规模和制作技艺逐渐萎缩以至失传。以往各省都有工艺美术厂，至今所剩无几。因此，要在传承弘扬传统文化、保障持有群体利益、保护知识产权和利用传统知识创造财富之间统筹考虑，把握好它们之间的关系。

对于传统文化和知识的全球利用这个问题，保护独有资源不被国外产业侵占使用是各个国家的优先目标。长期以来，这方面缺乏国际统一规则，难以提供有效法律保护，近年来发展中国家大力推动关于传统知识保护利用的讨论和相关立法进程，取得一定进展。在《生物多样性公约》项下，各国就基因资源传统知识的使用和惠益分享达成条约，首次明确使用传统知识时应经持有人事先同意，有关惠益须公平分享。我国是传统知识持有大国，应该积极参与并推进国际社会的这类努力。

（四）服务的创新与监管：保持平衡的重要性

文化产品有两个特点容易带来问题、引发争议和质疑。一是服务产品有可能迎合人们精神和心理需求中的消极、负面内容，二是文化产品的价值往往靠主观评价，没有"客观"标尺，因而产品易于被炒作，导致市场大幅波动。我们举网络游戏和艺术品交易这两个例子说明这两种情况。

1. 充满争议的网络游戏产业

近些年来，网络游戏产业的发展一直伴随着争论。网络游戏以互联网为传输媒介，以游戏运营商服务器和用户计算机为处理终端，以游戏客户端软件为信息交互窗口，旨在实现娱乐、休闲、交流和取得虚拟成就感，以满足人们的精神和心理需求。网络游戏产业的发展有其必然性，人们对娱乐休闲活动的需求与生俱来，在科技发达的今天，大多数家庭都有电脑，手机更是几乎人人都有，互联网出现后网络游戏的出现是必然的。但是，对网游的质疑一直存在，即使赞同发展的观点，也认为有利有弊，带来机遇也带来挑战。

网络游戏特别受到年轻人的欢迎，因为它能够满足多种需求。首先，给青少年提供一种新的游戏选项，适当地玩一下网络游戏，可以放松情绪，消除疲劳，锻炼思维，活跃头脑，有些游戏还能增长历史、地理、政治等方面的知识，玩游戏还可以增添对电脑知识的了解，等等。其次，增加社会交往。现在的青少年大多数为独生子女，在网络游戏中能轻松地找到"玩伴"，结交朋友，消除孤独感，有了归属感。最后，网络游戏提供成就感，游戏高手可以获得其他同伴的尊重，感受到成就感。尤其是在学习上处于后进状况的学生和现实竞争中处于不利地位的人群，可以在网络游戏中寻找成功，拥有当英雄的机会，找回自信。

然而，网络游戏的负面作用也很突出，一个最大特点就是导致"上瘾"。特别是年轻人，上述各方面的需求和兴趣浓厚，又缺乏自控能力，因此总有大批的学生花大把的时间玩网游，挤占了课余体育锻炼和参与社会实践的时间，甚至沉迷于游戏中，作息规律被打乱，精神不振；在现实中与人交流减少，长久下去还有可能产生精神依赖，导致多种不良反应出现。同时，网络游戏中含有不少色情、暴力的内容，对青少年产生不良影响。这些负面影响使得家长、老师和社会各界都很担心，呼吁政府加强管理、生产商加强自律甚至要求禁止网络游戏上线。

但是，国内外的监管经验表明，在网络极其发达的社会中，网络游戏是难以禁止的，但这不能成为放任不管的理由。学校、家庭和社会要共同努力，制造商要自觉开发健康网络游戏，政府要加强对网络游戏的管理，这些都是网络游戏产业健康发展所必不可少的。

2. 艺术品交易中的定价问题

艺术品是重要的消费品，同时也是重要的投资品。从发达国家的经验看，三大投资市场依次为股票投资市场、房地产投资市场和艺术品投资市场

但是，从可遵循的市场规律和监管规则看，艺术品市场是规律和规则缺失最突出的市场。首先，艺术品估值比较困难，很难按照传统产业的方式评估其价值。许多文化产品的主要价值是"无

形"和"主观"的,书画的价值绝不是纸笔墨的成本加上制作的成本再加上固定的利润,而主要来自观赏者的一种体验,对这种体验的估价完全因人而异,这才会出现农村人祖宗传下来的放米容器,在"懂行"的淘宝人眼中是无价之宝的情形。其次,不确定因素很多,文化产品属非生活必需品,许多产品"制造"出来之前消费者并没有这种需求,能否成功吸引消费者,取决于很多难以控制的因素,全过程风险控制的难度可想而知。

由于上述特点,艺术品市场是一个高收入高风险的领域,特别是有些艺术品具有唯一性和不可复制性,例如已故名人字画、稀有古玩等。这些产品的市场估价有时很高,而且价格波动很大,因此成为文化市场上投资性很强的产品,特别容易产生资产泡沫,国内外都有经典案例。例如,日本发生过印象派收藏泡沫,日本人在20世纪80年代开始收藏印象派画作和风景画,并成为该领域最大的投资商,彼此竞争导致购买价格一路走高。到1992年前后,收藏达到了顶峰。按照日本一位作家的描述,[①]当时的市场上有95亿美元的作品被储藏在银行金库里,但这些金库里的作品70%却没有收藏人记录。后来,估价师对此进行研究的时候发现,这些作品的实际价格仅有购买价的20%左右,很多作品其实是赝品或低质量作品。当时,许多日本收藏家通过向银行贷款购买艺术品,当泡沫破灭,银行也遭受巨大的损失,那些艺术品被银行压低价格出售。

我国也出现过类似案例,艺术品"份额交易"就是一个典型。在经历了股票热和房地产热之后,我国的艺术品交易市场自2008年以来迅速成长,成为新的投资热点,艺术品投资市场的

---

① 该案例引述自《中国艺术品鉴定估价怎么做》,《中国文化报》2014年1月13日。

热度也是与日俱增，交易数量、交易金额、交易人群也都不断攀升与拓展。2009 年我国设立文化产品交易所后，出现了一个创新产品（即艺术品份额化产品）。艺术品份额化就是将艺术品先进行估价，再将一件或数件艺术品组成"资产包"，然后将资产包拆分为等值的若干份，由众人进行申购，就好似新股申购，投资者购买一定份额即可参与艺术品的交易，类似于股票交易。举例来说，若一件艺术品估价 600 万元，将其分为 600 万份份额，每份价格为 1 元，投资者要以 600 份或者 600 份的整数倍进行购买，这样，投资者就持有了艺术品的份额，可以通过二级市场买卖艺术品份额。从 2010 年深圳文交所将齐白石、张大千的 94 幅作品"打包拆分"定向发售以来，深圳、上海、天津、成都、昆明等地的文交所都发售过份额化的艺术品资产包。当时的投资者蜂拥进入该市场，交易空前火爆。2011 年 1 月，天津文交所首批上市了津派画家白庚延的两幅画作《黄河咆哮》和《燕塞秋》，经文化部评估委员会专家评估，估价分别为 600 万元和 500 万元，被分为 600 万份和 500 万份的份额，投资者可申购 1000 份。据统计，两幅画作份额申购资金总量超过 2000 万元，中签率均超过 40%。在短短 2 个月内，它们的交易价均已经上涨至 17 元左右，净投资回报率接近 17 倍。这种状况被社会普遍质疑，称之为"击鼓传花的金钱游戏"，加上市场上改变规则、违法经营、暗箱操作等种种现象暴露出来，引起监管部门的担忧，最终在 2011 年末，限令出台，艺术品份额化交易停止，管理层开始清理文交所。

虽然交易被停止，但艺术品证券化是否合适，艺术品份额交易是否合法等问题，至今都争议不止。有些质疑出自艺术角度，认为高雅艺术品不能被那些不懂艺术的人用来炒作等；也有些讨论从资本市场的属性出发,认为证券化网上交易的产品要求标准化,而艺术品都是个性化的产品,不适合这种模式。支持交易的观点则认为,艺术品份额化交易模式和其他文化产品的份额化交易并无本质区别,应当在人才培养、监管以及细化交易规则上下功夫,而不是一禁了之。总之,这个领域中创新与监管的平衡将是一个长期挑战。

参考文献

［英］吉姆·麦圭根,2010,《重新思考文化政策》,何道宽译,北京:中国人民大学出版社。

［德］阿多诺,1998,《社会水泥——阿多诺、马尔库塞、本杰明论大众文化》,陈学明译,昆明:云南人民出版社。

［英］马修·阿诺德,2002,《文化与无政府状态:政治与社会批评》,韩敏中译,北京:生活·读书·新知三联书店。

［英］约翰·凯里,2008,《知识分子与大众:文学知识界的傲慢与偏见(1880—1939)》,吴庆宏译,南京:译林出版社。

［美］泰勒·考恩,2005,《商业文化礼赞》,严忠志译,北京:商务印书馆。

陆扬、王毅,2007,《文化研究导论》,上海:复旦大学出版社。

［美］梅·所罗门,1989,《马克思主义与艺术》,杜章智、王以铸译,北京:文化艺术出版社。

［法］萨特,2005,《什么是文学?》,《萨特文集》(第7卷),沈志明、艾珉主译,北京:人民文学出版。

［英］雷蒙·威廉斯,2011,《文化与社会1780—1950》,高晓玲译,吉林:吉林出版集团有限责任公司。

［英］约翰·斯道雷，2010，《文化理论与大众文化导论》，常江译，北京：北京大学出版社。

［美］凯夫斯，2004，《创意产业经济学：艺术的商业之道》，孙绯译，北京：新华出版社。

赵勇，2005，《整合与颠覆：大众文化的辩证法——法兰克福学派的大众文化理论》，北京：北京大学出版社。

［加］Pete McBreen，2004，《软件工艺》，熊节译，北京：人民邮电出版社。

［美］大卫·伊斯利、乔恩·克莱因伯格，2011，《网络、群体与市场》，李晓明、王卫红、杨韫利译，北京：清华大学出版社。

世界知识产权组织，2010，《知识产权与传统文化表现形式/民间文学艺术》，北京：知识产权出版社。

Throsby, D. 2001, *Economics and Culture*, Cambridge：Cambridge University Press.

Rosen S. 1981, "The Economics of Superstars", *The American Economic Review*, 71（5）.

第七章 互联网大数据时代的服务业创新

最近几年，与互联网、大数据相关的服务业加快发展，传统服务业的许多重要性质发生变化，许多全新服务业产生并快速发展，服务业对整个经济发展的影响在质和量上都有重要变化。

网络经济和大数据时代，服务业创新的重要特征是技术创新、内容创新和商业模式创新三位一体，尤其是商业模式创新在资源聚集和生产组织方式中发挥着更加重要的作用。现在流行的物联网、云计算、智慧交通、慕课、网络购物、手机商务服务等，都是真正的商业模式创新。而集互联网技术和传统服务产业于一身的"互联网+"，提供了许多创新含量很高的新商业模式。与互联网相关的服务业创新，将是今后服务业增长的主体内容和主要形态。

互联网和大数据相互依存不可分离，没有智能互联网，大数据无所依托无从产生；没有大数据，互联网的应用价值受到限制。不过，互联网不仅服务于大数据，还是多种创新的基础和载体；大数据虽然以互联网为依托，但与其他类型的互联网创新相比意义已全然不同。本章将这两点结合考虑，并在具体问题上各有侧重。

一 内容创新和商业模式创新

在互联网时代，服务业商业模式的创新极为迅速，互联网广泛渗透于经济社会各个方面，早已成为人们生产消费和日常交往的主要场所。互联网经济中，技术创新、内容创新和商业模式创新几乎不可分离。智能手机就具有典型性，集三种创新于一身。再如互联网搜索技术和无线视频技术这类新技术，各领域、各地域的海量信息这种新内容，在 Google 搜索引擎这一新商业模式整合下，取得了前所未有的成功，不仅为广大客户提供了便利，也为开发商带来了巨额收益。一些企业如雅虎、亚马逊及中国的阿里巴巴、腾讯等，在短短几年时间内，就以新的商业模式整合技术和内容创新，取得巨大发展。反过来，新的商业模式也能加速科技成果的产生和应用，例如沃尔玛等企业形成全球连锁商务链的努力，引领了物流网的形成和发展。

互联网时代最本质性的商业模式创新中，有几种非常重要。

（一）"平台"模式：降低交易费用

互联网时代的一个商业奇迹，是迅速发展起来一大批以"经营平台"为特征的巨型企业。平台将相互依赖的不同群体集合在一起，形成低成本高效率的点对点联结。在平台模式下，供给商和消费者都会接入一个平台，然后点对点相互联通。平台两端即消费者和供给商为平台支付的费用是不均衡的，通常供给方负担全部平台成本，而消费者免费甚至可受补贴使用，这是一个"三方市场"：供给方、消费者和平台提供商。如果流量足够大，对广告商产生吸引力并愿以高价投放广告，则供给商也可能以低成本甚至免费进平台，此时就是一个四方市场。例如淘宝网、腾讯微信等都实现了有效的四方平台商业模式：聚集了大量用户，低付费的供应商，再加载适量广告和形形色色的资讯服务，开创了巨大的商业帝国。这种商业模式成功的根本要素，就是要形成巨大的交易量，此时对消费者来说，进平台就是进入一个选择极为丰富、即时可用又低成本的购买空间，对供应商来说就是寻求到了巨大的消费群而且营销费用很低，对广告商来说就是面对一个数量巨大的广告受众群，对平台供应者来说，更是有稳定可观的收入来源，各方都能降低费用并因之受益。由于有显著的竞争优势，平台型企业发展迅速。KPCB 发布的《2015 年全球互联网趋势报告》显示，截至 2015 年 5 月，按照市值计算的全球 15 大互联网公司均为平台型公司，其中美国 11 家、中国 4 家（阿里巴巴、腾讯、百度和京东）。

（二）"推送"和"搜索"：新的商业逻辑

智能互联网和大数据能够记录用户在互联网上所有的行为特点，并根据其特点"推送"个性化的服务。这种业务模式已经广泛应用：我们在互联网上查询过某种信息，此后大量类似信息就会在屏幕上自动跳出；当我们浏览查阅过某种商品后，此类商品的广告就会定时出现。在移动终端时代，许多"推送"服务已经将内容分发网络和地理位置服务两项技术结合在一起，例如在国内任何一个地方登录"大众点评"网站，其弹出的餐馆、咖啡店等，均是本地化的内容，即我们附近的内容。

大数据还提供了另一个重要的全新商业模式：搜索匹配。这不仅仅是门户网站按照客户需求实时从全球海量的数字资产中快速找出最可能的答案，而且衍生出众多应用模式。例如，过去半个多世纪，机器翻译技术的基本逻辑是模仿人的思考方式来构筑翻译程序，在无数艰辛的努力之后，极其复杂的程序也达不到最基本的翻译质量,这项技术几乎停滞。前几年,谷歌公司从根本上改变了机器翻译的思路,利用海量译本数据库,通过匹配法来翻译,找到最近似的句子即可。此时利用的是互联网大数据的记忆能力、搜寻能力和计算能力。关于这项技术后面还将举例详细说明。

(三)"粉丝经济"和"网红经济":高黏度用户和衍生价值链

"粉丝"指那些对某个明星、某个产品或某种服务忠诚甚至狂热的追随者,是英文"fans"的音译。粉丝经济源自粉丝们持续大量消费与其崇拜对象相关的产品和服务。在商业和社交平台上,粉丝是最优质、最忠诚、最重要的目标消费者,而其他消费者只是普通用户。"网红"是指网络红人,网红经济就是依赖于网红的营销模式。粉丝和网红往往成对出现。到了大数据时代,粉丝的价值更加突出。大数据通过对巨量粉丝信息的抓取,通过挖掘分析,为这些潜在消费者推送应有尽有的全方位消费信息,而不是仅仅限于与其所崇拜明星相关的消费,从而演变出无尽可能的新业务体系和新的商业模式。关于粉丝经济和网红经济,本章后面还要详细分析。

(四)汇聚评价:解决信息不对称问题

互联网的一个重要贡献,是为许多服务业解决了交易中信息不对称带来的信任问题。制造业产品的性能和质量是标准化的,购买前就有大量信息可以参考。而许多服务在服务过程结束之前不可能准确知道其质量和适用性,提供信息解决信任问题,市场会迅速扩张。互联网以大量公开的数据为依据,帮助客户和消费者做出选择,为那些表现良好的企业赢得更多的客户,促进市场发挥优胜劣汰的作用。例如电子商务网站提供的客户评论和信誉评价体系，能够帮助客户选择信誉好的商户。这个简单的方法比以往使用过的多数管理手段，如事先资质审查、营业中的检查、查处消费者投诉等都更直接和有效。再如美国航空管制机构会公布每个航空公司、每一班航空过去一年的晚点率和平均晚点时间，这样客户在购买机票的时候就很自然会选择准点率高的航班，从而通过市场手段牵引各航空公司努力提升准点率。类似应用已经十分广泛，如教育培训机构的学员对教师的评价，病人对医院、医生的评价，老人及家属对养老院看护的评价等，大大提高了服务质量的透明度。

（五）网络型生产组织：新的产业组织形态

近些年来，生产互联网化的趋势发展迅速。互联网将研究机构、企业、产业链、产业集群以及消费者相互联结，构建一个高度灵活的个性化、数字化智能制造模式。生产互联网化的一个典型状态是所谓的工业4.0。有学者对工业4.0的定义是：不再以制造端的生产力需求为起点，而是将用户端价值作为整个产业链的出发点，改变以往的工业价值链从生产端向消费端、上游向下游推动的模式，从客户端的价值需求出发提供客制化的产品和服务，并以此作为整个产业链的共同目标使整个产业链的各个环节实现协同优化。[①] 从现实发展趋势看，互联网编织起一个将生产原料、智能工厂、物流配送、消费者全部连接在一起的网络化生产组织，重塑了横向产业链，形成跨界多产业协同创新平台。此时生产由大规模标准化向分散化、个性化转变，规模效应不再是工业生产的关键因素。产品由同质向异质转变，生产小批量、多品种，生产周期缩短，价格下降，对客户定制产品的反应更快，产品实现

---

① ［美］李杰，2015，《工业大数据》，邱伯华译，北京：机械工业出版社。

按订单生产而不是盲目生产再费力推销。其中相当部分的产品都将按照个体消费者意愿进行生产，甚至成为自动化、个性化的单件制造，用户全程参与其中。典型情景可能是：消费者用手机下单，网络就会自动将订单和个性化要求发送给智能工厂，由其采购原料、设计并生产，再通过网络配送直接交付给消费者。这个模式以无线射频技术、工业以太网、在线条码、二维码比对、影像识别、机器人应用等技术重大突破为基础。可以看出，生产互联网化重塑了横向产业链，形成跨界多产业协同创新平台。生产互联网化通过节约交易成本、弱化规模经济约束和减少信息成本，拓展了生产者之间合作协同的空间和机会，极大地提高了资源配置的效率。

生产互联网化不仅限于上述高水平高档次的类型，也有重组现有生产能力的"大众化"模式。阿里巴巴 2014 年推出了"淘工厂"平台，把线下传统制造企业零散的生产能力聚合起来，按照档期等向线上商家提供出租服务，为淘宝商家加强后端供应链提供机遇，实现了产销能力的灵活匹配。同样，服务提供也出现网络化趋势，例如，医疗服务已经出现网络化全过程服务，保健服务商提供可穿戴式健康监测设备，发现问题向消费者提示，消费者通过提供预约挂号的网站挂号预约，按约定时间就诊后，通过网络购药并送到家。如果病情复杂，治疗时间较长，可以购买医疗机构提供的远程监测服务，及时将治疗情况上传并得到进一步的治疗指导。

二　若干创新案例

（一）平台模式与消费互联网化

消费互联网化包括商品消费的互联网化和服务消费的互联网

化。在稍早时期,商品和服务消费互联网化高度依赖于"平台"这种新型产业组织模式,其中主导企业建立网站向买卖双方提供交易平台,平台有两种主要类型,一种是主导企业自身不涉及商品的提供和交易,只提供订购、支付、信息等中介服务,这类产业组织以阿里巴巴的淘宝网为代表。另一种主导企业主要提供自营产品,同时也提供中介服务,以京东网为代表。

中国有着巨大的市场规模,这类平台组织的规模和增长速度惊人。2015年"双11",天猫有4万多个商家、3万多个品牌和600万种商品参与。当天网民同时在线峰值达4500万人,无线端占68.7%,产生快递包裹4.68亿件。交易额达912亿元人民币,超过2014年全国社会消费品单日零售额,是2014年美国"黑色星期五"全美传统商场交易额91亿美元的1.61倍,并再次刷新世界最大购物日成交纪录。

现在,移动互联网迅速发展,新的商业模式随之出现,平台式产业组织迅速地从PC端向移动互联网扩展,并继续占据着重要地位。与此同时,小规模、轻微化、准确定位、灵活个性、互动性强的移动营销组织模式不断出现。这些新模式尚未对规模巨大的平台模式造成严重冲击,但技术的高速发展不断提供了新的机会和挑战。特别是服务消费的组织模式更加丰富多样而且更具创新性。目前主要由提供资讯为主的门户网站、自媒体和社交媒体等新媒体提供,以微信为例,微信最开始就是一个社交工具,聚集到海量的用户后,微信支付及无数商品和服务交易功能就开发出来。腾讯借助微信,通过移动互联网,在众多服务生产者和消费者之间搭起联结通道,涉足移动支付、理财、游戏、地图、电商以及生活服务等众多领域,构建了新的服务提供系统。这种社交媒体商业成功的关键,是从免费开始,让公众从好奇到参与。一旦参与人数足够多，就会吸引更多的人进入，毕竟没有人愿意处在一个亲友们都处于其中的平台"圈子"之外，微博、微信都将这个模式做得很成功。到2015年年末，微信活跃用户达到5.6亿，用户覆盖达200多个国家和地区、超过20种语言，微信支付用户则达到了4亿左右。有了巨量用户和流量，就具有了盈利能力。

消费互联网化的特点可以由三个关键词来描述，"去中介化""巨规模与微主体结合"和"透明度"。

去中介是指生产者与消费者之间的直接交易。传统商业模式中，从生产到消费中间存在多层营销体系，企业和最终消费者之间隔着多层分销商。互联网时代商业模式则非常不同，淘宝、京东等中介平台以及移动互联网上形形色色的营销模式，企业和用户之间的关系都是直接关联而且交互影响。

巨规模与微主体是另一特征。一方面，"平台"必须获得巨量市场关注才能生存发展；另一方面，小微企业可以摆脱规模小的不利影响，依托市场范围极为广泛的平台，不受地域的限制，向全世界的消费者提供服务。透明化是指在互联网上，销量、质量（用用户评价替代）、价格等信息高度透明，买卖双方信息不完全状态有明显改善，传统交易中的搜索成本、比较成本等交易成本大幅度降低，做生意对交易双方来说更为简单便捷。

（二）"粉丝经济""网红经济"：由欣赏转化为商业模式

如前所述近些年流行起来的"粉丝"一词是由外来语"FANS"演变而来,[1] 专指那些狂热的追随者，被关注者多为明

---

[1] 在西方国家，20世纪90年代就开始对粉丝现象和粉丝经济的研究。可以参见陶东风、周宪，2010，《文化研究》（第9辑）中的专题二"粉丝文化研究"，包括对娱乐明星粉丝和铁杆球迷的研究，北京：社会科学文献出版社。其中还有一位国内学者专门研究了中国"超女"的粉丝现象。

星、偶像和其他名人等。粉丝现象存在已久，但在 20 世纪中期之前，并没有普遍的"经济动机"，也没有被广泛利用来形成经济收益，诸如对某位歌星的喜爱、对某个著名运动员的崇拜等，基本上是自发、分散的行为，与商业利益无关。随着通信技术特别是社交网络的迅速发展，出现了从粉丝向粉丝经济的大规模演进，一个粉丝特别是知名度高的粉丝利用社交网络展示自己对明星的关注，就可能会引来朋友圈的一大群人成为新的粉丝。因此，粉丝群体迅速增加，粉丝之间联系广泛而密切，粉丝的规模可以"裂变"式增加，一种新的商业模式即粉丝经济由此产生。

粉丝经济泛指依存于粉丝和被关注者关系之上的经营性创收行为，这种关系形成了一个新兴的巨大产业——"粉丝产业"，这个产业的核心商业模式源自粉丝们大量消费与明星相关的产品和服务。一是"粉丝"们必定观看和参与明星们的节目和比赛，在这个过程中就开始了"消费"，例如演唱会门票、体育比赛门票等。近些年一些省级电视台影响较大的选秀节目，节目过程中的短信投票就能达数十万条甚至上百万条之多。二是粉丝会购买偶像录制的音像制品、电视剧等。三是购买明星们代言的商品，如男明星用的手机、电脑，女明星用的服装、化妆品等，明星的广告效应主要来自"粉丝"们的大量直接消费和通过他们的朋友圈带来的间接消费。四是购买与明星相关的商品，比如明星们出的书籍，明星们喜欢的吃、穿、用产品和服务，印有明星头像的衣物和纪念品等。总之，粉丝是音乐、影视、体育等行业中最优质、最忠诚、最重要的目标消费者，而其他消费者只是普通用户，差异化地对这两个群体服务是这些行业的普遍行为。例如，一档电视节目如果想盈利，既要吸引最大数量的普通观众，更要培养、迎合尽可能多的忠诚观众即粉丝并由此获得大部分收益。关注度在很大程度上决定了电视节目的收视率，而收视率又决定了赞助企业广告的多少。以姚明为例，可以看出粉丝经济的巨大潜力。姚明加入 NBA 10 年时间，吸引了大量的中国粉丝关注火箭队和 NBA，只要姚明出赛，中国电视台都会直播，在平面与网络媒体上是热门话题；NBA 通过商业赞助、电视转播、产品授权销售等，在中国市场的收入高达 12 亿美元；中国企业也乐于给转播节目投放广告；参与各方收获了共赢。

除了各种市场主体利用粉丝获利的行为外，"粉丝"自身也具有了商业动机。现在已经形成了专业"粉丝"公司和职业"粉丝"。专业"粉丝"公司以歌迷会、影迷会、球迷协会等形式存在，通过出售会服、纪念品、会费、荧光棒等获得收益。这些公司往往会设立网站，为粉丝提供交流平台，大家聊共同喜欢的艺人，分享追星经历，有时还可以组织发动团购获得低价门票等。如果人气火爆，就能招来广告，并由此获得更多收益。粉丝公司需要一批职业"粉丝"，就是依靠当"粉丝"赚钱的人。这些职业"粉丝"有等级，收入不等。初级的"职业粉丝"只负责举海报、喊名字，一场活动也就几十元钱；中级粉丝要去热门网站发帖子、为明星制作个人网页和博客等，目前的工资一般每天 200—300 元；高级职业粉丝与明星和经纪公司都有紧密的联系，一起参与各种活动的策划和举办，收入较高。

"培养粉丝"已经成为影视类产业特别是视频网站的核心营销理念。2014 年 5 月，乐视网宣布，以八位数的价格获得陈凯歌 2014 年新作《道士下山》的独家网络版权，此时影片刚刚开拍不久。乐视之所以这样早就参与，是为了参与《道士下山》的全流程营销之中，利用线上线下资源整合营销。相对于电视剧几十集内容反复播出的情形，电影是一个低流量的产品，因此要做好线下关联产品和服务消费营销，特别是要继续吸引原来同名小说粉丝的关注，同时要培养新的粉丝群，因此持续的互动非常重要。

培养粉丝、利用粉丝开发新的消费模式，可以说有无限可能。2015年11月10日晚，天猫与湖南卫视联手在北京水立方打造一台天猫"2015双11狂欢夜"晚会，就是一种新的尝试。晚会聘请冯小刚担任总导演，众多明星出场。吸引了全球无数的文艺粉丝和天猫用户，通过电视、电脑、手机等多屏方式互动，实现"边看边玩边买"，开启了"消费+娱乐"快乐消费的新尝试。

最近两年，"网红经济"开始流行，即依托网络红人的营销模式。"网红"指被网民关注而走红并且在社交平台上有一定量的社交资产且有潜力变现的人。可以看出，"网红"与"粉丝"很大程度上是一件事情的两个方面，粉丝和网红经常成对存在。以往多数网红签约社交网站和电商平台，网站以网红的"爱好""品位""时尚"等标签，向粉丝们展示和营销商品，或者直接将社交流量出售给广告商来变现。近几年，有许多网红选择自己开网店或做微商，吸引尽可能多的粉丝群体出售商品和服务，例如知名模特张大奕，在微博上拥有300多万名粉丝，2014年在淘宝上开店，不到一年即达到五颗皇冠的最高等级。阿里巴巴CEO张勇称，到2015年12月底，在淘宝平台上已有数百位网红，拥有超过5000万名粉丝。

但是，两者也有许多不同。首先，"网红"是个人，而粉丝喜爱的对象可能是个人，也可能是团队甚至事件，例如对某支球队的喜爱和对某项比赛的喜爱。其次，在前些年网红还没有被刻意打造时，粉丝们主要聚焦于体育文艺明星及其团队。许多网红在被打造前并不知名，例如淘宝平台上的著名网红雪梨、赵大喜、呛口小辣椒等，都是在淘宝上逐渐积累起一定粉丝量后，被网站专业辅导和打造成为著名网红的。淘宝对网红形成气候起到了引导和推动作用，2015年，淘宝专门为网红设置了iFashion平台，网红店铺占据了淘宝女装排行榜的绝大部分。当前网红已向更多领域进军，包括美食、游戏、宠物、旅游等。长久以来，"品牌"主要是企业和商品，网红的出现，标志着个人也开始成为"品牌"并迅速占领市场，这个变化意义深远：品牌不再是设计好的商品，而是可以与你分享的生活方式、情感交流、时尚变化和情怀及梦想。

网红最早出现时并没有商业动机，只是因某种原因受到较多网民的关注，基本上是无意行为。但近几年，许多网红的出现已经是自觉行动，并愈来愈多地变为专业化运作。例如前面所说的淘宝网红张大奕，就是由专业的网红孵化公司如涵电商打造的。如涵此前经营淘品牌"莉贝琳"，与女装模特张大奕保持着紧密合作。2013年，在微博上已经积累了一定知名度的张大奕提出做自己的服装品牌，但初期并不顺利，如涵开始与张大奕合力经营服装品牌，销售工作于2014年夏末正式开始进行。产业链运营经验和张大奕的粉丝很快产生化学反应，销量剧增并一举成功。团队结束了莉贝琳的运营，开始整体转型如涵电商。口号就是复制"张大奕"，通过多元化的手段、广告营销、内容策划、风格塑造，为网红打造出独特的IP价值，同时，通过供应链完全系统化整合资源，在交易平台上实现网红价值变现和粉丝消费的闭环模式。目前如涵电商签约网络红人中，已经开店的人数近50位，另有同等数量级的未开店网络红人储备。

网红商机不仅出现在购物网站上，在微信等社交媒体上也颇为引人注目。资深媒体人罗振宇办了一个网络脱口秀节目《罗辑思维》，秉承"死磕自己，愉悦大家"的理念，将"有种，有趣，有料"的各种段子融入话题内，吸引粉丝的载体包括微信公众订阅号、知识类脱口秀视频及音频、会员体系、微商城、百度贴吧等，成为影响力较大的互联网知识社群。2015年10月，《罗辑思维》宣布完成B轮融资2亿元，公司估值达到13.2亿元，这是一个网红变现的鲜活案例。2015年9月，著名财经作家吴晓波主导的狮享家基金对餐饮老板内参、酒业家等7个微信大号进行投资，通过投资聚集一批优质大V，其变现潜力颇为可观。

（三）基于大数据的推送模式

2013年，美国一家付费订阅视频网站Netflix推出了电视连续剧《纸牌屋》，一上线就成为热播剧，赢得无数粉丝追随。成功的要素之一，是Netflix长期以来积累的数据挖掘能力。通过对其4000万北美和全球注册用户在网站上的行为分析，包括每一次点击内容、观看时间长度、快进、回放等行为，得出了BBC原创、芬奇导演、史派西主演这三者重叠，一定符合相当一部分用户的偏好，吸引他们持续观看。在这个分析的基础上，Netflix投下巨资拍摄这部连续剧并一举成功。

2014年6月初，一条信息搅动了国内传媒界：北京字节跳动科技有限公司的"今日头条"手机资讯客户端获融资1亿美元，市值高达5亿美元。"今日头条"2012年8月才上线，在不到两年的时间内，已经拥有超过1300万活跃用户。公司的核心业务，是根据用户的兴趣，使用大数据挖掘技术自动为用户推荐个性化的内容，其商业模式是在信息流中植入广告。融资成功表明，其业务特色和商业模式带来的发展潜力受到高度关注。"今日头条"的核心竞争力，就是通过抓取用户阅读行为的数据，通过一定算法，分析出用户的阅读兴趣从而实现智能个性化推荐，其核心技术是推荐引擎。为了使推荐引擎的算法更加精准，就要获得用户的详尽数据，不仅要知道用户在阅读一篇文章，而且要通过记录他滑动屏幕的动作，了解他是否阅读了完整的文章，来判断文章的质量。未来的受众一定要求实时、个性的服务，通过便携式终端随时随地获得个性化内容。此时，哪家媒体能够更精确地实现内容传输与受众注意力的匹配，就更可能赢得市场和创造价值。在信息过载的环境中，每一个消费者都面临信息过滤和信息选择的困境，个性化信息获得成为普遍需求。这些能够与个性化偏好相匹配的信息获得，既可以由消费者主动定制，也可以由信息供应商智能化地推送。

（四）机器翻译：搜索和匹配

机器翻译技术是一个典型案例，大数据的引入使机器翻译原理发生了根本变化，过去半个多世纪，机器翻译的基本逻辑是模仿人的思考方式来构筑翻译程序，机器智能专家和语言专家要编纂大型词典、规定语法、句法、语义学有关的规则，由数十万个词语构成词库，语法规则高达数万条，还要考虑各种情景、各种语境、各种感情，然后由计算机专家再构建复杂的程序。最后，人们发现人类语言实在是太复杂了，穷举式的做法和极其复杂的程序也达不到最基本的翻译质量，这项技术几乎停滞。前几年，谷歌公司从根本上改变了机器翻译的思路，利用网上已有的译本建立数据库，翻译时尽可能找相似的译法即可，虽然不准确，但足够达到相互理解的程度。此后许多网络服务企业都基于这个思路开发实时翻译系统。

2013年4月11日，微软公司首席执行官资深顾问克雷格·蒙迪（Craig Mundie）在北京航空航天大学发表"科技改变未来"主题演讲，核心是现场演示微软语音机器翻译：当克雷格说出英文后，现场的音响马上就传出了与克雷格语气、语调相同的中文翻译！这项成果就是依据上述新的技术逻辑取得的：依赖海量译本数据库，通过匹配法来翻译。这种逻辑不管语法和规则，将原文与互联网上的翻译数据对比，找到最相近、引用最频繁的翻译结果作为输出。简单来说，机器翻译系统中，好比有一个存在于互联网上的海量翻译实例数据库，当要翻译某个句子时，系统先把这个句子与实例库进行比较，找出最相似的句子，模拟这个句子相对应的译文，并进行一系列的校正和修订后输出为结果。有了文字译本后，声音匹配对机器来说就相对简单了：开发出一个文本到特定语音的系统，使演讲者用"自己"的声音翻译自己的演讲，该系统只需要一个本土人说话的语音系统，再加上一个演讲者的录音来提取演讲者的声音属性，并将其移植到拟译语言的语音系统中。

这就是理念革命带来的力量：机器不再模仿人的逻辑，又难学又学不好。机器本身最强大的是计算能力和数据处理能力，有了大数据，为什么不扬长避短，另走一条道路呢？不和你比逻辑，和你比记忆能力、比搜寻能力、比计算能力。

（五）互联网金融

从2012年起，国内互联网金融开始加速发展。马云提出，"如果银行不改变，我们就改变银行"，这句话不仅响亮，而且占据了竞争者之间的道义高地：不是我踩你地盘，而是你不能为我提供所需服务。此前阿里巴巴已经于2010年推出阿里小贷业务进行试水。2013年阿里余额宝上线。此后"新浪支付"、腾讯"财付通"、华夏基金的"微理财"等迅速上线。

互联网金融迅速发展得益于其突破了约束传统金融业发展的风险和成本这两大障碍：理论上讲，大数据能够更好地管理信贷风险和匹配资源，而网络渠道能够降低交易成本。因此，增强了金融机构向中小企业提供信贷的能力和动力。互联网金融发展最初和最重要的市场来自小微企业的需求。传统金融企业面向小微企业做业务，成本高、风险大、收益低，因此将其抛弃。而互联网企业做金融，拥有大量基础数据和数据分析处理能力，面对海量小规模需求有天生的优势。大量中小微企业成为互联网金融发展中最大的受益者。

由互联网企业推动形成的互联网金融现在主要有以下几种模式：一是第三方支付，即在用户与银行支付系统之间建立连接的电子支付模式。从发展路径与用户积累途径来看，目前市场上第三方支付公司的运营模式可以归为两大类，一类是独立第三方支付模式，是指第三方支付平台完全独立于电子商务网站，不负有担保功能，仅仅为用户提供支付产品和支付系统解决方案，以快钱、易宝支付、汇付天下、拉卡拉等为典型代表。另一类是以支付宝、财付通为代表的依托自有 B2C、C2C 电子商务网站提供担保功能的第三方支付模式。货款暂由平台托管并由平台通知卖家货款到达和发货，待买方检验物品进行确认后才通知平台付款给卖家。

二是 P2P 网贷，即以网站为平台的个人对个人直接贷款模式，目前主要有两种运营模式，一是纯线上模式，此类模式典型的平台有拍拍贷、合力贷、人人贷（部分业务）等，其特点是资金借贷活动都通过线上进行，不结合线下的审核。通常这些企业采取的审核借款人资质的措施有通过视频认证、查看银行流水账单、身份认证等。第二种是线上线下结合的模式，此类模式以翼龙贷为代表。借款人在线上提交借款申请后，平台通过所在城市的代理商采取入户调查的方式审核借款人的资信、还款能力等情况。

三是众筹。众筹的英文是 crowdfunding，即大众筹资，众筹指通过互联网方式发布筹款项目并募集资金。众筹的内容和方式灵活多样，在中国，众筹有股权融资、债权融资等多种形式。早期的众筹未获得合法地位，因此主要采取会员制、预购、团购、粉丝圈等方式，项目不能够以股权或是分红作为回报，而是以实物、服务或者媒体内容等作为回报。国内的众筹最早出现于2009年，初始阶段是艺术家们为创作筹措资金的一个手段。发起项目的往往是缺乏其他融资渠道的小企业和艺术家等。通过对公众展示创意，争取大家的关注和支持，进而获得所需要的资金援助。提供资金的主要是对筹资者的创意和回报感兴趣的民众，也有些项目引来公司、企业或是风险投资人的关注。这种模式的兴起打破了传统的融资模式，每一位普通人都可以通过该种众筹模式获得从事某项创作或活动的资金。早期的一个典型案例蚂蚁T恤项目，项目发起人长期以来有做以蚂蚁为主题的T恤的愿望。他利用众筹模式，将自己的梦想以及自己所做的T恤样品展示出来，并以投资者将获得T恤衫为回报。这是"预购+团购"的模式，很快获得了很多人的支持。此项目的原定计划是筹集到8000元，但在项目发起的短短几天内，这个目标就超额完成。

在一批"互联网+"金融企业的冲击的带动下，传统金融机构也纷纷+互联网。主要是传统金融业务的互联网创新以及电商化创新。工、农、中、建、交各大银行也纷纷推出金融电商平台。再往后，互联网金融的商业模式不断创新，融资、交易、理财等各个方面都有新的互联网金融服务出现。

互联网金融的发展，基本条件是大数据的应用。基于大数据的金融服务平台拥有海量数据，具备从中快速获取有用信息的能力，资金供求双方可以通过网络平台自行完成信息甄别、匹配、定价和交易。如阿里小贷依托电商积累的信用数据库，经过数据挖掘和分析，引入风险分析和资信调查模型，商户从申请贷款到发放只需要几秒钟，日均可以完成贷款1万笔，成本低效率高。大数据还能够分析和挖掘客户的交易和消费信息掌握客户的消费习惯，并准确预测客户行为，使金融机构和金融服务平台在营销和风控方面有的放矢。互联网金融能够发放无抵押、纯线上的信用贷款，在于大数据能够通过海量数据的核查和评定增加风险的可控性和管理力度，大数据（管理信贷风险）和网络渠道（减少交易成本）增强了金融机构向中小企业提供信贷的能力和诱因。总之，理论上讲，互联网将使资本分配更有效率。

但是，互联网金融也带来新的风险，特别是2014年以来，P2P公司有相当一批出现支付危机。互联网金融的风险问题，本章最后部分还要分析。

（六）自助、互助服务的兴起

互联网的兴起，使人们可以通过网络自己寻求解决问题的方案，或者求助于别人来帮助，而且不受地域甚至国界的限制。这类自助服务既包括烹饪菜谱、花卉种植等简单知识的获取，也包括了那些以往被认为专业化最强的领域如教育、医疗等；既包括消费者的消费需求，也包括生产者的学习和工作需求。例如医生可以访问医学学习网站例如丁香园，了解最新的研究成果。还有临床决策支持系统协助医生进行诊断等。对老师来说，除了接受各种面对面培训课程外，帮助教师备课、讨论授课方法的网站很多，教师可以自己学习提高教学水平。

消费者自助服务则更普遍和多样，举一个典型的例子是病人通过互联网交流治疗方法和购买相关药品。以 PatientsLikeMe（病友）网站为例。这个网站建立于2004年，是一个专门为病患打造的社交网站，由罗伯特·伍德·约翰逊基金会（Robert Wood Johnson

Foundation）资助190万美元创立，相当于病友互助式在线问诊。目前已有近20万用户在PatientsLikeMe上创建和分享了他们的医疗记录——通常是使用标准化的问答或测试来自我检查。

通过该网站，患者可以找到与自己病情类似的成员，进行点对点的交流。访客可以交流自己的个人经历、医疗史，回答网上的提问，讨论的话题涉及1800种疾病。查找一种疾病可以看到有几百上千个有此病症的用户，以及正在采用的治疗方法。比如某个医生推荐的药物，哪些人有较大的副作用等。房地产经理戴维·诺尔斯，现年59岁，生活在美属维尔京群岛的圣克罗伊岛。他在网上搜寻治疗多发性硬化新疗法的信息，偶然发现了PatientsLikeMe网站。诺尔斯患多发性硬化已经10年，曾经参加过几个患者社区组织。这个网站立刻吸引了他。"哪个网站都没有PatientsLikeMe这样详细的数据。"诺尔斯说，"点击一个症状，你就可以看到，'哦，有850人有此症状，这是他们正采用的疗法'"。

诺尔斯对一种叫作那他珠单抗（Tysabri）的药物特别感兴趣。他的一位医生曾经向他推荐过这种药，不过，诺尔斯对它的副作用（影响大脑、焦虑、疲劳）感到疑虑。他在PatientsLikeMe上找到数百名服用那他珠单抗患者的资料。查看了他们的服药结果之后，他确定，对他来说，风险超过了回报。于是，他带着其他疗法去找医生讨论。"我认为我现在掌控了自己的医疗护理。"他说："当然，我还会听取神经病学家的意见，不过，现在听从的是一个团队的更多建议。"

PatientsLikeMe还显示了数据挖掘和应用的巨大潜力，具有对药物研究的潜在价值。网站与多家医疗机构合作，将各种症状和治疗的匿名病人数据卖给他们。通过向默沙东（Merck）和诺华（Novartis）等制药公司，以及高校等研究机构出售病患数据获利。

例如，2010年，来自该网站ALS病人社区的数据显示，一些病人患上了一种进行性的、可致命的神经系统疾病。这表明当时正在研发阶段的一种药物并非有效。此后发布的一项学术研究证实了该网站结论的正确性。该网站也被评为2010年最具创新精神公司第23位，已经成为医疗领域的经典创新案例。2014年4月，生物技术制药公司基因泰克（Genentech）与PatientsLikeMe深度合作，基因泰克在之后5年可访问PatientsLikeMe全部数据库。为了规避隐私权问题，PatientsLikeMe充分利用数据和开源的授权机制，以便根据"创意公用授权条款"收集用户数据。网站会明确告诉会员，会如何使用他们的数据，数据给了谁，出于什么目的。利用这些数据可以做更有益的事，生产效果更好的靶向药物以及疗效更好的设备。

（七）共享型经济的发展

共享经济这个术语最早由美国得克萨斯州立大学社会学教授马科斯·费尔逊（Marcus Felson）和伊利诺伊大学社会学教授琼·斯潘思（Joe L. Spaeth）于1978年发表的论文（*Community Structure and Collaborative Consumption：A Routine Activity Approach*）中提出。共享经济是指个体间直接交换商品与服务的系统，核心就在于把多余的社会资源利用起来，实现社会资源的优化重构。其主要特点是，包括一个由第三方创建的、以信息技术为基础的市场平台，这个第三方可以是商业机构、组织或者政府。个体借助这些平台，交换闲置物品，分享自己的知识、经验，或者向企业、某个创新项目筹集资金。在这种经济模式中，资产所有者利用他们已经拥有但未使用的东西来赚钱，消费者从其他消费者手中进行租赁，而不是向公司租赁或购买产品。但是在没有网络的时代，共享经济是偶然、随意和少量的。

网络技术的发展，才真正开启了共享经济的新时代。此前根本无法想象的事情，如今通过互联网可以用近乎为零的成本来实现。特别是有了智能手机后，App能通过时间、地点、技能的匹配将劳动力分配到最需要的地方，将资源利用率最大化。依托以去中心化为原则的自动匹配算法，个体间直接交换的系统十分便利，在任何时间均可实现将世界各地成千上万的人们连接起来，互联网让社会变成了巨大的自组织系统。举几个典型案例。一是2009年在旧金山起家的Uber（优步）——全球即时用车软件，这是一家依托智能互联网的交通网络公司，总部位于美国加利福尼亚州旧金山，以移动应用程序连接乘客和司机，提供租车及实时共乘的服务。现已在全球300多个城市提供服务。乘客可以通过发送短信或是使用移动应用程序来预约车辆，利用移动应用程序时还可以追踪车辆的位置。二是在线房屋租赁网站Airbnb，其业务是整合闲置房屋，出去度假的人可以将其房屋通过网站短租给需要的人。这个公司已经在全球3.4万个城市拥有超过100万个房源。而世界最大的酒店企业洲际酒店集团，也只是在全世界近100个国家和地区拥有接近67.4万间客房。三是代购网站Instacart，只要有最新的智能手机、年满18岁，能搬动12磅（约合11千克）以上的重量，能在周末和晚上工作，就可以成为Instacart的一员。在去超市购物的时候帮邻居购买和送货上门，获得每小时25美元的报酬。

共享经济有许多重要特点：一是通过合理配置闲置资源，实现社会和各方利益最大化。以城市交通为例，要控制机动车排放的污染，又要舒服的乘车体验，采取Uber就是一个好的方案。北京高峰时间行驶的家用轿车80%以上都是单人驾驶，找一个同路的乘客非常节约、便利。二是低价或免费，因为是自己的物品共用或利用闲暇时间工作，可以低价提供，也必然低价提供，否则消费者没有必要选择共享而是可以找专门的供应商或服务商。三是业余和灵活，例如专车服务者的主体是分享私人汽车。美国 Uber 司机的受教育程度相当高，近一半有大学或更高学历（48%），大大高于出租车司机（18%）。

中国发展共享经济具有有利条件。第一，中国网络经济很发达，移动互联网使用率排在世界前列，中青年人对互联网的热情在全球首屈一指，移动终端的支付功能日臻完善，这是共享经济广泛发展的重要基础。第二，中国是一个大国，流动人口规模巨大，国内旅游市场、短租市场和其他可分享的市场规模较大。第三，互联网商务活动的信用度明显提高，诸如评论功能、服务后评价功能等保障消费者权益的设计不断完善，网民对互联网商务的信任程度不断提高。中国持续增长的电子商务规模就是一个例证。第四，国内投资者对分享经济类的创业者表现出较高热情，仅 2015 年，就有天天用车、初途家网等多个主打分享经济的初创企业融资过亿元。第五，目前阶段，中国城乡、区域之间收入水平仍有较大差距，有意愿从事分享经济特别是愿意将自己业余时间有偿分享的人数较多，代购、送货等业务可以较低成本开展。

三　问题和挑战

基于互联网大数据的创新也会带来许多问题。

（一）对传统产业和传统观念的冲击及相应的社会问题

互联网企业占据技术优势，对传统企业产生明显冲击与影响，例如网络购物对实体店铺的影响。阿里巴巴在 2015 年"双 11"这一天，交易额高达 912 亿元，刷新了世界单日销售额最高纪录。然而与此同时，线下实体店交易清淡，许多大型百货公司纷纷减少店铺数量，或者转型为大型综合服务场所。2014—2015 年，淘宝、京东等电商巨头加快向三、四线城市和农村布局，所到之处，传统的中小百货店均受到明显影响，又无力转型为综合消费服务场所，不少店铺经营困难。再有，随着专车的快速发展，世界多个城市爆发的传统出租车行业的抗议活动，迫使多个城市政府出台了控制、限制 Uber 发展的管理措施。与此同时，Uber 又联合其签约司机、乘客等，发动了声势浩大的集体行动进行反制，成为这些城市政府的管理难题。不少城市都走了一条支持—限制—取消限制—全面评估—搁置的调整道路，例如纽约市，2015 年上半年发生了多起传统出租车司机抗议事件，2015 年 7 月，市长德布拉西奥提议将每年新增的 Uber 车辆限制在 200 辆以内，而 Uber 发动其司机和乘客广泛开展公关活动，市政府被迫表示搁置议案，待全面评估后再做决定。因此，决策时既要积极又要慎重，要兼顾新产业、传统产业和消费者等多方利益，如因某一方施加较大压力而仓促决策，会带来更大的被动。

互联网还带来一个广受批评的现象：人们通过网络可以跨区甚至跨境结交朋友，参加极为丰富的网上交友联谊活动。但是却不愿和身边的人交流。一种场景是：老人们盼望了一年的孩子们过年聚到家里，但坐在一张桌子上，无人和老人交流，各自玩手机，和远在天涯的陌生人聊天。这个场景很令老人们伤心。前几年很流行的一个段子是，老人为了过年聚餐四处选餐馆，最后选择了远郊区一家条件差的餐馆，他的理由是那里没有无线上网设备。的确，晚辈们应该理解老人们的心情，放下手机多陪老人。但是，这个趋势从根本上不可改变：网络技术使人们可以在全球范围内寻求合适的谈话交流伙伴，而不必限于身边的有限亲友。有相同文化认同、兴趣和心理需求的人群会形成一个一个的圈子，每个人都能造就"海内存知己，天涯若比邻"的交流空间。因此，互联网大数据带来的变化不仅是技术层面、产业层面上的，也是社会层面、心理层面上的，社会各个方面对变化的适应将是一个漫长过程。

（二）隐私保护问题

2015年8月24日，美国新奥尔良神学院的教授兼牧师约翰·吉布森倒在了血泊之中。他是全球著名的"偷情网站"Ashley Madison的注册用户，也是在黑客公布了3750万Ashley Madison用户账户信息后，第一个因检索到自己的信息而自杀的人。有关网络隐私保护问题再次成为社会焦点。在此之前，为了免除用户的后顾之忧，Ashley Madison承诺注册用户只要交纳19美元就能把个人信息在系统中完全删除。然而，Ashley Madison网站遭到黑客攻击，3750万注册用户的个人数据、公司财务记录和其他机密信息被盗。黑客组织表示，之所以发动攻击，是因为Ashley Madison网站关于完全删除用户信息的承诺就是一个谎言。

在大数据时代，每个人都自觉不自觉地通过各种各样的设备将自己的信息上传至互联网。无论是手机、汽车、可穿戴设备、家庭路由器，还是遍布城乡的监控网，都记录了我们的活动、交往、健康和娱乐信息。对于充分占有这些信息的企业和组织来说，我们每个人都是无可遁形的透明人。数据隐私、安全和消费者保护成为日益紧急问题。

2015年12月15日，欧盟执委会（European Commission）通过了《一般数据保护条例》（*General Data Protection Regulation*，GDPR），以欧盟法规的形式确定了对个人数据的保护原则和监管方式。自20世纪90年代以来，欧盟已经多次通过或修改了有关网络数据保护的法令。在2012年就提出了数据所有者（用户）的个人数据删除权（也被称为"数据被遗忘权""right to be forgotten"）。这一权利在2015年的条例中再次得到强化。这个条款赋予数据所有者掌控他们在线信息的权利，当他们不希望他的个人数据在网络上存在时，相关企业或组织必须立即无条件删除所有的个人数据。例如，当一个欧盟居民要求删除自己的新浪微博账号和相关内容时，新浪微博必须无条件删除微博账号内的所有信息并不得保留其他备份。

"被遗忘的权利"一经提出就引起轩然大波，引起法学界、互联网专家之间的激烈争论，引发了谷歌、脸谱等一些国际互联网巨头的担忧，认为大数据价值相当一部分来自数据共享，对数据的过度保护，将影响欧洲数字经济发展，与欧盟发展"单一数字市场"的愿望背道而驰。此外，有交互广告行业组织认为，上述提案一旦通过，将对网络定向广告使用个人数据作出更严格的规定，这可能阻碍网络广告行业的发展，而广告是互联网发展的重要资金来源。从技术角度看，数据删除权并不像大众想象的那样清晰且易于执行。还以新浪微博账号删除为例，尽管微博账号已经删除了，但是搜索引擎如Google或百度，还存在着原账号的搜索镜像数据。搜索引擎是否有义务配合把所有相关的搜索数据一并删除？

对隐私安全的普遍担心不仅是抽象的，而且源于许多案例。例如个人医疗信息就有高度的私密性，数据拥有者不会愿意被他人共享，更不能容忍用这些信息不当牟利。2015年年底，百度出卖血友病吧的事件引起广泛关注，血友病吧本是一个患者自助、互助和共济的组织，却被百度引入商业合作的吧主，有明显的商业运作，引导甚至误导吧友的讨论和就医用药。此后，百度方面对投诉做出正面回应，解除了跟医院的商业合同，因商业合作增加的新任吧主全部撤销,并承诺血友病吧以后不卖给医院等商业机构。百度贴吧目前有 23913 个共计 15 类,其中有 3259 个健康保健类贴吧,据网友说其中不少也被卖给了商业机构,百度也回应以后病种吧不允许引入商业合作。更早以前,谷歌允许一家在美国开展业务的加拿大药物诈骗公司投放非法广告,被判定赔偿 5 亿美元。百度、谷歌这类问题并非个案,数据使用、网民隐私保护等问题,将是互联网创新和发展面临的长期挑战。

参考文献

Johnson, M. W., C. M. Christensen and H. Kagermann 2008, "Reinventing Your Business Model", *Harvard Business Review*, 87 (12).

罗明雄、唐颖、刘勇,2013,《互联网金融》,北京:中国财经出版社。

[美] 大卫·伊斯利、乔恩·克莱因伯格,2011,《网络、群体与市场》,李晓明、王卫红、杨韫利译,北京:清华大学出版社。

吴义爽、张传根,2015,《平台市场的产业组织研究:一个跨学科文献述评》,《科技进步与对策》第 6 期。

吴高远、张晓丹,2014,《粉丝经济学》,北京:光明日报出版社。

汤璆,2015,《中国电子商务网络购物平台产业组织分析》,《科技进步与对策》第 6 期。

黄纯纯,2011,《网络产业组织理论的历史、发展和局限》,《经济研究》第 4 期。

董亮、赵健,2012,《双边市场理论:一个综述》,《世界经济文汇》第 1 期。

王旭海，2013，《不同业务的双边市场平台博弈研究——以互联网信息服务业为例》，博士学位论文，云南大学。

曹磊、柴燕菲、沈云云、曹鼎喆，2015，《Uber：开启"共享经济"时代》，北京：机械工业出版社。

[美] 爱德华·J. 迪克，2006，《电子商务与网络经济学》，杨青、郑宪强译，大连：东北财经大学出版社。

[美] 凯文·凯利，2015，《网络经济的十种策略》，肖华敬、任平译，广州：广州出版社。

陈潭等，2015，《大数据时代的国家治理》，北京：中国社会科学出版社。

[美] 李杰，2015，《工业大数据》，邱伯华译，北京：机械工业出版社。

第八章 全球化时代的服务生产与消费

本书对服务全球化作如下定义：服务全球化是指服务的生产、消费和相关生产要素的配置跨越国家边界，形成一体化的国际网络，各国服务业相互渗透、融合和依存，国际化的服务供给和消费不断增加。与制造业全球化相比，服务业全球化要复杂得多，服务跨境流动形态多样，对统计和理论研究都带来许多困难。

互联网技术的发展，为服务贸易增添了许多新的模式和形态，从本质上看，互联网服务没有地域限制，服务成本不因跨境或距离而增加，因此基于互联网的创新必定是全球化的，一旦创新发生，就必然覆盖互联网所及的世界任何一个角落。在互联网时代，服务跨境贸易成本降低，交易便利，极大地推动了服务业全球化进程，对全球就业、增长、产业分工、经济稳定和可持续发展等产生重要影响。本章对互联网时代服务业全球化用一节专门讨论。

一 服务全球化的特点和复杂性：传统形态

（一）服务全球化和服务贸易：基本定义和多种形态

制造业全球化可以分为商品贸易和制造业跨国投资两种基本形

态。但服务全球化的定义与之不同，既简单又复杂。简单体现在服务全球化可以定义为服务贸易这一种基本形态，复杂体现在服务贸易定义和内涵的复杂性。服务贸易的定义是：以服务提供或消费为目的而产生的"人和物的国际流动"（Grubel，1987）。这个定义看上去与商品贸易的定义"商品的国际流动"似乎相差不多，但实际上要复杂许多。从这个定义出发，服务贸易有多种形态：美国研发机构为加拿大企业研发产品，是出口研发服务；新西兰接待中国游客，是出口旅游服务；英国金融机构在新加坡设立分支机构并将利润汇回，是金融服务出口；德国医生在法国开业，为加拿大游客看病，并将收入汇回德国，先是法加之间、后是德法之间的医疗服务出口，简而言之，服务本身、服务业投资、服务消费者、服务提供者中任何一项的跨境流动，都是服务贸易。①

不过，形态虽然多样复杂，但都符合国际贸易的基本性质：一国劳动力向另一国消费者提供产品并获得外汇收益。商品贸易主要通过商品跨境交易的方式进行，而服务本身的特点，使得符合"一国劳动力向另一国消费者提供服务并获得外汇收益"的行为，有相当一部分并不通过服务跨境交易这种形式实现，而是通过生产要素、服务提供者或服务消费者中某一项跨境移动来完成。这些形式都符合国际贸易的定义。因此，服务贸易包括与服务提供和消费相关的各种跨境移动行为，最简洁的定义就是以服务提供或消费为目的而产生的"人和物的国际流动"（Grubel，1987）。

为了更便于理解和分析，服务贸易广泛使用的一种分类，是按跨境移动的主体，将服务贸易划分为消费者移动、服务者移动、

---

① 这种定义在统计上几乎无法处理。有统计专家认为如此定义对统计学家来讲"形如噩梦"。商务部世界贸易组织司《欧盟服务贸易统计分析考察报告》，商务部提供。

两者都不移动和两者都移动这四类，如图8-1所示。（Riddle，1986）。

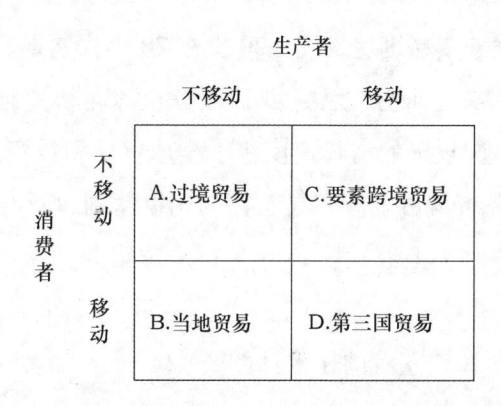

生产者

	不移动	移动
消费者 不移动	A.过境贸易	C.要素跨境贸易
消费者 移动	B.当地贸易	D.第三国贸易

图8-1 服务贸易的四种类型

与上述分类相似，世界贸易组织的《服务贸易总协定》将服务贸易划分为以下四类：（1）过境贸易，即从一国/地区境内向他国/地区境内提供服务，这类似于商品贸易，例如影视产品贸易；（2）当地贸易，即在一国/地区境内向其他国家/地区的消费者提供服务，这是由服务消费者跨境实现的，例如入境旅游、留学生教育等；（3）商业存在，即一国/地区的生产要素通过在他国/地区设立机构向当地提供服务，这是由生产要素跨境流动并设立实体机构而实现的，例如设立外资服务企业；（4）自然人过境服务，即一国/地区的自然人在他国/地区提供服务，这是由人员流动完成的，例如从国外聘请教师、医生护士等。[①]

---

① 这个分类与图8-1中的分类基本上可以对应：（1）和（2）分别对应A和B；（3）和（4）都包括在C中；D是一种特殊类型：甲国在乙国设立的机构或自然人向丙国居民提供服务，例如甲国在乙国设立的医院向到乙国旅游的丙国居民提供服务。

(二) 服务贸易迅速发展

由于网络发展带来的诸多重要变化,服务贸易和服务业投资在近些年来得到迅速发展。

第一,服务贸易迅速发展。20世纪70年代初期,服务贸易仅占全球出口总额的十分之一,此后服务全球化快速推进,服务贸易和服务业跨国投资的增长速度快于全球贸易和投资总额的增长。1992年,服务贸易占全球贸易总额的比重达到20.6%,此后在一个较为稳定的水平上波动。2014年,全球服务贸易出口总额达到5万亿美元,进口总额4.9万亿美元。从贸易结构看,服务贸易比重长期保持在20%左右的比重(图8-2)。

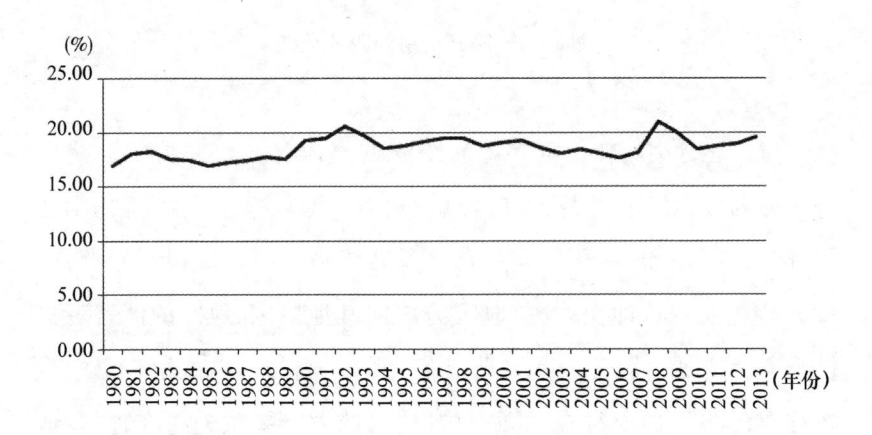

图8-2 全球服务贸易占贸易总额的比重(1980—2013)

从国家类型看,发展中国家在服务贸易中的地位日益提高。1980年,全球服务贸易出口中,发展中国家的份额只有18.5%。90年代初开始,发展中国家的份额开始持续稳步上升,到2012年已经超过30%,近3年基本保持在这一水平上(图8-3)。

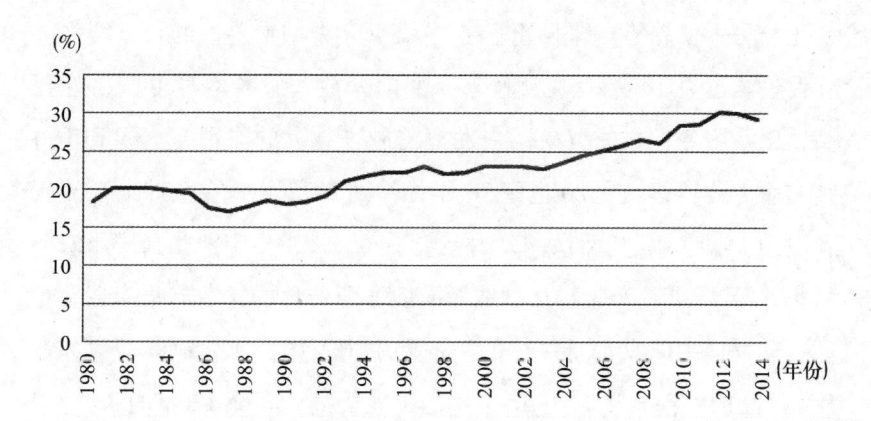

图 8-3 全球服务贸易出口中发展中国家份额（1980—2014）

2000—2013 年，发达国家和发展中国家服务出口的部门构成呈现出鲜明的对比。运输、旅游和其他商业服务都是最主要的三个部门，但在发展中国家，旅游业和运输业的相对重要性更为突出。相比之下，发达国家商业服务出口中其他商业服务、金融和保险服务、版税和许可证费的贡献更大。这表明，发达经济体在高附加值活动方面的专业化程度更高；相反，发展中经济体在传统服务活动中的专业化程度更高。非洲和最不发达国家的情况最为生动地体现了这种模式，它们对于旅游业和运输业的依赖性特别强。在亚洲，计算机和信息服务的份额近年来有所增长，而在美洲发展中国家，其他商业服务的重要性有所提高。

第二，服务业跨国投资快速增长。虽然按照定义，服务业跨国投资产生的"当地贸易"包含在服务贸易之中，但在全球直接投资统计中，服务业跨国投资被单独统计。20 世纪 70 年代初期，服务业跨国投资仅占全球跨国直接投资总额的四分之一。此后服务业跨国投资快速增长，外资更多地向服务类部门集中。这种趋势最初是从发达国家开始，并扩展到发展中国家和转轨国家（表 8-1）。这一变化与另一个趋势，即服务业在国家 GDP 中的重要性的日益增强相互促进。过去 10 年，随着服务业部门开放、服务本身可贸易性提高，以及服务在全球贸易链中发挥着越来越大的作用，全球 FDI 持续向服务业转移。从 20 世纪 90 年代初到 2012 年，在全球 FDI 流入存量中，服务业的份额从 49% 提高到了 63%，相应地，制造业份额从 41% 下降到了 26%。从制造业向服务业转移的这一趋势，在发达国家和发展中国家都是一样的。发展中国家中，亚太地区是服务业 FDI 增长的引擎，从 2001 年的 8 亿美元提高到了 2012 年的 35 亿美元，占发展中国家服务业 FDI 增长的比重超过 80%。

服务业跨国投资中，并购投资是主要形态。从表 8-2 中可以看出，服务业在全球跨国并购中占有主要份额。2008 年以来，服务业跨国并购的比重保持在 50% 左右。

表 8-1　2013 年按区域和部门分列的商业服务出口　（单位:%）

服务种类	发达经济体	发展中经济体	非洲发展中国家	美洲发展中国家	亚洲发展中国家	最不发达国家
运输	18.2	21.2	30.3	18.7	20.8	23.8
旅游	21.7	34.1	43.4	39.8	32.5	44.6
通信	2.9	2.0	5.2	2.3	1.7	7.6
建筑	1.8	3.0	2.0	0.1	3.5	4.6
金融和保险	11.4	5.7	3.9	6.1	5.8	3.2
计算机与信息	6.3	6.0	1.4	3.5	6.7	1.2
版税与许可证费	9.5	1.0	0.3	2.1	0.8	0.3
其他商业服务	27.3	26.5	12.9	26.6	27.6	14.4
个人、文化和娱乐	1.1	0.6	0.5	0.8	0.6	0.4
总量	100.0	100.0	100.0	100.0	100.0	100.0

资料来源：联合国贸发会议统计数据库。

表8-2 分行业跨境并购净销售额及比重（百万美元,%）

	2008		2010		2012		2014	
	金额	比重	金额	比重	金额	比重	金额	比重
总额	617649		347094		328224		398899	
第一产业	89495	14.49	67509	19.45	51290	15.63	39948	10.01
制造业	193617	31.35	133155	38.36	112211	34.19	145911	36.58
服务业	334536	54.16	146430	42.19	164723	50.19	213040	53.41

注：数据来源于联合国贸发会《世界投资报告2015》。跨境 M&A 净销售等于一国被跨国公司收购的公司价值，扣除该国国内被收购的外资公司价值。

除直接投资外，服务业的跨国转移还采取了非权益方式，这种安排在很多服务业中占有很大比重。这些非权益安排包括：特许权、管理协议、合作协议、承包、BOT（build – operate – and – transfer）和 BTO（build – transfer – and – operate）项目。在旅馆、餐饮、汽车租赁、零售、建筑等服务业领域，这些非权益安排尤其重要。例如，20世纪90年代一项对34个大型国际连锁饭店的调查显示，全部或部分所有的外资机构只占有海外资产的36%。其他部分都采用了非权益安排的方式。其中，管理协议占到了37%，特许权协议占28%。在商务咨询、工程和法律服务业中，合作协议的方式比权益型的联系更常见。在零售贸易和汽车租赁等行业中，特许权经营更为普遍。除了没有资金流入，非权益安排和跨国直接外资没有太大差别。虽然非权益类型的服务业跨国转移占了很大的比重，但是由于统计数据难以获得，因此在研究服务业跨国投资时，一般仍然以跨国公司的 FDI 作为考察基准。

二 促进服务全球化的主要因素

(一) 促进国际贸易的一般因素

解释国际贸易发生原因主要有两种理论。首先是比较优势理论及要素禀赋理论,这个理论认为,不同国家之间商品相对价格不同是发生贸易的基础,差异的来源是生产要素比率差异。这个理论在解释服务贸易时仍然有效。例如发展中国家人力资本充裕,相对价格低,因此可以提供跨国软件服务、呼叫中心服务等。发达国家高质量人力资本充裕,因此提供跨国教育服务、科技服务等。这些差异长久以来都存在,然而只有随着近些年交通通信条件的改善特别是信息技术的发展,"跨境"提供服务的成本大大降低,服务贸易才能快速发展。其次是新贸易理论的适用性,这个理论解释的是相同商品之间的贸易,例如发达国家之间的汽车贸易,显然不是比较优势能解释的。新贸易理论认为,此时贸易的动因是寻求规模经济,强调报酬递增和产品差异等同,显然这也适用于某些类型的服务贸易,如影视产品贸易、动漫产品贸易、金融服务贸易等。

但也有一些质疑观点。有一些服务业规模经济并不明显,但国际分工程度却很高。特别是一些知识和技能密集的服务业如医疗、设计、咨询、教育、研发等,服务提供和服务消费并不是大规模发生,一个消费者和企业的需求都不相同,都是一项项个性化的需求。一个服务企业仅有几位、十几位专业人士及相关辅助人员,规模很有限,似乎并没有规模经济效应,但其中有些企业的国际化程度却很高。[1] 回答这个问题,需要对"规模经济"的本质有更深的

---

[1] 例如许多高水平医生的病人来自全世界,许多著名设计师的产品遍及全球等。

理解：一般理解，规模经济以大规模生产为基本要求，然而再深一层分析，之所以要求大规模生产，是因为大规模生产使得单位边际成本迅速降低从而具有了竞争优势。然而对服务业而言，有些服务虽然规模并不大，但却因为极强的专业性和昂贵的品牌形成费用，前期投入很大，一旦形成市场影响力后，运营的边际成本会迅速下降。专业知识密集、品牌效应突出的许多服务业都具有上述特征，例如医疗、设计等专业服务业，规模经济的本质明显：其长期、大量针对人力资本和专业知识的投资并没有体现在大额物质资产上，而是体现为专业能力和市场信誉的积累，这种能力一旦形成，提供服务的边际成本迅速降低，因此具备了国际贸易的基础。

（二）满足客户海外业务扩张的需求

许多生产性服务业为制造企业提供服务，跟随制造业客户进入海外市场，是许多服务企业海外市场扩张的直接动因。研究表明，制造全球化程度高的产业，与其相关的服务全球化程度也高，美国医药和汽车是制造全球化程度最高的行业，也是研发、销售等服务全球化程度最高的行业（Meyer、Krahmer 和 Reger，1999）。同时，服务全球化也能促进制造全球化。没有服务业分工深化和形成全球服务网络，制造业的全球分工就不可能深化和高效率运转。（Riddle，1986）动态观察，制造全球化与服务全球化相互推动。（Park，1994；江小涓等，2004b）中国的例子也很多，如较早进入中国提供金融服务、会计和法律服务、保险服务的外资企业，主要客户就是在华跨国公司。国内服务企业走出去也有相似案例，阿里巴巴的全球化步伐带动了合作伙伴的海外业务扩展。顺丰、申通、中通、圆通等原来国内老牌快递，跟随菜鸟网络的国际化布局，分别开展海外仓储、跨境转运、海外自提等业务。

（三）寻求海外新市场和新客户

随着生产和消费全球化的发展，越来越多的服务企业大力拓展国际业务，不仅国际业务量的增长快于国内业务量，而且通过跨国投资迅速向海外扩张，在当地提供服务。一些传统上国际业务很少的服务业，近些年来通过海外并购等方式，跨国经营程度的提高速度惊人。例如荷兰邮政（TPG）国外销售额占总销售额的比重，从 1995 年的 11% 迅速上升到 2003 年的 68%；海外雇员的比例从接近零上升到 58%。德国邮政世界网络（DPWN）通过并购包括敦豪快递等国外大型公司，迅速扩展海外业务，1990 年，其海外业务和海外雇员所占比重均不到总销售额和总雇员的 1%，到 2003 年，这两个比例已经分别上升到 43% 和 40%。[①] 仅仅 10 多年的时间，邮政业已经从一个跨国经营程度很低的行业转变为高度跨国经营的行业。由于许多服务不可跨境贸易，因此跨国公司要向海外提供服务就必须进入东道国市场。全球著名零售企业多数已经在 20—30 个国家开展业务，至少已经有七家企业海外销售额超过其本土销售额。再如水务服务传统上都立足于本国，但从 20 世纪 90 年代以来，各个国家都在提高城市环境标准，水务市场服务需求巨大，许多国家新的供排水项目都引进了跨国投资。全球最大的水务跨国公司如法国苏伊士环境集团、法国威立雅环境集团和德国莱茵集团，近 10 多年来在海外有多起巨额投资，涉及金额高达上百亿美元。

（四）服务消费趋同与个性化需求并存

随着收入提高，各国居民服务消费结构趋同。例如金融服务，低收入时仅需要储蓄、信用卡、助学贷款等基本服务；其后增加住房、购车贷款需求，再其后又需要个人理财业务等。再如教育消费，公民普遍接受教育的程度和经济发展水平密切相关。还有

---

① TPG 和 DPWN 的数据引自《2004 世界投资报告》。

体育消费,在低收入阶段需求很少,而到了较高收入水平,职业体育会得到较快发展。这种与收入相关的服务消费趋同现象,使先行国家的跨国公司可以向全球客户提供服务。但与此同时,每一类服务消费需求又具有多样性的特征,消费者对服务差异性要求强于对制造品差异性的要求,在文化、旅游、餐饮、教育、医疗等领域尤为突出。举一个例子:如果两个国家的制造技术和成本相似,都按照同一图纸生产一种汽车,两国之间就不会出现大量的汽车贸易;但两国即使都有水平相当的芭蕾舞团演出《天鹅湖》,互访演出依然会受到欢迎,因为艺术表现各自有特色。由此可见,服务全球化的潜在需求可能超过制造全球化。

(五) 跨境服务成本下降

其次是通信和运输成本下降。信息技术和交通运输技术的发展,为服务全球化提供了技术基础,使人力资本和劳务活动在空间上可以分离,而且成本极低。目前覆盖全球的卫星通信系统同步连接着全球180个以上的国家,价格不到20世纪90年代初期的十分之一。特别是网络的发展为服务跨境交易提供了强有力的技术支撑,企业与企业、企业与用户之间远距离的交流成本几乎可以忽略不计,通过网络,许多服务生产和服务消费可以远隔万里且价格低廉。此外,各国纷纷扩大开放,显著减少了体制障碍和交易成本。

(六) 竞争因素:全球分工体系的形成

现代大工业在发展初期是建立在"福特模式"基础上的,突出特征是实行大规模和一体化的垂直生产体系,追求规模经济效应和范围经济效应。产品从设计、制造到销售以至售后服务,都在同一个企业内部完成。过去半个世纪,随着全球竞争的加剧,为提高效率和降低成本,企业价值链开始分解,每个企业都希望只做自己最擅长的，发达国家的制造业开始将零部件分给低生产海外企业生产，制造业全球生产体系形成。稍后价值链中的服务环节开始分解，研发、设计、采购、营销、财会和审计、客户服务、信息技术服务等都开始了全球分工过程，全球生产组织方式完成了一次革命性变化。

三 互联网时代的服务全球化：新的形态

互联网对于服务贸易的发展意义重大。通过跨境电商，消费者足不出户就能直接购买世界各地的商品；使用支付宝，不用换钱就可以实现不同币种的支付；通过网络平台，一国生产商可以与另一国的经销商甚至消费者直接沟通和互动；这些变化极大地降低了服务贸易的成本，极大促进了服务贸易的便利化，极大提高了服务贸易的效率。这些变化体现在以下方面。

（一）服务业的主体部分具备可贸易性

本书第一章提出，由于许多传统服务要求服务提供者和服务消费者同时同地存在，这些服务业因而具有不可贸易的特性，例如教育、医疗、保安、家政服务等。然而，由于信息技术的发展，多数现代服务业和部分传统服务业转变成为可贸易的行业。

这个转变是一个渐进的过程。那些伴随信息技术而出现的行业，可贸易性是题中应有之义。例如广播影视、电信运营、软件与系统集成、信息传输等产业，天生就具有可贸易的特征。这些产业不仅可以远距离提供，而且成本极低，可贸易性超过制造业产品。同时，随着信息服务业的发展，传统服务业中的一部分具备了可贸易性，文化产品最为典型。例如以往必须"生产者"和"消费者"都在现场的音乐会，可以通过音像制品变为有形、可储存，从不可贸易服务变为可贸易服务。有观点认为这些音像制品已经是有形的制造业产品，但是，这些产品的主要价值来自其中的内容，而不是其物质载体，准确地讲是有形产品为载体的服务。

网络技术的出现，再次极大地改变了服务的特性。此时，不需要在生产者、消费者之间交换物质存储介质，就可以异地错时实现服务生产和服务消费，而且成本极低。第一，网络自身衍生的巨量信息服务，极大地改变资讯和知识的传播和沟通，例如网络的搜索服务，为消费者提供了几乎无成本的信息服务。第二，服务生产过程被重组，在网络条件下，有些生产过程被分解成许多专业化的环节，在全球不同地点进行，利用各个地点在人力资本、成本、市场、规模经济等方面的优势，同时又能通过信息技术连为一个有机整体。第三，知识生产过程被重组，信息技术使知识能够编码化和标准化。研发、设计、编程等以知识为基础的服务可以分解为模块或片断分散进行，同时通过网络即时连接和同步推进。第四，网络能远距离连接服务生产和消费，消费者能够在全球范围内选择合适的服务供应商，服务提供者也可以面向全球消费者提供服务，例如远程教育和医疗服务。以远程医疗为例，近几年发展极为迅速，2015年7月，全美第五大医疗机构Dignity Health推出远程医疗机器人远程提供专家会诊；10月，Google推出一项全新的医患视频会话服务；药店连锁销售机构Walgreens、美国最大药品零售商CVS以及连锁零售商沃尔玛纷纷推出远程医疗亭。根据BBC Research和Towers Watson的调查报告显示，2016年远程医疗市场规模将达到270亿美元，其中虚拟医疗服务占160亿美元。IDC认为，2018年65%的医疗服务通过移动端完成，而70%的远程医疗将拥有自己的App，推出可穿戴设备、健康远程监控甚至能够提供虚拟的保健服务。

（二）极大降低了服务贸易的成本

互联网把传统生产和消费过程中的"流通环节"大大缩减。实现了让生产商、服务商和消费者直接对接，贸易过程中国内国际许多环节上的代理已无必要，直接减少了多个环节的流通费用。只要在网络了解产品相关信息并下订单，进行电子支付，就能完成购买行为。长久以来经过几层国际国内批发商"倒手"后商品和服务大幅度加价这种情形消失，对商品来说购买价加上运输成本就是最终价格，对服务来说网络购买价格就是最终价格，商品和服务消费的全球化程度及相关的生产全球化程度明显提高。天猫国际2014年首次亮相"双11"，共有217个国家和地区参与这次活动中，除去大陆市场，在出口交易排名中，中国香港、俄罗斯和美国稳居前三甲，而中国台北、澳大利亚、新加坡、加拿大、中国澳门、巴西和西班牙均进入了前十名。与此同时，美国、日本、韩国、澳大利亚、新西兰、德国成为最受中国买家喜爱的产品输出国。参与"双11"的买家中，北至格陵兰岛，南到智利。网络海外代购包括了B2C（Businessto Customer）及C2C（Consumer to Consumer）两种服务方式。互联网还能通过解决"信任"问题降低交易成本。在经济学中，交易成本是一个非常重要的概念。而双方的不信任产生了交易成本中的一个重要部分，如供需双方在市场上搜寻有关信息的费用，为实现交易而进行的谈判、签约、监督合约履行、仲裁等费用。无论是生产企业还是贸易企业，交易成本都构成了成本的重要部分。国际贸易中，由于交易双方距离遥远，谈判成本高，出现纠纷后的解决成本高。网络出现后，制造商、服务商和消费者更加直接地对接，消费者的反馈可以快速地通过网络来表达，对产品体验和用户口碑的追求就成为企业信誉的最重要内容，许多交易商还承诺"不满意就退货"，大大减少了生产商、服务商的机会主义行为,同时也为其他消费者提供了足够的甄别和选择信息的机会,减少了所谓的"搜索"成本。

(三) 生产商跨境精准提供商品和服务的能力提升

互联网使生产商和服务商能够直接与消费者沟通,无论他们相距有多么遥远。不同国家消费者的喜好可以快速地通过网络来反馈,同时,供应商可以有效组织全球生产者提供消费者所需要的商品。所谓当地产品和服务更符合当地消费者需求的情形正在发生变化,这是"互联网+"这个概念对国际贸易理论和实践产生的颠覆性价值。互联网时代的产品和市场没有国界的区分,现在无法把一款移动互联产品定位为国内或者国际,国内国际接轨是必然的。例如,美国著名的短租网站airbnb公司是一家帮助旅游和休假的人们在全球寻找短期住所的网站,它采用的技术将内容分发网络和地理位置服务绑定在一起,无论客户身处世界何处,公司提供的都是其所处位置的房源。此时,服务商提供的服务成本,完全不受距离和国境的影响,跨境服务贸易的额外成本是零。

(四) 跨境电商:服务贸易新业态

跨境电商是国际贸易中增长很快的新业态,具有以下几个方面的特点。

极大地降低了交易成本。第一,降低了搜寻成本。显然,跨境贸易中的搜寻成本要高于当地贸易,通过电子商务,企业会将产品的相关信息在电子商务平台上展示推广,消费者通过网络搜索获取相关信息。网络传输能够全天候实现,且无地域限制,信息搜寻成本大大降低。第二,降低了履约成本。对于信息产品,商家可以直接通过网络传输,大大降低了实体配送的成本。跨境电子商务通常是小额订单,由于信息的即时传输和市场规模的扩大,可以实现按订单生产,不需要提前大批量的备货也能确保及时发货,这样不仅降低了库存的折旧、损毁等可能存在的风险,而且加快了资金周转速度。第三,互联网支付极为便利,节省了币种兑换、汇款等手续。特别对于小微企业、个体买家和消费者来说,没有跨境电子商务的发展,从事跨境业务和买卖几乎是不可能的。

跨境电商虽然发展很快,但准确甚至大概的交易数字却不易统计。据中国电子商务研究中心监测数据显示,2014 年中国跨境电商交易规模为 4 万亿元人民币,同比增长 30.6%。其中,出口占比达到 86.7%,进口占比为 13.3%。但是,商务部权威人士认为,数万亿人民币、占外贸 20% 这些数字,显然是夸大了,是不准确的①。但是,这位人士给出的几个口径官方统计相加仅为几百亿人民币的规模,可能也低估了跨境电商的规模。笔者就此征求了商务部研究人员、中国社会科学院学者和跨境电子商务聚集的几个城市的意见,粗略估计 2015 年的规模不会低于 1100 亿美元。

广义理解,跨境电子商务不仅指商品和传统服务贸易,还应该包括新型网络服务业,例如跨境网络医疗服务。许多国外医疗机构与我国相应网站合作,提供初级的网络医疗保健服务和药品代购等业务。如果患者需要,还可以代为联系前往国外医疗机构做进一步的治疗康复。2015 年 8 月,新疆人民医院与中国电信新疆公司、华为技术有限公司签署《丝绸之路经济带核心区医联体"互联网智慧医疗"信息化战略合作框架协议》。三方将启动"互联网智慧医疗"项目,共同打造新疆第一个丝绸之路经济带核心区医院联合体,以互联网为载体和技术手段,形成集医疗信息查询、电子健康档案、疾病风险评估、在线疾病咨询、电子处方、远程会诊及远程治疗和康复等多种形式的医疗服务于一体的综合

---

① 2016 年 1 月 8 日,国务院新闻办公室新闻发布会,张骥部长助理介绍新设跨境电子商务综合试验区的有关情况并答记者问。

性平台。该项目目前正在试点同亚洲五大国家建设跨境合作项目。

(五) 新的消费模式：以网络音乐消费为例

移动互联网已经重塑了许多领域人们的消费模式。凡是在线消费，跨境消费和当地消费已经无法区分。以音乐消费为例，互联网的兴起完全改变了原有的商业秩序，磁带、唱片、CD等传统渠道迅速淡出，互联网专号成为主渠道。移动智能终端和与之相匹配的微型移动音响，能够随时随地重现世界各地音乐会的场景，让对音乐质量有高要求的用户有满意体验。打开 iPhone 上的音乐 App，支付一点点费用，就能随时随地收听到世界上任何一个你所喜爱歌手的演唱，消费早已没有了国内和国外的界限。音乐服务提供商也面临全新的消费模式，巨头们面对的都是全球市场的上亿用户群。例如国内的酷狗音乐和QQ音乐，用户量已经超过4亿户。拥有这样巨大的用户群，音乐服务提供商就能投巨资开发种种网络音乐服务：例如云端音乐服务，满足了用户随时随地的音乐需求；离线缓存或下载技术，让用户拥有自己的音乐资产。音乐只是一个案例，以互联网为依托的跨境消费新模式已经广泛渗透人们消费的各个方面，利用健康管理软件我们可以交结海内外的走友、跑友等，每天在网上相互交流运动心得，比较运动时间和强度，相互鼓励和帮助；通过智能教育软件，我们可以选择最适合我们的国内外公开课，并与老师或其他学友们交流学习体会，分享学习的快乐。

(六) 劳动力"虚拟"跨境流动

劳动力长期以来是全球化中流动性较差的要素。近10年来，借助信息技术特别是互联网的发展，不必发生人员的跨境流动，就能向境外提供多种形式的劳务服务，笔者将此现象表述为劳动力"虚拟跨境流动"，这大大减弱了距离、生活成本差异和各国移民政策等因素对劳动力流动的限制。这种劳动力不流动却提供劳务服务的典型形态,是近10多年来迅猛发展的服务外包。[①] 借助互联网,服务提供者跨境远距离提供服务,劳动力在某处向全球任何地点提供服务的跨境成本几乎可以忽略不计。从内容上看,外包已经从信息系统服务到软件编程和家庭办公,再到商业流程和远程医疗、教育等。从行业和领域分布看,信息技术服务外包毫无争议地排在首位,占全球外包市场份额估计在50%—65%;客户服务、后台业务、研发设计、物流管理、人力资源管理等也是排名靠前的外包领域。举一个例子,北京有一家企业为美国社区提供保安服务,员工只需通过北京的显示屏监看安装在美国社区中探头显示的情况,发现异常再通知对方警员。通过这种方式,北京保安无须挪动地方就出口了保安服务,对方则大大降低了成本。这使得劳动力资源密集国家的相对优势能够更好地发挥,拓展了就业机会和获利空间。劳动力"虚拟"跨境流动的大量出现,是理解服务全球化进程加快和发展前景的一个关键线索。

(七) 跨境公共管理和服务

能够跨境交易的不仅是市场化的服务业,许多公共管理事务也能够跨境办理。例如,基于全球数据的开放和联通,美国已经开始对他们的国民国际性收入进行管理,已经能够通过法律和互联网技术让美国人将海外的收入和资金进行登记申报。再如,当今世界,各国面临许多共同挑战,迫切需要国际社会携手提供全球公共产品,共同应对诸如国际金融危机、气候变化、疾病传播、生态环境等问题,这些问题都不是一个国家能够解决的,需要收集和分析全球数据,才能得到完整正确的结论。各国共同制订相关行动计划,并通过网络监督各国的执行状况和实际效果。

[①] 服务外包可以简明地定义为:企业将以前由内部提供的服务中间投入转为从外部购买,"外部"既可以是本土又可以是离岸。在本章中,服务外包特指离岸外包。

总之，由于信息技术的发展，多数现代服务业和部分传统服务业转变成为可贸易的行业，服务贸易发展有了更多可进行贸易的内容。同时，互联网的快速发展，为跨境消费、跨境生产和服务要素的跨境配置提供了前所未有的机遇，当地生产与消费正在与跨境生产与消费深度融合，界限逐渐模糊。从发展趋势看，基于互联网的服务业必定是全球一体化的服务业，这将对服务业自身发展和经济社会与人的全面发展产生深刻而广泛的影响。

参考文献

商务部世界贸易组织司，2007，《"欧盟服务贸易统计分析"考察报告》，商务部提供。

Bryson. J. R., and P. W. Daniels 1998, *Service Industry in the Global Economy*, Vol. I and II, Cheltenham: Edward Elgar

Deardorf, A. V. (1985), "Comparative Advantage and International Trade and Investment in Services", in Robert M. Stern (ed): Trade and Investment in Services: Canada/US Perspectives, Toronto, Ontario Economic Council.

Deardorf, A. V. (2001), "International Provision of Trade Services, Trade and Fragmentation", *Review of International Economics*, No. 9.

Fuchs, R. V. 1968. *The Service Economy*, New York: Columbia University Press.

Park, Se – Hark 1994, *International Relationship between Manufacturing and Service*, ASEAN Economic Bulletin. No. 10.

Sampson, G. and Snape, R. 1985. "Identifying the Issues in Trade in Services", *The World Economy*, 8 (2).

UNCTAD (1997), World Investment Report: Transnational Corporations, Market Structure and Competition Policy, Geneva.

陈宪、程大中，2003，《服务贸易的发展：上海的经验》，《上海经济研究》第 10 期。

陈宪、黄建锋，2004，《分工、互动与融合：服务业与制造业关系演进的实证研究》，《中国软科学》第 10 期。

[法]格鲁伯、沃克，1993，《服务业的增长：原因与影响》，陈彪如译，上海：上海三联书店。

黄少军，2000，《服务业与经济增长》，北京：经济科学出版社。

江小涓等，2004，《关于测度服务业发展水平的探讨》，《财贸经济》第 7 期。

江小涓，2007，《我国出口商品结构的决定因素和变化趋势》，《经济研究》第 5 期。

联合国贸易与发展会议，2004，《世界投资报告 2004：转向服务业》，冼国明等译，北京：中国财经出版社。

联合国贸易发展组织，2015，《世界投资报告 2015：重构国际投资机制》，天津：南开大学出版社。

杨小凯、张永生，2001，《新贸易理论、比较利益理论及其经验研究的新成果：文献综述》，《经济学》（季刊）第 1 期。

杨小凯、张永生，2002，《新贸易理论及内生与外生比较利益理论的新发展：回应》，《经济学》（季刊）第 2 卷第 4 期。

青木昌彦，2003，《模块化时代：新产业结构的本质》，上海：上海远东出版社。

黄建中，2015，《服务贸易评论》，厦门：厦门大学出版社。

第九章 文化产业的经济学分析

文化产业是一个新兴的、战略性的、特殊的产业经济门类。

之所以说它是新兴的，是因为它的经济价值和产业属性被人们认识的时间比较晚，但是它的发展速度很快，发展态势很好。在发达国家，作为一种产业形态，也是在 20 世纪初才开始萌芽，到第二次世界大战之后才蓬勃发展起来。我国在"十五"计划中才第一次提出文化产业的概念。

之所以说它是战略性的，是因为不仅文化自身可以形成巨大的文化产品市场，产生很大的经济产出，还可以发挥文化内涵强大的渗透力，提升其他产业的竞争力。随着经济社会的发展，在人们的物质需求基本得到满足之后，对精神文化的需求快速增长，这为文化产业自身的发展创造了极好的市场条件。人们认识到，文化不再是少数贵族阶层的专用品，而是社会大众的普遍需求；文化产品的提供方式不再局限于行政的单向给予，还可以通过市场化的方式进行开发，以更加丰富多彩的形式满足民众的个性化需求。与此同时，文化的精神内涵具有很高的经济价值，几乎可以融入所有的经济活动之中，提升其他产业产品的附加价值，与其他产业融合形成新的产业形态。

之所以说它是特殊的，是因为它兼具经济形态、社会公共形态与意识形态①三重属性。所谓经济形态，是指文化产业可以经市场手段配置文化资源，通过投资消费，构建起完整的产业经济循环。商业化的文化企业可以承担这一职能，通过提供符合市场需求的文化产品，借助义化消费实现价值回报，实现经济价值创造。所谓社会公共形态，是指文化产品所承载的文化内容反映人类对自然、社会的认知，比如人性的善恶，亲情、友情、爱情的可贵，宇宙形成理论和量子力学的发展，等等。这些文化内容可以跨越国家、民族、宗教的界限，通过相互交流，可以产生共鸣，是人类社会的宝贵财富，也是人作为社会群体的一种共同需求。任何时期的任何国家的政府都需要承担这一公共职能，为民众提供文化服务。所谓意识形态，是指文化内容作为与社会经济政治相联系的观念、观点、概念的总和，是社会经济基础和上层建筑的客观反映，与一定的历史发展阶段相适应，具有鲜明的阶级性。任何国家的统治阶级及其执政党派都希望借此推广自身的执政理念、方针政策，提升价值观认同、凝聚民族共识，从而维护自身统治。一个国家在文化产业发展的过程中，需要妥善处理好这三个属性之间的关系。处理得好，可以使经济价值提升，民众享受丰富多彩的公共文化服务，执政党的意识形态安全得以维护；处理得不好，可能对本国的文化安全和意识形态安全带来严重冲击，社会公共文化服务受到限制，产业的经济效益难以发挥。

---

① 文化产业的发展，需要以确保国家意识形态安全为前提。当然，也不能将意识形态属性泛化。在新闻出版、广播影视、艺术演出等传统文化门类中，意识形态的属性相对明显。尤其是互联网技术的发展使得传播方法多样化、效率高效化，需要强化意识形态管控，且管控的手段应该及时调整，从过去简单的行政手段更多地转向经济、法律和技术手段；而在广告、会展、设计等生产性服务业以及网络游戏、艺术品拍卖等新兴消费性服务业中，意识形态的属性相对较弱，可以适度放松管控，以市场手段释放其发展活力。

一 文化、文化产品、文化产业的概念及其经济学特征

(一) 文化的概念及其经济学特征

在人类历史发展进程中,"文化"始终是一个充满争议的词汇。它非常抽象,涵盖的范围也非常广泛,要给它下一个严格而精确的定义十分困难。长期以来,哲学家、社会学家、人类学家、历史学家和语言学家一直在做出努力,试图从各自学科的角度来界定文化的概念,但迄今为止仍没有一个公认的、让所有人都满意的定义。社会上的每一个人,都能感受到文化潜移默化的影响,但却很难对此进行准确的描述,从而难以对文化的本质特征进行准确的把握。

正是由于文化概念相对抽象且难以把握,人类对文化的经济属性认识经历了一个漫长的渐进过程。从财富角度讲,文化是人类在历史发展过程中所创造的物质财富和精神财富的总和。马斯洛的需求层次理论表明,一个人首先要满足生存所需的物质需求,在此基础之上,才会更多地去寻求文化、知识、情感上的需求。在人类物质文明相对发达的今天,文化作为一种特殊产品,在使用过程中呈现出明显的边际效用递增特点和正外部性效应,产生越来越多的消费者剩余,对社会的效用远远大于个人边际效用之和,推动着人类文明的不断进步。从本质上看,文化从一诞生起就同时具备意识形态属性和经济属性。统治阶级为了自身需要,片面强化文化的意识形态属性,而有意去忽略文化的经济属性。在许多人的意识中,文化特指为精神财富,将其视为与物质财富相对立的精神范畴的上层建筑。这种将文化与经济一体关系割裂

的观点成为主流,在人类历史中延续了几千年。

近代人类文明发展的进程表明,文化不仅具有意识形态属性,还具有经济属性,更有可能成为与科技并肩的驱动经济发展的另一内生动力。随着社会文明和科学技术的不断发展,文化与经济的关系进入了一个新的阶段。文化现象中的经济价值不断体现,经济现象中的文化含量也在不断增加,呈现出明显的"文化经济化"与"经济文化化"。所谓"文化经济化",是指文化进入市场,形成产业,逐渐成为社会生产力中的一个重要组成部分,在一些国家甚至已经成为国民经济的支柱性产业[1]。文化经济化使文化的经济属性得到彰显,相关市场主体通过市场配置文化资源、生产文化产品、提供文化服务,形成庞大的文化市场,从而获取经济效益。所谓"经济文化化",是指现代经济发展中越来越多的经济活动融入了文化的内涵,通过提高产品和服务的文化含量来提升经济发展的质量,比如文化与农业、文化与体育、文化与商务、文化与旅游等产业的相互融合,使文化在国民经济发展和综合国力竞争中的作用越来越重要[2]。

对于文化能否经济化和产业化,长期以来都存在着截然相反的声音。有的学者持批判态度,认为文化是人类精神财富的结晶,只能局限在思想、精神及道德范畴,不能与经济、物质和利益相联系。用流水线作业的方式批量生产或机械复制文化产品,只会使文化充满"铜臭味",是对文化创作的亵渎,甚至会引导文化为

---

[1] 中国在2011年10月召开的十七届六中全会审议通过的《中共中央关于深化文化体制改革、推动社会主义文化大发展大繁荣若干重大问题的决定》中明确提出,"推动文化产业成为国民经济支柱性产业"。2015年,中国文化产业增加值占GDP比重已经达到3.97%,近年来呈稳步上升趋势。

[2] 中国2014年以国务院文件的形式,发布了《关于推动文化创意和设计服务与相关产业融合发展的若干意见》,即国发〔2014〕10号文。上海、北京、广东等省区市为贯彻落实这一意见,纷纷出台实施意见或行动计划。

了市场的需求而往低俗、平庸的方向发展。法兰克福学派的"文化工业论"是其中的典型代表。有的学者则认为，文化的经济化可以引导社会各方面增加对文化的投入，实现文化工作者的独立分工，提高创作激情和动力，从而丰富文化市场的产品供给，还可以打破文化消费局限在少数富足阶层的藩篱，使更多普通民众得以便利地接受到更丰富的文化产品与服务的熏陶。

中国对文化的认识也是经历时代变迁的。古时的文人受传统儒家文化的影响，推崇不为五斗米折腰，十分鄙夷文化的经济属性，不太认同文化的经济价值，乃至产生"穷酸"一词。新中国成立初期，相对重视发挥文化的社会性和意识形态功能，长期将文化局限在公共事业领域，没有认识到其经济和产业功能，单纯依靠政府投入，很大程度上制约了文化的生产能力和消费能力。随着改革开放的深入推进，中国逐步认识到文化对经济发展的重要作用，将文化建设与经济建设并列为社会主义现代化建设"五个一体"总体布局的重要组成内容，不仅将提升公共文化服务水平作为政府的重要职责，还将文化产业发展上升为国家战略，提出到2020年前将文化产业发展成为国民经济的支柱产业，实现文化事业和文化产业共同繁荣。

（二）文化产品的概念及其经济学特征

抽象的文化内涵通过创作加工，就形成了具象的文化产品。文化产品有很多种分类。按照涵盖的范围大小，可分为广义文化产品和狭义文化产品。前者泛指含有文化内涵的所有产品，甚至包括酒文化、饮食文化等；后者仅指以传播精神文化内容为主要目的的产品，如文艺演出、新闻出版、广播影视等，而不包括为提高产品附加值而融入文化要素的其他产品。按照消费者的数量多少，可以分为大众类文化产品和小众类文化产品。前者如畅销书、商业电影大片、流行音乐、电子游戏等，后者如学术性书籍、艺术电影、交响乐、高档时装、名贵书画、收藏品等。按照消费的目的，可分为最终消费类文化产品和中间投入类文化产品。前者是消费者购买用于自身消费，如看电影、买图书、欣赏艺术表演、玩网络游戏等，后者是企业为提升自身产品价值而购买，如广告、软件、工业设计等生产性服务业。按照具体的表现形式，可以分为文化产品和文化服务[①]。前者指以物质形式为载体的文化产品，如图书、音乐CD、古玩字画等；后者指无形的文化产品，如音乐会、话剧演出等。

由于文化领域涉及范围广，对于文化产品的具体涵盖范围，有些领域没有分歧，比如，电影、动漫、音乐等领域，基本上所有的学者都认为是文化产品。但在有些领域就会出现较大分歧，比如品牌时装、高档手表是否是文化产品，就有不同的认识。笔者认为，服装、手表首要的使用价值确实是用于保暖、计时，但是市场价格高达数千元乃至数万元的时装、手表，其交易价格远远超出其使用价值，更多体现的是心理上、审美上的文化价值。从这个角度讲，品牌时装、高档手表等同类产品无疑也是文化产品。

文化产品为什么能创造经济价值？

第一，资源稀缺性。从经济学角度讲，资源是稀缺的。一个产品之所以有价值，是因为市场上稀缺，人们愿意为了得到它而支

---

① 从本质上看，不管消费者购买的是有形的文化产品，还是无形的文化服务，其最终希望获取的，都是产品和服务中蕴含的文化内容。在人类发展历史早期，文化传承主要依赖口口相传，文化产品无法复制，文化提供者与接受者无法分离。随着印刷技术和电子技术不断发展，书籍、电影胶片、CD等载体使一些传统的无形文化得以以"物"的形式固化下来，成为有形的文化产品。这些有形的文化产品从表面上看是具象的"物"，但这个"物"只不过是承载文化内涵的载体，消费者的购买目的依然是其所承载的文化内容，也可以称之为"物化"了的文化服务。从这个角度讲，即便是有形的文化产品，实质上也是无形的文化服务。

付相应的对价。这一点在文化产品上表现得更为突出。比如，超级明星、名牌导演、大作家之所以具备很强的市场号召力，就是因为他们自身是千载难遇的稀缺资源。这种资源在很大程度上是一种天赋，可遇而不可求，有时后天努力所起的作用反在其次。粉丝们为了看一场自己心仪歌手的演唱会，愿意不远千里跟随，愿意出资数千元购买演唱会门票。

第二，现实市场需求。无需求，则无市场，亦无供给。近年来，随着经济社会的快速发展，短缺经济已经成为历史，人们生活水平普遍提升，物质需求基本得到满足，文化等精神需求日益上升，成为新的消费热点。有需求就会有交易，有交易就会有价值。从具体市场表现来看，文化产品的交换价格更多的不是建立在成本加成上，而是建立在人的心理感受上。只要文化产品能满足消费者的心理需要，就能够得到市场的认可，就能够为企业赚取丰厚的利润，就会有更多的社会资本进入文化产品生产领域。

第三，合理确定版权。正是随着版权等知识产权保护制度的出现，文化创作者的合法权益得到合理保护和利用，文化从业者的积极性才开始真正迸发，文化产业也才开始步入快速发展轨道。需要注意的是，版权既是一种私权，是国家为了保护创新、促进文化发展而赋予作者的一种垄断权，由权利所有者拥有，可以通过市场化的手段获得经济收益；同时版权也是一种公权，为了让知识在更大范围内传播、产生最大的公共福利，知识产权保护期过后可以让社会免费使用，以推动社会共同进步。过于宽松的版权制度，会损害文化产品创作者的经济利益，影响其创作激情；过于严格的版权制度，会阻碍社会文明进步，损害公共福利。从世界范围来看，真正有效的版权制度是随着时代发展而发展的，随着经济发展阶段的提升不断调整，以实现保护作者利益和保护公共利益之间的合理平衡，实现激励创新和促进经济社会发展的双重目的。

第四，可规模化生产。印刷、录音等技术的出现，使文化产品进入可复制、规模化生产的阶段。数字技术和互联网技术的发展，更使文化产品的生产、制作、传播成本急剧下降，从技术的角度提高了文化产品的供给能力，更大程度上提高了文化产品的经济价值。以图书出版为例，春秋战国时期只能用竹简雕刻，成本高昂，保存困难，只有少数贵族阶层才有能力拥有；纸张和活字印刷术出现之后，印刷成本相对降低，有的图书可以印刷出版数百份；现代印刷技术发展以来，进入电子输入、编辑、排版阶段，效率大大提高、成本急剧降低，可以用很低廉的价格大批量、高质量地印制，书籍开始进入普通百姓家；随着互联网技术和电子阅读终端的发展，很多图书已经可以不用纸质出版的方式出现，而改用电子书的方式进行生产销售。

（三）文化产业的概念及其经济学特征

出于考虑问题的角度以及强调的发展重点不同，国内外对文化产业概念有着不同的论述。中国称之为文化产业①，中国台湾称之为文化创意产业，英国、新西兰称之为创意产业，美国、澳大利亚、新加坡称之为版权产业，日本称之为内容产业。在文化产业的具体涵盖范围上，国际组织与很多国家也有着不同的认识。

总体来看，文化产业有几个明显的特征：

（1）文化产业很适合创新创业。相比于制造业动辄需要大量前期资金投入土地、设备、厂房而言，文化产业的进入门槛相对

---

① 北京市提出的是文化创意产业。有学者专门就文化产业与文化创意产业的差异进行过分析。

比较低。集合三五个人，以很低价格租赁十几平方米旧厂房，就可以注册成立一个新公司。从文化产业发展的现实情况看，文化产业中绝大多数企业是从业人员在20人以下的小微企业。以文化创意产业发展比较好的北京市为例，第三次经济普查数据显示，全市有文化法人单位14.6万个，其中规模以上法人单位只有8633户，占比仅为5.9%。这些小微企业中，尽管淘汰率较高，大多数生存周期不足3年，但大浪淘沙幸存下来的企业都是充满发展活力和增长潜力的。

（2）相当一部分文化产业可以克服"鲍莫尔成本病"（Baumol's disease）。美国著名经济学家鲍莫尔1967年在一篇研究经济增长的论文中建立了一个两部门宏观经济增长模型，进步部门的生产率相对快速增长将导致停滞部门出现相对成本的不断上升，相对于制造业，服务业的劳动生产率更难以提高。他认为，表演艺术、休闲等很多文化服务部门都具有这一特征。比如在表演艺术市场上，300年前的莫扎特四重奏要4个人演，300年后依然要4个人，生产率难以改进，而成本持续增加。确实，一些传统的文化产业无法克服成本病。比如音乐会、话剧、喜剧等需要现场观看，通过电视、网络等现代传播途径难以达到主要的消费效果，这些文化形态既需要着眼于当地市场需求容量，也需要文化产品提供者与消费者同时在场，投入成本难以降低，生产效率难以提高。不过，鲍莫尔没有想到的是，随着文化技术创新的突飞猛进以及各国对文化产业的管制放松，文化产业的生产效率和消费市场持续扩大，彻底消除了成本病出现的理论基础。一是技术的进步使得文化产品可复制，实现提供者和消费者的空间分离，使文化产品得以发挥出最大的经济效能，以低廉的成本创造高额的经济价值。二是文化管制政策的放松，使文化消费市场得以从国内拓展到国际，许多过去"不可贸易"的文化产品现在可以开展国际贸易，从而克服了国内文化市场规模的约束。

（3）文化产业具有反经济周期效应。现代经济发展史充分证明，每当发生经济危机时，文化产业有逆势发展的特性。以资本、原材料或劳动力为核心要素的物质生产出现明显衰退，大量人群失业，精神受到极度压抑，需要通过文化产品治疗精神上的伤痛，刺激以思想、创意或知识产权为特征的文化产业迸发勃勃生机，为快速滑落的经济增长注入一针强心剂。美国经济学家为此提出形象的"口红效应"理论[①]。尼尔森公司的一项调查数据显示：2008年第三季度，美国人平均每月花费142个小时看电视，比上年度同期多了5个小时；一个美国家庭每天耗在电视机前的时间更是长达8小时18分钟，打破了尼尔森自20世纪50年代开始统计的收视时间纪录。历史经验表明，美国好莱坞电影就是从20世纪30年代空前的经济大萧条中实现异军突起，出现了百老汇、好莱坞等文化地标，日本的动漫产业也是在20世纪90年代日本经济步入"失去的十年"低迷中实现快速发展的，韩国的网络游戏产业也是在1997—1998年亚洲金融危机中转型成为全球游戏行业领袖。

（4）文化产业的投资风险大、投入产出比高。大型文化产业项目往往需要大量前期启动资金，回收期长，影响资金回收的不确定因素比较多，因而风险也比较大。投资界普遍认为，在中国电影市场中，只有20%左右是盈利的，10%盈亏持平，剩下的70%都是亏损。一个产业投资的风险越大，其成功项目的投入产出比就越高。这点在文化产业中得到充分体现。比如2012年热播

---

① 主要指在经济危机期间，人们的消费支出缩减，很多产品的销售大幅下降，而女士所用的口红销量不降反升，原因就在于这个时期人们的心理需求上升。

的《泰囧》一片投资4000万元，票房收入达到12.4亿元，投资回报率高达1:31。正是由于投入产出比较高，社会资本投资生产影片的积极性也很高，但是受投资风险大、前期投入多、投入周期长等因素的影响，只有少数有实力的企业才敢于持续投入，市场上呈现比较明显的寡头垄断状况[①]。

（5）能源资源消耗低。传统工业社会的经济增长，以资源能源的巨大消耗为代价，对自然环境造成极大破坏，这种增长模式难以持续。文化产业以人力资源为核心要素，以知识创新和创意发掘为发展的动力源泉，不同于制造业需要大规模投入土地、原材料、机械设备和电力热力，对自然资源和能源的消耗非常低，污染排放也很小。

（6）产业链条长。比如，《哈利·波特》小说畅销之后，不仅在图书出版市场上取得巨大成功，还拍摄了一系列取得惊人票房业绩的电影，投资建成极具吸引力的主题公园，开发了服装、贴画、玩偶等大量衍生产品。使得一个文化产品的价值通过多种途径得到充分利用，投资收益可以通过分段转让和销售而逐步获得，有的衍生品收入甚至远远高于文化作品本身的销售收入。比如，美国迪士尼公司制作的《狮子王》，制作成本只有4500万美元，其影片全球票房收入约10亿美元，但其衍生产品收入达到20亿美元，其同名舞台剧票房收入超过60亿美元。

---

① 大企业投入电影产业，也不能确保每部影片都能盈利。但由于它们具备资金和相应的技术优势，可以通过盈利影片获得的收益来弥补其他影片造成的亏损。比如一家电影公司每年投入10部电影生产，共计需要投入10亿美元，其中只要有3部票房达到5亿美元，就可以获得15亿美元的票房收入，不仅可以收回所有10部影片的成本，还可以有50%的收益。

二 当前国内外关于文化产业发展的研究脉络

对文化产业的研究是伴随着文化产业的发展而兴起的。从全球来看，世界文化产业至今也只是近百年的实践历程，现代文化产业理论概念诞生于20世纪40年代末，只有几十年的历史。目前国际上对文化产业研究较多的国际组织有联合国教科文组织、世界贸易组织等，研究国别主要集中在美国、英国、法国、澳大利亚、加拿大、日本、韩国等文化产业比较发达的国家。

中国文化产业发展起步较晚，理论研究的起步相对就更晚，但发展势头十分迅猛。自新中国成立后到改革开放前期的1990年的这段时间里，对文化产业的研究几乎是空白，这一阶段更多注重的是文化的意识形态属性，强调文化的宣传教化功能。随着2000年国家"十五"规划明确提出发展文化产业，文化产业开始蓬勃发展，对文化产业的理论研究、实证研究和政策研究也迅速升温。博赫、肖红叶（2011）以"文化产业"为关键词对中国学术期刊网（CNKI）全文数据库进行了"精确"搜索，发现1990年以前的文章极少，1991—1999年，国内对文化产业的研究论文开始萌芽，一共有224篇。从2000年开始，呈现明显的上升趋势，出现两个跳跃式增长的年份。一是2000年，比1999年增长了1.6倍；二是2006年，研究文化产业的论文数量是2005年的1.9倍。这与中国文化产业的发展现实非常吻合。

综观国内外对文化产业发展的研究成果，主要集中在以下三个层面的不同角度：

（一）微观企业层面

从企业投入产出的角度，研究文化企业的人均生产率问题，基本认为文化企业在利用科技创新、文化创新等成果的基础上，能够不断提高生产率，克服"鲍莫尔成本病"。也有研究分析文化领域上市公司的盈利能力问题，认为文化产业发展潜力很大，是"朝阳产业""新兴产业"。

从企业经营发展角度，有研究分析文化企业的投融资问题，针对文化企业的"轻资产"状况，提出以知识产权质押、收益分成等多种方式解决企业融资难问题；有研究分析文化企业的人力资源管理问题，提出如何培养、吸引和用好文化人才；还有研究分析文化企业的品牌建设问题，推动文化航母的建设。

从国有文化企业的角度，有研究分析国有文化资产的监督管理问题，如何在规范中推动发展，在发展中实现规范管理；也有研究分析国有文化企业的转制问题，如何界定转制中的资产债务剥离、人员安置等；还有研究分析文化企业的社会责任问题，提出文化企业要在追求经济利益的同时，兼顾社会公共利益。

（二）中观产业层面

从经济地理学角度，研究文化产业集群发展问题，为什么会产生集群，哪些因素会影响到集群的形成和发展，集群内部的企业和其他组织之间如何发生化学反应，这些集群对区域经济发展起到什么作用，如何更好地发挥其功能。

从产业竞争力角度，研究国家之间（国内省区之间、城市之间、产业园区之间）的文化产业竞争力问题，哪些因素会影响到本国、本地区的文化产业竞争力，如何提高本地的竞争力，研究方法包括波特的钻石模型、SWOT分析方法等。

从产业链角度，研究电影、出版等具体行业部门的内部产业结构，不同产业之间相互融合发展形成的新兴产业，以及由此演化形成的文化产业链；产业链发展中的薄弱环节在什么地方，如何发挥产业的前向关联和后向关联效应，推动产业链上各环节的协调发展。

从产业升级角度，研究文化产业发展在国民经济整体结构调整中的地位和作用，如何通过发展文化产业提升制造业、农业、旅游业等其他产业竞争力问题，如何促进新兴文化产业发展、优化文化产业自身内部结构。

从要素投入角度，研究技术创新、投融资体系建设、人才培养等问题，如何推动文化领域高新技术的研发，现有高新技术如何在文化产业中推广应用，现行投融资体系如何调整以适应文化企业的特性，现行教育体系如何改革培养出适应当代文化产业发展需要的各级各类人才。

此外，还有研究重点分析文化产业发展中的版权保护问题，如何在保护中利用，在运用过程中保护；还有研究分析文化产业发展中的资源整合问题，如何使传统文化资源转化为现实的产业资源，发挥其经济价值，如何使国有、民营、外资等各类市场主体在文化产业发展中良性竞争，实现共同发展。

(三) 宏观经济层面

从经济理论的角度，研究文化产业概念的内涵外延、具体涵盖范围和统计分类，分析文化产业、文化创意产业、创意产业、版权产业、内容产业等不同概念之间的共同点和不同点，比较各国在文化产业界定上的差异。

从经济贡献的角度，研究如何通过发展文化产业促进经济发展和创造就业，文化产业在国民经济中占据的比重，以及如何通过发展文化产业提升国家软实力的问题。

从比较制度学角度，比较各国在发展文化产业的组织部门、支持政策体系和管理制度等方面的差异，介绍各国发展文化产业的成功经验，分析主要特色产业的未来发展趋势。

从经济全球化角度，研究国际文化贸易规则的演进过程，各国如何放松文化领域规制管理，如何在文化国际贸易中推动本国文化"走出去"，以及由此产生的外来文化与本土民族文化之间的冲突问题，美国文化霸权问题，"文化例外"原则在国际文化贸易谈判中的地位问题，在冲突过程中如何保护文化多样性的问题。

总体来看，尽管当前国内外学者对文化产业的内涵仍有不同的认识，但伴随着文化产业的快速发展，对文化产业的理论研究和实证研究实现了由启蒙到成熟的转换进程，研究的主流方向也由批判形态转向宽容的支持形态。但是可以看出，当前对文化产业的研究大多还停留在实证层面，理论研究成果不多；理论研究的着眼点以哲学、文学、艺术为主，经济学方面的研究仍有待深入；研究方法以定性为主，定量研究不多。当然，由于目前国内外对文化产业的具体含义及涵盖范围仍有较大分歧，统计口径上也有诸多不同，缺乏必要的、可供比较的数据序列来对文化产业进行系统的经济学分析。

三　文化产业发展的经济学理论分析

文化产业发展中的现象，有许多现有的经济理论可以用于分析。如新增长理论、分工理论、产业链理论、产业集聚理论、战略性产业贸易理论、经济全球化理论、比较优势理论、制度经济学理论等。这些理论在对文化产业的具体分析过程中会有诸多交叉，比如文化产业的分工不断细化，会逐步形成相互交织的文化产业链；文化与科技、旅游等产业不断融合创新，演化形成很多新兴文化产业形态；产业链可能在区域内集聚发展，形成文化产业集聚区，也可能基于比较优势的不同而分布在不同城市甚至不同国家，形成国际化的分工和国际化的产业链；许多过去"不可贸易"的传统文化产品在科技发展和政府管制放松的推动下，变成"可贸易"的商品，从而推动文化产品的国际贸易。总体上看，上述这些经济学理论大都是在制造业发展过程中总结出来的，但目前的发展实践表明，这些理论同样也适用于文化产业，只是在适用过程中表现出一些特殊性。

（一）文化产业发展的投入要素分析

20世纪80年代中期，经济学家罗默和卢卡斯提出了"新增长理论"，把新古典增长模型中的"劳动力"的定义扩大为人力资本，即人力不仅包括绝对的劳动力数量和该国所处的平均技术水平，而且还包括劳动力的教育水平、生产技能训练和相互协作能力的培养等，这些统称为"人力资本"。"新增长理论"对文化产业的发展是一个十分恰当的诠释。文化产业发展需要在人力资源、资本和技术上加大投入。这三个要素相互作用，为文化产业发展提供源泉。其中，人力资源是最为核心的要素，承载着各种知识、技能和创新能力；资本是纽带，是整合利用各种资源的工具；技术是推动力，为文化产业的发展提供强大的供给能力和需求空间。

1. 人力资源

人力资源是一种与物质资源相比具备主观能动性的因素，是决定文化产业发展的关键因素。随着经济社会的发展，人力资源在经济发展中的地位和作用越来越凸显。有统计数据显示，发达国家3/4的国内生产总值来源于人力资本的贡献，而仅有1/4来自物质资本的贡献。[①] 与传统制造业企业相比，文化创意型企业更依赖

---

① 何正斌，2010，《经济学300年》，何正斌译，长沙：湖南科学技术出版社。

于人力资源，个人智力在文化创意型企业中具有不可替代的作用。在文化创意产业中，知识型专业人员之间的专业化分工协作，不仅是企业内部的，更通过企业间的人力资源交流和隐性知识传播跨越了传统意义上的企业边界，分布到整个创意产业的价值链中。

文化产业发展中的人力资源，不仅指文化创意人员，还包括企业经营管理人才、市场拓展人才，需要建立一批既精通文化又精专市场、既精于文化创造又善于经营管理、既有战略眼光又有国际视野的人才队伍。

文化产业的人力资源既有一国人员先天禀赋和文化底蕴的影响，更有着后天教育、培训等方面的积累。人才的来源，既可以自己培养，也可以从外部引进。加强高校的文化产业学科建设，推动教学内容与产业发展实际相结合。构建包容和谐的人才发展环境，吸引集聚各国优秀文化人才。

2. 资本

任何一个产业都需要利用资本来进行资源的配置和整合，文化产业也不例外。中国文化领域长期禁锢于事业形态，单纯依靠财政投入，在很大程度上制约了文化产业的创新能力和发展空间。随着改革开放的深入推进，一方面需要加快国有文化事业单位的转企改制，完善国有文化企业的法人治理结构，吸收民间资本参与国有文化企业的股份制改造；同时，要在不危害社会意识形态安全的前提下，界定明确允许各种非国有资本进入的文化领域，鼓励支持民间社会资本和国外资本进入，增强文化产业发展的活力。

需要重视的是，在现代市场经济快速发展的今天，文化产业发展仅有产业资本进入还远远不够，还需要激励金融资本进入。金融资本的介入，可以增强文化创意企业的造血功能，快速扩大文化创意产业规模，实现优势互补、资源共享。美国在金融资本与文化产业资本对接方面是最为成功的，金融资本在培育、选拔、提升文化创意企业经营管理方面做出了非常重要的贡献。可以说，没有华尔街就不可能有好莱坞的辉煌。文化企业自身固定资产少，大多是版权等无形资产，难以估价，难以抵押，很难通过传统的贷款方式获得发展资金，但是文化产业以创新为核心，经营风险高，投资回报也高，符合风险投资的特性，很受风险投资的青睐。

3. 技术

20世纪以来，科技革命突飞猛进，高新技术不断取得重大突破。特别是60年代以来，科技创新速度大大加快，新发现、新发明比过去两千年的总和还要多。进入80年代以后，信息技术和数字技术的发展尤为迅速，为各种产业的快速发展注入了强劲动力。文化产业的迅猛发展，也离不开技术创新这一关键因素。文化领域的技术创新涵盖了文字、声音、图片的处理、存储和传播技术等许多方面，涉及文化产品的研发、生产、流通、消费等很多环节。从源头上讲，需要全社会高度重视，加大投入推动文化领域先进技术的研究开发；从应用上讲，需要政府加大文化基础设施建设投入，为文化先进技术的投入使用创造条件，需要鼓励企业将新技术运用到文化产品的生产、流通等领域；从消费上讲，需要消费者加强学习掌握使用新的文化产品，为新型文化产品的市场推广奠定基础。

技术创新大大提高了文化产品的生产效率。科学技术的不断发展，使文化产品的大规模复制和流通成为可能，推动文化产品的种类和触及的领域持续拓展，制作成本不断降低，成为推动文化产业发展的巨大动力。如视听技术使得声音、图像能够适时录制、传送，音像复制技术促成了音像文化产品的批量化生产，仿真技术、计算机图形技术、数据传输技术使得大规模的网络游戏成为现实。

技术创新不仅为传统文化产业提供了先进手段和多样形式,更推动了新兴文化产业的诞生和发展。电子票务、网络游戏、手机文化产品、数字文化节目制作、三维动画等就是在技术创新的过程中快速发展起来的。

互联网技术的发展,打破了传统文化产业由少数专业人士创作的模式,使更多人可以便利地参与到文化产品的生产中,并可以通过互联网渠道快速传播。这使得进一步调动利用全社会文化创新资源成为可能,丰富了文化产品的创作方式。比如微电影、网络歌手、网络小说的出现,在传统技术条件下是难以想象的。

高新技术的推广使用,大大增强了文化和艺术的感染力。如百老汇音乐剧生产中的科技含量之高,是许多传统表演艺术无法比拟的,其表演场景美轮美奂,辅之以高品质的灯光、音响效果,使人犹如身临其境。北京奥运会开幕式,通过使用大量先进的数字影像技术,大大增强了观众的视觉效果,这一技术现在广泛使用在世博会、奥运会等大型活动中,丰富了展览展示的表现手法。

技术创新对文化产品的消费也带来重大影响。技术创新可以催生出新需求、拓展出新市场,是创造市场需求效应的核心元素。进入20世纪后,科技革命和信息革命极大地改变了人类社会的生产生活方式,电话、电报、广播、电影、电视和网络等相续诞生,使人们的视听范围得到了突破性的拓展,对文化产品的需求欲望不断提升。

数字压缩技术、大容量存储终端技术使得文化信息可以长久保存,以前厚达几十公斤的巨著,现在只要一张光盘,就可以轻松地拷贝阅读;过去一个书架一个书架的厚重纸质图书,现在通过一个移动阅读终端就可以轻松拥有、便捷携带；过去观看演出、欣赏电影，必须到剧场、影院，现在一个智能手机就可以随时随地品味；这些技术的发展进步给知识和文化的传播带来了极大的便利。

卫星通信技术突破了信息传递的地理限制，光纤电缆建成的"信息高速公路"实现了信息传递的长距离、高速度、大容量、高可靠性，使得文字、声音、图像等文化内容在互联网上可以无障碍通行，打破了文化消费在距离、时间和容量上的限制，极大地拓展了文化传播的空间，对人们的生活方式、文化消费观念产生着越来越大的影响，成为当代全球文化传播的主要载体。

同时，技术创新也增加了文化产品消费的复杂性。越来越多新产品、新技术的出现，要求消费者不断去提高自己的适应能力，去接受和消费新兴文化产品。如通过互联网去获得网络音乐、网络电影，通过使用智能手机、平板电脑等新式电子产品去消费文化产品与服务。为此，政府和企业都需要加大新产品、新技术的宣传推广力度，使消费者能够在较短时间内便利地掌握新产品、新技术的使用。只有这样，才能跨越"数字鸿沟"，有效扩大文化产品市场。

技术创新尤其是数字技术和互联网技术的发展，对传统的知识产权保护带来极大挑战。盛大网络、百度文库、苹果网上商店等网站就因为在未经授权的情况下发布文化作品，被国内作家、音乐家提起知识产权诉讼。

文化产业要素投入与制造业要素投入的差异：

一是投入的核心要素不同。总体而言，产业都需要资本、人力、经营场所等资源要素的投入。只是不同产业中，不同要素处于不同地位。在制造业领域，资本处于最为核心的支配地位。通过资本,可以比较容易获得土地、原材料、机器设备、劳动力等生产要素。而在文化产业领域,人力资本是处于第一位的,拥有支配地位,是最为核心的要素。有了一支好的创业创新团队,就比较容易获得资本的青睐,进而整合其他需要的资源。

二是投入要素获取的难易程度不同。相对来说,制造业需要的资本、土地、原材料、机器设备、流水线劳动力等生产要素属于标准品,稀缺程度不高,获取起来比较容易;而在文化产业中,由于人力资本承载着各种知识、技能和创新能力,需要较长时间培养和提升,且相对稀缺,比较难以获得,有时甚至可遇而不可求。

三是投入要素的可循环利用程度不同。制造业的投入要素中,土地、资源能源大都是一次性耗损,不可再生,很难重复利用;而作为文化产业主要投入要素的人力资源,可以不断地重复使用,不仅不会随着生产的增加而减损,反而会随着生产的延伸而提升创造和增值能力,符合经济社会可持续发展的要求。

(二)文化产业发展的产业链分析

文化产业链形成的理论基础是社会分工的不断深化与细化。随着经济社会的快速发展,人们的物质需求得到基本保障,文化消费需求快速增长,加上国家之间文化市场管制的逐步弱化,使得文化市场规模得以快速扩张。市场规模的扩张,促使了分工的细化,提高了文化生产的专业化水平,推动文化产品的品种与数量快速增加,衍生出很多新兴的文化产业,推动着国民经济的增长。这种社会分工的深化,不仅使文化产业从其他产业中独立出来,而且会推动文化产业内部各产业之间的分工演化和相互交融,形成更多新的、更加细分的子行业。

英国伦敦经济政治学院学者安迪·C. 普拉特(Andy C. Pratt)

认为：文化产业在全球化时代构成一个巨大的产业链，包括内容的创意、生产输入、再生产和交易四个链环，相互交融构成庞大的文化产业生产体系。在产业链上，文化产品之间互为供应和需求，一种产品既是它上游企业的产品，也是它下游企业的原材料。

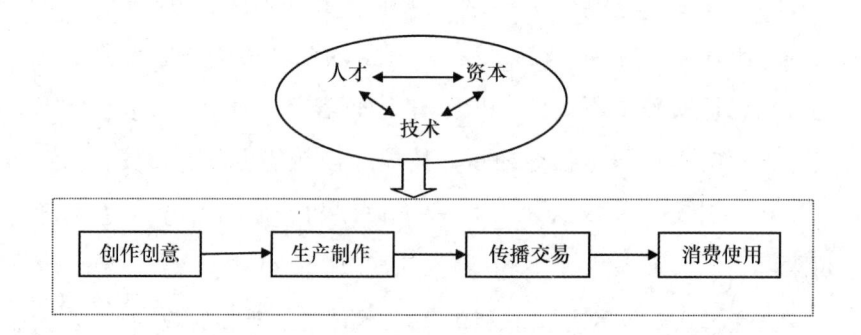

图 9 - 1　文化产业要素投入与产业链作用

第一，文化产品的创作创意环节。文化产业中有一句名言："内容为王。"内容创意即创意形成环节，是创意产业价值链的顶端，是构成文化企业核心竞争力的重要部分，是产业链的高利润区。创意来源于艺术家、设计者或策划者的灵感或创造。

第二，文化产品的生产制作环节。这一阶段是生产制作企业依靠现代技术，将创意转化为文化产品的过程。制作企业以尽可能多、尽可能贴近不同消费者需求的产品形态承载创意中的文化信息，形成以光盘、软件、网页、视频等多种形态为载体的文化产品。在这一过程中，创意内容通过不同的承载方式，改进和完善其文化服务价值，实现文化产品的边际效用递增。

第三，文化产品的传播交易环节。文化产业还有一句名言："渠道制胜。"传播渠道是创意产业价值链中的重要环节。没有畅通高效的传播渠道，再好的创意产品也无法转化成市场上畅销的商品，更谈不上盈利。世界传媒业巨头新闻集团将传播渠道定位为战略环节，先后控制福克斯广播公司、英国天空广播公司、星空传媒集团等，以此来规避和降低文化产业的高风险，实现其预期利润目标，展示出"掌握越多信息传送方式、获取利润就越大"的经营理念的强大活力。采用渠道制胜盈利模式的文化企业，需要对渠道进行精细化管理，培育持久和稳定的渠道关系，与内容提供商加强合作交流，保障内容和渠道的高效结合，同时加强客户关系管理，培育客户忠诚度。在此过程中，授权商、被授权商、代理商、传媒中介人和制作人等通过对文化产品进行整体开发和整体营销，实现文化产品价值的最大化。

第四，文化产品的消费使用环节。消费是社会再生产过程中的一个重要环节，也是最终环节。文化产品价值的最终实现，必须通过消费"惊险的一跃"。由于文化消费属于精神上的消费，不产生物质上的损耗，只要消费者消费能力有所保障，文化消费的市场空间就可以快速增长，具有很大弹性。从文化产业发展的实践来看，文化消费需要具备几个方面的条件：一是消费者有一定的富余消费能力，即在他满足生存等基本物质需求基础上，还有一定的剩余支付能力；二是消费者有一定的文化水准。跟物质消费不同，文化消费要求消费者具备一定的文化、艺术等方面的知识储备。很难想象一个没有音乐基础的人，能保持欣赏交响乐和歌剧的热情；三是消费者有一定的闲暇消费时间。不管是阅读图书，还是欣赏艺术演出和影视剧作品，都需要消费者有相应的时间保障，这点与一般的物质消费也有根本差别。从某种意义上讲，文化消费是一种"引导性消费"，就是说供给能够引领消费。很多时候消费者对自身希望获得的文化消费缺乏清晰的认识，在这种情况下，文化产品的创新和供给显得尤为重要。

不同企业的产业链发展模式有所不同,有的专注于产业链上的某一个环节,有的整合所有环节形成全产业链。产业链优化整合是指企业按照发展战略,通过整合企业的各项价值活动,重构企业价值链,提高企业整体盈利水平的过程。由于科学技术的进步和社会分工的细化,在文化产业价值链上增值的环节越来越多,处在复杂的产业价值链中的文化企业可以将价值链分解,基于整个产业价值链进行资源的优化组合,发挥自己的比较优势,实现更多盈利。

由于文化产业的链条比较长,且文化产品能以中间品的形式投入到其他产业的生产活动中,因而文化产业的关联效应比较明显。王志标(2009)基于2002年中国投入产出表计算了文化产业的感应度系数、影响力系数,以及基于分配系数的前向联系。结果表明,尽管文化产业在中国还处于起步阶段,文化消费在总消费中的比重还比较小,但是文化产业具有较强的辐射效应,可以带动相关产业的发展,具体表现为前向关联度较小,后向关联度较大。这说明,整个社会在文化产品方面的消费还比较少,但是文化产业对其他相关产业能够产生较大的辐射作用,带动其他相关产业的发展,促进劳动力的就业。我们可以预期,随着文化消费水平的不断提升,文化产业将在21世纪的中国获得飞速的发展,逐步成为中国国民经济的支柱性产业,在整个经济社会发展大局中发挥着越来越大的作用。

跟传统的制造业产业链相比,文化产业链有着很大的不同,主要表现在以下几个方面:

一是链条的清晰程度和稳定程度存在差异。制造业产业链的链条相对清晰、简单,上下游企业之间的关系也相对固定;而文化产业以创意、创新为特点,分工和融合不断发展,不仅使得文化产业本身的边界日益模糊，也使得内部各产业环节之间的关系变得日益模糊，而且经常发生调整。不仅传统的图书出版、影视制作、文艺演出之间的产业链条相互融合交错、相互延伸拓展，而且由于文化内涵的渗透力作用，使文化产业与体育、旅游、工业、农业等产业形态相互融合，产生出很多新的产业形态。

二是链条在空间上的布局存在差异。制造业产业链上的企业之间有实体的物流衔接需求，上下游企业在空间上相对集中，以降低物流成本，提高生产效率；而文化产业链上的企业间通常可以通过网络传输实现信息和产品的交换，相对而言对上下游企业在空间上的集中度要求不高。企业在空间上的集聚往往是同类别企业，而不是产业链条上的企业；是为了隐性知识传播、提高生产效率的集中，而不是为了提升物流效率的集中。

（三）文化产业发展的集聚效应分析

产业集聚的研究最早可追溯到著名英国经济学家马歇尔，他在研究19世纪末的英国工业区时提出了这一概念，认为地理邻近性导致的知识外溢以及静态和动态的空间外部性，使得企业为追求外部规模经济而集聚。马歇尔认为产业集群有利于技能、信息、技术诀窍和新思想在企业群之间的传播和应用，集中在一起的厂商比单个的厂商更有效率。

美国加利福尼亚大学教授阿伦·斯科特从地理分布上分析了文化产业具有聚合的倾向，他在《文化产业地理分布与创意领域》一文中指出，"文化经济中的企业间交往和地方劳动力市场的形成过程，促使了生产制度与地理环境的聚合，经常出现的'高回报'效应也大大提高了这种势头。这种聚合倾向和相关的高回报效应，不仅提高了生产制度的效率，而且提高了其创造性。这在其他任何生产场合都没有这样明显的表现"。正因为文化产业集群发展有效地整合了资源，降低了成本，提高了生产力，已被世界文化产业强国普遍采用。目前世界上已形成了许多著名的文化产业集群。在美国，比较有代表性的有洛杉矶好莱坞电影区、百老汇戏剧产业园区、纽约SOHO区。在英国，比较著名的文化产业园区有伦敦西区、曼彻斯特北部园区、伍尔弗汉普顿文化园区、谢菲尔德文化产业园区等。伦敦西区是艺术集群的基地，是与纽约百老汇齐名的世界两大戏剧中心，有40多家剧院，平均每个剧院每年演出400场左右。

为什么文化产业要集聚发展？主要原因有以下四点：

第一，发挥集聚区的品牌影响力，产生虹吸效应，吸引更多资金、人才、技术等资源和政府、中介、学校、企业等各类机构进入文化产业园区，从而形成一个有利于文化产业发展的人与人之间、组织与组织之间的复杂生态系统。

第二，发挥文化产业链作用，产生规模经济效应，降低文化企业的生产成本和交易成本。文化企业在地理上的集中，促进了文化产业在区域内的分工，使得企业能够更稳定、更有效率地得到供应商的服务，物色招聘到适用的员工，及时得到本行业的信息，比较容易得到配套的产品和服务，并能以较低的代价从政府以及其他公共机构获得公共物品和服务，这些都使区域内的文化企业降低了交易成本，能以更高的生产率进行生产或服务。

第三，发挥知识网络的传播作用，产生技术外部性效应，提高文化产品的创作效率和水平。知识可以分为显性知识和隐性知识两类。显性知识主要存在于文件与存储系统中，其传递已不再受地理空间和时间的限制，而隐性知识则蕴含在人们的头脑和组织惯例之中，必须依靠人际传播方式才能获得。由于文化创意产业的核心是创意、灵感和工艺，这些都是蕴含于个人头脑或能力之中的，因此文化创意产业集聚区内部的知识主要以隐性知识的形态存在。文化创意产业集群能够推动知识在企业间的交换和溢出，具体途径包括人力资源在集群企业间流动、企业间合作互动、新组织的衍生和人员间正式或非正式沟通四种。

第四，发挥市场竞争的刺激作用，产生鲶鱼效应，提升集群的比较优势和竞争力。竞争对手的存在会迫使企业不断降低成本，改进产品及服务，追赶技术变革的浪潮。竞争对手作为企业产品价值比较的标准，能够提高企业自身"标新立异"的能力。竞争对手的存在，还大大降低了企业遭遇反垄断的风险。

当前文化产业集聚区的形成发展主要有两种模式：

一是市场自发形成的集聚区。通常是某一特定区域由于其区位、资源特点等适合某一类型文化创意产业企业的生存和发展，而吸引相关企业在该区域不断聚集，久而久之形成具有一定规模的聚集区。这种模式的优点是充分利用了各地的老厂房、废旧场地，为创意产业的发展解决了基础设施不足的问题；在集聚区中已有的一定规模的企业，可以起到示范带头的作用，吸引更多的文化创意企业在园区内发展。其缺点是这种发展模式只适合于原有工业基础较好，而且已存在创意产业企业集聚的地区；在对园区的认定发展方面，有可能因为市场发展的方向与政府希望发展的方向存在偏差，从而导致市场力量和政府力量的角力甚至对峙，不利于形成推动园区健康发展的合力。

二是政府引导形成的集聚区。通常是地方政府为促进文化创意产业的集群发展，规划出一块特定区域，并通过政策引导来吸引相关企业入驻形成的。采取这种发展模式的文化创意产业园，其基础设施建设一般都由产业园区来负责，企业只要交纳一定的资金即可入驻，并可享受一定的优惠政策。其特点是集聚区形成发展时间较短,主要在政府的操控之下形成,因此在市场适应性方面还没有完全与市场无缝接轨,很多方面需要政府的支持;集聚区企业群规模普遍尚不完整和稳定,因而大部分产业链不健全,要得到业界认可尚需时日。这种模式的优点是新建园区的基础设施条件比较好,入驻企业素质较高,可以充分发挥政府的引导作用;一般参照其他行业成熟的发展模式,建立比较成熟的运行机制,提供比较完备的公共服务,可以保证入驻企业的正常发展。缺点是入驻门槛比较高,不利于中小企业和个体创业;由于企业是在政府的拉动下进驻园区的,产业链需要重新整合,要发挥集聚效应需要一定时间(表9-1)。

表9-1　　影响文化产业集群形成和发展的主要因素

影响因素	主要描述
地理区位	集聚区所在城市是否在世界城市体系中具有一定地位和影响力,当地生活是否舒适
文化资源	传统历史文化的底蕴是否深厚,文化人才的教育培养是否先进,文化领域高等院校和科研机构的数量和质量是否具有竞争力
文化政策	本地对外来文化是否持包容态度,对文化创意创新是否积极,政府是否采取措施鼓励文化产业发展
商务基础设施	本地互联网络基础设施是否完备,火车站、机场等商务往来设施是否便利
文化市场规模	本地文化消费是否具备一定规模,所在城市在本国国内文化市场是否有一定地位,本地文化产品是否适合开拓国际市场

文化产业集聚与制造产业集聚的差异:

一是集聚的对象有所不同。尽管所有的产业集聚都是为了完善产业生态,但制造产业集聚中,更为看重生产过程的沟通衔接,集聚的大多是围绕大型核心企业的上下游配套企业；在文化产业集聚中，更为重视知识的流动和创新需要，上下游企业之间不存在太多的物流需求，可以通过技术手段布局在不同空间，集聚的大多是同类别的创新企业，以及金融、商务、法律等方面的配套服务企业。

二是集聚的目的有所不同。制造产业集聚时，更为重视的是发挥产业配套的规模经济效应和产业的前后向关联效应，提高物流效率，降低生产成本；文化产业集聚中，更看重人的集聚，通过发挥企业主之间、企业人员与大学科研机构人员之间、政府官员与企业人员之间的非正式人际关系网络的作用，有效传递扩散隐性知识，提高文化产业集聚区的生产效率，降低交易成本。

三是集聚的园区表现方式有所不同。制造产业集聚时，产业园区更加着眼于生产的需要，主体是标准化的工厂车间，便捷的道路运输系统，有的包括海关、检验检疫等机构，只配套建设简单的生活商务空间，几乎没有居住场所；文化产业集聚时，产业园区更加着眼于围绕人的生产生活需要，办公空间可能是老旧厂房，也可能是商务楼宇，外部配备很多咖啡厅、茶楼、休闲娱乐场所等人际交往空间，更加强调职住一体，配套建设一定体量的公寓、酒店和住宅。

（四）文化产业发展中的创新分析

创新是文化产业发展的灵魂。美籍奥地利经济学家约瑟夫·熊彼特（Joseph A. Schumpeter）认为创新是把一种新的生产要素和生产条件的"新结合"引入生产体系，包含的范围很广，涉及技术性变化的创新和非技术性变化的组织创新。他还首次提出了"创造性破坏"这个颠覆性的概念，认为经济结构的创造和破坏主要不是通过价格竞争而是依靠创新的竞争实现的。每一次大规模的创新，都是在淘汰旧的技术和生产体系，建立起新的生产体系。如今，文化产业在经济危机中的逆周期发展现实，以及由此给新的产业结构调整带来的巨大价值，充分地印证了这一前瞻性论断。

文化产业领域的创新主要包含以下几个方面：

第一，文化产业的内容创新。内容创新是文化创新的核心，也是文化发展的根本，是文化产业发展的核心所在。文化是人类智慧的结晶，文化产品的形成自然需要具有灵感的创意。发展文化产业为人们驰骋想象空间、创造文化产品提供了广阔的舞台，激发人们的创造性、创新性，满足了人们的审美情趣。一个好的创意就容易形成一个好的文化产品，能够获得巨大的经济社会效益。无论是历史题材还是现实题材的文化产品，在继承民族优秀文化传统、积极吸收借鉴世界优秀文明成果的基础上，以新的内涵来提升其艺术品格，注重内容的原创性和独创性，善于利用信息化等现代技术手段，摆脱时空的阻隔，使之具有更加鲜明的实践特色、民族特色和时代特色。

第二，文化产业的技术创新。科技的每一次突破，既为传统文化产业的传承丰富了表现手法，又为新兴文化产业形态的萌芽创造了必要条件，使文化产业充满创新的激情和活力，不断涌现新的增长点和闪光点，所以文化产业发展对高新技术有着极强的依赖。目前文化领域的技术创新表现最为突出的在两大方面：一是数字化技术，可以为文化产品的生产、制作和复制创造条件，提高生产效率，降低生产成本。数字出版为读者提供了随时随地便捷阅读方式，许多知名报纸、杂志已经淘汰了传统的纸质出版方式；数字影视、数字舞美为观众创造了新的视觉奇观，成为未来发展趋势。二是互联网技术，可以为文化产品的传播和扩散创造条件，提高交易效率，降低交易成本。智能手机已经使每个公民成为自媒体，随时随地发布新闻信息；每个公众都可以创作自己的小说、微电影、音乐，并通过互联网传播，并随时有可能获得超过数以万计的点击量。

第三，文化产业的业态创新。新技术、新理念的不断出现，推动着文化产业的业态创新，近年来数字动漫、网络游戏、新媒体视听等新兴产业快速发展，推动文化产业的内部格局不断调整。从文化产品创作角度讲，互联网技术使得所有人都可能进行文化内容的"开放式创新"，并可以将自己创新的文化内容通过互联网与全球公众共享，大大增加了文化产品流行的偶然性。比如，韩国鸟叔的"骑马舞"，就是依托网络一夜走红。许多软件巨头开放自己的源代码，给来自世界各国的文化人才在一个可以全球合作开发的平台上进行自由创作和相互合作，从而产生更多丰富多彩的文化产品。从文化消费角度讲，一些过去属于小众的文化产品，在书店、电影院等传统销售渠道中难有自己的位置，随着数字技术和互联网技术的发展，也可以在全球范围内实现不小的销量[①]。

第四，文化产业的商业模式创新。技术创新使文化产业的经营模式变得多样化，经营模式的转变体现在产业发展的所有环节中，包括文化资源的整合利用方式的转变、文化产品的生产组织模式和营销推广方式的转变、消费者购买习惯和购买方式的转变等，"互联网＋"已经成为文化产业界、新闻媒体和广大公众共同关注的话题。比如在广告领域，业务量已经从传统的平面媒体向影视媒体再向现在的网络媒体转移。许多文化企业开始从传统单纯的

---

① 这一点在克里斯·安德森的《长尾理论》一书中有详细阐述。该理论基于网络时代的兴起，认为互联网可以打破时间和空间上的约束，将商品储存流通展示的场地和渠道拓展得无限宽广，使生产成本急剧下降到个人都可以进行生产，销售成本急剧降低到几乎可以忽略不计。这样使得过去很难实现供需对接的小众产品也可以实现很大的销量。

"产品盈利"模式向多元化的"商业模式盈利"方向转变,依靠产业链形态和发展,不断探索新的利润增长点。在具体运营上,也开始由传统的"内容为王"模式向"内容+平台"模式转变,注重新媒介平台的复合功能与效用,营销推广由单向的推出式传播演化为双向的互动式沟通,由硬性推广转变为软性渗透,提高资源整合效率。

文化创新与制造业创新的差异:

一是创新的主体存在不同。制造业创新中,主体是企业和科研机构(当然企业在创新时肯定会考虑消费者的需求),开展的主要是技术创新,创新主体进入的门槛相对较高。文化产业创新中,主体不仅有企业、高校、研究机构,甚至包括全体民众,所有人都可以独立创作,创新主体进入的门槛相对较低。创新的内容不仅有技术创新,还有内容创新、商业模式创新等。

二是互联网产生的影响不同。制造业创新中,互联网本身所产生的影响并不大(当然互联网也会影响到制造企业的生产方式和销售方式),各类制造业基本保持其自身固有的形态;文化产业创新中,互联网几乎颠覆了文化产业的生产方式和消费方式,纸质刊物越来越少,全民都可参与文化产品创作,各类跨界合作、融合发展的新兴业态层出不穷。

三是创新成功的轨迹不同。制造业创新中,尽管技术创新形成产业化成果的偶然性也很大,但轨迹相对比较清晰,现在世界各国都聚焦在3D打印、智能制造、基因工程等,偶然性中体现出其必然性;文化产业创新中,几乎没有明确的轨迹,成功的偶然性之大连创作者本人都难以把握。

四是创新的引导因素不同。制造业创新中,主要以消费者的需求为源头,企业一般通过市场调研去了解消费者的需求信息,据此开展产品的设计和生产；文化产业创新中，消费者往往很难描述自身的需求，此时供给面起的作用更大。只要消费者具备相应的消费能力，有合适的文化产品供给，就能引领和推动文化消费。

（五）文化产业发展的国际化分析

随着全球化进程的不断深入，各国之间需要深化理解，对彼此间的文化产品需求日益上升。信息技术和国际贸易的发展，为文化产品和产业的国际化提供了现实途径，这其中既有产业分工和产品创作上的合作，也有产品市场上的竞争。在国际化的进程中，既要克服语言和文化传统上的障碍，也要克服文化管理体制上的障碍。

技术发展给文化产品国际化带来十分深远的影响。数字技术的发展，使得文化产品可以模块化和"可贸易化"，推进了文化产品创作环节的国际化进程。比如，动漫游戏的开发，一个国家可以开展离岸外包，委托其他国家的企业开展卡通人物设计，游戏程序的编写等业务。互联网技术的发展，更是改变了传统媒介的传播方式，规避目标国政府的文化监管，使得文化产品通过网络就可以直接进入其他国家的文化市场。

文化国际化，实质上是各国在文化产业领域比较优势的竞争。由于各国经济、科技、教育和社会发展水平不一样，各国文化产业发展的基础也不相同，发展文化产业所需要的人才、技术、市场、生产成本等要素在各个国家分布情况亦有所差别，构成各国发展文化产业的比较优势。当然，这些要素禀赋条件通过各种途径可以调整，从而使各国比较优势处于动态变化之中。另外，由于各生产要素在全球流动，国际分工生产成为普遍现象，不少企业纷纷把眼光瞄准国际文化市场，使得文化产品的设计、制造、消费等都体现出全球化视野，促成了国际统一文化市场的形成和国际文化贸易的大发展。

一国文化产品在国际市场上的供求关系取决于很多方面因素：从供给角度看，取决于本国文化产品的创新能力和生产能力，是否能以其他国家消费者认同的方式提供本国文化产品。从需求角度看，取决于其他国家对本国文化产品是否感兴趣，这与本国在国际社会的地位和影响力有着很大关系。当一个国家国际影响力大幅提升时，外部世界对该国文化有加深了解的需求。而当一个国家的国际地位和影响力不高时，要想继续输出文化产品，就只能靠本国政府实行补贴以弥补供求失衡带来的经济损失。

如何推动文化产业国际化发展？

第一，文化产品创作的国际化。随着全球化分工体系的形成，文化产品如同其他产品一样纳入全球分工体系中，全球文化资源得以共享，文化产品可以由多国不同企业共同完成，文化产品和服务全球发行销售，有效降低生产成本，规避贸易壁垒。比如，好莱坞大片《泰坦尼克号》实际上是由7个国家的30多家公司协作完成的，其中的特技制作包给了有来自16个国家的中小技术公司协作的 Digital Domain 公司，音乐制作包给了索尼公司。美国派拉蒙影业公司制作的动画片《功夫熊猫》大量使用了中国文化元素（如熊猫、中国功夫以及类似于武当山的和平谷等）。此外，在本国文化产品创作能力相对不足的时候，文化产品生产的国际合作有利于本国文化借助合作生产的文化产品进行国际传播。

第二，文化产品标准和制度的国际化。首先是文化领域适用技术标准的国际化，如无线网络通信技术蓝牙（Blue tooth）的技术标准就是由来自多个国家的爱立信、IBM、英特尔、微软、摩托罗拉、诺基亚和东芝组成的蓝牙技术联盟（Bluetooth SIG）共同制定的。除了技术标准的国际化之外，国际上对文化产业相关制度的理解、规范上也表现出国际化趋势,如世界知识产权组织的保护公约、世界贸易组织的与贸易和投资相关的知识产权保护协定等。文化产业技术和制度标准的国际化,有助于打破制度壁垒限制,实现全球技术与市场的共享,扩大文化产业市场,实现规模效应。

第三,文化产品市场的国际化。文化既具有多样性,也具有统一性,尽管各国的发展历程、宗教信仰、民族特性和风俗习惯存在很大差异,但在人文关怀等诸多方面的价值观是全球共享、共同适用的。承载这些文化价值观的文化产品,就可能在全球范围内拓展自己的市场。一本畅销书,从《时间简史》到《哈利·波特》都可以在全世界各地以各种文字同时发行,电影、书籍、电视节目、音乐唱片可以在全球同时发行上映。尤其是互联网的兴起,更加速了文化产品和服务传播的全球化进程。此外,随着全球人员流动加速,一个国家的国民可以很便利地到另一个国家去进行文化消费,以自然人流动的形式扩大文化服务贸易。如每天晚上7点固定在纽约百老汇 Winter Garden 剧场开演的《妈妈咪呀》,观众主要是来自世界各地的游客,目前该剧已有13种语言版本,创下20亿美元的票房收入,摘得"世界第一音乐剧"桂冠。现在世界上许多国家的文化产业都不局限于本国市场,而是把世界市场视为发展本国文化产业的途径。如韩国的网络游戏产业,2005—2009年出口的年均增长率高达21.8%,占国内游戏产业的比重持续上升。

第四,文化资本的国际化。随着经济全球化,各国文化产业壁垒不断被打破,跨行业、跨地区、跨国界的企业兼并重组浪潮汹涌。目前,一批规模庞大的跨国文化产业集团涉足文化产业的众多领域,成为文化产业领域中的"巨无霸"。据统计,全球50家娱乐传媒公司占据了世界文化市场95%的份额,全世界最有影响力的文化企业巨头都是大型的跨国公司。拥有全球电影市场60%的美国电影公司中，82%左右的利润由时代华纳和哥伦比亚等跨国电影公司所创造。全球音乐制作被美国5家大型跨国文化公司所掌握，超级跨国文化产业集团日益成为世界文化生产的主导者，它们的业务遍及五大洲，在全球文化市场中具有举足轻重的作用。

第五，文化保护的国际化。在国际贸易规则谈判过程中，一方面以美国为代表的在文化产业领域拥有强大优势的国家，强调要提升以文化、生活方式、价值观等为核心的"软实力"，希望将电影等视听文化产品纳入谈判范畴，推动构建全球通行的统一文化贸易规则，促进文化产品贸易的自由化，加强对本国文化产品在海外的利益保护。另一方面，面对美国文化霸权的强大冲击，许多国家开始意识到要加强国内文化市场的保护。早在20世纪80年代关贸总协定乌拉圭回合谈判过程中，法国就提出著名的"文化例外"原则，坚决反对美国把文化列入一般服务贸易范畴的主张，指出"文化不是一般商品"。同时通过立法，规定法国的电视和广播节目至少有40%的时间要使用法语，全国4500多家影院所放映的影片好莱坞影片最多只能占1/4，以保护法国文化和文化产业。随后，欧盟其他国家也以文化产业的敏感性及特殊性为由，拒绝向美国开放以电影、广播、电视为主的视听服务，以及图书馆、档案馆和艺术馆等相关文化服务市场。欧盟至今仍然允许在其内部采取保护视听业发展的政策，如广播电视配额、经济资助和地区性合作生产协议及"电视无国界"指令。除此以外，许多国家还通过设定进口配额、强制进口文化产品要包含一定本地文化元素、外国节目在本地广播影视中的播出时间比例以及边境措施、特殊税收政策等多种方式来保护本土文化。

文化产业国际化与制造业国际化的差异：

一是国别的影响力不同。在制造业领域中，由于产品标准的统一以及各国资源禀赋各有特点，很少会出现一个国家的霸权问题；而在文化领域中，由于文化产品体现的是"软实力"，其背后是国家经济社会等综合的"硬实力"为保障，往往会出现文化霸权的问题。如西方世界的文化，从希腊到意大利，再从法国、英国到美国，先后都出现文化中心以及随之而来的统治地位。

二是国家考虑的利益诉求不同。制造业国际化过程中，虽然也有关税、配额、特别保障措施等手段，但一般只考虑单纯的经济利益；而在文化产业国际化过程中，由于文化具有产业和意识形态的双重属性，不仅要考虑经济利益，更要考虑文化的侵略、文化多样性、本土文化保护等问题。

三是贸易壁垒的不同。制造业国际化中，各国总体态度是倾向于取消各种关税壁垒和非关税壁垒，推动国际贸易和投资的便利化和自由化；而在文化产业国际化中，各国态度存在很大分歧，美国因其文化产业强势，希望推行文化贸易自由化，而法国、中国等国更加注重保护本国的文化安全和文化多样性，强调"文化例外原则"，主张保留配额、内容审查、市场准入限制等贸易保护措施。

（六）文化产业发展中的政府角色分析

政府在经济发展中的职能是什么？不同的经济流派认识不一。自由竞争流派认为，市场这一"看不见的手"有充分的自我调节功能，反对政府对经济进行任何干预。凯恩斯学派则认为，在自由资本主义下仅靠私人经济不能实现效果最优，需要政府出面来弥补和干预，使国民收入全部用于生活消费和生产投资，以实现充分就业和经济最大化，因而主张政府干预经济生活，扩大政府职能。当然，政府这只"看得见的手"的干预程度应是有限度的，以不损害个人的自由为基础；可供采用的手段应是有选择的，以财政货币政策为首要。制度经济学大师道格拉斯·诺思提出：在技术没有发生变化的情况下，通过制度创新也可以提高生产效率，实现经济增长。因为创造财富的不是物而是人，只有制定一个好的制度，才能激发人们创造和发展积极性。而制度创新的主体，正是政府。

市场经济促使文化企业根据市场需求进行文化生产，以满足大众对文化产品的需要，这有利于提高企业的生产效率和社会资源的优化组合。但是，市场机制并不是包治百病的万能药，尤其是文化产品还是一种特殊商品，除了具备经济属性，还具备社会属性、精神属性。应当正视文化产业领域客观存在着的市场机制的失灵问题，积极发挥政府的宏观调控职能和公共服务能力，通过政策支持、资金补助、财政购买等多种方式，在意识形态培育、本土文化输出等方面弥补市场失灵，提高文化产业的社会效益，保障文化产业的健康发展。

在文化产业发展过程中，政府到底在里面能够做什么？萨缪尔森在综合古典经济学、新古典经济学以及凯恩斯主义的基础之上，认为自由市场经济有着不可克服的缺陷，政府应在效率、平等和稳定三个方面体现其独特作用。具体到文化产业领域，就是要合理界定政府与市场的边界，并在实践操作中不断调整和优化，充分尊重市场配置资源的基础性作用，提高文化产品生产效率，保障公民的基本文化需求，促进文化产业平稳发展，从而形成政府与市场在文化产业发展中的合力。

第一，加强制度建设。完善的法律制度，是推动文化产业发展的有力保障。在规范文化产业发展的制度建设方面，版权制度最为关键。美国是世界上第一个进行文化立法的国家，早在1790年就颁布了第一部《版权法》，1976年进行了全面修订，在作品范围、权利种类、保护期限、执行机制等方面大力加强，其后又随着经济发展多次进行修改。近年来，随着数字化时代的到来，版权保护的难度日益加大。美国又相继颁布了《反盗版和假冒修正案》《反电子盗版法》和《跨世纪数字版权法》等，同时还积极推动《与贸易相关的知识产权协定》等国际文化贸易规则的制定，促进国际文化贸易的便利化和自由化，加强国际贸易中的版权保护。

第二，加强规划引导。在引导社会资本投入文化产业方面，政府必须要制定出科学合理的产业发展规划。在这方面日本有着比较成功的经验，既有效发挥市场配置资源的基础性作用，又发挥政府宏观规划的引导作用。1996年日本确定了《文化立国21世纪方案》，1998年出台的《文化振兴基本设想》又提出，要把文化的振兴提高到国家最重要的位置，认为对文化的投资是对未来的先行性投资，强调对文化进行重点投资，2003年又制定了"观光立国战略"。对振兴地区和地方文化，日本政府明确规定政府应支持地区文化活动，包括重新挖掘、振兴具有地方特色的文化遗产、民间艺术、传统工艺和祭祀活动等，制定长期规划对具有地方特色的文化艺术提供全面支持，中央政府与地方政府联手举办全国规模的文化节。

第三，加强基础设施建设。一方面，政府应加强文化馆、博物馆等基础设施建设，增强基本公共文化服务能力，提高社会公众参与文化活动的便利性，使城市之间、区域之间、不同群体之间可以平等地分享社会文化进步的果实，提升全社会文化福利水平；另一方面，政府还可以加强文化产业园区建设，促进文化企业集聚发展，提高文化产品生产效率；加大互联网络等基础设施建设，推动文化数字内容的网络传输和国际传播，使人们更便利地获取文化产品。

第四，加强政策支持。文化产业作为新兴的产业，需要政府的扶持引导，这是许多国家特别是后发国家的成功经验。政府可以通过制定文化发展规划和相关产业政策，推动文化产业结构调整，引导企业文化投资，扩大文化产业规模，培育文化市场主体，提高文化产业和文化企业竞争力。英国是世界上第一个在政策上推动创意产业发展的国家，1997年就成立了"创意产业特别工作组"（Creative Industries Task Force，CITF）。美国是主张市场经济自由竞争的国家，但在扶持文化产业发展方面，也出台了很多支持政策。尤其是在2008年国际金融危机发生后，多个州对文化产业实施税收优惠政策。

第五，积极推动本国文化产品走出去。在全球化进程深入推进的大背景下，文化产品的"走出去"与"引进来"形成国际贸易的双向流动。一般说来，对于文化产品进口方面，大多数国家本着人类文化共享，会推动国外文化与本国文化的交流合作。但面对大范围、深层次的文化交流和文化产品输入，政府会通过设立一定的进口配额、特殊关税、频道播出时间等贸易措施，适度地保护本土文化企业，促进民族文化发展；对于文化产品出口方面，政府一般会提供相应的支持政策，在全球设立各种文化交流中心，培育国际社会对本国文化元素的认同，支持本土文化产品翻译为其他国家语言，鼓励本土文化企业开拓国际市场，向外扩大民族文化的影响力，更好地促进全球文化的沟通和交流。

政府在推动文化产业发展与在推动制造业发展中的差异：

一是在市场准入态度上的差异。一般说来，对于制造业，世界上大部分国家几乎没有准入上的限制；但是由于文化产业涉及意识形态安全,大多数国家对外资进入文化领域会持谨慎态度,设定一定的准入门槛,在文化产品进口中会设置一定的贸易壁垒。

二是在营造产业发展环境上的差异。制造业发展中,政府重点是创造各种条件,配备必要的土地、劳动力、原材料等资源,建设港口、码头、铁路、公路等基础设施,降低运输成本;在文化产业发展中,政府更重要的是做好版权保护,加强人力资源的培育和开发,从根本上激发人们的创新动力和创作激情。

三是在支持政策上的差异。总体而言,经过工业经济的洗礼,制造业的整体流程基本成型,市场发育也比较完善,政府需要提供的支持政策主要集中在土地、能源资源、交通运输等配套方面;而文化产业是一个新兴产业,市场主体不健全,市场发育不成熟,产业链或尚未形成或仍在快速调整过程中,需要政府在财政税收、投融资服务、市场开拓、公共服务平台构建等方面提供政策支持,以降低企业的前期进入成本,吸引更多社会资本进入。

四 文化产业的发展趋势——矛盾中寻求平衡,平衡中实现发展

在文化产业发展过程中,不仅要处理好政府与市场的边界问题,还要处理好文化与经济的边界问题。正是因为这种特殊性,文化产业在发展进程中遇到的问题十分复杂,发展道路上充满着矛盾和争议。只有合理平衡这些矛盾,文化产业才有可能实现长远的、可持续的健康发展。

(一) 文化产业与文化事业的关系

文化事业和文化产业都为社会提供文化产品和服务,但二者的功能、作用和发展的具体路径不同。一般来说,文化事业是以社

会公益性为主要目标、由国家机关或其他组织利用国有资产举办、在文化领域从事研究创作精神产品生产或者提供公共文化服务，文化产业是指从事文化产品生产和提供文化服务的经营性行业。从性质看，文化事业具有公益性，目的是丰富广大群众的精神文化生活，提高人民的文化生活质量；文化产业具有经营性，兼顾社会效益和经济效益，是一种经济行为，受市场调控，从投入到生产、流通都要按照市场经济规律来运作。从投资角度看，文化事业的投资主体是政府，依托财政资金；文化产业的投资主体多元化，包括国有、民营和外资等企业，主要依托社会资金。从管理体制看，文化事业通常实行公益性管理体制，文化产业实行经营性企业管理体制。

从发展角度看，文化事业与文化产业是相辅相成，可以实现共同发展的。但是从投入角度看，在一个具体时间节点上，包括政府投入在内的全社会对文化产业的投入规模是有约束的，不可能随意扩大。在这样的约束条件下，在公共事业中投入多一些，在文化产业中投入就会少一些；在文化产业中投入多一些，在公共文化事业中投入就会少一些。如何平衡二者之间的投入关系，实现良性互动、共同发展，是一个值得深入研究的课题。

（二）大众文化与小众文化的关系

大众文化是一种以文化产业为特征，以现代科技传媒为手段，以市场经济为导向，以普通民众为服务对象的社会型、大众化的文化形态。它具有商业性和产业性，具有强烈的实用功利价值和娱乐消遣观念，具有批量复制和拷贝的创作生活方式，具有主体参与、感观刺激、精神快餐和文化消费都市化、市民化、泛社会化的审美追求。它是反映现代工业社会和市场经济条件下大众日常生活、适应大众文化品位、为大众所接受和参与的、便于生产与流通的精神创造性活动及其成果。小众文化通常表现为精英文化，是与大众文化、平民文化、草根文化、山寨文化相对立的一种文化品类，以受教育程度或文化素质较高的少数知识分子或文化人为主要受众，旨在表达他们的审美趣味、价值判断和社会责任的文化，大多数时候精英文化也会影响并引领着大众文化的发展方向。

总体看，大众文化更注重娱乐性，市场规模较大，精英文化更倾向于欣赏，市场规模较小。应该说，不论大众文化还是精英文化，都有自己的"俗"和"雅"，都有自己从低向高、从浅入深、从粗到精的发展问题。历史证明，大众文化可以有自己的精品，有自己的高贵和优美，精英文化也难保不出粗俗之作，也有它们的俗气、无聊和空洞。只有凭借创造的智慧和精心的劳动，而不是凭借某种身份，才能产生精品。要恰当处理所谓的"俗雅之争"，使之相互借鉴、相互促进，共同推动文化产业大发展大繁荣。

（三）新兴文化产业与传统文化产业的关系

新兴产业的出现，有的是由于文化产业与其他产业不断融合而衍生出的新产业，如文化旅游业、观光农业等；有的是由于新技术的出现和应用而产生出的新产业，如网络游戏、3D电影等，为文化艺术提供了新的表现形式和传播渠道，展现出旺盛的生命力和较强的创新应变能力。

总体看，由于闲暇时间和消费能力的限制，文化市场的空间也有极限。文化产业之间有较大的替代性，新兴文化产业的发展对传统文化产业的生存和发展空间带来极大挑战。正如熊彼特所提出的"破坏性创新"，新技术会产生新产业，而新产业会摧毁旧产业。要善于运用新技术改造提升传统文化产业，增强传统文化产业的表现能力和发展水平，同时要适应文化产业发展的方向，大力促进新兴文化产业发展，推动文化产业内部结构升级。

（四）文化大企业与小企业的关系

任何产业发展到一定阶段，都会形成一定数量的大企业。从文化产业的发展实践看，通过跨国并购也已形成一些具有国际影响力的文化企业集团，使市场集中度不断提高。目前文化产业的集团化主要有三种模式，一是文化产业内部的子行业之间的横向整合，如迪士尼公司拥有主题公园、电影制作、音像业等；二是文化产业内部某一行业的纵向整合，如贝塔斯曼、新闻集团对出版和传媒行业进行产业链的纵向整合；三是非文化产业的企业开展的跨行业整合，如万达集团进入电影院线、影视制作和主题公园等文化领域，索尼公司进入音像制作和电子游戏等娱乐行业。与此同时，一大批拥有自己独特技术和定位的中小企业发展起来，围绕大型文化企业业务开展以及其他领域的文化需求也催生了一批小微文化企业，从而形成大型企业与小型企业相互促进的文化产业生态系统。借用美国制度经济学家加尔布雷思的"二元经济"观点，这些大企业在内部实行有计划的生产和销售，搭建起整个文化产业的基础架构，而众多小企业受市场机制的支配，从不同角度丰富文化市场的供给，甚至成为大企业的供应商。

大型文化企业的发展，具有资源整合利用的优势，能产生内部规模经济效应，能够抵御较大的市场风险，很容易形成垄断地位，对中小文化企业的发展形成较大冲击，但是大型文化企业也有内部管理机制僵化、创新动力不足等方面的缺陷。相比而言，在科学技术日新月异的今天，中小文化企业很容易发挥自身经营灵活、决策高效等特点，抓住一些细分文化领域或者某一文化领域中的某个环节，实现高水平的专业化发展。比如，北京的水晶石数码科技公司专注于数字影像技术的开发,在北京奥运会开幕式上一炮打响,成为国内外知名的多媒体企业。

从未来的发展趋势看,大型文化企业应发挥其龙头带动作用,大力发展资本密集行业,推动文化技术创新,中小文化企业应发挥机动灵活优势,在创新创意的开发上发挥独特作用。只有二者都发挥出各自优势,相互协作、相互促进,形成一个良好生态环境,才能实现共同发展。在此过程中,政府要进行恰当监管,避免大企业形成垄断,为中小企业预留恰当的市场发展空间。

(五)文化产业的多样性与统一性的关系

民族的,也是世界的。文化的多样性是各民族、各地区文化的个体性、独特性,它使各民族、各地区的文化互相区别开来,但并不是彼此分立、相互脱离。文化的统一性是各民族、各地区文化普遍具有的属性,是各民族、各地区的文化在数千年的发展过程中相互影响、相互借鉴、相互吸收,形成你中有我、我中有你的难分难解的关系,并在各民族、各地区文化之上形成一般的东西,即共同的、普遍的属性。文化的多样性与统一性是个性与共性的辩证统一,它们反映着世界各国文化的差异性和统一性的辩证联系。文化的统一性不能脱离多样性而存在,统一性寓于多样性之中,没有多样性就没有统一性。

随着全球化进程的不断深入,国际文化贸易快速发展,促进了各国、各地区、各民族之间的文化交流,从中也抽象形成一些各国有共识的文化观念,一些文化产品不仅在本土市场取得成功,还能在世界各地风靡一时。但是,随着美国文化向世界各国大范围、深度渗透,一些国家开始表现出谨慎甚至是保护的态度。要解决好多样性与统一性之间的关系,既不能借保护文化多样性为名,行文化保守主义之实,对本民族的传统文化,不分良莠,全盘保护，排斥本民族之外的其他文化；也不能简单地推动文化统一性，使很多民族的文化在所谓的市场竞争中走向消亡。只有两者并重，不可偏废，才能在推动世界各国文化深入交流的同时，促进本地文化产业的健康发展。

参考文献

1. ［美］埃内斯托·费利、福里奥·C. 罗萨蒂、乔瓦尼·特里亚主编，2011，《服务业：生产率与增长》，李蕊译，上海：格致出版社、上海人民出版社。

2. 陈柏福，2011，《我国文化产业"走出去"发展研究：基于文化产品和服务的国际贸易视角》，厦门：厦门大学出版社。

3. 陈慧颖、陈本昌、许海峰，2012，《文化创意产业发展的经济学研究》，北京：经济科学出版社。

4. ［英］大卫. 赫斯蒙德夫，2007，《文化产业》，张菲娜译，北京：中国人民大学出版社。

5. ［美］戴尔·乔根森、何成民、凯文·斯德尔，2012，《生产率：信息技术与美国经济复苏》，荆林波、冯永晟译，上海：格致出版社、上海人民出版社。

6. ［澳］戴维·思罗斯比，2011，《经济学与文化》，王志标等译，北京：中国人民大学出版社。

7. 冯子标、焦斌龙，2005，《分工、比较优势与文化产业发展》，北京：商务印书馆。

8. ［美］弗里茨·马克卢普，2007，《美国的知识生产与分配》，孙耀君译，北京：中国人民大学出版社。

9. ［澳］哈巴哈江·科尔、达利瓦·派·辛格主编，2012，《21世纪的外包与离岸外包：一个社会经济学视角》，姜荣春译，上海：格致出版社、上海人民出版社。

10.［法］让·盖雷、法伊兹·加卢，2012，《服务业的生产率、创新与知识：新经济与社会经济方法》，李辉、王朝阳、姜爱华译，上海：格致出版社、上海人民出版社。

11.［法］让—克洛德·德劳内、让·盖雷，2011，《服务经济思想史：三个世纪的争论》，江小涓译，上海：格致出版社、上海人民出版社。

12.［荷］腾·拉加、［德］罗纳德·谢科特主编，2012，《服务业的增长：成本激增与持久需求之间的悖论》，李勇坚译，上海：格致出版社、上海人民出版社。

13. 熊澄宇，2012，《世界文化产业研究》，北京：清华大学出版社。

14. 张静静，2011，《文化创意产业的知识产权价值评估研究》，北京：经济科学出版社。

15. 赵锐，2012，《创意产业的知识产权保护研究》，北京：知识产权出版社。

16. 左惠，2009，《文化产品供给论：文化产业发展的经济学分析》，北京：经济科学出版社。

17.［美］安德森，2006，《长尾理论》，乔江涛译，北京：中信出版社。

18. 何正斌，钟光荣审订，2010，《经济学300年》，何政武译，长沙：湖南科学技术出版社。

19. 陈清华，2010，《文化创意产业知识溢出效应研究》，《南京社会科学》第5期。

20. 陈亚民、吕天品，2010，《文化产业的商业属性及商业模式》，《商业研究》第3期。

21. 池建宇、姚林青，2010，《中国文化产业劳动生产率的国际比较》，《中央财经大学学报》第 11 期。

22. 杜开林，2001，《中国特色社会主义文化产业发展研究》，南京师范大学博士学位论文。

23. 冯华、黄凌鹤，2011，《后危机时代国外文化产业发展的趋势、经验和启示》，《当代世界与社会主义》第 6 期。

24. 高宏存、唐瑞雪，2012，《文化产业引入风险投资问题研究》，《东岳论丛》，第 7 期。

25. 顾江，2011，《作为支柱产业的中国文化产业的发展》，《毛泽东邓小平理论研究》第 12 期。

26. 郭新茹、顾江，2009，《基于价值链视角的文化产业赢利模式探析》，《中外企业》第 10 期。

27. 韩永进，2011，《中国文化产业近十年发展之路回眸》，《华中师范大学学报》（人文社会科学版）。

28. 花建，2011，《推动文化产业的集聚发展》，《社会科学》第 1 期。

29. 霍步刚，2009，《国外文化产业发展比较研究》，东北财经大学博士学位论文。

30. 姜锐，2011，《"十二五"时期文化产业发展面临的机遇与挑战》，《东岳论丛》第 32 卷/第 7 期。

31. 蓝庆新、郑学党、韩晶，2012，《我国文化产业国际竞争力比较及提升策略——基于 2011 年横截面数据的分析》，《财贸经济》第 8 期。

32. 雷光华，2004，《西方国家文化产业发展模式与发展趋向探析》，《湘潭大学学报》（哲学社会科学版）第 28 卷第 2 期。

33. 李响，2012，《谷歌之过抑或版权法之过——数字时代下的版权反思》,《探索与争鸣》第 5 期。

34. 李义杰,2011,《文化创意产业集聚的传播学机制和动因》,《当代传播》第 2 期。

35. 刘纯、杨继伟、夏既明,2011,《我国文化创意产业品牌走势及其对策》,《科技进步与对策》第 16 期。

36. Akbar Marvasti, E. Ray Cantenbary (2005), Cultural and Other Barriers to Motion Pictures Trade, Economic Inquiry (ISSN 0095 - 2583), Vol. 43, No. 1, January 2005.

37. Allen J. Scott (2010), Cultural economy and the creative field of the city, GeografiskaAnnaler: Series B, Human Geography 92 (2).

38. Andy C Pratt (2007), The state of the cultural economy: the rise of the cultural economy and the challenges to cultural policy making, Originally published in Ribeiro, A. P., The urgency of theory. Manchester, UK: Carcanet Press / Gulbenkin Foundation, 2007.

39. Bastian Lange (2011), Re - scaling Governance in Berlin's Creative Economy, Culture Unbound: Journal of Current Cultural Research, ISSN 2000 - 1525 (www) URL: http://www.cultureunbound.ep.liu.se/.

40. Can - SengOoi& Birgit Stöber (2011), Creativity Unbound - Policies, Government and the Creative Industries, Culture Unbound: Journal of Current Cultural Research, ISSN 2000 - 1525 (www) URL: http://www.cultureunbound.ep.liu.se/.

41. Yuhua Li, Lulu Yin (2012), Research on the Forming Process of Creative Industrial Cluster Based on the Game Model, Proceedings of 2012 International Conference on Mechanical Engineering and Material Science (MEMS 2012).

第十章 全球价值链视角下中国动画电影产业发展模式变迁研究

——一个演化经济学的视角

一 引言

作为人文和社会科学的交叉学科，产业经济进路在电影研究中一直处于边缘地位。在这一背景下，从全球价值链视角下展开研究不啻为一个巨大冒险。然而，究其实质，作为商品的电影是"（内容）生产、发行、展映和消费的过程"（孙绍谊，2013），电影业的繁荣与萧条取决于这一过程的顺畅与否，其产业本质和经济属性并不存在根本区别。具体到动画电影，由于与真人电影相比，技术属性更明显，全球化水平更高，更适合从全球价值链视角展开分析。

中国动画电影产业的出现和蓬勃发展既是文化体制市场化改革的结果，也是经济全球化的产物，如今已成为市场化水平最高、创制作技术提高最快、最有发展活力的文化产业之一。全面回顾和系统研究中国动画电影产业的发展演变过程，对于深入理解文化体制改革和扩大开放具有重要启示意义。

中国动画电影产业起步于改革开放之初的对外加工。自 2004 年广电总局颁布《关于发展我国影视动画产业的若干意见》以来，在各界共同努力下，中国动画产业发展取得长足进步，已超过日本成为全球第一大动画生产国。然而，具有较强市场影响力的精品力作和知名品牌为数甚少，与美日等动画强国存在较大差距。如何理解加工、原创与实现动画强国梦的关系？互联网和信息技术对动画电影产业价值链和商业模式产生了哪些影响？政府出台大量支持政策是否具有正当性？什么样的政策才会尽量减少市场扭曲效应？各界围绕上述问题展开激烈讨论，由于出发点和立足点不同，很难形成共识，可谓仁者见仁智者见智。

现代演化理论可视为熊彼特创新理论的一个分支（代明等，2012）。与新古典经济学将经济运行系统和产业发展视为静态均衡系统不同，演化经济学认为，经济运行和产业发展是不均衡和开放性系统，本质是持续演进和一系列创新行为，必须研究其结构、历史和复杂行为。我们认为，有关中国动画电影产业问题，之所以会出现上述争论和大量相互冲突的观点，正是源于缺乏开放性（即全球化）、动态化和历史视角。与静态的主流新古典经济学相比，基于演化经济学的分析擅长"处理充满创新和变革的开放经济问题"（陈平，2010），因此，可以更好解释中国动画电影产业的发展变迁。

二 动画电影产业的价值链与全球价值链

现有相关文献大多以动漫产业为研究对象。由于动画与漫画在创制作过程、模式和商业属性等许多方面差别很大，相比而言，动画电影的制作技术、艺术要求、商业化和全球化水平最高，更符合本章所关注的视角，故确定为重点研究对象。部分内容如动画产业政策，很难进行严格区分，不再做特别区分。

全球价值链研究最早源于1985年波特教授和寇伽特教授分别提出的价值链概念，美国杜克大学、英国苏塞克斯大学等在此基础上进行了长期持续研究，整合和发展了全球商品链等相关概念统一为全球价值链研究并取得系列成果。简言之，价值链是指按照前后相连的时间序列所组成的一系列经济活动，涵盖一项产品或服务从概念到最终完成使用及回收利用的全过程，包括设计、生产、市场营销、分销和对最终消费的支持等，本质是价值创造和实现过程。构成价值链的活动可能在单个企业内也可能分布在不同企业中，可能局限于特定地区也可能散布在多地区，当一项产品或服务的价值链活动分布在多家企业和多个国家（或地区）时，称为"全球价值链"，早期始于农业、制造业，如今已扩散至包括文化产业和服务业在内的绝大多数经济活动领域。

动画作为一种新近出现的艺术形式，本身就是国际合作的产物，价值链和全球价值链理论框架可以很好地描述全球动画电影产业生产组织方式的发展变迁史。从艺术角度看，法国、英国、美国等国艺术家为动画艺术的诞生做出了持久努力，最早的商业动画诞生于美国的20世纪30年代，1937年，迪士尼公司历时3年完成全球第一部动画电影《白雪公主与七个小矮人》，拉开了动画电影产业的序幕（李四达，2009）。第二次世界大战后，以迪士尼等为代表的美国动画公司几乎垄断了全球市场，成为唯一重要的出口国，在这个阶段，一部动画电影从投资、策划、创制作到最终成品绝大部分流程都是在一国完成后再出口。20世纪

60年代以来，电视的普及加大了对低质量电视动画的需求，美国动画公司开始逐步将大批量低质量动画的低端加工发包到日本、中国台湾、澳大利亚、韩国等地，拉开了动画制作全球化时代的序幕。如今，动画电影产业已进入更加成熟的全球化价值链阶段，一部典型的美国商业动画电影，从投资、策划、创制作到传播和资金回收大都是通过成熟的电影工业化机制集结全球资源的高效运作而成的，以保证在制作成本最低的条件下，实现收益最大化。

（一）动画电影产业价值链的构成

动画是指用单格或定格方式，以电影影片、录像摄影机或电脑软件等媒介拍摄完成的动态影像，若以电影每秒二十四格、录像每秒二十五格或电脑图像放映的作品，泛称为"动画电影"，可复制、收藏和广泛传播（余为政，2010），综合了造型、绘画、音乐、戏剧、舞蹈等多样艺术，是科学、技术、艺术和工业生产方式的有机结合。通常来说，一部动画电影的产业价值链包括IP生成、投融资、策划、制片、发行、放映几个主要环节。此外，动画电影人才培养、衍生品授权开发、主题公园及各类经纪公司的支持性活动也构成动画电影价值链的重要组成部分。

第一，IP生成阶段。吸引人的故事和有魅力的动画形象是优秀动画电影的基础和核心要素。一部动画电影的诞生就是从好故事和讨人喜爱的动画形象所构成的IP开始的。IP即英文Intellectual Property的首字母缩写，具体说来，IP可以是一个故事、一个角色、角色和故事的结合或者其他任何大量用户喜爱的事物。例如，《麦兜》系列动画电影的IP就是麦兜这个正在成长中的可爱小男孩的形象，《功夫熊猫》则是憨厚可爱的大熊猫；而《西游记之大圣归来》的IP就是孙悟空和西游记的故事，《熊出没》系列就是两只熊与光头强斗智斗勇的故事。

第二，投融资阶段。一旦有了IP，就开始进入投融资阶段。动画电影投入大、周期长，充足投资是保证制作水准的重要甚至关键性因素。这就需要有发达的电影投融资制度，包括商业银行贷款、电影基金、私募股权投资、众筹等多元化投融资方式。从实际运作来看，IP既可能来自投资团队，也可能来自创作团队。若是前者，投资团队会根据已有IP寻找合适的创制作团队进行正式生产过程，就是投资过程；若是后者，创作团队通常会把已有IP做成简单的样片，为动画电影制作寻求资金支持，即为融资过程。无论哪种形式，拥有一个能打动人的IP是进入投融资阶段的前提。

第三，策划阶段。有了投资之后，进入具体策划阶段。策划是创意产生和概念化阶段，包括故事内容和样式、目标受众、创作机构和团队、制作方式和周期、大体成本测算等，由制片人、策划人、编剧、导演、美术设计和宣传发行人员共同参与制定，之后才能进入正式创制作阶段。

第四，创制作阶段。创制作是价值创造过程。在这一阶段，主创人员将把最初构想以动画形式表现出来，主要涵盖艺术创作、加工制作和制片管理三类工作。其中艺术创作由导演负责，较复杂的设备和技术使用设立专门的技术总监。制片管理是指成本、工期、合同方面的事务，由制片主任或执行制片人负责。具体制作过程，按照制作流程先后顺序划分为前期、中期、后期，前期从文学剧本开始到设计稿完成，中期从原画创作到完成动画加工，后期从着色到最后混录成片。

第五，传播阶段。传播是指通过发行机构和影院系统进行播映，获取票房收入，其他创收途径还包括广告、衍生产品等。衍生产品是指由电影派生出的音像制品、出版物、玩具、游戏产品以及能够在图片、商标、玩具、服装等方面有使用价值的形象，通常由相应的生产经营部门或机构进行商业开发，从而带来附加收益（表10-1）。

表10-1 按生产阶段划分的动画电影核心产业价值链构成

阶段	类别	内容	
第一阶段	体例	一部动画电影的诞生就是从好故事和讨人喜爱的动画形象所构成的IP开始的，IP可以是一个故事、一个角色、角色和故事的结合或者其他任何大量用户喜爱的事物	
第二阶段	投融资	投资：若IP来自投资团队，投资团队会根据已有IP寻找合适的创制作团队，再进入正式生产过程，即为投资	
		融资：若IP来自创制作团队，创制作团队通常会把已有IP做成简单的样片，为动画电影生产寻求资金支持，即为融资过程	
第三阶段	策划阶段	策划人：提出最初项目策划方案，完成最后制片方案	编剧：写出故事梗概、人物介绍、分集提纲及剧本样本等
			美术设计：设计并绘制出主要人物造型和主要场景气氛图
			导演：提出全片整体风格结构等方面的阐述
		执行制片人：提出制作成本、工期及制片管理等计划方案	
		宣传发行部门：提出市场情况及观众反馈的报告	
第四阶段	创制作阶段	前期创作：具有很强艺术创作性质	编剧：写出文学剧本
			美术设计：完成全部造型、场景形象和色彩设计
			导演：指导编剧和美术设计的工作；在上述工作基础上，完成或组织完成分镜头台本；审定由设计人员据分镜头台本画成的放大设计稿
		中期创作和加工：工作量大，专业性强，相对独立	原画：根据设计稿规定，完成人物动作的关键帧和摄影表
			动画：按要求加工出全部动画，完成镜头中的动作

续表

	后期制作：技术性与艺术性较强	背景绘制	包括绘景与制景。绘景的重点在于绘画；制景的重点在于对绘景进行机上处理
		着色	可以是手工着色，也可以是电脑着色
		合成	完成合层、合景与特效，又称拍摄
		剪辑	包括剪接（即粗剪）和剪辑（即精剪）。其中，精剪的技术性与艺术性较强
		配音	可在分镜台本出来后预录，称为后期前置；也可先使用替代对白，成片后再录正式对白
		音乐	同配音一样，也可提前预制
		动效	音乐、对白和画面配置后，制造一些声音效果
		混录和播出	画面、对白、音乐和动效剪辑好后，必要的场景可能进行编辑和重拍，最后经处理得到用于播放的载体胶片、磁带或电子文件等
第五阶段	传播阶段	发行机构：发行公司 放映机构：影院系统	动画电影作为一种典型的文化商品，传播过程也就是市场经营过程、价值实现和投资回收过程，传播范围是以目标观众为重点的全社会，主要通过影院发行回收投资并获取利润，因此，离不开发行机构和影院系统。其他创收途径还包括广告、播映授权、形象授权以及其他形式的商业开发等。传播过程也是主要的资金回收过程和价值实现过程

资料来源：作者参考王川、武寒青编著《动画前期创意》（高等教育出版社2003年版，2010年重印）第二章"动画片的工作流程"中的相关内容加工整理而成。

注：本表主要以传统动画的制作流程为分析对象。当前电脑制作已成主流，但与传统动画的主要阶段划分并无区别，只是在创制作阶段，特别是中后期制作流程方面，大量使用电脑软件以提升效率。也有的仍坚持手工制作，如宫崎骏。

总体来看，IP和投融资是一部动画电影诞生的基础，发达的投融资体制是动画电影产业竞争力提升的必要条件；策划是创意产生的概念化过程；创制作阶段是价值创造过程，前期对于艺术创作能力要求较高，中期创作和加工工作量最大、工序烦琐、专业性强、相对独立；后期制作对技术性与艺术性要求高。传播阶段是价值实现和投资回收过程，除了票房收入，植入广告、播映授权、形象授权以及其他形式的商业开发也可以在衍生产业链领域产生大量收入。一部运作成熟的商业动画，往往在制作早期就启动宣发、推广、传播及商业开发等相关支持性活动。

（二）动画电影产业全球价值链的形成与发展

动画电影产业价值链的全球化运作是从美、日、欧等动画电影的对外加工开始的。动画电影投资入、周期长，很多流程特别是中期制作部分对创意要求少，工作量大、工序烦琐，属于劳动密集型活动，20 世纪 60 年代早期，受到廉价而稳定的亚洲劳动力吸引，美国和欧洲动画公司开始将动画制作发包到亚洲和澳大利亚。好莱坞第一批海外加工动画片最先在日本投入制作，随后又先后扩展到韩国、澳大利亚、中国台湾、菲律宾、中国、印度等国家和地区（Tschang & Goldstein，2004；2010；兰特，2006）；继好莱坞之后，日本动画也开始将部分加工制作环节转移到中国台湾、韩国、中国、印度、菲律宾等地。到 20 世纪 80 年代，台湾地区承接了大量美国和日本动画加工业务，制作水平同步提升，被称为首屈一指的全球动画加工基地。20 世纪 90 年代以来，一方面，由于早期动画加工国家人才短缺、成本上升和产业升级；另一方面，也受到中国大陆实施美术片开放和各种优惠政策、两岸互通等政治因素的影响，大量美国和日本动画加工片从中国台湾地区转移到成本更低的中国大陆，进入 20 世纪 90 年代，中国大陆进入动画加工的 10 年鼎盛期，到 2000 年前后，已成长为全球最大的动画制作基地。但好景不长，2002 年后，受电脑技术冲击和动画加工业务向更低成本的菲律宾、越南、印度等地转移的影响，大陆加工业务逐渐萎缩，走过了最繁荣阶段。

时至今日，作为全球动画电影产业价值链的先驱和驱动者，美国动画电影产业的全球价值链运行体系和发展水平最为成熟，好莱坞自己控制前期策划、创意和后期制作，对技术要求比较高的中期加工业务则外包到日本、韩国、加拿大和中国台湾等，对技术要求较低的劳动密集型环节则外包到中国、印度等地。此外，好莱坞不仅有能力在策划、创意及制作技术方面充分吸纳全球资源，其强大运营能力还体现在遍及全球的传播能力和发行渠道方面。由于好莱坞动画电影拥有最为完善的版权及版权经营体系，不仅能在全球范围内取得高票房收入，还通过产品专利授权、主题公园景点、游乐园、音像制品、电视节目制作以及衍生出的真人电影和戏剧艺术等衍生产业获得丰厚利润，2014年，美国动画电影的衍生产业链收入占到总体收入的70%。此外，美国动画公司不但负责发行自己的产品，也大量代理其他国家的动画，例如，日本吉卜力动画的中国发行就由迪士尼负责。

（三）互联网和信息技术进步对动画电影全球产业价值链运营过程和商业模式的影响

从历史视角看，技术进步始终是推动动画特别是商业动画发展的深层动力。与以往技术进步主要影响制作过程不同，当前方兴未艾的互联网和信息技术进步不仅对动画产品的制作流程和方法产生了颠覆性影响，对产业价值链的运营方式和商业模式也带来了深远影响。本部分立足于全球价值链理论框架，从动画电影产业价值链的几个主要环节系统阐述互联网和信息技术进步的影响，分别从投融资、IP和创制作、传播和宣发几个主要环节来详细阐述。

1. 投融资

与真人电影相比，动画电影涉及造型、绘画、音乐、舞蹈等更多艺术品类，制作周期更长，成本更高，对资金需求缺口更大，特别是中小影视公司常因资金问题无法启动或中途夭折。互联网和信息技术的快速发展催生了众筹、娱乐宝、淘宝电影等新兴电影融资模式，为拓宽动画电影资金的来源提供了新渠道。众筹（crowdfunding），即股权众筹融资，主要是指通过互联网进行公开小额股权融资的活动[①]。2013年8月以来，《大鱼海棠》《魁拔3》《十万个冷笑话》《西游记之大圣归来》都曾利用股权众筹方式成功实现网上融资。以《大圣归来》为例，初期众筹合计投入780万元，热映后淘宝启动"淘宝众筹"介入玩偶等系列周边项目开发，上线第一天就筹集到1181.6万元，是预定筹资额的1186%，并成功赢得与知名品牌合作的机会，为众筹方式募集资金支持衍生品开发提供了范例。

如何看待众筹模式对于动画电影产业的影响，业内外存在不同看法。质疑者认为，众筹只对于资金匮乏的中小公司和个人创业者有一定支持作用，但因其存在较大偶然性和法律方面的问题，难以做大。在笔者看来，在短短两年内，众筹就由百万元的小规模资金迅速增长到千万元级规模，表明这一模式有较大发展潜力。不仅为融资困难的小众电影、文艺电影、个性电影、作者电影和草根导演等提供了新型融资渠道，即使对于融资较为容易的商业化和大众电影，众筹模式也为观众在电影生产决策方面提供了深度参与和反馈机会，进而为最终的票房保证提供了更丰富的信息，降低了电影投资的不确定性。若能实现可持续发展，决策权将由投资人向潜在观众群体转移，在根本上改变未来产业价值链的投融资机制和决策模式，由观众而不是投资人为电影制作做决策；至于制度和法律方面的问题，则会在发展演变中逐步完善（表10-2）。

[①] 人民银行等十部门发布《关于促进互联网和信息技术金融健康发展的指导意见》，中央政府门户网站，http://www.gov.cn/xinwen/2015-07/18/content_2899360.htm，2015-07-18。

表10-2 2013—2015年涉及动画电影的众筹项目一览表

项目名称	时间	融资方式	融资额（万元）	支持人数	融资环节
《十万个冷笑话》	2013.3—8	众筹	137	>5400	筹措阶段
《大鱼海棠》	2013.6—8	众筹	>158.26	3996	筹措阶段
《魁拔3》	2014.3	娱乐宝	1000	不详	制作阶段
《西游记之大圣归来》	2014.12	众筹	780	109	传播阶段
	2015.7		1181.6	不详	衍生品开发

资料来源：根据网络公开资料整理。

2. IP和创制作

互联网的最大优势之一是基于大数据分析建立起对观众需求的了解，从而具有更强的内容制作能力。基于互联网数据的叙事方法，又称为UGC模式（User Generated Content，用户生产内容），即用户将自己喜爱的内容通过互联网和信息技术进行展示或者共享给其他用户，观众不仅是消费者，也是生产者、创作者、分享者与传播者，编剧团队通过与网友的密切互动和频繁交流，进行互动式编剧，追踪市场反馈，调整制作和拍摄进度，从而降低风险。在UGC模式下，观众的体验和需求成为电影内容选择和制作的重要依据。

UGC模式最早发端于美国，正在形成世界电影界的新潮流，2013年火爆全球的连续剧《纸牌屋》就采取了这一叙事模式，从故事内容设计到导演、演员的选择都是视频网站Netfix通过研究网民在互联网和信息技术上的行为和使用数据来决定的。早在几年前，国内动画界就已引入这一模式。例如，优酷网携手互象动画公司制作播出的网络短片《泡芙小姐》就积极引入和借鉴了UGC制作和播出模式，动画角色、故事内容、拍摄、制作、播出、营销等环节同步进行，根据网友反馈实时调整剧情走向，目前泡芙小姐的官方微博粉丝超过 67 万人，每周与 2.8 亿优酷用户见面，《泡芙小姐的金鱼缸》等观看次数超过 500 万次。

此外，互联网和信息技术发展对于动画制作也产生了重要影响。继 1995 年迪士尼与皮克斯合作的首部三维动画《玩具总动员》获得巨大成功以来，技术优势和特效日益成为好莱坞动画电影驰骋全球市场的重要竞争手段之一。尽管高度依赖计算机技术的三维动画不可能完全取代传统动画，但其更丰富的表现力和感染力、更富有冲击力的视觉效果以及三维技术和动画形象高重复使用率大幅度降低了制作成本等诸多优势，为扩大市场、降低成本、推动产业进步做出了重要贡献。好莱坞动画电影能够驰骋全球的一个重要原因就是特效技术大幅度改善了视觉效果。就中国实践看，从《喜羊羊与灰太狼》《熊出没》到《魁拔》再到《西游记之大圣归来》的技术和特效水平不断提升，无疑构成持续推高票房收入的重要因素之一。

3. 传播与宣发

由于在 UGC 模式下，观众身兼消费者、生产者、创作者、分享者与传播者，导致动画电影的传播和宣发工作大大提前，成为一项贯穿全产业链的工作。以《十万个冷笑话》为例，原版漫画网络点击量超过 16 亿次，动画观看超过 17 亿次，新浪微博讨论达 1400 多万条，积累了大量"粉丝"。正是建立在"粉丝经济"的基础上，拍成 100 分钟的电影后，取得票房过亿元的佳绩。《西游记之大圣归来》则是另一个体现网络时代社会化媒体的多元营销改变传统传播方式并取得良好传播效果的绝佳案例。当然，票房并非唯一标准，但上述案例凸显了网络在动画电影传播和宣发方面不可忽视的重要地位，也为文化产品的多次开发和重复消费提供了机会。在播出渠道方面，爱奇艺、乐视网、腾讯旗下的好莱坞"VIP"等一批互联网影院的诞生对传统实体影院带来巨大冲击，为应对竞争，使传统实体影院不得不更加重视试听效果和观影环境，预期未来会对动画电影业的竞争模式和同业结构产生较大影响。

总起来看，网络和信息技术的快速发展使得中国动画电影产业发展同时面临制度创新、艺术创作与技术发展的多重机遇和挑战。然而，不管产业链运营模式和商业模式如何变化，万变不离其宗，动画电影同时具有艺术性和商业性的本质不变，实质上是"观众至上"原则强化，意味着"互动娱乐"时代的到来，好的内容和合适的情感表达依然是成功的法宝。

三 基于全球价值链的中国动画电影产业发展模式演进：一个演化经济学的视角

本部分首先阐述中国动画电影产业的主要发展演变过程和最新发展动态；然后基于演化经济学框架深入分析其演进轨迹和驱动机制，揭示其背后运行规律和未来发展方向。当然，我们的分析仍然立足于新古典经济学的基本原理之上，比如竞争机制对于产业发展的积极作用等是暗含在分析之中的。

（一）中国动画电影产业发展演变：从动画加工基地、动画大国迈向动画强国

中国动画发展史最早可追溯至20世纪20年代中期，新中国成立后曾出现过《大闹天宫》《小蝌蚪找妈妈》等经典之作，体现了较高制作水平和艺术水准，在国际上产生了广泛影响。但在计划经济体制下，中国动画从未取得商业意义上的成功，远远称不上产业。20世纪70年代末改革开放初，为了摆脱财政压力，国家开始尝试将美术片放开，推向市场，可视为产业化转型的开端。

中国动画电影产业发展迄今经历了三个时期：第一个时期是从1979年末承接第一单海外加工业务到2003年前后逐步成长为动画加工大国，这个时期大体完成了计划经济向市场经济的产业化转型。从实践看，动画产业市场化进程的最早驱动力是资金压力。为解决资金困局，70年代末上海美影厂为日本动画提供描线服务拉开了动画对外加工产业的序幕。此后在以深圳和珠海为中心的珠三角地区和以上海、苏州、杭州、无锡等为主线的长三角地区，出现一批专为美欧和日本动画提供外包加工的动画公司（何兵、何伟，2014）。1995年国家正式取消动画统购统销政策，进一步促使更多内地企业和动画艺术工作者进入动画加工行业，到世纪之交，中国已成为全球最大的动画制作加工基地，但仅限于价值链中低端的中期制作环节，从这个角度讲，正是通过从低端融入全球价值链，中国动画制作走向了产业化道路。整个20世纪90年代，由于资金短缺、人才流失及缺乏市场支撑，中国本土原创动画作品制作几乎停滞。与此同时，随着对外开放进程的加快，大量美国和日本动画涌入国内市场，很快占据显著优势。

第二个时期从2004年到2011年，从加工基地向生产大国转型。一方面，新技术冲击和国际竞争加剧导致海外加工需求萎缩；另一方面，政府一系列动漫支持政策出台也对产业发展模式产生了重要影响。具体来看，国外动画进入国内市场开始受到播出时段、时长等多种限制，例如，广电总局2013年10月12日下发《关于做好2014年电视上星综合频道节目编排和备案工作的通知》，被业界称为"加强版限娱令"。其中涉及动画的规定为，平均每天8：00—21：30至少播出30分钟的国产动画或少儿节目。各电视台对原产动画采购力度加大，政府加大资金投入，鼓励社会资金积极进入动画电影生产领域，需求和供给端的双重影响推动中国本土影视动画制作进入蓬勃发展期。由于这个时期动画制作质量不高，产业价值链运营能力不足，尚未形成较为成熟的盈利模式，缺乏精品力作和本土品牌，不少业内外意见，将其归结于长期海外加工模式导致的全产业链运营能力不足，但应该认识到，能在短短几年内实现动画大国梦，离不开过去20年为海外做加工积累起来的庞大制作能力。这个期间，中国动画与国际同行的合作方式也在发生悄然变化，从简单代工开始变得日益多元化。

第三个时期从2012年至今。各界经过反思，开始调整发展目标，特别是政策支持从追求产量转向鼓励提升质量。2011年电视动画产量达到产量峰值26万分钟后，2012年总时长下降到22万分钟，到2014年已不足14万分钟，动画电影数量也从33部减少到30部以下。数量下降的同时，票房收入不断推向新高，2013年的国产动画电影票房收入为6.28亿元，占到动画电影总票房的38%，比2012年提高了9个百分点。2014年，28部动画电影的票房收入达11.5亿元，其中，7部电影票房收入超过5000万元，《熊出没之夺宝熊兵》达到创纪录的2.49亿元人民币，2015年1—9月，中国22部国产动画电影带来了16.8亿元的票房收入，已占到全部收入份额的56%；平均每部票房收入为7636万元，与美日动画大片仍存在较大差距，但收入最高的两部影片《西游记之大圣归来》和《熊出没之雪岭熊风》分别超过美国的两部动画收入，正在逐步改变以低幼受众为主的局面，市场空间向成年观众拓展，特别是《西游记之大圣归来》超过9.5亿元，被视为原创动画的一个标志性事件，预示着中国原创动画时代的回归。除取得了商业上的成功外，国产动画电影的制作和创意水平快速提升，《大圣归来》的特效技术得到了好莱坞的高度认可，好莱坞的著名制片人安德鲁—梅森认为，若放在好莱坞成本不低于1亿美元；9月19日，第30届金鸡奖评委会宣布，《西游记之大圣归来》夺得第30届金鸡奖最佳美术片奖，表明同时得到了业内专业认可（表10-3，图10-1）。

表10-3　　　2012年以来国产动画电影情况一览表　　　单位：亿元

年份	生产放映数量	合计票房收入	占全部收入份额（%）	票房冠军及票房收入
2012	33部	4.7	29	《喜羊羊与灰太狼之开心闯龙年》，1.7
2013	24部	6.3	38	《喜羊羊与灰太狼之喜气羊羊过蛇年》，1.3
2014	28部	11.5	37	《熊出没之夺宝熊兵》，2.5
2015.1—9	22部	16.8	56	《西游记之大圣归来》，9.5

资料来源：根据中国电影局官网、艺恩网等公开资料整理。

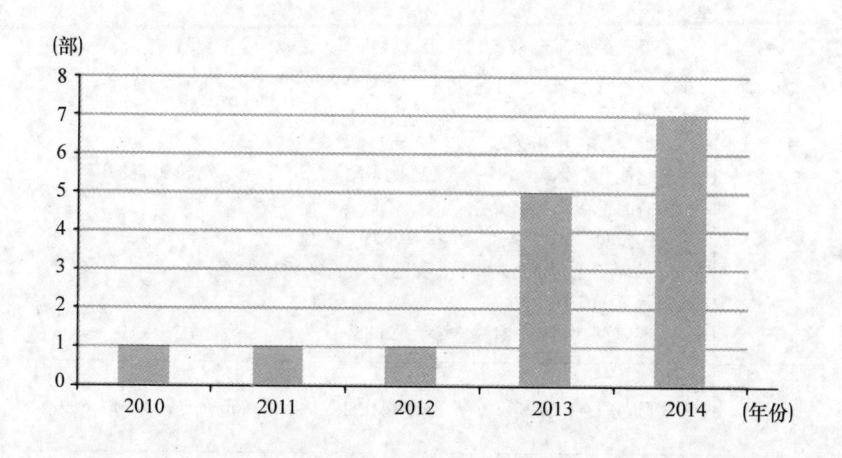

图10-1　2010—2014年内地票房超过5000万元国产动画增长情况

当然，上述成绩的取得很大程度上源于本土市场的便利以及电影贸易政策，客观上看，中国动画电影尚未形成较为成熟完善的价值链运营机制和可持续发展模式，与美日欧等动画强国的产业链运营水平特别是国际化经营水平仍存在显著差距，仍有广阔提升空间。然而，可以确定无疑的是，中国动画电影产业摆脱计划经济和对外加工阶段，成为当之无愧的动画大国，正在进入包括原创在内的多元化模式协同发展的转型期，动画强国梦可期（表10-4）。

表10-4　2015年1—9月我国公开放映的动画电影及其票房收入情况

影片数量	影片名称及票房收入（万元）	合计（亿元）
国产影片 22部	《魔镜奇缘》，1561；《西游记之大圣归来》，9.54（亿元）；《黑猫警长之翡翠之星》，6757； 《洛克王国4：出发！巨人谷》，7677；《桂宝之爆笑闯宇宙》，6417； 《白雪公主之神秘爸爸》，1106；《犹太女孩在上海》，277； 《熊出没之雪岭熊风》，（2.88亿元）；《王子与108煞》，140； 《美人鱼之海盗来袭》，1701；《汽车人总动员》，573； 《喜羊羊与灰太狼之羊年喜羊羊》，6734；《蜡笔总动员》，645； 《奥拉星：进击圣殿》，839； 《超能兔战队》，147；《无敌小飞猪》，300；《金箍棒传奇2：沙僧的逆袭》，549； 《闯堂兔2 疯狂马戏团》，2089；《兔侠之青黎传说》，2972；《少年毛泽东》，65；《我是大熊猫之熊猫大侠》，24.6；《龙骑侠》，1030； 《潜艇总动员5：时光宝盒》，2688	16.8
美国影片 2部	《超能陆战队》，5.26（亿元）；《疯狂外星人》，1.66（亿元）	6.92
日本影片 1部	《哆啦A梦：伴我同行》，5.29（亿元）	5.29
其他 2部	（比利时）《魔法总动员》，4472；（英国）《小羊肖恩》，3577	0.8

资料来源：根据中国电影局官网、艺恩网、国产动画电影资讯等公开资料整理。
注：票房统计时间截至2015年9月20日。

（二）从中观产业视角看，市场机制引导下的趋利行为构成中国动画电影产业发展模式演变的内在动力

如前所述，在计划经济体制下，中国动画创制作曾取得重要艺术成就，从未取得商业意义上的成功。由于文化产业的特殊性，直至1995年1月1日，中国电影发行总公司才取消对美术片实行了40多年计划经济体制的指标政策，把美术电影全面推向市场，由此动画电影才开始真正摆脱统购统销政策，真正面对市场。然而，由于资金压力和外汇短缺，自1979年上海美影厂为日本动画做描线开始，中国动画制作就悄然启动市场化转型进程。按照文化部规定，上海美影厂每年只能生产美术片35部，多了国家不负责收购，而这些产出仅能勉强维持厂里的简单再生产，因此，通过承接日本动画加工业务转向国外市场谋生存是上海美影厂应对当时生存压力的无奈之举和理性选择，1985年起，上海美影厂为日本 DIC 动画公司连续3年加工了《小熊凯西》等三部动画影片，合计获取外汇收入超百万美元，为此后中国动画电影从原创走向加工、从计划体制走向产业化转型之路拉开了序幕。

1985年，由香港无线电视（TVB）投资的翡翠动画设计制作（深圳）公司成立，这是一家典型的"三来一补"企业。随后几年，全国动画人才纷纷汇聚珠三角，特别是深圳。20世纪90年代中期，出于工资和房租等成本因素，大部分加工业务转移到长三角地区，恰逢国家正式取消动画统购统销政策，进一步促使更多内地企业和动画艺术工作者进入动画加工业。到20世纪末，中国动画加工业达到了顶峰，形成了珠三角、长三角两大板块，取代韩国和中国台湾地区，成为全球最重要的动画加工基地，高峰时70%以上的日本动画片（包括电视版、电影版等）和大部分欧美动画片都是在中国加工的。与此同时，由于资金短缺、人才流失及缺乏市场支撑，导致

经济上无利可图，整个 20 世纪 90 年代，本土原创动画作品制作几乎停滞。2003 年以来，在劳动力成本上涨，越南、印度等地竞争加剧和电脑动画冲击的影响下，海外加工市场萎缩，收入增长压力加大，代工利润急剧下滑。自 2004 年广电总局颁布《关于发展我国影视动画产业的若干意见》以来，政府一方面通过限制国外进口片、硬性规定播映时段等为本土原创动画创造需求空间，另一方面加大资金支持，鼓励社会资金积极进入动画产业，原创动画变得有利可图，很快出现"井喷式"扩张局面。到 2010 年，中国年产电视动画达到 22 万多分钟，约占全球总量的 1/3，超越日本成为世界第一大动画生产国，2011 年继续增长达到 26 万分钟，动画长片即动画电影也从 2002 年的 2 部增长到 2012 年的 33 部，短短数年内就实现了动画大国梦。2012 年以来，政府调整了以规模、产量为主的扶持政策，加之低质量作品充斥市场导致竞争过于激烈，投资盈利未及预期，中国动画产量出现下降趋势。到 2014 年，电视动画市场减少到不足 14 万分钟，电影动画 28 部。但市场优胜劣汰机制开始发挥作用，产量下降的同时，国产动画电影收入金额和占比持续上升，高票房影片和本土知名品牌层出不穷，市场持续扩大，社会资本大量流入国产动画电影制作领域，将其发展水平提升到一个新高度，为原创动画发展提供了强劲动力，在这种背景下，低水平对外加工和单一追求产量规模的产业发展模式已不再是主流。

综上所述，中国动画电影产业模式变迁的背后驱动力主要来自产业主体的趋利行为。这是由从计划经济向市场经济体制转型的本质要求决定的，改革开放之初，体制内的几大美术厂和美术人才为了生存和经济回报，走上承接海外加工片的代工之路。当动画代工市场萎缩，收益下降，国内市场崛起和政府支持加大，做原创动画变得有利可图，大量资源重新向本土动画制作领域回流，追求产量和规模成为时尚。当政府政策从规模和产量指标转向鼓励精品力作，动画电影已成长为能够提供丰厚收益和可观回报的市场，开始吸引更多资本和优秀人才进入，"出精品、做品牌"成为产业界共识，国产动画的创意水平、制作能力和经济效益得到同步提升，很快涌现出若干知名品牌和原创形象，进入良性发展轨道。

（三）从微观企业视角看，特定时段的发展模式及其发展变迁是无数微观企业试错和探索创新的结果

中国经历了长达20年作为世界动画加工厂的发展历史，如何看待海外动画加工一直在业内外存在广泛争议。支持者认为，中国动画产业发展水平较低，缺乏完整的产业价值链，尚未形成有效的可持续盈利模式，承接外包可以为产业发展提供经验、技术和资本积累，培育合格人才，为最终实现向原创转型奠定基础。反对者则认为，原创产品才是构成动画产业核心竞争力的基石，外包只是为他人做嫁衣，无法支持中国成长为动画强国。总体看，双方都有一定道理，但都限于就事论事。我们认为，不能脱离具体情境来讨论发展模式的正确与否，从历史和动态视角看，特定时段的发展模式是无数微观企业试错的结果，企业的持续探索和创新推动产业转型升级，逐步从代工走向原创。

每个时代都不乏心怀艺术梦的动画精英，做原创动画一直是动画人的目标，但任何追求必须首先植根于特定历史阶段先生存下来，当时采取海外加工方式融入全球价值链是一系列试错行为的结果。深圳既是最早最大的海外动画加工基地，也最早走上了向原创动画的转型之路，成功推出了《熊出没》《小鸡不好惹》《海底总动员》等知名国产动画，也在"走出去"方面取得大量实效，其间既有失败教训也有成功经验，非常具有典型性。下文以深圳为例，具体分析其转型过程。

深圳动画产业发展模式转型是许多动画公司和动画人勇于创新、不断试错和在失败中学习的结果。例如，深圳史上最大的海外代工企业翡翠动画设计公司设立初衷并非做加工，最早做了《成语动画廊》《蓝皮鼠与大脸猫》（与中央电视台合作制作）、《神雕侠侣》等动画系列片。深圳第一部原创动画电影《小悟空》也诞生在这家公司中，但《小悟空》播出后市场反映不好，为了生存，只好将为国外动画做加工作为主营业务。翡翠动画最终未能转型成功，但在承接高水平海外加工业务过程中，为国内动画界培养和输送了大批高素质专业人才，享有中国动画界黄埔军校之美誉。目前深圳原创动画企业中，很大一部分是由原来做外包的工作室转型而来，比如腾龙堂公司就是由翡翠公司的部分员工成立的。

同样位于深圳、成立于2000年的环球数码，是香港环球数码创意控股有限公司的全资子公司，设立之初就怀揣做原创动画的梦想。2001年，不惜投入1.3亿元，制作首部中国原创CG动画电影《魔比斯环》，雇用国际精英担任主创人员，历时5年之久在深圳完成全部制作过程，版权全部为中国所有。考虑到当时国内动画电影市场过小，以国际市场为主要目标，但终因美国垄断电影发行机制的阻挠未能上映，商业收益未达预期，但其对于原创国产动画的探索性价值不容置疑，成为一个有效学习过程。此后，环球数码保留了多达500人的制作团队，重新回到加工业务。通过代工业务，有意识构建大量行业间海外关系，提升制作水准，打通海外营销渠道。多年沉淀后，重启原创动画梦。2012年以来，在国产动画精品不断、市场竞争日益激烈的情况下，环球数码制作的《潜艇总动员》系列赢得了可观票房和较好口碑。

深圳动画品牌不但在全国有了一席之地，也开始走向海外。以深圳华强公司为例，华强动漫出品的《熊出没》就已销售到美国、意大利等几十个国家及全球知名的尼克、迪士尼儿童频道等主流媒体,《十二生肖总动员》进入俄罗斯等 33 个国家,《小鸡不好惹》进入缅甸、泰国等 56 个国家,播出覆盖欧洲大部及亚洲绝大部分国家和地区,迄今已出口到美国、意大利、俄罗斯、新加坡等 100 多个国家和地区累计近 15 万分钟。

(四)从宏观国际分工视角看,价值链分工位置由其特定阶段的比较优势决定,中国动画电影产业的发展演进总体遵循动态比较优势理论

最近 20 多年来,运输成本、信息成本等持续下降导致全球性生产网络逐步形成,全球经济进入产品内分工或者说全球价值链时代。但比较优势作为国际贸易基础理论仍然适用,比较优势由要素禀赋结构决定,主要体现在特定的产业价值链环节,各国根据各自要素禀赋结构和比较优势生产最终产品和服务的某些部分或特定流程。当一国产业的劳动力水平和技能得到提升、资本变得丰裕,参与国际分工的方式必然发生转变,从而导致该产业的发展模式发生转变。换句话说,发展模式变迁由比较优势演进方向和速度内生决定,即动态比较优势决定。

根据上述理论模型,中国动画电影产业的主流发展模式由其特定阶段的要素禀赋和相对优势所决定,其变迁路径体现了比较优势和要素禀赋结构动态演进情况。20 世纪 90 年代产业化初期,中国缺乏资金、创意人才、市场知识和现代管理经验,优势是拥有大量低成本美术人才,而国外拥有资金、创意人才、专业技术和市场,通过承接创意和技术要求较低、劳动密集程度较高的中期加工任务参与全球价值链分工成为理性选择和产业发展的必然途径。经过 20 多年的对外加工史,中国已积累了庞大的动画生产能力,同时由于成本上涨、市场萎缩、国际竞争加剧以及新技术冲击等多种因素的影响，定位于价值链中低端的代工业务面临转型压力，部分被迫退出市场，而成功转型升级的企业则向价值链高端的高附加值业务迈进。例如，南京艾迪亚公司凭借一流的生产流程和管理模式与全球排名前列的各大动画影视和游戏公司建立合作关系，在美国好莱坞拥有50多人的团队，2014年，艾迪亚外包合同额增长30%，其中离岸业务增长85%，成为中国人均产值最高、增长最快的服务外包企业之一，已进入动画加工链条的中高端，参与全球价值链的能力显著提升。

更重要的是，中国动画企业并不仅限于在全球价值链体系中被动升级，一方面，随着中国经济发展，本土市场快速扩张、资金逐渐丰裕，加之政府抓住有利时机出台了一系列原创支持政策，本土企业开始有大量机会尝试原创产品；另一方面，国外动画界由于同时受到中国市场扩张的激励和动画国产化政策的制约，以中国市场为目标的合拍、合资、联合制片、联合发行、建立合资企业等更多元化的国际合作模式日益盛行，为中国要素深度参与国际动画产业链合作特别是嵌入价值链中高端、实现产业发展多元化提供了大量实践机会。2009年以来，《麦兜》（大陆香港）、《藏獒》（中日）、《王子与108煞》（中法）、《波鲁鲁冰雪大冒险》（中韩）等一系列合拍片已经或即将进入观众视野，这些影片创意独特、特色鲜明、制作精良，为活跃市场、促进我国动画电影业进步做出了重要贡献，特别是来自香港地区的《麦兜》系列同时取得了较高的社会和经济效益，为中国本土动画的发展初步树立了信心。近几年，中国动画电影市场的快速扩张更是使之快速蜕变为汇聚全球资源的巨大磁场，当本国市场成为国际动画电影公司的主战场，本国观众和资本对于产品的创制作自然拥有了更多发言权和决策权，从而导致全球价值链治理权的转移甚至有望逐步转变为价值链的主导者，中国符号和中国文化也因此逐渐融入主流成为有利可图的商业元素。美影厂与好莱坞特效公司"特艺"合作修复了经典影片《大闹天宫》3D版,《喜羊羊与灰太狼》授权迪士尼的发行公司负责国际电视播映,梦工厂与华人文化产业投资基金等合资成立东方梦工厂,投资制作《功夫熊猫3》等。

不仅如此,通过与国外一流动画公司的深度合作和近距离接触,中国本土动画公司也开始学习凭借创意和本土文化等高端要素参与国际合作,致力于打造本土动画品牌和原创动画形象,尝试在高价值链环节构建比较优势,对外输出资本、文化和创意资源。当前中国动漫产业已成为文化产业中最具增长实力和发展潜力的行业之一,按照文化部统计数据,2013年,中国核心动漫产品出口额达到10.2亿元,较2012年同比增长22.8%,动漫海外授权成为中国动漫"走出去"的主体形式,如前文所言,除了传统的大熊猫、孙悟空等,"喜羊羊""熊出没"等已成为新时期中国动画走出国门的代表性作品。

总体来看,随着中国动画产业发展逐步告别低成本要素驱动阶段,进入投资驱动、市场驱动和创新驱动阶段,外资动画巨头不再把中国视为低端加工基地,而是利润丰厚的潜在市场和资本丰裕的投资合作伙伴,外资企业战略转变正是中国比较优势发生根本变化的必然结果和客观反映,有利于推动中国动画电影产业发展海外加工基地向动画强国转变。同时也激发中国动画企业创造出更多更好的原创作品,塑造真正为市场接受的有影响力的原创动画形象和本土品牌,实现动画强国梦。

四 动画电影产业政策变迁:如何建设"有为政府"

产业竞争优势的创造与持续是一个本土化的过程,任何产业都不是诞生在无政府状态的真空中，政府政策始终是产业发展动态演化过程中的有机组成部分和产业生态环境的重要营造者，事实上，国家在全球化产业竞争中的角色不减反增（波特，2012）。党的十八届三中全会指出，市场在资源配置中起决定性作用，要更好地发挥政府作用，即建设"有效市场和有为政府"（林毅夫，2012），为政府在社会主义市场体制中的角色进行了明确定位。然而，产业政策的具体制定和实施本身是一个长期具有争议性的研究课题，如何建设"有为政府"并无太多共识，动画电影作为文化产业的特殊性，进一步增加了产业政策制定与实施的复杂性。为了全面审视和客观分析中国动画产业政策的利弊得失，下文首先对相关政策的发展演变过程进行简要回顾，然后展开评价和分析，并提出几点启示。

（一）相关产业政策的发展演变

从改革开放至今，与动画电影有关的产业政策经历了如下几个阶段：第一个阶段，1979年—1994年，沿袭计划经济体制下的统购统销政策，但默许国有美术厂从事海外动画加工业务。如前文所述，计划经济体制下的动画生产制作根本不考虑市场需求，其主要目标：一是宣传主流意识形态，一是参与国际竞争。在这种体制下，由于不计成本和长周期制作，确实产出了一批具有较高艺术水准和民族风格的高质量影片。在改革开放大环境下，经济压力使得传统生产体制难以为继，政府开始适当放松管制，为解决生存问题，当时的美术厂只能转向海外加工市场，成为动画产业市场化转型的准备阶段。第二个阶段，1995—2003年，取消美术片统购统销政策，对进口动画采取放任政策。由于国内动画业长期与国际社会割裂，根本无法与日美产业化动画的丰富题材、生产效率和市场吸引力相比。另外，为了尽快占领中国市场，日美动画采取倾销政策，收费低廉甚至提供播出补贴，国内市场很快被日美动画占领。第三个阶段，2004—2011年，扶持原创和本土动画产业发展，对进口动画进行较为严格的管理和限制。国外动画片充斥国内市场的局面引起国家重视，自2004年广电总局颁布《关于发展我国影视动画产业的若干意见》以来，各级政府开始一方面限制国外动画进口，一方面加大对原创本土动画发展的支持力度，具体措施涉及制作审查、进口管理、出口激励、播出要求、税收优惠及资金支持等。2006年国务院办公厅转发财政部等十部门制定的《关于推动我国动漫产业发展的若干意见》，延续了支持具有自主知识产权的原创动画的基本思路和政策目标，提出打造成熟的动漫产业链，规定在中央层面设立专项基金，建立部际联席制度，建设动漫基地，支持动漫走出去和人才培养等，各级政府相继跟进。到2010年，在规模和数量方面，我国已超过日本成为全球第一大动画生产国，但缺乏精品力作、知名品牌和企业。第四个阶段，2012年至今，从鼓励动画大国向支持动画强国转变，实施精品战略，支持适当进口。2012年，文化部《"十二五"时期国家动漫产业发展规划》提出，推动我国从动漫大国向动漫强国跨越发展，不再鼓励数量扩张，重在培育知名品牌和骨干，天津、深圳、杭州等地方政府快速跟进。从实践效果看，还是比较显著的，到2014年，电视动画时长从26万分钟减少到不足14万分钟，电影从33部减少到28部，但质量和品牌影响力实现快速跃升，继《喜羊羊》《熊出没》之后，涌现出《魁拔》、《西游记之大圣归来》等若干精品力作以及深圳华强、奥飞动漫等知名企业（表10-5）。

表 10-5　改革开放以来与动画产业发展有关的重要政策文件

时间	部门	政策	主要目标	主要措施
1994年底	中国电影总公司	向省市自治区、电视台等相关单位发布内部通知	把中国美术电影推向市场	从1995年1月1日开始，取消对美术片实行的计划经济体制指标政策，美术片创作、拍摄、制作、播出由生产企业和制片公司自行安排自主经营，政府不再收购
2004年4月20日	广电总局	关于发展我国影视动画产业的若干意见	国产动画片的生产数量大幅增加、艺术质量明显提高、题材风格更加多样，精品力作不断涌现 扶持国产动画企业和动画品牌 成为国民经济支柱产业和新兴增长点	要求一定级别的电视台增加动画频道和播出比例，黄金时段限播进口片；扩大动画电影的播出规模和频率 限定国产与进口片播出比例为6:4且逐步加大 制作机构引进动画片与制作国产动画不得超过1:1，需经审批 实施制播分离 实施动画精品工程 鼓励"走出去" 免税和税收优惠政策 建立专项基金 实施制作和发行许可证制度 鼓励与外资建立动画制作公司，但要求绝对控股且需要审核审批 支持人才培训、相关展览、评奖等相关活动
2006年4月25日	国务院办公厅转发财政部等十部门出台的意见	关于推动我国动漫产业发展的若干意见	打造成熟的动漫产业链 同时支持龙头企业和中小企业 创造原创品牌 积极开拓国际市场 利用5-10年实现动漫大国和动漫强国目标	加大投入，中央层面建立专项基金，支持评奖，加大对优秀作品的宣传，增加出版和播出比例，提供成本补偿 鼓励社会资本进入动漫产业，按规定享受税收政策优惠、风险基金、创新基金、政策融资、进口免税等 建立动漫基地，并进行动态调整 支持知识产权保护、技术研发和人才培养 延续进口审查，支持"走出去"

续表

时间	部门	政策	主要目标	主要措施
2008年2月14日	广电总局	关于加强电视动画片播出管理的通知	加强增加国产动画片播出调控和管理	增加国产动画片播出时间 延长限播进口片时段 限定国产与进口片播出比例为7:3
2012年7月12日	文化部	"十二五"时期国家动漫产业发展规划	推动原创能力全面提升,出精品力作打造5—10家知名品牌和骨干企业培养知名艺术家和企业家影响力提升,成为文化产业重要增长点	电视动画保持在5000小时,动画电影30部,加大对优秀作品的扶持和推广,鼓励出精品 强化国产动画播映体系,鼓励动画电影在主流和重要影院播放 支持发展新媒体动漫、应用动漫、动漫舞台剧、动漫技术、动漫衍生品、动漫基地、动漫主题公园、动漫展会,强化动漫公共服务平台建设、人才培养、知识产权保护等 实施骨干企业和重大项目带动战略 鼓励动漫"走出去",包括出口、对外投资、国际合作等 完善投融资体系、实施税收优惠政策等

资料来源:笔者根据广电总局、文化部以及相关资料搜集整理。

(二)评析与启示

纵观动画产业政策动态演进过程,既有经验也有教训。计划经济体制下的美术片政策,由于不考虑市场需求,在成本和周期方面没有硬性规定,在一批杰出艺术家的努力下,取得不少重要艺术成就,培养了大量人才,但在商业可持续性方面难以为继;市场化转型初期,由于政府缺乏成熟管理经验,采取把美术片生产制作放映一步到位完全推向市场的做法,减轻了财政压力,但也导致本土动画产业长期停滞,美日等国外动画在国内市场一统天下的被动局面;进入新时期,特别是2004年以来,政府认识到动画同时具有作为文化产品的敏感性和文化产业的商品性,一方面采取严格的进口和播映管制措施,另一方面采取多种手段支持国产动画发展,并根据产业自身发展情况及时调整,先做大再做强,取得了较为合意的效果。

应该充分肯定,从历史视角和演进逻辑看,新时期的产业政策目标和演进方向总体符合我国产业发展实际,在推动动画生产播映体制变革、激活产业发展、培育和保护本土市场、支持本土企业发展和原创作品生产方面发挥了重要作用。与此同时,在产业政策的具体实施方式和效果方面,也存在一些争议。针对资金补贴,一种流行甚广的观点是,支持性政策特别是现金补贴催生了大量以套取政策红利为目标的粗制滥造之作,既造成资源浪费又扰乱了正常的产业发展生态环境(袁梅,2014;田佳,2014);播出补贴扰乱了电视动画市场,真正有志于从事动画事业的机构和个人被迫进入动画电影市场,反倒促进了动画电影的改善(皮三,2014)。针对保护政策,反对者认为,过度保护国内市场不利于培养成熟的观众群体(曾伟京,2014)。还有观点认为,动漫基地和园区建设产生了意料之外的不良后果,比如以动漫之名大片圈地的现象。

波特(2012)认为,政府不能创造竞争优势,只能改善发展环境,因此,不应直接介入竞争过程,而应该在培育生产要素、提供和影响需求、设立行业标准、促进产业集群、提供信息和公共服务、规范市场秩序、促进技术进步、改善金融环境等方面发挥作用。即使符合上述标准,政府政策是否能发挥积极作用,也取决于与其他因素的有效互动情况。具体到中国当前实行的动画产业政策,应该说,加强人才培养和公共服务平台建设、促进制播分离等体制机制改革、支持产业集群、鼓励社会资本投资、加强知识产权保护和宣传等政策符合经济规律和产业发展需求,争议较少。

争议较多的地方主要涉及补贴、贸易保护、动漫基地建设等。首先，关于补贴政策。在本土动画产业面临生存危机的发展初期，补贴政策有一定意义，除了部分企业靠补贴基金生存下来，也在一定程度上提振了产业信心。当产业规模上来之后，数量已不再重要，质量问题成为主要矛盾，播出补贴已不再必要，还有可能扰乱市场环境，客观上鼓励了粗制滥造。因此，产业政策应及时调整，向鼓励出精品转型。2012年文化部出台动漫产业"十二五"规划，已对此做出回应和相应调整。其次，关于贸易保护和进口管制。从经济学角度讲，对幼稚产业进行保护是国际惯例，20世纪90年代中国动画市场完全被国外动画占领的惨痛教训已证明进口管制的必要性。此外，动画作为文化产品具有意识形态属性，审查和保护自有必要。当然，保护和进口限制需要掌握合适尺度，过度保护既不利于动画公司的健康成长，也不利于培养高品位的观众，应在保护与开放之间找到均衡点，采用渐进方式逐步扩大开放。据中国入世承诺，2016年，中国电影市场将全部放开，进口管制空间将大大缩小。最后，关于动漫基地和园区建设。从国内外实践看，政府促进产业集群发展的成功失败案例都有很多，很难简单评判对错。原则上，政府很难凭空打造产业集群，应与市场机制相结合，在有基础和发展条件的地方建设动漫基地和园区。在中国实践中，确实存在以动漫之名圈地的情况，政府应对动漫基地建设采取定期评估和动态调整的做法。

当前中国动画电影产业转型升级已初步走上轨道，但赶超西方国家仍有一段较长的路，尽管转型主体是企业，政府仍将扮演重要角色。笔者以为，如何建设"有为政府"，应坚持如下原则：第一，不介入竞争过程，让市场机制发挥决定性作用，重在改善产业生态和发展环境；第二，坚持全球化视野和合作开放心态，在保护与开放之间找到均衡点，采用渐进方式逐步扩大开放；第三，深入到产业价值链层面，针对特定薄弱环节研究制定有针对性的具体措施；第四，政策制定实施过程与业界保持密切沟通，因应产业发展阶段和具体实践及时调适，因势利导；第五，建立独立于政策制定者的产业政策审核评估机制，对实施效果进行定期或不定期的外部评估。

五　简要总结

本章立足于动态、开放和历史视角，对中国动画电影产业的发展模式变迁问题提供了一个演化经济学框架的解释，旨在通过具体刻画其演进轨迹和主要过程，揭示其背后运行规律，并对相关政策进行评析。

研究认为，全球化条件下，动画电影产业是一个开放的价值链体系，互联网和信息技术对于动画电影的产业价值链产生了深远影响，但并没有改变动画电影产业的本质。当前中国动画电影产业摆脱计划经济和对外加工阶段，成为当之无愧的动画大国，并已进入快速转型期，动画强国梦可期。

研究通过深入分析中国动画产业的发展演变史，发现如下结论：第一，从中观产业视角看，在市场机制引导下的趋利行为构成中国动画电影产业发展模式演变的内在动力；第二，从微观企业视角看，特定时段的发展模式及其发展变迁是无数微观企业试错和探索创新的结果；第三，从宏观国际分工视角看，价值链分工地位由其特定阶段所拥有的比较优势决定，中国动画电影产业的发展演进总体遵循动态比较优势理论。

参考文献

1. ［美］迈克尔·波特，2012，《国家竞争优势》（上，下），李明轩、邱如美译，北京：中信出版社。

2. 鲍济贵（主编），2010，《中国动画电影通史》，北京：中国美术出版总社、连环画出版社。

3. 陈坤，2014，《变革还是颠覆：论互联网和信息技术对电影制作的影响》，《电影文学》第22期。

4. 陈平，2010，《交易成本的复杂性与公司治理的演化》，《演化与创新经济学评论》第5辑第1期。

5. 代明、殷仪金、戴谢尔，2012，《创新理论：1912—2012——纪念熊彼特〈经济创新发展理论〉首版100周年》，《经济学动态》第4期。

6. 冯学勤、王晶，2012，《常见的轻浮——新世纪国产动画电影长片的艺术问题与价值缺憾》，《文化研究》第12辑，北京：社会科学文献出版社。

7. 何兵、何伟，2014，《如烟往事——中国动画加工（1989—2009）》，北京：中国传媒大学出版社。

8. 胡黎红，2013，《论合作制片的思维误区与文化困境》，《当代电影》第6期。

9. 黄凯南，2007，《企业和产业共同演化理论研究》，博士论文，山东大学。

10. 姜荣春：《中国动漫外包：发展演进及政策建议》，载王晓红等主编，2013，《中国服务外包产业发展报告（2012—2013）》，北京：社会科学文献出版社，第216—230页。

11. 李四达（编著），2009，《迪斯尼动画艺术史》，北京：清华大学出版社。

12. 林毅夫，2012，《新结构经济学》，苏剑译，北京：北京大学出版社。

13. 聂伟、冯凝，2013，《寻求"流动性"：2013新世纪内地与香港合拍片的现状与未来》，《电影艺术》第4期。

14. 皮三等：《响动——第2届中国独立动画电影论坛》，内部读物，2014年12月。

15. 孙立军主编，2011，《中国动画史研究》，北京：商务印书馆。

16. 孙绍谊，2013，《电影产业研究：理论与方法》，《文艺研究》第9期。

17. 王川、武寒青编著，2003，《动画前期创意》，北京：高等教育出版社。

18. 王缉慈、梅丽霞、谢坤泽，2008，《企业互补性资产与深圳动漫产业集群的形成——基于深圳的经验和教训》，《经济地理》第1期。

19. 王珏殷、辛晓彤、杨威，2014，《2014年度中国动漫产业发展报告》，《北方传媒研究》第6期。

20. 薛燕平：《台湾动画加工简史》，百度文库，http：//www.docin.com/p-577430750.html，2015年9月22日。

21. 余为政编著，2010，《动画笔记》，北京：京华出版社。

22. ［美］约翰·A.兰特主编，2006，《亚太动画》，张慧临译，北京：中国传媒大学出版社。

23. 张恂，2011，《合拍影片的关键：中国元素》，《电影艺术》第4期。

24. 周雯、何威，2014，《中国动画产业与消费调查报告2008—2013》，北京：北京师范大学出版社。

25. 朱清华, 2003《全球化语境下的中国动画》,《北京电影学院学报》第 4 期。

26. Feichin Ted Tschang and Andrea Goldstein (2010), 'The Outsourcing of "Creative" Work and the Limits of Capability: The Case of the Philippines' Animation Industry', *Ieee Transactions On Engineering Management*, Vol. 57 (1), February 2010.

27. Ted Tschang and Andrea Goldstein (2004), 'Production and Political Economy in the Animation Industry: Why Insouring and Outsourcing Occur', Paper to be presented at the DRUID Summer Conference 2004 on Industrial Dynamics, Innovation and Development, Elsinore, Denmark, June 14 – 16, 2004 Theme B: Competence Building and its Institutional Underpinnings.

第十一章 保险业视角下的生产服务业特性与创新

保险业与其他金融业一样,是生产性服务业的典型代表。国内外发展实践表明,保险业与制造业既有较大差别,又存在紧密联系。中国保险业也不例外,未来将呈现与其他生产性服务业基本一致的发展趋势。

一 保险业与制造业理论与实证比较

(一)服务业、保险业与制造业内涵比较

1. 制造业内涵

制造业是指对制造资源(物料、能源、设备、工具、资金、技术、信息和人力等),按照市场要求,通过加工制造过程,转化为可供人们使用和利用的实物工业用品和生活消费用品的行业,包括采掘业、建筑业等数十个行业。

2. 服务业内涵

服务业是指生产和销售服务产品的生产部门和企业的集合,一般将除农业、工业和建筑业之外的行业归类为服务业。服务业包括生活性服务业和生产性服务业。生活性服务业也称消费性服

务业，主要包括教育、医疗、体育、娱乐、餐饮、住宿业、家政服务业、洗染业、美容美发业、沐浴业、人像摄影业、维修服务业和再生资源回收业等。生产性服务业是指为保持工业生产过程的连续性、促进工业技术进步、产业升级和效率提升提供保障服务的服务行业，主要依附于制造业而存在，贯穿于企业生产的上中下游诸环节当中，以人力资本和知识资本作为主要投入品，主要包括现代物流业、商务服务业①、信息服务业②、科技服务业③、现代金融业④、涉农服务业⑤等。

3. 保险业内涵

保险业是指将通过契约形式集中起来的资金，用以补偿被保险人的经济利益业务的行业，是较为典型的生产性服务业。按照与投保人有无直接法律关系，保险业分为原保险业（也称直接保险业）和再保险业，前者分为财产保险业和人身保险业两大类。

(二) 保险业与制造业特征比较

保险业作为典型的生产性服务业，与制造业之间在产品形态、产品特性、消费特点以及发展方式等方面具有较大差异；同时，二者也存在较多内在联系。

1. 保险产品的无形性和制造业产品的有形性

与制造业产品通常是有形实物商品不同的是，保险产品具有典型的契约性和无形性特征，即保险人作为保险产品的销售方，投保人作为保险产品的购买方，所买卖的产品就是以货币作为支付

---

① 包括企业管理服务、法律服务、咨询与调查、广告业、知识产权服务、职业中介服务、市场管理、旅行社等。
② 包括电信和其他信息传输服务业、计算机服务业、软件业等。
③ 包括研究与实验发展、专业技术服务业、科技交流和推广服务业、地质勘探业。
④ 包括银行业、保险业、证券业、其他金融活动。
⑤ 包括农业科技服务、农民就业服务和农村市场服务等。

手段的保险契约（保险合同），保险合同成立后，保险人将按照保险合同规定在风险发生时承担相应的给付责任，投保人获得的是风险保障而非具体的有形的商品。

2. 保险产品购买的有条件性和制造业产品购买的无条件性

一般商品交易有钱就能购买（不包括国家明文规定禁止销售或控制销售的商品），而保险产品并非有钱就可以购买，保险产品的购买具有条件性。为了规避保险产品购买过程中发生道德风险，保护保险标的的安全，要求作为保险产品购买者的投保人必须对投保标的具有保险利益。保险利益是指投保人或被保险人对保险标的具有法律上承认的经济利益，这种经济利益因保险标的的完好、健在而存在，因保险标的损毁、伤害而受损，所体现的是投保人或被保险人与保险标的之间的经济利益关系。保险利益原则是保险合同成立的首要原则，也是保险合同生效及存续期间保持效力的前提条件。保险利益在人身保险方面更为必要，也更为重要，如果投保人可以以任何不具有可保利益的人员的死亡或伤残为条件获取保险金，道德风险后果不堪设想。为此，一般规定财产险具有保险利益的保险标的主要包括财产所有权、财产经营权和使用权、财产承运权和保管权、财产抵押权和留置权，人身保险的保险利益来源于投保人与被保险人之间的各种利害关系，包括人身关系、亲属关系、雇佣关系和债权债务关系，中国《保险法》第31条规定，投保人对下列人员具有保险利益，即本人；配偶、子女、父母；前项以外与投保人具有抚养、赡养或者扶养关系的家庭其他成员、近亲属。

3. 保险产品的期限性和制造业产品的同时性

一般情况下，制造业商品具有典型的"先生产，后销售"特点,该类商品交易通行的是"钱货两清"原则,即一手交钱一手交货,或先付款后交货,或先交货后付款,无论采取哪种形式,只要交易成功,销售过程就全部结束,买卖双方的权利和义务基本上履行完毕①。因此对于销售方而言,制造业产品具有销售完成与权利义务履行完毕的同时性特点。

保险产品具有与制造业商品相反的"先销售,后生产"特点,即只有当保险产品销售成功后,双方的权利和义务才正式开始,作为销售方的保险人在保险期间将履行保险合同约定的各项保险责任和赔付义务,作为购买方的投保人在保险期间将消费其所购买保险产品的使用价值,直至合同终止。因此,对于销售方(保险公司)而言,保险产品具有销售完成与权利义务履行刚刚开始直至合同终止履行结束的期限性特点。

4. 保险业的高负债经营性和制造业的适度负债经营性

负债经营②是一般企业的经营特点,通过负债经营,能够在有效加快企业发展步伐的同时,促进企业实现利润最大化。尽管如此,保险业具有高负债经营特性,即通过销售保险产品赚取保费收入,保费收入中扣除营销员佣金、代理机构手续费以及保险企业运营管理费用等附加费用后的净保费,将形成具有负债性质的责任准备金,用于支付未来可能的保险赔款和满期给付。保险企业的经营资产主要来自责任准备金的经营特性,决定了保险企业资产负债率很高,普遍超过85%,有的会超过

---

① 虽然部分大型机器设备存在交易完成后的维修、服务等需求,但该机器设备本身的交易已全部完成,后续的服务需求是除该机器设备之外的需求,是买方需要向卖方额外支付相关维修服务费用后才能得以满足。

② 制造业等实体企业负债经营是指通过银行存款、商业信用和发行债券等形式吸收资金,并运用这笔资金从事生产经营活动,使企业资产不断增值和更新的一种现代企业筹资方式和经营模式。

90%，但如此高的负债率仍处于正常范围。而对于工业等实体企业，较为合理的负债水平在65%以下，若负债率超过65%就构成典型的高风险、高负债经营，一旦经营不善，会濒临破产倒闭。以中国金融业、保险业和工业资产负债率为例，2003—2014年，金融业和保险业资产负债率分别在90%以上和85%以上，2011年和2014年保险业这一数值均超过90%，而工业资产负债率最高时期没有超过67%，普遍在63%左右（如图11-1所示）。

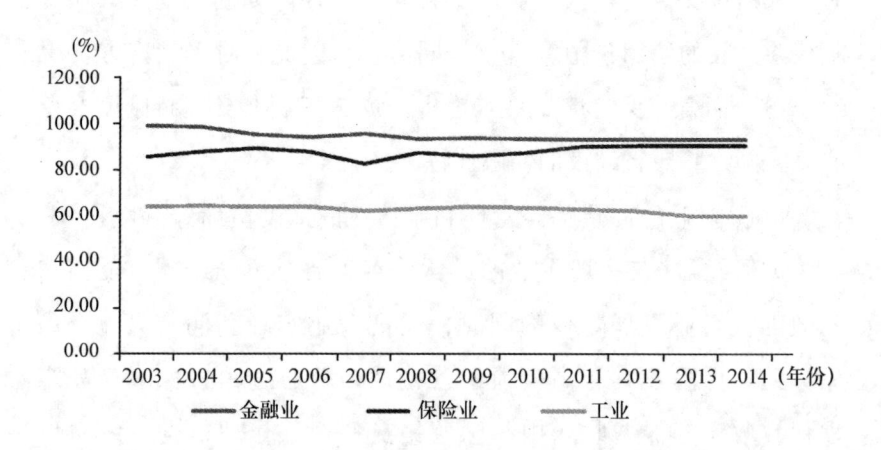

图11-1　2003—2012年我国金融业、保险业和工业平均资产负债率对比（%）

说明：受数据可得性限制，金融业平均资产负债率以国有金融企业资产负债率代替，保险业平均资产负债率以上市保险企业平均资产负债率代替，以工业资产负债率代替制造业资产负债率（由于制造业产值占工业总产值80%以上）。

5. 保险业的知识技术人才密集以及能耗小、吸纳就业量大等特点较制造业更为突出

保险业与银行、证券以及咨询、研发等生产性服务业一样，

第十一章 保险业视角下的生产服务业特性与创新　311

以专业知识和专业人才为主要生产要素,以现代高科技为重要支撑,专业性、技术性、知识性含量较高,普遍具有知识密集、技术密集、人才密集和污染小、能耗低、吸纳就业量大等特点;而制造业特别是低端制造业相关特点较不显著。有数据显示,增值服务方面,制造业只有2%—5%,最高不超过15%,部分生产性服务业可以达到100%,保险业普遍在10%—20%;能耗方面,生产性服务业只有制造业的20%,服务业单位GDP用电量仅为第二产业单位GDP用电量的1/4;吸纳就业方面,以行业年度亿元利润需要的从业人员数量进行衡量,2009—2011年,中国保险业亿元利润吸纳就业人数分别为6000人、5900人和5700人,2013—2014年由于保险业投资收益大幅改善促使该行业亿元利润吸纳就业人数分别降至1600人和1400人,但这一趋势不可持续;而同期制造业基本保持在1400—1800人,剔除保险业利润异常波动年份,保险业吸纳就业能力是制造业的2.4—3.8倍(如图11-2所示)。

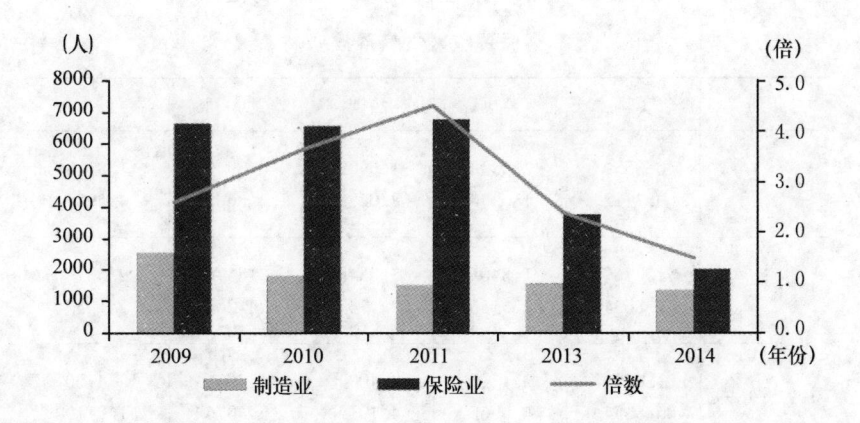

图11-2　2009—2014年中国保险业与制造业亿元利润吸纳就业人数比较

6. 人均GDP超过8000美元后保险业增速较快而制造业增长缓慢

国际保险业发展实践表明，人均GDP超过8000美元后，特别是在人均GDP从1万美元增至2.5万美元，人身险业保费收入相对同期GDP规模加速增长，考虑到人身险业保费收入普遍高于财产险业，因此人身险业保费收入变化基本可以反映出全行业保费收入变化。回归分析表明，1975—1980年，在美国、英国、法国、意大利和日本人均GDP并未全部达到8000美元时，人身险保费收入相对GDP增速加速趋势并不明显，但在1981—1990年以及1991—1999年的人均GDP达1万—2.5万美元，人身险保费收入相对GDP增速出现了较为明显的加速趋势，这一期间多数国家人身险保费收入增速能够达到同期GDP增速的1.5倍以上（如表11-1所示）。而同期，上述国家制造业增速绝大部分时期都低于GDP增速，幅度基本在2个百分点左右，因此也就更是较大幅度低于保险业增速（如图11-3所示）。

表11-1　1975—1999年世界主要国家GDP对人身险保费收入贡献系数

年份	美国	英国	法国	意大利	日本
1975—1980	0.8539 (9.3112)	2.3238 (18.344)	1.6403 (8.0288)	0.3949 (4.8603)	1.8114 (4.5959)
1981—1990	1.3767 (6.8634)	1.8405 (13.156)	3.0548 (9.1748)	3.8176 (24.253)	2.5379 (24.253)
1991—1999	1.6709 (6.8634)	2.1225 (4.0965)	2.4004 (4.1919)	6.3996 (5.4076)	2.4700 (1.9119)

注：括号内数值为T值（下同）。

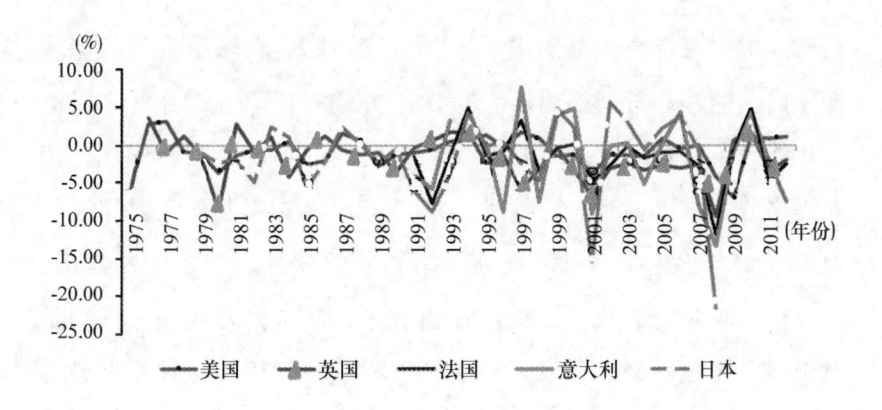

第十一章 保险业视角下的生产服务业特性与创新 313

图 11-3　1975—2011 年美国、英国、法国、意大利和
日本制造业增速与 GDP 增速差额（%）

上述分析表明，在制造业发展到较高水平，服务业特别是保险、银行等金融业服务尚未提升到较高水平时期，也即人均 GDP 超过 8000 美元，特别是人均 GDP 介于 1 万—2.5 万美元的发展阶段，制造业增速普遍趋于平稳，且总体低于同期 GDP 增速，而保险业增速普遍趋于加速提升，且总体高于同期 GDP 增速。

7. 保险业发展方式呈现虚拟化、网络化特点而制造业发展方式仍以传统方式为主

随着信息技术的发展，使保险业等生产性服务业虚拟化、网络化发展成为可能，保险服务虚拟化、网络化、智能化、科技化发展优势日益凸显，主要体现在以下三个方面：一是保险销售通过引入"e"行销，即保险营销人员随身携带与保险公司网络连接的专属移动销售设备，在为客户提供界面友好、查询方便、模拟测算快捷的展示服务的同时，还可以现场办理业务，实现保单填写、保单校验、保单签字确认以及保单缴费等功能，大大减轻后台支持工作压力，提高出单时效，减少保单出错率，较好降低保险公

司营运成本，提高服务水平和服务效率；二是在保单有效的保险期间内，能够通过网络给客户提供全方位查询服务，并辅之以电话热线服务，及时解决客户在保险期间内的各种疑问和问题，切实提高服务的及时性、可靠性，满足客户多方面服务需求；三是保险企业运营当中，通过提高网络和专业软件应用范围和深度，可以极大减少人力成本，提高工作效率，防范经营风险，特别是对于保单管理、分红派发、财务管理和风险管控具有日益重要的作用。

  近年来，包括全球金融业对 IT 的投入快速大幅提升，对 IT 的依赖性也越来越大，金融业服务水平与其 IT 基础设施和应用软件先进程度成正向变化，以科技创新带动业务创新乃至经营管理创新日益成为保险业发展的潮流。根据 Tower Group 的统计（如图 11-4 所示），金融机构 IT 支出，从 1996 年的 2360 亿美元，增加至 2003 年的 3340 亿美元，金融机构 IT 外包金额占 IT 总支出的比重，从 1996 年的 50%，增长到 2003 年的 56%，2010 年增至近 60%（如图 11-4 所示）。中国也不例外，随着专业化分工加快，金融 IT 建设逐步由自建转为外包，2010 年中国金融 IT 外包服务市场规模为 74.57 亿元，同比增长率为 21.03%；2011—2014 年中国金融 IT 外包服务市场的复合增长率将达到 22.91%（如图 11-5 所示）；其中，保险 IT 建设步伐日益加快且逐步加大外包比重，保险 IT 外包市场以年均 26.5% 的速度增长[①]。与包括保险业在内的金融业与高科技加速融合不同的是，制造业发展虽然也会在内部管理、技术创新和生产加工中提高科技含量，但仍以传统加工制造为主，其与信息化、网络化、虚拟化及企业经营管理服务的融

---

① 咨询机构易观国际《中国保险行业 IT 外包服务发展研究报告》预测。

第十一章 保险业视角下的生产服务业特性与创新　　315

合度和渗透度远低于金融保险业。

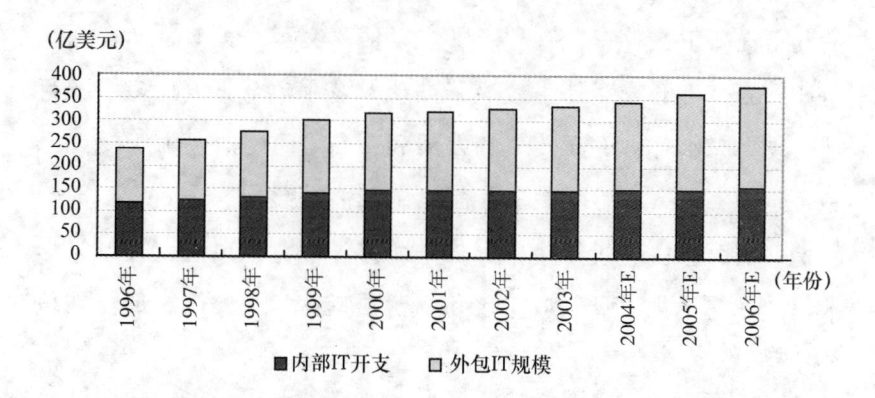

图 11-4　1996—2006 年全球金融机构外包 IT 规模和内部 IT 开支

注：E 表示预测值。

资料来源：Tower Group。

图 11-5　2007—2015 年中国金融 IT 外包服务市场规模及增长

数据来源：CCM Research，2011/2。

8. 保险业布局集聚化效应明显而制造业这一效应较弱

保险业与其他金融服务业一样，都存在布局的集聚化效应，保险业、证券业、基金业、信托业、银行业等集聚一处，有利于高效集聚资金和人才，有利于提高同业和跨业信息沟通协调效能，有利于提高工作效率，有利于形成以信息交互、头脑风暴及论坛讲座等为核心的较强外溢效应，推动保险业乃至其他众多金融行业实现更高水平、更高效率的发展和创新。而制造业由于受到原料、运输、产品、销售等多方面限制，很难形成这一效应，部分制造业反而会由于过于集中，带来一定过度竞争风险，且难以形成以产品差异化、服务多样化和经营独特性为重要组成部分的核心竞争力。

9. 保险业进入门槛较高且呈垄断竞争格局而多数制造业进入门槛较低且竞争激烈

与其他金融行业一样，为了避免过度竞争带来的系统性金融风险，保险业实行严格的资格准入制，只有满足法律规定的条件且经审核批准后，才能设立保险机构。根据中国1995年颁布的《保险法》第67—69条规定，保险公司设立应当经国务院保险监督管理机构批准，国务院保险监督管理机构审查保险公司的设立申请时，应当考虑保险业的发展和公平竞争的需要，且其注册资本的最低限额为人民币2亿元，进入门槛较高。2004—2012年，中国直接保险公司家数从54家增至131家，无论是财产险业还是人身险业，仍呈现垄断竞争格局，业务规模位居前五的保险公司市场集中度较高。而除涉及国防军事等特殊领域的制造业，特别是中低端制造业进入门槛通常较低，监管不严，竞争激烈，部分产能过剩行业存在过度竞争。

10. 保险业与制造业等实体经济具有高度产业关联性

尽管保险业作为生产性服务业的典型分支，具有上述特征，但保险业与其他生产性服务业一样，自身的生存和发展都根植于制造业，根植于实体经济，离开制造业的发展，离开实体经济的需求，保险业等生产性服务业将成为"无源之水，无本之木"，在经济发展链条中，没有服务业，制造业可以独立存在，但没有制造业，服务业无法独立生存，此为其一；其二，保险业发展速度取决于以制造业发展水平为代表的经济发展阶段，一般情况下，制造业越发达，居民收入越高，人均 GDP 越高，保险业就越发达，反之则反；其三，制造业等实体经济的发展，离不开保险业等生产性服务业的支持，在制造业的产前、产中和产后提供必要的财产保险保障服务，对从事制造业的工作人员提供多方面的人寿保险、健康保险和意外伤害保险等人身保险保障服务，在企业固定资产或产品发生损失、在企业生产过程发生风险、在企业员工发生意外、伤残或死亡等情况下，提供必要的经济补偿，能够整体降低制造业经营风险，减少经营损失，对制造业全过程起到了防灾减损、降低成本、增加价值等作用。未来，随着制造业产业升级和服务业加快发展，二者的融合度将日趋提升。

（三）保险业与制造业对经济发展贡献及贡献路径比较

保险对国民经济的推动作用主要包括四个方面：一是直接贡献，即人身保险本身具有创造价值、促进就业的功能，能够直接促进国民经济发展；二是经济补偿，通过风险发生前强化防险防灾意识，通过风险发生后及时对保险风险进行经济补偿，降低全社会可保风险的风险暴露水平，增强经济社会发展的连续性和稳定性；三是作为社会保障体系的重要组成部分，促进社会的稳定与和谐；四是提高社会资金归集和使用效率，即通过保险基金的建立和运用，提供较为稳定的投资资金，提高社会储蓄率，提升资金配置的科学性和有效性，促进经济健康稳定发展；因此，保险又被称为"经济助推器"和"经济稳定器"。而制造业对经济社会的贡献较为单一，只体现在与保险业一样的直接贡献上，并没有保险业其他三方面贡献。

1. 直接贡献

实践表明，保险业对经济增长具有显著的正相关关系，主要表现为三个方面：一是保险业发展对经济增长具有正向拉动作用，世界银行对1976—2004年56个国家的考察结果表明，保险业对GDP贡献率为0.138%，人身险业对GDP贡献率为0.151%，即保险业和人身险业保费收入每增长1%，将分别拉动GDP增长0.138%和0.151%，人身险业贡献率高于财产险业和整个保险业；二是保险业发展对经济增长波动具有平滑作用，粟芳[①]等人对1986—2007年46个国家的考察结果表明，人身险深度可减少GDP 0.015个百分点增长波动，即人身险深度每提高1%，可以熨平GDP 0.015个百分点的增长波动；三是保险业对国民经济的作用在发展中国家和落后地区更为明显，Liyan Han对1994—2005年70个国家的考察结果表明，发展中国家保险密度对经济拉动贡献率为9.172%，远高于发达国家1.873%的水平；吴洪[②]等对我国29个省、直辖市的考察结果显示，保险深度对处于平均水平以下、平均水平以及发达省份的地区经济的拉动效果分别是4.11%、3.15%和0.84%，随经济发达程度提高而降低（如表11-2所示）。

---

① 粟芳，蔡万科：《保险发展对经济稳定作用的实证研究——基于46个国家的面板数据分析》，《武汉理工大学学报》，2011年1月刊。

② 吴洪，赵桂芹：《保险发展、金融协同和经济增长——基于省级面板数据的研究》，《经济科学》，2010年3月刊。

表 11-2　　　　　　　　保险与经济增长关系

资料来源	考察对象	考察时间	考察方法	主要结论	贡献率
世界银行	56个国家（分为高收入国家、中等收入国家、低收入国家）	1976—2004年	回归	1.保险对GDP规模具有正相关作用。2.保险对不同收入国家GDP增长的贡献度是一样的。3.人身险保费收入对经济增长的作用大于财产险。	1.保险对GDP贡献率为0.138；2.人身险的贡献率为0.151
Liyan Han等人	70个国家（分为发达国家和发展中国家）	1994—2005年	GMM模型	1.保险与GDP增长之间具有正相关关系。2.保险对发展中国家经济增长的作用大于发达国家。	1.发展中国家保险密度对GDP贡献率为9.172，发达国家为1.873；2.发展中国家人身险密度对GDP贡献率为2.495，非寿险密度对GDP贡献率为8.76。发达国家非寿险密度对GDP贡献率为1.309。
Pearson	英国	1700—1914年	逻辑回归	保险创新构成英国经济发展的重要原因之一。	
蔡华	中国	1995—2009年	柯布道格拉斯生产函数	1.人身保险保费收入对GDP规模具有正相关作用。2.人身保险保费收入对经济增长的作用大于财产险。	1.人身保险的贡献率为0.159；2.财产险对我国经济的贡献率为0.086

续表

资料来源	考察对象	考察时间	考察方法	主要结论	贡献率
吴洪等人	29个省、直辖市	1996—2008年	分位回归	1.保险深度与经济增长正相关；2.人身保险对我国经济发展水平中等和较差地区的促进作用较为明显。	保险深度对处于平均水平以下、平均水平以及发达省份的地区经济的拉动效果分别是 4.11、3.1538 和 0.8444
粟芳等人	46个国家	1986—2007年	回归	寿险深度越大，国内生产总值增长率误差、财政收入增长率误差、税收收入增长率误差越小	1.人身险深度可减少 GDP 0.015 个百分点增长波动；2.寿险深度可减少财政收入 0.038 个百分点增长波动

注：以上结论除 Liyan Han 等人的结论为在95%的水平显著，其他均为在99%的水平显著

资料来源：根据公开文献资料整理得出。

此外，人身险业作为典型的生产性服务业，特别是以个人营销为主的业务拓展属性，进一步增加了该行业对就业的巨大吸纳力和承载力，其对一国就业具有重要价值。如2011年，美国为人身保险公司工作的雇员人数为139.8万人，销售人员88.4万人，行业合计超过220万人，占当年劳动力人口的1.44%。2009年，日本人身保险公司销售人员为25.1万人，从事寿险代理销售的人数超过90万人，占当年劳动力人口的1.37%。

2. 防灾防险和经济补偿

在经济社会发展过程中，不可避免要面临各种各样的风

险，进而对人类的生产和生活带来多种多样损害，有的表现为经济损失，有的表现为疾病、伤残、死亡等人身风险。保险作为风险管理的最有效手段之一，主要研究风险的发生和变化规律，估算风险对社会经济生活可能造成损害的程度，并选择有效的方式，有计划、有目的地处理风险，以期让各类购买保险的主体以最小的成本代价，获得最大的安全保障。

鉴于自然灾害风险是人类生产生活面临的最大风险，因此财产保险对自然灾害风险的补偿也是最高的，其在及时恢复人类生产生活秩序、降低经济社会损失、"一地有难、八方支援；一方损失，多方分担"等方面发挥了至关重要的作用。从财产保险灾害补偿看，世界主要经济体国家的自然灾害补偿比例很高，如2009年全球因巨灾造成的经济损失为620亿美元，其中保险业负担了损失的41%；再比如，1985年墨西哥大地震、1988年吉尔伯特飓风损失的98%、1992年美国安德鲁飓风和1990年欧洲冬季狂风损失的50%以上由再保险公司承担；"9·11"恐怖事件损失的60%—70%由全球再保险市场承担；2006年全球自然灾害损失的36%由保险业承担。

3. 社会保障体系的重要组成部分

现代社会保障制度经历100多年的发展，目前已经成为现代国家特别是工业化国家普遍实行的一项重要的经济社会制度，主要包括养老、医疗、失业、工伤和低收入群体保障等。现代社会保障制度一般由三个"支柱"共同构成：一是强制性国家保障体系，资金来源为财政收入；二是企业和员工共同出资，由保险公司提供医疗、养老等补偿；三是个人出资向保险公司购买服务。商业人身险作为第三支柱，成为现代社会保障

表 11-3　　1970—2003 年金额最高的 10 起灾害及其引发的财产险业损失

事件	发生时间	发生地点	保险损失（百万美元）	死亡人数（人）
恐怖分子袭击美国世界贸易中心、五角大楼等	2001.9.11	美国	21062	3025
"安德鲁"飓风	1992.8.23	美国、巴哈马	20900	43
"北里奇"地震	1994.1.17	美国	17312	60
"米雷列"飓风	1991.9.27	日本	7598	51
"达里亚"冬季风暴	1990.1.25	法国、英国等	6441	95
"洛塔尔"冬季风暴	1999.12.25	法国、瑞士等	6382	110
"雨果"飓风	1989.9.15	波多黎各、美国等	6203	71
欧洲暴风与洪水	1987.10.15	法国、英国等	4839	71
"维维安"冬季风暴	1990.2.25	西欧和中欧	4476	64
"巴物"飓风	1999.9.22	日本	4445	26

数据来源：根据公开资料整理得出。

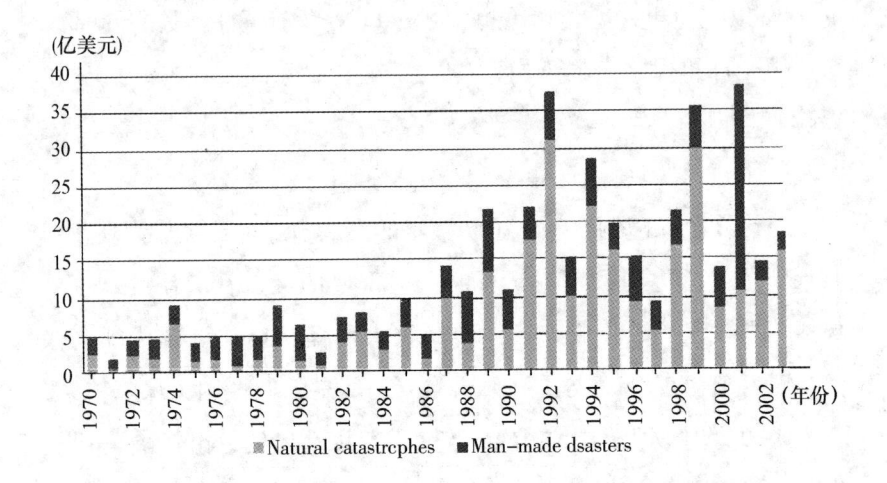

图 11-6　1970—2003 年自然灾害和人为灾祸对财产险业带来的损失

Source：Swiss Re, Economic Research & Consulting, *Sigma* No. 1/2004

体系不可或缺的重要组成部分（如图11-7）。以美国和日本为例，商业保险在养老保障体系中发挥着重要作用，美国2000年以来其社会养老保险和商业养老保险总人口覆盖率分别超过90%和30%，日本的这一数据分别为60%和近100%；退休收入替代率中，美国社会养老保险高收入者和低收入者替代率分别为40%和近60%，商业养老保险中仅401K的替代率就超过50%，日本社会养老保险替代率为60%，商业养老保险替代率为35%。同样以这两个国家为例，商业医疗保险在整个医疗保障体系中的地位与作用与其医疗保障体制密切相关，由于美国医疗保险属于商业健康保险主导型，因此其医疗卫生费用支出中，由商业保险负担的比例高达37%，与社会保险45%的负担比例相差不大；而日本属于社会医疗保险主导型，因此其商业医疗保险负担比例很低（如图11-8所示）。

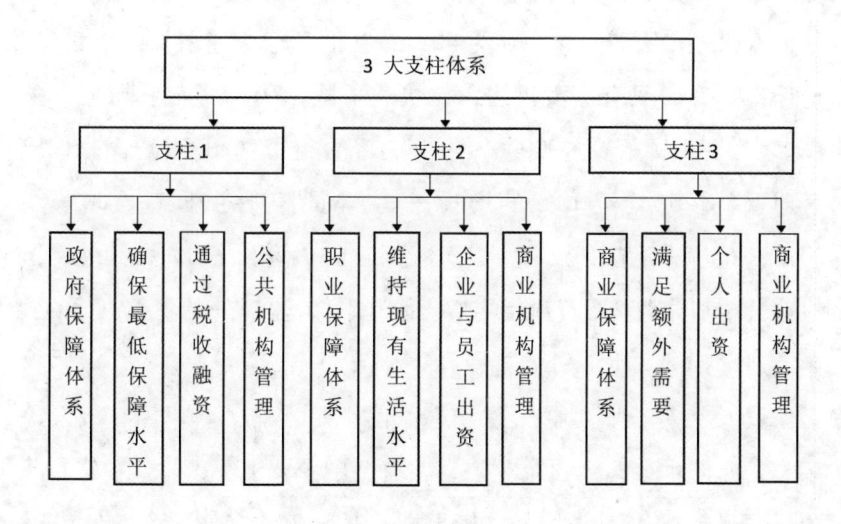

```
                    3 大支柱体系
        ┌───────────────┼───────────────┐
       支柱1           支柱2           支柱3
    ┌─┬─┬─┬─┐     ┌─┬─┬─┬─┐     ┌─┬─┬─┬─┐
    政 确 通 公     职 维 企 商     商 满 个 商
    府 保 过 共     业 持 业 业     业 足 人 业
    保 最 税 机     保 现 与 机     保 额 出 机
    障 低 收 构     障 有 员 构     障 外 资 构
    体 保 融 管     体 生 工 管     体 需     管
    系 障 资 理     系 活 出 理     系 要     理
       水           水             
       平           平             
```

注：根据近年各国社会保障体系建设实际情况整理得出。

图11-7 现代社会保障体系构成

4. 提高社会资金归集和使用效率

在金融资产规模快速增长的同时,金融结构发生了较大改变,逐步由银行主导阶段转向多种金融机构共同主导阶段。银行主导阶段中,实体经济部门融资主要依靠银行,银行在金融业中居主导地位;多种金融机构共同主导发展阶段中,随着金融创新层出不穷,包括保险公司、证券经营机构等非银行金融机构迅猛发展,在金融资产构成中,银行资产逐步缩减,保险和其他非银行金融机构迅速攀升,人身险业在金融业中的地位日益提高,在成为资本市场重要机构投资者的同时,提高了全社会资金归集和使用效率。

从金融资产结构看,1970—1998 年,各国债权与同期 GDP 比例中,银行呈现逐步下降趋势,非银行金融机构呈逐步上升趋势。在非银行金融机构金融资产构成中,保险公司相对养老基金和共同基金等的资产总额增长较快。如 1952—2001 年,美国保险公司和养老基金占比之和从 31.1% 增加为 40%,互助基金快速增长,从 5.6% 增长为 25%,只有储蓄机构占比快速下降,从 62.6% 下降至 32%(如表 11-4 所示);1990—1999 年,经合组织(OECD)国家保险公司保持了年均近 10% 的增长速度,同期美国共同基金增长了 20%,养老基金增长了 14%,人寿保险公司增长了 9%;其他各国保险公司和养老基金资产年均增长率基本保持在9%的高于银行的较高增速(如图 8 所示)。

发展至今,保险业在金融业地位举足轻重。2012 年《财富》杂志公布的世界 500 强企业中,共有金融企业 106 家,其中银行集团 44 家,占 42%;保险公司 38 家,占 36%;多元化金融公司 24 家,占 22%。500 强中排名前 5 名的金融企业中有 3 家是保险集团。500 强公司数量最多的美国,其上榜公司最多的行业也是保险业，共有14家公司上榜。

表11-4　　　美国各类金融机构金融资产份额（%）

年份 机构	1952—1955	1956—1960	1961—1965	1966—1970	1971—1975	1976—1980	1981—1985	1986—1990	1991—2001
保险公司	25.5	24.6	22.3	19.8	17.1	16.2	15.5	16.1	15.0
储蓄机构	62.6	59.2	58.0	58.0	60.2	60.2	55.1	48.8	32.0
养老基金	5.6	8.4	10.8	12.4	13.5	15.3	17.1	17.6	25.0
互助基金	1.4	2.3	3.3	3.9	2.8	2.3	5.8	9.0	23.0
其他	4.9	5.5	5.6	5.9	6.4	6.0	6.5	8.5	5.0

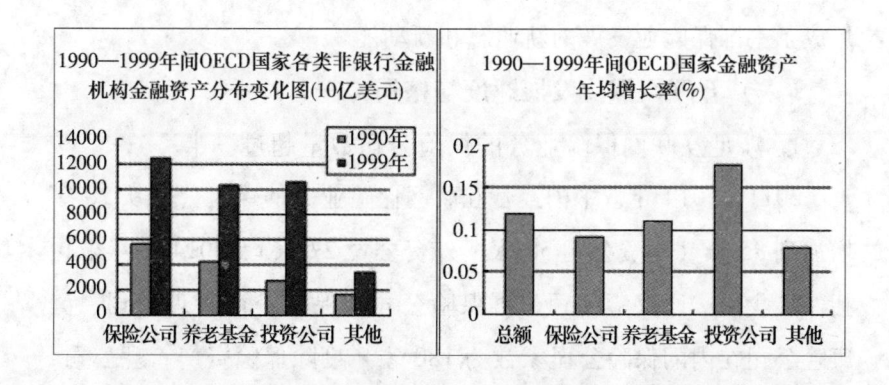

图11-8　1990—1999年OECD国家金融资产结构变化

数据来源：AIG提供。

401K计划是指美国1978年《国内税收法》新增的第401条k项条款的规定，1979年得到法律认可，1981年又追加了实施规则，20世纪90年代迅速发展，逐渐取代了传统的社会保障体系，成为美国诸多雇主首选的社会保障计划。401k计划是一种缴费确定型（DC）计划，实行个人账户积累制，由雇员和雇主共同缴费，缴费和投资收益免税，只在领取时征收个人所得税。

二 作为服务业的保险业创新
——互联网保险

服务业创新与制造业创新有较大区别,制造业创新重在技术创新,而服务业创新则涵盖范围更广,是技术创新、内容创新和商业模式创新的融合体,三者相比重在内容创新和商业模式创新,在互联网大数据时代这一服务业创新特点更加凸显,保险业也不例外。近年来,伴随互联网金融的兴起,互联网保险步入快速发展轨道,2011—2014年,涉足互联网保险业务的公司数量快速增加,互联网保险业务规模迅速扩大,互联网保险创新层出不穷,形成了中国保险业发展的新业态和新动能。

(一) 互联网保险发展速度与格局

1. 涉足互联网保险业务的保险公司数量超过一半

2011—2014年,中国经营互联网保险业务的保险公司从28家增加到85家(中资公司58家,外资公司27家),2014年年末包括保险集团、原保险公司、再保险公司、保险资产管理公司、健康险公司在内的保险公司家数为180家,剔除保险资产管理公司,涉足互联网保险业务的保险公司占比超过一半,其中涉足互联网保险业务的寿险公司和财险公司分别占全部寿险公司和全部财险公司比例超过73%和50%。中国人寿、中国太保和中国平安等大型保险集团公司成立了独立的电子商务公司,布局互联网专业化经营。

2. 互联网保险业务规模突飞猛进

2014年保险业互联网保险保费收入858.9亿元,同比增速高达195%,保费规模较发展初期的2011年增长了26倍,在全行业总保费收入的比重升至4.25%。2015年上半年互联网保险保费收入高达816亿元,不仅是2014年上半年的2.6倍,而且接近2014年全年的水平,对全行业保费收入增长贡献率达14%;同时,近两年互联网保险投保客户复合增长率高达230%;因此互联网保险业务已经并将继续成为推动保险市场发展的重要新生力量。

3. 财险互联网保险发展快于人身险互联网保险发展

2014年中国财险互联网保险保费收入505.7亿元,同比增长114%,人身险互联网保费收入353.2亿元,同比增长550%;2014年互联网保险保费收入中,车险占比高达56.4%,理财险占比30.4%,分红寿险、意外健康险和普通寿险占比分别为5.5%、3.6%和2.5%;2014年财险互联网保险占财险保费收入比重超过6%,人身险互联网保险占人身险保费收入比重为3%左右;截至2014年年末,财险互联网保险保单件数为20.11亿份,客户数量为12.16亿人次,而人身险互联网客户数量仅为7240万人次。因此,无论是从绝对数额看,还是从互联网保费收入结构看,或是从二者保单数量和客户数量看,财险互联网保险发展均快于人身险互联网保险发展,这与财险保单简单、易懂、标准化程度高、个性化程度低等密切相关。

4. 互联网保险市场格局分化较大

由于互联网保险方兴未艾,部分保险公司尚未涉足,因此互联网保险市场集中度较高,2014年财险互联网保险中,仅中国人保和平安财险两家的市场份额就高达80%,人身险互联网保险中,光大永明、前海人寿和工银安盛的小型人身险公司市场占有率较高,这三家公司市场份额超过40%,前五家市场份额超过50%。这主要是由财产险保险产品更易于实现网销、寿险产品较为复杂、中小型人身险公司以较高收益率的理财型万能险和投连险作为网销主打产品等所决定的。

5. 互联网保险产品线呈现车险和理财型保险产品为主的特点

近年来虽然互联网保险产品线日趋丰富,但财险互联网保险中的车险以及人身险互联网保险中的理财型产品"一险独大"格局短期内难以打破。2014年财险互联网保险保费收入中车险占比高达95.81%,较传统业务中车险77.69%的占比高出近20个百分点,车险不仅是财险互联网业务的最主要来源,也是整个互联网保险业务的最主要来源(如图11-10所示)。2014年人身险互联网保费收入中,万能险和投连险保费合计占比达74%(如图11-11所示),人身险互联网保险市场形成以理财型产品为主、传统保障型产品为辅的发展格局。而相对比较复杂的大额健康保险、长期期交寿险、终身险等传统型产品,因为保障期较长、保单条款繁复,需要与专业营销人员当面沟通,这类保险产品在网络销售中的占比较低。

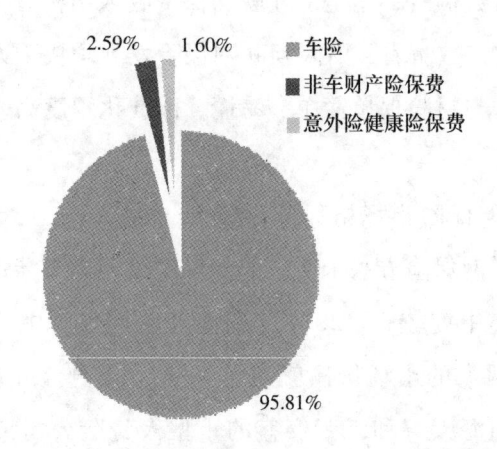

图11-10 2014年财险互联网保险产品结构

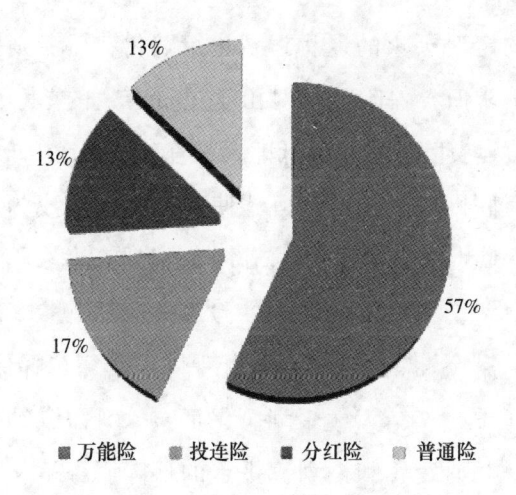

图 11-11　2014 年人身险互联网保险产品结构

6. 年轻人成为互联网保险的主要消费群体

由于网购等新兴消费方式在年轻人当中更为普及，因此互联网保险的消费群体也主要集中在年轻人。2012 年年底互联网产品消费者中，18—30 岁的占比达 58.7%，31—35 岁的占比达 17%，即 35 岁以下的中青年占比超过 75%。

（二）互联网保险内容创新

互联网保险内容创新主要集中于保险产品线和具体保险产品设计创新，这一创新极大地推动了互联网保险发展。

第一，跨界创新开发互联网保险产品。通过跨界合作开发的新型保险产品，主要包括与淘宝网合作的退换货运费险、众乐险，与聚划算合作的参聚险，与支付宝合作的账户安全险，与小米合作的小米手机意外保，与百度合作的百付安等。其中客户数量众多的退货运费险，分为退货运费险（买家）和退货运费险（卖家），前者仅针对淘宝网支持 7 天无理由退货的商品，买家可在购买商品时选择投保，当发生退货时，在交易结束后 72 小时内，保险公司将按约定对买家的退货运费进行赔付；后者则是在买卖双方产生退货请求时，保险公司对由于退货产生的单程运费提供保险赔付；退货运费险保费十分低廉，只有1元钱，传统渠道无法盈利，只有在互联网大数据时代，才使其在商业上成为可能。参聚险是由众安保险与"聚划算"合作专为聚划算卖家量身打造、用于替代保证金缴纳而推出的一款保险服务产品，参聚险包括卖家履约保证责任保险与聚划算平台责任保险，卖家选择保险产品后，无须再按以往方式冻结大额聚划算保证金，只需缴纳相对较低的保费，即获得对消费者和聚划算平台的保障服务资格，并可以享受由众安保险公司提供的先行垫付赔款的服务。

第二，依靠大数据挖掘创新开发互联网保险产品。这类产品主要包括航空延误险、航空意外险、旅行险、健康险、天气宝等，这类产品的特点是条款简单、保费低廉、购买方便、碎片化且黏性高。以航空延误险为例，过去用户购买航空延误险，需要主动去相应的航空公司、保险公司或相应的第三方平台官网上购买，注册账号、填写信息等，比较不便，最重要的是理赔程序复杂，需要客户自己向航空公司索要航班延误证明，并且要在航班到达2天内提出索赔，5天内提交全部材料，而最终获赔的金额不过两三百元，长期以来这一保险需求"叫好不叫座"；而通过互联网保险则可以非常方便解决上述问题，如众安保险用户只需花费25元就可以购买一份航空延误险，飞机若延误2小时，就可获得200元赔付，延误时间越长，赔付金额越高，且整个理赔过程用户无须提交航班延误证明，保险公司后台可直接与第三方系统对接验证，系统自动打款，使得此类保险目前"叫好又叫座"。天气宝是一款全自动天气保障保险产品，以"中国气象局"当日实际天气状况数据为准，一旦触发赔付条件，受益人无须提供任何资料就可获得相应赔付，赔款自动支付到微信钱包，"天气宝"的最新产品包括"免费请你吃哈根达斯"，用户花10元购买，只要所在地区累计高温3天，即可获得50元哈根达斯代金券。

第三，创新开发互联网场景保险产品。针对阿里等商业生态开发的场景保险，主要包括数码产品意外损坏险、消保履约险等。以众安保险的手机意外险为例，为了不让用户感到理赔流程复杂，众安省去了保险公司经维修网点审定核保、用户等候数日才能理赔的流程要求，只要将手机送到维修网点即可同时完成维修和理赔。此外，众安保险还与一家O2O美容业平台合作，推出国内首款"安心保障险"，保险的内容主要是对接受上门服务的客户提供意外伤害、附加人身权利侵害、个人财产及随身物品损失的保险服务，用户无须为此支付任何费用。

（三）互联网保险商业模式创新

经过近几年的迅猛发展，我国互联网保险探索创新了多种商业保险发展模式，为互联网保险在我国发展壮大奠定了重要基础。

1. 将互联网作为与传统保险销售渠道并行的新型保险销售渠道

互联网保险经过近几年的发展，已经成为与传统营销员代理渠道、银保代销渠道、保险公司直销渠道并行的新型保险销售渠道。发展至今，这一新型保险销售渠道的业态有三种，即保险公司自建官网直销的B2C方式、第三方平台分销的B2B2C方式、代理人上网A2C方式。

对于保险公司自建官网直销的B2C方式，多数保险公司都在内部设立专门的部门或下设独立电商公司进行网销渠道建设，用户可以在网站、手机App、官方微信等服务平台上进行业务查询、代理人寻找、投保续保等。

对于第三方平台分销的B2B2C方式，众多保险公司联合淘宝、京东和苏宁等国内知名电商平台，开展部分保险产品的销售和服务；除此之外，还出现了专门的保险第三方平台开展互联网保险业务，包括蜗牛保险网、惠泽网、中民网、大童网、和讯放心保、新一站保险网等，站在客户的角度客观评判，以通俗易懂、简单直观的方式对众多保险产品进行分类比较，让客户买到适合自己的性价比最高的产品。值得一提的是，部分保险专业网站并不满足于仅销售保险公司开发的互联网保险产品，还会与保险公司合作开发新的产品，提高网上购买保险的客户的满意度。发展至今，互联网保险逐步形成了第三方平台为主、自有渠道为辅的销售格局。2012—2014年网销保费收入中，第三方平台市场份额由33%快速提高到69%。截至2014年年末，在经营互联网保险的85家公司中，69家公司通过自建官网开展经营，68家公司通过与第三方电子商务平台深度合作方式开展网销，其中52家公司采用自建官网和第三方合作"双管齐下"的方式拓展互联网保险。财险互联网保险中，主要以自有网销渠道销售为主，占比高达95%以上，第三方平台占比不到5%，但在人身险互联网保险中，正好与财险互联网保险相反，主要以第三方平台销售为主，占比达95%，自有渠道反而占比不到5%。淘宝/天猫和网易是最大的分销平台，二者的市场份额分别达67%和28%，其他电商平台占比只有5%左右。

对于代理人上网A2C方式，主要是指很多保险公司个人营销员会通过保险公司官网、保险第三方平台和其他涉足保险销售的第三方平台进行相关保险产品等的宣传和服务，以便拓宽新客户获取渠道、提高对老客户服务水平。

2. 设立互联网保险公司专营互联网保险业务

为了能更好拓展互联网保险业务，2013年11月6日国内首个互联网保险公司众安在线正式开业，经营范围包括货运险、信用保证保险、意外险、健康险、家财险、企财险等，注册资本10亿元，阿里是第一大股东，持股19.9%，腾讯和平安各持股15%，其余50.1%的股份被携程等6家股东持有。需要说明的是，众安保险所获得的保监会审批的专营互联网保险的牌照，不仅是中国第一家，也是全球第一家网络保险牌照。众安保险的定位是"服务互联网"，不仅只是通过互联网销售既定的保险产品，还要通过保险产品创新，为互联网的经营者和参与者提供整体解决方案，化解和管理互联网经济的各类风险，为互联网行业安全高效运行提供专业保障和服务。在众安保险之后，保监会又批准了筹建易安财产保险股份有限公司、安心财产保险有限责任公司、泰康在线财产保险股份有限公司等3家互联网保险公司，经营范围与众安保险基本一致。互联网保险公司不仅保费增长较快，保单数量和保单件数增长更为客观，以众安保险为例，仅2014年11月11日当天，众安保险护航双十一保单件数超过1.6亿件，保费超1亿元，截至2014年11月11日，众安保险共推出互联网保险产品逾40款，累计投保件数突破6.3亿件，服务客户数超过1.5亿人次。

3. 保险产品与互联网金融融合发展

当前乃至未来较长一段时期创新驱动发展战略实施过程中，小微企业作为大众创业、万众创新的生力军，受制于"融资难、融资贵"等问题，直接制约了其自身的发展和创新潜能的发挥。而伴随"信用保证保险＋互联网信贷"这一创新互联网保险模式的出现，小微企业"融资难、融资贵"问题得到一定程度的化解。近两年"信用保证保险＋互联网信贷"模式刚刚兴起，其运行机理是财险公司通过信用保证保险的方式为小微企业提供融资增信安排，帮助这些小微企业通过蚂蚁金服等互联网信贷平台获得融资，如果小微企业等融资方发生违约，由其所购买的信用保证保险所在的财险公司按照相关保险合同条款履行本息兑付责任。这一模式的成功诞生，既充分发挥了财产险企业的专业风险定价能力和风险管控专长，也为信用保证保险借助互联网金融平台找到了一条新的发展通道。截至2014年7月末，已有20家财产险公司通过与蚂蚁金服合作的方式，为超过120万企业和个人提供了信用保证保险，融资总额突破1000亿元，户均融资8万元，其中半年以内融资的资金成本甚至低于银行同期基准贷款利率，帮助小微企业通过蚂蚁金服的招财宝平台获得既快捷又低廉的融资。招财宝平台上第一家通过此方式成功融资的山东企业，从发布融资信息到资金到账仅两个工作日，极大提高了小微企业贷款效率。值得一提的是，这种新型经营模式能否成功，主要取决于财产险公司的风险控制能力和水平，不仅要把控好平台风险，选择资质良好的互联网金融平台，还要把控好具体贷款项目风险。

4. 利用互联网大数据创新保险风险管理模式

在互联网大数据的强大支持下，保险产品定价正在朝着更加全面、精确的方向迈进。在互联网大数据广泛应用推广之前，保险产品定价更多依赖内部数据或有限的外部数据，而随着互联网经济金融的发展，保险精算所需要大数据的可得性、可获取性得到有效增强，甚至一些基于互联网的社交数据和行为数据的获取也成为一种可能，不仅直接提高了保险产品精算定价的针对性和准确性，而且可以根据个体差异设计定制化保险产品，让保险服务面和渗透率得到进一步的提升。此外，在保险风险防范方面，可以通过引入智能穿戴设备、智能医疗设备、电子监测设备等，及早发现消费者潜在疾病可能，提示健康风险，更好地做到早警示、早预防、早治疗，在更好保障消费者健康的同时，有效降低保险公司赔付率。

（四）中国互联网保险的发展趋势

2014年10月1日，中国保监会《互联网保险业务监管暂行办法》正式实施,以鼓励创新、防范风险和保护消费者权益为基本思路,从经营条件、经营区域、信息披露、监督管理等方面明确了互联网保险业务经营的基本经营规则,标志着中国互联网保险发展步入规范化、法制化轨道。鉴于网络保险产品设计标准化程度高、简单易懂、保费低廉、支付便利、理赔简单、容易达成交易,且能够充分利用互联网和大数据开展碎片化需求的整合挖掘进而创新保险产品,未来互联网保险发展空间广阔。

1. 互联网保费规模仍将继续快速提升

2014年中国保险业保费收入突破2万亿元,互联网保费收入占比只有4.2%,而2011年美国保费收入中互联网保费收入占比已突破8%。分产品类别看,2012年美国人身险互联网保险保费收入占比达9%左右,中国不到1%;汽车互联网保费收入占汽车保险销售的比重方面,美国已达到30%—50%,英国为45%左右,日本和韩国分别为41%和20%,而中国只有1%左右;有机构预测,2020年中国互联网保险保费规模将达到3600亿元,渠道渗透率达9%左右。总体看,未来中国互联网保险规模仍有较大提升空间。

2. 互联网保险产品创新和营销创新推陈出新

一方面随着移动数字技术的持续创新发展和消费者对互联网依赖度的不断提升,保险公司利用大数据对潜在客户特别是中青年白领潜在客户进行分析,全面挖掘其内在需求和购买习惯,推动互联网保险产品创新走向深入。另一方面可以充分利用信息互联网技术打造多形态、多触点、多层面的沟通平台与窗口,在搜索平台、网页、微博、微信等社交媒体与潜在消费者形成互动,而且可以开展精准营销,提高客户体验,提升营销效能。此外,还可以将互联网销售与核保、承保进一步融合,实现保险产品的自动报价、自动核保、自动承保、自动交易和自动理赔,简化购买和理赔流程,极大提高互联网保险产品的吸引力和客户黏着度。

3. 互联网保险经营模式创新继续深化

国际经验表明，互联网保险经营具有四大特点：一是保险费为业界最低，场租、人员、电子化运营、客户可以在网上完成从要求估算到申请产品的所有手续，不必面谈；二是产品简洁化，保险内容客户"完全理解""完全明白""去附加险"；三是信息透明化，完全公开产品纯保费及附加保费、每月业绩；四是严格控制签单等风险点，客户签名盖章后寄回[①]。以日本为例，2009年4月日本网络寿险客户调查结果表明，产品保费的低廉和产品条款的简单易懂是互联网保险销售达成的最关键要素，因此未来中国互联网保险经营也必将在这方面做精做细做实（如图11-12所示）。此外，国外互联网保险公司的成功要素也将对我国互联网保险经营模式产生深刻影响。以日本最成功的网销公司Lifenet生命为例，该公司成立于2006年10月，2008年5月开始营业，总部设在东京，注册资本132亿日元（约合1.63亿美元）。目前，该公司设有4个部门，员工约60人。其中：IT部15人，核保部20人，市场部15人，管理团队10人；其经营理念是"诚实、易懂、廉价和方便"；其锁定的投保对象是20—39岁年龄段；其所提供的产品主要是支付标准十分清晰的定期死亡保险、终身医疗保险和失能保险，这三类保险占比分别为61%、30%和9%；其理赔时效为5个工作日。正是由于该公司科学把握了互联网保险经营管理的精髓，因此在日本取得了巨大成功，2008年5月开业，2009年和2010年的年增长率分别高达367.1%和218.9%（如图11-13所示）。未来这些互联网保险公司的经营理念和管理模式必将在中国生根发芽，助推我国互联网保险发展。

---

① 减免此程序只局限于特定信用卡客户或发卡银行的签约客户，且有保险产品限制。

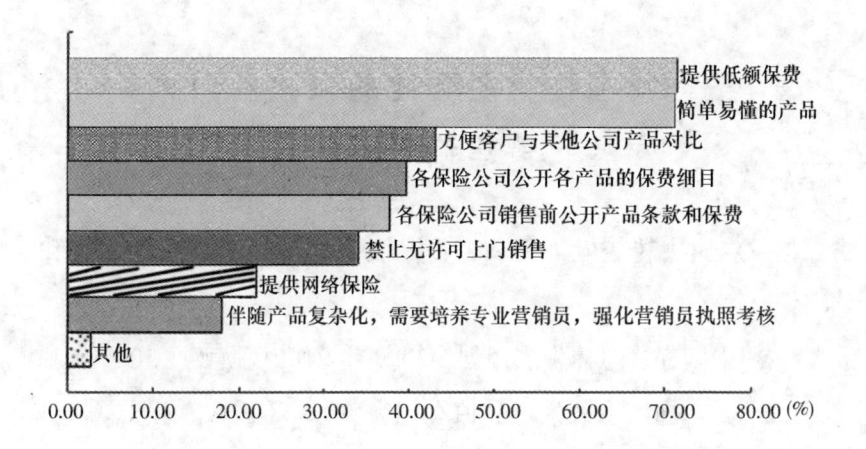

第十一章 保险业视角下的生产服务业特性与创新

图 11-12　2009年4月日本网络寿险客户需求调查结果

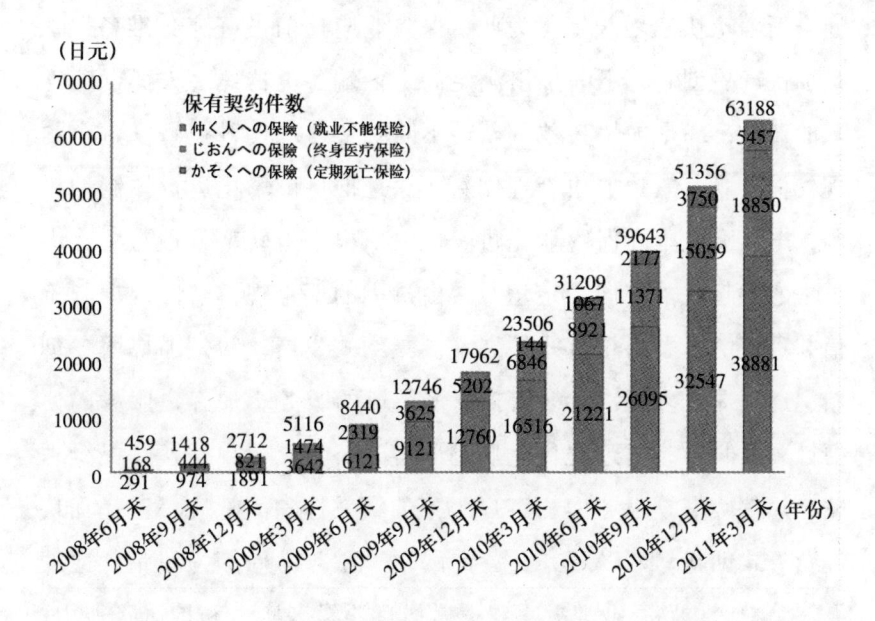

图 11-13　Lifenet 生命 2008—2011 年有效保单件数

资料来源：ライフネット生命保険株式会社，《ライフネット生命2010年度决算》，http://www.lifenet-seimei.co.jp/shared/pdf/LIFENET_disclosure_2010.pdf。

三 我国作为服务业的保险业改革发展政策建议

(一) 加快转变发展方式，提高服务经济社会建设的质量和水平

按照中国经济总体发展规划，2020年GDP规模要在2010年基础上翻一番，届时国民生产总值有望突破80万亿元，假设总人口仍保持现有增长水平，人民币汇率缓慢小幅升值，2017年和2020年人均GDP可能分别突破8500美元和1.2万美元，中国保险业将迎来新一轮快速增长期。为此，保险业应提前做好充分准备，一是加快产品创新，不断推出满足高中低端各类群体多方面保险需求的产品；二是加快科技创新，不断打造与现代科技高度融合的现代保险业；三是加快管理创新，深入推行市场化运行体制和机制，全面引进国际保险业先进经验，从根本上转变发展方式，由过去的大起大落转向稳定增长，由过去的偏重规模转向规模与价值并重，由过去的粗放式发展转向集约式发展；四是加快服务创新，通过提供多层次、多渠道、多手段的服务增加客户服务的便捷性和及时性，通过提供优质高效客户咨询、保单送达、保全理赔、短信微信等服务增加客户服务的实效性和满意度；五是加快经营方式创新，可以商誉、营销网络、业务格局等为纽带，适度开展跨地区、跨行业兼并重组，增强行业发展实力和抗风险能力；六是加快政策性业务创新，顺应国家养老医疗改革趋势，深层次介入并提供相关委托服务，增强保险业在经济社会发展中的影响力和公信力；七是加快制度创新，进一步加强与税务部门等的沟通力度，加快实施个人延税型养老金试点，不断提高保险覆盖面

和渗透度。此外,可以分区域优化保险企业布局,大力推进保险、证券、信托、银行等生产性服务业的聚集,发挥金融业特有的集聚效应。

(二) 及早确立"适度混业经营"发展基调,努力构建稳健金融服务体系

当前,中国混业经营趋势日益凸现,应深刻认识到国外特别是美国金融危机暴露出来的金融混业经营方面的缺陷与问题,及早确立"适度混业经营"的发展基调,稳步推进包括保险业在内的金融混业经营进程。

一方面,金融混业经营应以中国金融监管严格到位为先决条件。2008年9月由美国次贷危机引发的金融危机全面爆发以来,一些国际知名的金融控股集团受金融危机影响面临分拆解体,对混业经营模式提出了严峻挑战。但分析表明,引致其解体的原因不仅在于混业经营,更主要的是源于金融监管不力、金融机构风险防范不严、金融消费者专业认知不足等。同时,国际上混业经营成效较好的德国等国家,取得成功的关键在于金融监管严格高效。因此,中国金融监管机构在推进混业经营过程中,应充分汲取国际金融混业经营经验教训,本着"渐进、可控"的原则,不断加强金融监管,积极完善金融监管协调机制,重点防范因混业经营产生的监管真空和系统性金融风险。

另一方面,金融混业经营应以有利于中国金融机构长期可持续发展为着力点。国际经验表明,金融混业经营是一种比较先进的经营管理模式,具有一定的规模效应、范围效应和整合效应,但本轮金融危机表明,如果盲目多角化并购、多元化经营、多极化发展,不仅无法发挥综合经营的优势,反而会引发主业不突出、管控不到位、资源整合优势不明显、整体竞争力不强大等新型发

展问题。中国应当深刻认识到国外特别是本轮金融危机暴露出来的金融综合经营缺陷与问题，及早确立"适度综合经营"的发展基调，本着"风险可控、业务互补、规模适度、管理有效、利润提升"的原则，科学推进，稳步实施，促进我国金融业长期稳健发展。

（三）提高保险资产管理专业化水平，充分发挥社会资金集聚和配置功能

保险资产管理水平，直接决定保险社会资金集聚与配置功能的发挥。随着中国汇率、利率市场化改革深入推进，保险费率市场化逐步推行，保险投资渠道和比例限制日渐放宽，保险风险与保险投资风险持续增大；与此同时，信托、证券、基金、银行理财产品等金融产品创新加快，市场化份额超过80%的理财类保险产品面临越来越大的发展压力；加之国际保险业发展经验表明，未来保险公司将从负债驱动型逐步走向负债驱动型与资产驱动型共同发展模式；这些都对保险投资专业化水平提出了前所未有的更高要求。而保险投资能否成功，其核心在于打造一支精通保险资产负债匹配管理和市场化投资的高精尖投资队伍。除此之外，还应加快保险资金运用体制和机制改革，尽快设立并培育具有国际专业化水准的保险资产管理公司，搭建与资本市场良性互动的平台。

（四）变革保险经营理念，提高互联网保险覆盖面和渗透度

未来随着中国互联网和大数据挖掘技术水平的持续提高，不仅保险本身的精算和产品开发与创新对互联网和大数据的依赖度会进一步上升，而且互联网作为独立销售渠道的作用将进一步显现。因此当前中国保险业应变革经营理念，充分利用这些新兴技术，加快与互联网融合速度与程度，全面提高互联网保险发展层次和水平。

（五）鼓励保险非核心业务外包，增强保险业核心竞争力

随着中国保险业规模持续增长，按照产业链理论和服务外包理论，积极引进服务外包，推进非核心业务市场化、社会化，促使保险业降低经营成本，聚焦主业、聚焦核心业务、聚焦优势业务，借此提高强化全行业核心竞争力。一是应科学确立保险服务外包战略定位，坚持"主辅分离"原则，创造条件，优化环境，不断促进保险核心业务与非核心业务协同发展。二是应不断完善法律框架和监管机制，建立保险服务外包提供商的资格审查、评级和监管机制，引导保险服务外包业在风险可控前提下发展，为保险服务外包产业发展创造良好环境。三是应积极制定保险外包等服务外包促进政策，出台切合实际的优惠措施，鼓励保险服务外包产业发展；国家应适时出台政策，引导国内大型保险企业将内嵌的非核心业务外包出去，在加快社会专业化分工的同时，提升全行业运行效率。四是应高度重视在岸服务外包市场开发，走有中国特色的"内外结合"发展道路，实现在岸外包与离岸外包协同发展。五是应提升本土金融服务外包企业市场竞争力，当前，中国金融服务外包企业面临的问题，有技术问题、人才问题，但更主要的是"接单"能力问题，需要多措并举，加快提升。六是应构建多层次的金融服务外包人才引进体系和教育培训体系，为金融服务外包发展奠定人才基础。

参考文献

1. 江小涓，1999，《体制转轨中的增长、绩效与产业组织的变化：对中国若干行业的实证研究》，上海：上海人民出版社、上海三联书店。

2. 江小涓，1996，《经济转轨时期的产业政策：对中国经验的

实证分析及前景展望》，上海：上海人民出版社、上海三联书店。

3. 中国人民银行金融稳定分析小组，2015，《中国金融稳定报告》，北京：中国金融出版社。

4. 杨琳，王佳佳，2008，《金融服务外包：国际趋势与中国选择》，北京：人民出版社。

5. 朱进元，殷剑峰，2015，《转型与发展——从保险大国到保险强国》，北京：社会科学文献出版社。

6. 周道许，2006，《保险理论研究：主要成就及发展方向》，《金融研究》。

7. 卓志，2008，《我国保险理论研究及其发展创新的方法论前提》，《保险研究》。

8. 段胜，王伊琳，2010，《美国保险理论研究综述：历史与现状》，《保险研究》。

第十二章 新的信息技术条件下政府的决策与服务

公共管理和社会组织是服务业的一个重要类别，其中政府部门是其重要组成部分。"公共管理"或"政府部门"都是内容丰富的专门研究领域，本章不做全面系统分析，重点是研究信息技术发展特别是互联网大数据对政府决策和服务带来的影响，概括而言，新的信息技术条件为解决许多长期存在的问题带来新的机遇，为决策与服务创新带来新的条件和能力；同时，对现有行政体系运行带来诸多问题和挑战。

一 政府决策和服务具备新的信息基础

改进政府决策与服务是推进国家治理体系和治理能力现代化的重要组成部分。互联网的高速发展和计算机性能的显著提高，使人类社会进入了"大数据"时代，急剧增长的海量数据、精确高效的分析技术、广泛参与的普通民众，为政府决策与服务方式的转变创造了新的信息条件，也为政府决策模式的改进提供了新的机会。

（一）新的数据能力提供新的决策基础

新的信息技术提供了极为丰富的信息资源，为政府决策提供了可靠依据，成为决策模式创新的重要基础。传统模式下，政府通常依靠纵向行政层级获取信息。比如，在收集经济社会的指标数据时，统计部门根据预先设定的统计口径，由下而上层层填报数据，汇总形成统计报告。再比如，上级决策者为了掌握现实状况，通常需要安排各种调研和座谈，听取各方面代表的意见和观点等。在这种纵向层级结构中，当信息自下而上进行传递时，往往出现信息真实性、准确性、时效性的降低。依据行政区域和部门体系形成的数据结构，将原本相互关联的数据分割成"条条块块"，这导致"数据孤岛"问题的普遍存在，降低了信息的决策价值。

在互联网大数据的背景下，信息呈现扁平化趋势，减少了信息传播的中间层级，决策者可以快速有效地获取数据，对多维度的数据资源进行整合，形成完备的数据体系，为科学决策与服务提供支撑。其中特别重要的是，可以利用互联网和大数据对数据进行整合，"通过交叉复现，直抵事实真相"。所谓"交叉复现"就是当一件事情发生时，会产生不同维度的信息，这些信息之间存在显著关联，如果这些高度相关的指标数值发生冲突，那么就可以怀疑其中某些数据的真实性。交叉复现利用多维度的海量数据保证了信息的真实性，克服了传统信息来源可信度偏弱的问题，提高了数据信息的决策价值。例如，在中国目前的国民经济统计数据中，经济增长与投资、消费、用电量、货运量等指标有已知的相关性，但现实中还有更多数据可以用来"交叉复现"增长的实际状况，如工程机械制造商通过物联网得知全球各地用户设备的实时使用状况后，可以准确地了解投资项目的数量和开工建设进度等，并将其与投资、工程建设、房地产建设等指标及时准确地相互验证。

(二) 新的数据分析技术提供更多决策工具

新的数据分析技术能够发现新的规律,特别是利用大数据技术,可以发现传统分析模式中难以察觉的规律和相关性。例如,2009年甲型H1N1流感爆发的前几周,谷歌公司通过对网民搜索内容进行研究,对疫情的爆发做出了准确的预测,这种经典方式已经在多次流行病来临时发挥作用。再如,通过比较某些药品在网上的交易次数和数量,能够判别出疗效更好的药物,例如治疗同一种疾病的A药和B药,如果网上交易大数据显示A药服用数天后多数患者不再购买,B药多数患者会重复购买,再辅之以其他信息,就能判断A药治疗此病的疗效比B药好。另一个案例是,人们使用"网银"进行支付时,交易的真实数据能够被银行系统实时获取,既能反映出商业交易的总体活跃度,还能细分交易的内容,从而看出生产消费的结构性特征。这些案例中,网络数据是网民行为的客观反映,而不是通过有特定目的的调研而获得,这样就在很大程度上保证了数据的真实性和所反映规律的客观性。

(三) 信息反馈能力促使决策注重实效

在新的信息时代,每个个体都是数据的接收者,也同时是数据的生产者。互联网促使信息扁平化,普通民众能够了解政策的内容并对政策效果进行评价,政策实施后的变化能够快速地通过互联网得到反馈,准确反映出决策效果。例如,通过发现较多大学毕业生查询政府对未就业毕业生的相关政策,就能察觉到当年大学生就业相对困难,促进大学生就业的政策效果不显著。这会促使决策者更加关注公民的普遍意愿和感受,更加关注政策带来的实际效果。

(四) 公共数据开放产生经济社会效益

政府掌握着巨量数据,利用互联网将政府信息整合并公开,能够使更多机构和个人使用这些数据，帮助他们更好地参与经济和社会活动，更多地参与公共治理，全面提高公共数据的价值。开放政府数据已经成为许多国家政府的共识，许多国家开始将政府数据的公开付诸实施，形成了一种新的重要信息资源。

二 政府履职的有利条件

（一）定向经济调控具备更好的基础

宏观调控是中央政府的重要任务。长期以来，宏观经济调控强调的是总量调控，例如为了稳定物价，就要保持总供给和总需求基本平衡。强调总量的主要依据是，市场运作过程极其复杂，政府不可能掌握相关的信息，做不出正确判断，因此只能把握好总量平衡，其他交给市场机制来解决。政府对微观活动的干预，不仅出现失误的可能性很大，而且还会干扰市场正常发挥作用。

然而，在新的信息条件特别是互联网大数据发展较快的条件下，经济调控在继续关注传统理论所强调的"总量调控"的同时，有可能更多地采用定向政策、结构政策，根据具体产业的现实情况做出调控策略，实现"差异化"调控。这是因为政府通过对网络信息特别是大数据的应用，能够知晓许多产业、企业甚至产品的运转情况。例如，利用大数据，可以实时掌握各种产品的出厂价格，掌握各种类型原材料的价格变动情况，掌握各种设备的开工情况，掌握各种商品的销售情况等，能够比以往更加清晰、快速地了解实际情况，而不只是观察CPI、PPI、开工率这种汇总指标，从而为正确决策创造了有利条件。因此，当问题出在总量上时，当然可以继续使用总量调控手段，但当问题出在某个方面时，就可以使用定向调控手段。例如当以促进实体经济发展为目标时，资金投向需要以产业或项目为指向，而不是无目标的"总量"宽松，否则资金就有可能进入投资甚至投机市场。但是，大数据虽然在某种程度上解决了市场运转的信息问题，但并不能解决同样重要的激励相容问题、企业家风险偏好问题和预算软约束问题。因此调控方式的调整要谨慎操作，多年的经验表明，政府在某些类型的定向定点调控上容易出现偏差，例如由政府来选定哪些企业应该扩张，哪些企业应该收缩，或者对本应该被淘汰的企业加以支持等，干扰了市场机制发挥作用。对于这类问题，目前网络和大数据还看不出能找到解决方案。

（二）更及时有效地监管市场

市场经济的一个缺陷是，当信用和监管缺失时，会出现大量欺诈、造假行为，干扰市场正常运行，降低经济整体效率。互联网时代，各类欺诈行为更容易广泛快速扩散，基于互联网技术的新型诈骗模式不断出现，而交易双方很可能身处异地，交易前信息核实和交易后纠纷处置成本都比较高。中国市场经济体制尚不完善，大量违背诚实守信原则的行为不断发生，问题很突出。国家发改委财政金融司在 2014 年 7 月公布的数据显示，由于诚信缺失致使中国企业每年损失超过 6000 亿元，还有研究估计，诚信问题导致中国市场环境中交易成本居高不下，经济运行效率降低，这种损失约占 GDP 的 20%（刘武，2014）。虽然这些测算的具体方法也许有需商榷之处，但问题突出是不争的事实。然而，监管本身也有成本，监管不当也会对市场正常运行造成干扰。直接针对市场主体的审批、检查等过程，还可能产生腐败行为，有些不当监管带来的问题比解决的问题可能还要多。

新的信息技术为政府市场监管工作提供了新的渠道和手段。先进的信息技术通过对市场活动中大量信息痕迹进行收集，借助先进的数据处理技术，能够快速发现许多原来不易被察觉的失信行为，而且一旦欺诈行为被发现，很容易被记录或曝光，从而增加了失信行为的成本。因此新的信息条件既带来市场监控的更多挑战，但同时也为相应问题的解决提供了重要机遇。

一些发达国家早在20世纪中期就开始借助信息技术研究市场中的信用行为，间接为政府市场监管提供了思路。成立于1956年的费埃哲公司（FICO），主要业务是通过分析经济组织的信用水平，为相应的信贷活动提供咨询。费埃哲公司的信用评级系统将与人相关的许多方面纳入分析框架，其基本思路是：将借款人的信用情况同数据库中全体借款人的情况进行比较，检验借款人的发展趋势，从而对他们违约、透支或破产的可能性进行预判。可见，费埃哲的评分方法主要依赖数据间的关联关系，关注于直接从数据中发现某种相关性，这与传统的基于理论上因果关系的分析方法显著不同，却与大数据的思想非常接近，因此费埃哲公司被认为是"大数据"理论的最早实践者之一。现在互联网大数据的相关技术能力已经得到了显著提高，一些商业机构和政府组织利用新的信息技术可实现非现场监管，这有效提高了市场监管能力。例如，美国的Xoom公司是一家专门从事跨境汇款业务的企业，该公司得到了很多拥有大量商业数据的公司的支持，建成了一套能够自动分析每笔跨境交易的检测系统，该系统将每笔交易信息与历史数据进行比对，从中发现异常交易。这套系统的功效源自海量的历史交易数据，且事实证明该系统确实有效。例如，2011年该系统发现了某些汇款交易量存在异常，如果根据一般性的经验，这种异常不值得关注，但是基于大数据技术的检测系统还是给出了警报，最后事实证明，这种异常的确源于一个诈骗集团的违法操作（陈谭，2015）。

在当前互联网大数据时代中，政府完全能够借助新的信息技术实现市场监管能力的提升，政府有大量日常监管中所获得的产品质量、消费投诉、货物价格、行政处罚等相关信息，在此基础上可以筛选出需要进一步跟踪的企业和产品，并与更多的已知信息如注册、纳税、社保、医疗、信用卡记录、驾驶记录等信息比较对比，识别出异常现象，及时发现那些涉嫌违法可能性较高的市场主体，有针对性地加强监管，提高市场监管能力并降低监管成本。以前中国人讲"人在干、天在看"，通过敬畏心来约束不法不端行为，有了大数据，就能实现"人在干、云在算、天在看"，此时"天在看"真的能看得见、看得细、看得透。

（三）提升社会管理水平

随着信息技术被广泛地应用到人们生活的各个方面，社会活动的信息化程度显著提高。数据采集设备的大量使用，人与人之间的高效交流，使得大量信息伴随着社会活动不断产生并积累成海量、多维、真实的大数据，为政府加强社会管理提供了新的积极因素。

这里举三个例子。一是社区治理。社区治理能力是体现现代社会管理水平的一个重要方面，互联网大数据为社区治理提供了新的思路和方法。例如，通过分析人们行为在时空方面的规律性和相关性，可以实现对社区犯罪的预测。美国加利福尼亚州的圣科鲁兹市就采用了这种犯罪预测系统，对可能出现犯罪行为的重点区域、重要时段进行预测，并相应安排警力执勤。在所预测的犯罪事件中，有2/3真的发生，且运用该系统1年后，该地区入室盗窃案减少了11%，偷车案减少了8%，而抓捕率提高了56%，由此看出新的信息技术的使用确实能够提升社区治理效果（陈谭，2015）。二是环境保护。信息技术在生态治理决策方面能够发挥重要作用，可以实现不间断的环境观测，还能够通过可视化方法对环境数据进行分析，并对治理方案进行模拟测试，以判断所制定的方案能否达到预定目标。这些特点都是传统的环境治理方法所不具备的。美国政府借助物联网技术对哈德孙河流域进行了成功的治理，政府对该河的全流域安装了大量传感器，这些传感器不间断地对环境中的物理、化学、生物数据进行采集，同时，水面上也有大量传感器，用来收集风向和气压等数据，这些数据通过网络实时传到数据中心。数据分析专家对积累的海量数据进行分析，并利用可视化技术将哈德孙河被污染的情况进行了计算机模拟，在显示器上可以清晰地看到河水何时被污染，并确定污染物的种类，接下来数据科学家通过信息模拟的方式测试不同治理方案的效果，从而为最终决策方案的确定提供参考。这种将物联网、大数据技术充分应用到环境治理的决策模式发挥了很好的效果，哈德孙河逐渐恢复了优美的自然环境（徐继华、冯启娜、陈贞汝，2014）。

三是流动人口管理。中国的大城市中通常拥有数量巨大的流动人口，服务和管理的任务繁重，是大城市政府面临的突出问题。深圳市借助信息技术对流动人口进行管理，较早地开展了流动人口信息采集，从 2004 年起，投入近 8000 人组建流动人口管理队伍，采集了 600 多万人口的租住信息。2007 年又对出租屋进行标准化信息管理，规定必须按要求将出租房屋的信息进行填报，每间出租屋都有特定的编号，从而将这些房屋进行了数字化处理。同时，深圳还推出了流动人口和出租屋综合管理系统，一方面要求流动人员登记，另一方面利用数据挖掘技术识别特定人员，并对其进行特殊监管，这套系统缩短了流动人口申办居住证的时间，实现人口数据集中分类管理，有助于决策部门快速掌握流动人口情况，帮助深圳市提高了公共管理和社会服务水平（徐继华、冯启娜、陈贞汝，2014）。

在新的信息条件下，普通民众参与社会管理的趋势不断加强，这为政府管理能力提升创造了机遇。首先，人们身边发生的众多"小事"可以高效地在网络空间传递，政府能够低成本地及时响应那些种类繁多的"小事"。例如，交通事故双方对事故现场进行拍照并通过交警部门的 App 上传，交警部门就能进行非现场处置。再如，北京市昌平区提出要从网络问政向网络行政转变，迎合了"微时代"政府行政方式转变的要求。实践表明，依托网络，能够及时了解和处理群众身边发生的许多小事微事，打通联系服务群众"最后一公里"。网络反映的问题，既有诸如小区环境脏乱差、道路坑洼出行不方便、群租房扰民、私搭乱建没人管等较为普遍存在的问题，也有"地铁昌平线部分站点无手机信号""五街煤市口胡同有私搭乱建""龙乡小区的锅炉房改成群租房"等五花八门、很具体、很庞杂的问题，不借助网络了解、沟通和反馈，仅仅从工作量上看，政府就无法提供有效的管理和服务。到 2015 年年底，昌平全区所有镇（街道）均已开通政务微博，越来越多的单位开通微信公众号，互动服务渠道更加多元多样。有效服务也得到人民群众的拥护和参与。2015 年年底，"北京昌平"政务微博在新浪网、腾讯网、人民网的粉丝总量超过 130 万人，"北京昌平"政务微信粉丝超过 5 万人。这类数量巨大又千差万别的个性化小事件，如果没有现代信息技术，几乎不可能被及时准确高效地反映和处置。这些"小事"在城市中常常发生，但在传统的政府管理模式中，由于信息传递效率较低，政府管理部门通常不能及时获得相关情况，因而无法快速做出反应，政府的服务能力没有得到有效利用。因此，在新的信息技术条件下，公众的广泛参与能够有效促进政府管理能力的提高。

其次，互联网的普及还使普通民众对政府管理的期待能够有效表达。例如，2011年，PM 2.5 成为中国民众广泛和高度关注的问题，社交媒体上开始大量传播关于 PM 2.5 对空气质量不利影响的信息。逐渐地，民间自发形成了一场"我为祖国测空气"的运动，大量民众参与其中，众多地点的 PM 2.5 数值和测量截图在互联网上传播。最终，政府的环境监测部门回应了广大群众的关切，从2013年1月1日开始，中国 74 个城市每天都公示其监测的 6 个空气质量指标，PM 2.5 也包含其中。

（四）提高公共服务水平和效率

公共服务是 21 世纪政府职能的重要方面，随着经济发展和社会进步，人们对公共服务的诉求越来越高。在传统的政府决策模式中，由于信息的不完备和不对称，有些服务供给并未与服务需求准确匹配，公共服务效率通常较低。互联网大数据技术的普及和应用为克服这种信息不对称带来机遇，公共服务的需求更容易识别，服务的效率更容易判断，从而为政府提供高效的公共服务创造了有利条件。

新的信息技术可以帮助政府准确查明某些导致公共服务效率低下的原因，从而促使政府管理方式的改变和管理能力的提高。例如，美国医疗保健行业支出金额巨大，但在传统管理模式下，存在大量的骗取医疗保险的行为，严重影响了医疗体系的正常运转和可持续发展。美国相关服务机构建立了一套基于多维度海量数据的欺诈评估系统，当收到医疗报销申请单后，系统会借助大数据技术自动根据申请单的数据进行风险评估，如果评分低于规定的安全等级，这份申请会转给专门的核查小组，进行更加细致的人工审核。医疗欺诈在大数据强大的分析能力面前无处藏身，政府因此提高了医疗打假的效率，节省了大量开支。基于类似的思路，2011年，IBM针对各国医疗机构的需求推出了一套智能化程度更高的医疗防欺诈系统，这套系统中的数据涵盖了20多个学科，定义了2000多种分析指标，利用先进的大数据技术有效地帮助了多国政府识别和预防医疗欺诈，降低了医疗成本，为政府医疗服务和医保管理水平的提高发挥了重要作用（陈谭，2015）。

新的信息技术在公共交通领域也能够发挥重要作用。利用交通大数据管理系统，实现海量数据的快速处理，对全部路网的交通状况进行24小时不间断监测，可以及时了解交通状况和道路上的异常行为，并实现跨区域的信息共享，提高交通管理决策的协同能力，使得在交通路网不增加的情况下，交通通行效率得到提升。例如，新加坡交通管理局为了解决城市交通问题，基于大数据技术建立了一套智能交通系统。该系统由四个子系统构成，它们分别对高速公路车流进行指示、收集车速信息、优化交通信号、对重要路口进行监测，这些子系统由信息中心进行整合，实现了数据采集、处理、发布的一体化，将交警、路政、公交、出租等多个部门整合在一起，通过对多个部门的协同调度，实现交通资源配置的最优化。这套智能交通系统可以对城市交通网络进行实时的管理和监控，提供及时、全面的交通信息对车流进行引导，并能够实施动态的组织管理策略，最终优化交通体系的运行效率，显著提高新加坡城市道路的通行能力（徐继华、冯启娜、陈贞汝，2014）。中国一些城市也在积极尝试利用信息技术解决城市交通问题，例如，广州市在2003年推出了道路交通数字化建设项目，其中出租车综合管理子系统发挥了显著的作用，该系统为交通决策提供三种主要功能：（1）实时提供路况信息。一方面，对车辆数据做融合处理，计算城市路网的交通情况，主要包括车型、车速等指标,对这些信息的分析可以协助决策部门快速了解道路拥堵原因;另一方面,行车路况信息与车辆定位信息相结合,可以显示每辆车周边的交通状况,这样出租车司机可以自行选择较优的路线运营,提高服务效率。(2)提供出租车分布和载客数据。当决策部门获得出租车分布信息后,可以有针对性地完善出租车所需的基础设施建设,也可以提前做好出租车的引导工作,还可以为公交路线规划提供参考性意见。(3)直接为出租车提供最优运行路线。由于城市规模的扩大和车辆的增多,城市拥堵越来越严重,交通管理系统能够为出租车定制从起点到终点的最优路线,避免拥堵带来的时间损失,为出行提供参考(徐继华、冯启娜、陈贞汝,2014)。广州市的这套交通管理系统利用先进的信息技术,在提供交通服务方面取得了良好的效果,显示出互联网大数据时代下,政府服务水平的提高与新技术合理使用之间的密切关系。

对社会事件的预测是大数据的突出优势,通过对多维海量数据的挖掘,先进的分析技术能够找到传统决策中难以发现的关联关系,对这种关联性的认识有助于实现精确的预测,从而增加决策的预见性,提高决策能力。例如,大数据技术的预测能力在公共卫生领域就可以发挥重要作用。流行病传播速度快,对人体危害大,但利用传统的方法很难快速掌握流行病的发展势态,无法对传播情况进行预测,从而造成决策失当。在互联网大数据时代,对海量的搜索记录进行数据分析,就有可能快速准确地对流行病的暴发进行预测。一个经典的案例是,Google 公司曾对搜索引擎上的记录进行研究,成功实现了疫情的准确预测。该公司的研究人员从数量上分析特定词条被检索的频率和流感疫情传播状况之间的关联关系,在对数亿个不同的数据模型进行分析后,研究人员找到了一个预测精度很高的模型，Google 公司利用该模型得到了与政府疾病控制中心所做调查十分接近的结果，但是，Google 公司得到这一结果比调查数据的获得提前了很多（邹晓辉、朱闻斐、杨磊等，2015）。利用大数据技术对流行病的发展趋势做出准确判断，使政府卫生部门在决策时对事态发展获得准确的预判，从而提高决策成功的概率。另外，大数据技术还有助于政府高效地获取关键的经济数据。例如，在美国，居民消费价格指数（CPI）是支付社会福利和债券利息的重要参考，政府为了获取这一数据，雇用了大量调查人员，对美国 90 个城市的商店、企业和家庭，通过打电话、发传真，甚至登门拜访等方式，以了解商品的价格信息。由于需要收集的商品信息种类繁多，数据来源十分庞杂，花费大量人力成本，每年至少支出 2.5 亿美元。尽管如此，当经济出现非正常波动时，这种传统的信息收集方式反应效率较低，不能适应快速决策的需要。为应对这一难题，麻省理工学院的经济学家提出了一个基于大数据技术的解决方案，他们利用软件每天从互联网上获取 50 万种商品的价格数据，并利用这种高频数据对市场价格的变化进行预判，取得了良好的效果。国内也有类似的案例，2014 年 4 月，上海统计部门与国内知名电商"1 号店"进行合作，借助互联网上的海量数据对消费品价格进行预测，并向社会发布了"1 号店快速消费品价格指数"，这一指数可以反映普通百姓日常消费品的价格变化趋势，为政府相关决策提供了支撑（陈谭，2015）。

三 开放公共数据和创造新的生产力

大数据时代，信息成为一种重要资源，蕴藏着巨大的商业和社会价值。麦肯锡全球研究院在2011年对欧盟国家政府的行政管理部门进行了研究，发现大数据技术的使用能大幅提高管理部门的生产力、工作效能和影响力：可以帮助欧盟减少15%—20%的行政开支，并每年创造1500亿—3000亿欧元的新增价值（MGI, J. Manyika & M. Chui, 2011）。同时大数据的价值在医疗、科研、文化等众多领域也得到了展现，极大地提升了人们的生活质量。可以说互联网大数据技术加速了企业创新、推动了经济增长，并逐渐改变着社会形态，大数据正体现出"大价值"。

政府部门在获取数据信息方面具有明显优势，随着经济社会信息化水平的提高，政府逐渐积累了海量的公共数据，这些数据涉及社会生活的方方面面，是一种典型的大数据。政府需要开放公共数据，让那些拥有先进技术和服务经验的组织有机会对公共数据的价值进行挖掘，释放其价值，创造新的生产力。

通过公开政府掌握的数据，更多机构和个人能够利用这些数据，共同参与社会治理过程，推动政府提升决策能力。近年来，食品安全问题得到社会各界的广泛关注。由于现代食品生产过程中可能使用各种添加剂，而且生产过程也趋于复杂，食品生产对于普通消费者来说存在明显的信息不对称，一般消费者难以了解食品对身体的潜在影响。针对这一问题，为了提高食品信息的透明度，美国农业部、食品药品监督管理局、消费者权益委员会等6个部门通过各自网站公开其管辖范围内的食品质量信息。2009年，美国政府将这些公开信息进行整合，专门开设了一个查询被召回商品的网站（recalls.gov），这一网站所提供的服务可以在智能手机上使用，消费者非常方便地获知哪些商品存在质量问题，还可以随时获知自己在商店中正打算购买的食品是否安全。另外，消费者如果怀疑某种食品存在问题，还可以通过该系统进行举报，帮助政府进行监管。政府数据公开还有利于公众对政府进行监督，如法定权限、政策制定、政府预算、公共开支等，都能够被公众知晓并进行监督，防止出现贪污腐败、浪费、低效、不作为等问题。

当今世界，越来越多的政府开始实行"数据开放"计划。2009年1月17日，奥巴马签署了总统备忘录《透明和开放的政府》。4个月后，美国政府宣布实施"开放政府计划"，数据开放的门户网站 Data.gov 正式启用，该网站全面公开美国联邦政府的数据（徐子沛，2012）。2010年1月，英国政府的 Data.gov.uk 上线，当天即公布了3000多项民生数据。并且，卡梅隆出任英国首相时，提出了"数据权"的概念，认为政府所拥有的数据是互联网大数据时代中每个公民共同拥有的财富，每位公民都有获悉这些数据的权利。2011年9月20日，巴西、印度尼西亚、墨西哥、挪威、菲律宾、南非、英国、美国等8个国家联合签署了《开放数据声明》，并成立开放政府合作伙伴（Open Government Partnership，OGP），发布了《开放政府宣言》，明确了政府需承担公开所拥有数据的责任。2013年6月，八国集团首脑在北爱尔兰峰会上签署《开放数据宪章》。各国均承诺，在2013年年底之前，制定开放数据行动方案，并在2015年末之前，按照宪章和技术附件的要求进一步向公众开放政府数据。截至2014年2月10日，全球已有63个国家加入了开放政府合作伙伴组织（徐继华、冯启娜、陈贞汝，2014）。

中国政府也在积极推进政府公开和公共数据的开放。2007年国务院颁布了《中华人民共和国政府信息公开条例》，明确规定了政府信息公开的相关要求。2014年7月，国务院又公布了《企业信息公示暂行条例（草案）》，这一文件为创建透明公开的政府和创造公平竞争的市场环境奠定了重要的政策基础。当前，我国迫切需要利用互联网大数据技术实现信息整合，将传统上置于各个管理部门的分散数据有机地汇总在一起，形成统一的、相互关联的整体数据，并以此为基础提供更加便捷的信息服务，同时，促进政府管理水平的提高。一些地方政府已经积累了相关的实践经验。例如，重庆市于2014年利用互联网整合民政、公安、人力保障、金融保险、住房、个体工商企业、纳税等16类数据，只要在信息系统中输入用户的身份证号码和姓名，即可查询相关的所有数据。财政部门通过系统中整合后的海量信息进行数据挖掘，获取大量高价值财政信息，不仅解决了"信息碎片化"问题，还显著提高了行政效率和财政决策能力。地方政府还在数据公开方面进行着积极探索。例如，上海市在2015年5月提出，要在当年把开放的政务数据增加到1000项。当年8月，上海市再次宣布，开放十大方面上千GB容量的交通数据，用以支持大数据的创新应用。目前，许多地方政府特别是一线城市，都已开始制定或正在实施政府数据开放行动。

四　问题与挑战

（一）不实网络信息对社会秩序产生冲击

互联网大数据时代，网络舆情对经济社会活动产生愈来愈大的影响力。很多社会热点事件通过互联网得到快速传播，这有助于人们获知更多信息，但同时，那些有误解、有偏见甚至故意造谣和煽动性的观点也有可能得到广泛传播，从而带来无法预期的社会影响。网络特别是社交媒体还有一个传统媒体所没有的重要性质：信息反馈，一个对政府有利或不利的建议通过报纸或广播电视传播，只起到传递消息的作用，每个受众并不知道有多少人以什么方式响应这个建议。但是在网络社交媒体上，受众的反应和准备采取的行动可以被及时反馈，当人们相信有较多的人会响应时，就会有更多的人响应，参加者多是通过网络聚集起来的。这是各国政府都要面对的新挑战。为应对这种挑战，对网络数据的舆情研判就成为政府社会治理的一项重要任务，舆情处置能力成为政府社会管理能力的一个重要方面。在新的信息条件下，应充分掌握互联网大数据技术，实现对网络舆情的有效跟踪，快速及时地掌握舆情动向并对不实信息进行识别和处理。

（二）政府信息优势减弱

在传统的决策模式中，由于政府比市场主体和民众掌握更多信息，高层行政机关比低层行政机关掌握更多信息，因此人们认为政府机关，尤其是级别较高的部门，更能够站在全局看问题，做出有利于全局利益的正确判断。互联网大数据时代，各种信息可以借助互联网快速扁平传播，信息的不对称性正逐渐减弱。普通公众、市场主体和社会组织与政府机构在信息渠道方面的差别缩小，不同主体之间的信息差距缩小，不同层级政府机构之间获取信息的差距缩小。同时，由于民众、市场主体和基层机关对具体、局部情况有更为详尽的了解，对各方的利益诉求更清楚，反而有可能对"此时此地"的问题更有决策优势。不仅如此，许多市场主体和社会组织借助其交易平台，能够获取实时的海量数据，并计算出许多重要的宏观指标，例如商品交易量、价格变化等，而政府决策体系无法及时获取这些数据。这使得中央政府的信息优势减弱，集中决策模式受到了挑战。这对政府特别是中央政府的决策权威带来影响。高层次政府需要强化战略思维，在高度、深度和前瞻性上体现优势和能力。

(三)"民主"决策与"科学"决策的冲突可能增加

民主决策就是要让公民能够参与决策过程甚至决定重大决策。在西方国家,最典型的形态就是"投票",例如对某项决策进行"公投"。在中国,是指让群众充分表达对决策选择方案的意见和建议,使决策符合民愿、尊重民意。科学决策是指决策依据某种科学理论和运用某种科学方法进行决策的过程,典型的形态就是组成专家委员会进行决策前研究并提出方案。科学决策有"正确"与否的属性,即是否能够以最小成本达到决策目标。民主决策强调的是合乎民意,而科学决策强调的是合乎预设目标,这两者之间并不完全一致。有时科学家和专业技术人员已对某种决策的"科学性"做了判断,但在民主决策过程中却不予认同,各方利益不相同。在传统决策理论中,通常认为解决民主决策中的利益牵制问题要靠所谓的"无知之幕",即当事人并不了解决策会对其自身利益产生哪些不利影响,从而使决策过程能够推进。在当前的知识和信息背景下,"无知之幕"在很大程度上已不存在,因此公众在做出决策时已经难以"无个人立场"地给出公允判断。这就造成了政府在决策中的两难境地:如果民主决策不到位,有可能无法准确了解公众的利益关注,决策也无法有效执行;而如果让民众广泛参与决策过程,则有可能会很大程度上背离"科学性",而且民主协商过程有时会长期达不成一致意见。这个问题很可能长期存在并在有些方面日渐突出,需要认真研究和稳妥应对,针对不同情况,在决策民主和决策效率之间寻求积极平衡。

(四)数据整合和管理要求紧迫

大数据充分发挥作用,首先要加强数据的整合。目前中国的状况是,各个政府部门都积累了大量数据,同时又普遍存在"信息孤岛"现象,即部门化、单位化、碎片化的问题,各种数据信息分属不同行业、部门,缺乏有效的整合机制,无法实现对各种渠道数据的联合分析。特别是历史上积累下来的丰富数据资产,多数为文本信息,即使以"电子化"手段保存,也缺乏统一的标准使其"格式化"。系统异构、数据异构降低了海量数据的作用,无法发挥大数据的作用。当务之急是,政府首先需要打破部门之间的数据分隔,在不同部门之间使用统一格式的数据平台,使不同部门的数据能够形成结构相同、完整一体的数据集,从而实现大数据价值。

在这个过程中,要同步考虑数据安全和数据隐私问题。大数据的安全危机已经逐渐显露,大数据能提供的信息越多,数据泄露的危害就越大。例如政府掌握的社会保险、户籍查询、个人房产等数据库,其中有个人身份证、社保参保信息、个人收入、银行贷款、房产等涉及个人隐私的信息,政府还可以从银行、电信公司等第三方拿到大量私人数据。特别是大数据技术的应用,其特点是"挖掘",原本不是个人隐私的零散信息通过大数据的整合很可能变成了对个人隐私"挖掘"很深的数据。比如私人侦探并不需要违法窃听公民个人的通话内容,却能通过掌握呼入呼出号码、通话人、通话时间以及通话人的行踪、职业、收入、资产等多种信息,"挖掘"出大量隐私。因此,大数据时代如何保障国家安全、商业机密和公民隐私,是政府的职责,也是全社会共同的挑战。虽然全国人大常委会已经出台了《关于加强网络信息保护的决定》,规定了若干"应当"和"不得",但如果应当做的不做或不应当做的做了,如何做好监管处罚等有效举措还有待进一步细化。从当前问题看,特别要加大那些对公民信息收集却又不能安全存储的企业进行追责,对非法获取并倒卖个人信息的行为施以重罚，保护公民的合法权益。

参考文献

刘武，2014，《企业每年因诚信缺失损失 6000 亿》，《瞭望东方周刊》第 7 期。

陈潭等，2015，《大数据时代的国家治理》，北京：中国社会科学出版社。

徐继华、冯启娜、陈贞汝，2014，《智慧政府：大数据治国时代的来临》，北京：中信出版社。

邹晓辉、朱闻斐、杨磊、舒跃龙，2015，《谷歌流感预测——大数据在公共卫生领域的尝试》，《中华预防医学杂志》第 6 期。

MGI, J. Manyika, and M. Chui 2011, *Big data*: *The next frontier for innovation, competition and productivity*, McKinsey Global Institute.

涂子沛，2012，《大数据：正在到来的数据革命》，桂林：广西师范大学出版社。

第十三章 服务经济理论：
挑战及创新

从前面各章可以看出，随着信息技术特别是互联网大数据的发展，服务业出现了许多新的特点和性质。这些变化对传统服务经济理论提出挑战，也引导了理论的修正和创新。本章对这些挑战、发展和创新做简要分析，希望这些分析有助于理解服务业性质变化的重要意义，理解现实变化对理论发展提出的挑战，理解理论发展创新的重要性和紧迫性。

一 从信息经济学回到古典经济学：
大数据的理论意义

大数据对传统服务经济理论以至于整个经济学理论都有重要影响。古典和新古典经济学都是以完全竞争的市场为研究基础的，其中一个重要假设就是信息的完全性和对称性，即交易双方能够无成本地获得所需要的信息，双方掌握的信息是对称的。但现实中，这种市场很少存在，这种脱离现实的假设，也成为古典经济学受到质疑的主要原因之一。

从20世纪50年代开始，信息经济学开始发展并受到广泛重视，一个重要原因，就是信息经济学设定了"不完全竞争""非对称竞争"这种更为现实的前提，在这种前提下研究市场交易行为和合约安排，构建了逆向选择、道德风险、委托代理、信息传递、信息甄别等模型。人们普遍认为，信息经济学更贴近信息不完全这种现实状况。信息经济学中最著名、应用最广泛的一个分析框架是逆向选择模型。所谓的逆向选择，是指由于卖方掌握更多信息而买方信息有限，会导致出现劣质品驱逐优质品的情形。以二手车市场为例，同样款型、同样使用年限和行驶公里的车，不同车的状况可以相差很多。卖家知道车的质量，买家却无法完全掌握，因此，同类二手车市场虽然有平均价，但是从卖家来说，自然期望卖出高价，但是买主无法判断哪个车好，因此只愿意出平均价格。此时，最差车的车主出售意愿最强，他的车可能以这个价格或者更低的价格优先出售，而状况好的车主却不愿以此价格出售。因此，虽然车市价格放开竞争充分，但劣质车却将优质车驱逐出了市场。类似的情况还有劳动力市场，雇主只能获得求职者的教育状况、体检结果、此前经历等大类信息，依据这些有限信息无法评估每个求职者的真实水平，因此只能根据上述信息特别是教育水平和工作年限等开出一个"平均工资"，此时能力差的求职者乐于接受，而优秀求职者却会要求更高薪酬，最后公司可能雇用到求职者中真实水平较低的一部分。还有保险市场，保险公司按照大数定理依据平均赔付率开出保费，那些身体状况不好的人愿意参保，而身体好的人不愿参保，保险公司只有提高保费，才能平衡保费收入和保险支出，但这又会有更多身体较好的人不愿参保。对上述信息不完全、信息非对称类型市场的分析，是信息经济学的基础，分析这种市场的经济学家享有很高声望,例如乔治·阿克罗夫因分析二手车市场而获得了 2001 年的诺贝尔经济学奖①。

在大数据时代,信息不完全对古典经济学前提的约束明显减弱,信息经济学有些模型开始失效。对那些依据事件发生概率决定业务模式的企业如保险业来说,大数据的重要性尤其突出。例如,保险公司可以通过分析特定客户的相关数据重构商业模式:通过了解常用的行车路线、驾车习惯、路段状况、车况等,为每一个客户计算保费,对于风险低的客户敢于大胆折扣,对于风险高的客户报高价甚至拒绝。再以二手车市场为例,每一辆二手车在出售前,会产生大量的行程、路线、加油、维修、交通违规、保险费用、理赔状况等信息,买家可以花很少的费用通过专业公司获得这些信息,相对客观准确地评估每辆车的车况并给出相应价格。可以看出,此时的市场已经类似于信息完全和信息对称的市场了。因此信息经济学中"信息不对称"的基本假设和许多分析框架都要重新观察和定义。建立在信息完全和对称前提下的古典和新古典经济学的适用性有可能重新显现。

在 20 世纪二三十年代,曾有过兰格模式之争②。以波兰经济学家兰格为首的一批学者,主张建立通过计划机构模拟市场竞争的经济模式。这些学者认为,在这个经济模式中,价格由计划机构模拟市场,按照与竞争性市场机制相同的"试错法"来求解均衡方程式,使价格与最低生产成本相等,这样就可以实现资源的合理配置。因此断定用计划替代市场的功能是可能和可行的。但是,以米塞斯、哈耶克为代表的一些经济学家,否定通过计划能

---

① Akerlof, G. A. 1970, "The market for 'lemon': Quality uncertainty and the market mechanism", *Quarterly Journal of Economics*, 84 (3).

② 来源:百度百科

够合理地进行经济计算和资源配置的可能性。这些学者认为，首先，计划无法模拟市场条件下的价格机制，即使同样的产品，由于品质、生产地点、生产时间、生产者对市场分类分层的考虑、消费者购买产品的时间等千差万别，价格确定是极为复杂和个性化的过程，根本无法由中央计划者来确定。其次，如果为产品模拟出了价格，企业家就成了纯粹的生产过程管理者，没有积极性再降低成本，没有积极性再从细节和工序上不断创新，而没有企业家精神的企业，将会带来严重后果。在论战和"兰格模式"诞生20多年以后，电子计算机广泛应用，这时兰格认为，30年代大论战争论的问题，现在可以不费吹灰之力就解决。但实际上，虽然计算能力极强，但这个体制仍然无法解决激励机制和多元互动的复杂信息问题，因此并没有引起更多关注和实践。

现在，社会计算能力极为强大，但是大数据与兰格模式的基本思路完全不同。因为无论多么巨量和精确地了解市场，也只是对"现状"的理解，仍然无法解决根本性创新和激励机制所需的复杂信息问题。目前还看不出，应用大数据能够塑造一个"可计算的经济模式"，但能看得出，应用大数据可以使市场机制更好地发挥作用：通过降低交易成本，提供及时、足量、透明、对称的信息，促进市场交易行为发生并降低成本，促进各种资源的进一步优化配置，创造新的价值。

二　对价格理论和宏观调控的挑战

（一）对价格理论的挑战

互联网经济发展，使得价格形成的现实基础发生变化，从而对传统的微观经济学理论特别是新古典经济学的价格理论提出挑战。

该理论以完全竞争市场为前提，以商品的效用和生产成本为基础，价格围绕供给和需求的变化波动并趋向均衡状态。这些思想在马歇尔的《经济学原理》中得到充分体现。按照这个理论，效用、平均成本、边际价格、供求关系等因素决定了产品价格。从短期看，价格更多地受到需求的影响，与消费者的偏好有很大关系；从长期看，价格更多地决定于供给能力，与生产成本关系密切。但是，无论短期还是长期，在技术和消费者偏好不变的条件下，价格会根据供求关系在一定范围内波动，逐渐达到"均衡价格"，此时供给与需求也达到均衡状态。

互联网经济时代中，传统价格理论所依据的假设和条件出现了变化，特别是信息产品表现出很不相同的价格机制。在传统的商业活动中，产品的平均成本可以通过总投入和总产量进行计算，而这对于信息产品的定价却很困难。信息产品的生产通常有较高的固定成本，一旦生产体系建立，产品的边际成本又非常低甚至近乎为零。这与传统制造业商品的成本构成具有明显区别。例如，微软公司为研制 Windows Vista 操作系统，使用了1万名研发人员，历时5年完成，据估计这一操作系统的开发成本达到了100亿美元，而一旦该操作系统软件研发成功后，通过光盘复制安装不需要成本。而且软件产品之间的差异性较大，软件公司并不能准确预测消费者对于产品的偏好程度，也难以计算总销量，因此也无法计算产品的"平均成本"，所以无法根据传统理论，通过边际成本或平均成本制定软件价格。由此可见，对信息产品而言，"平均成本""边际成本"与商品价格之间的关系，不同于普通商品这几者之间的关系，传统价格理论已经难以解释现实，面临挑战。

信息产品市场更新速度很快，价格剧烈波动是常态，几乎无法观察到"均衡价格"，例如，当苹果公司新推出一款 iPhone 手机时，往往供不应求，甚至有些消费者从"黄牛"那里加价购买，而经过一段时间后，同样款式和型号的手机会大幅度降价销售。再如，新上映的电影需要去影院观看，稍后需要付费后在网上观看，再往后，消费者只需要经过一段广告时间的等待，就能在网站上免费观看。

资本市场上互联网企业的定价也与传统企业不同，融资成本与短期收益和直接回报之间的关系并不紧密。很多互联网公司在初期发展阶段，能够得到巨额融资，甚至一直是亏损经营，但是，这并不妨碍继续有大量投资者持续进行高额投入。相比于短期和直接的回报，投资人更看重公司的长远发展和间接回报。这种投资行为的出现，与互联网技术的快速发展和商业模式创新有很大关系。一方面，技术迅速更迭，需要持续的研发投入才能保持技术优势，这必然需要大量的资金投入；另一方面，在互联网经济中，由于所有服务供应商的边际成本都接近于零，很难利用价格差异获得市场份额，因此，只有最受消费者欢迎的产品才有生存空间，这就形成了"赢者通吃"的现象。所以，对互联网公司的投资，只有在初期进行不计成本的高额投入，确保机会的领先优势，并通过恰当的商业运作获得较高的市场占有率，才有可能获得投资回报。如同京东这样的著名电商企业，也存在亏损经营的现象，根据 2015 年《财富》杂志公布的数据，京东年亏损接近 50 亿元人民币，然而这并不影响资本市场对该公司的投入。这些现象说明，传统的资本定价理论，在互联网经济中也不适用。

既然不同于传统产品的定价，信息产品如何定价？这是信息经济学、网络经济学研究的一个重点问题。通常认为，第一篇经典性文献是哈耶克（Hayek）于 1945 年在《知识在社会中的应用》(*The Use of Knowledge in Society*) 中提出的，他讨论了信息环境下产品如何定价的问题。20世纪80年代以后，人们更清楚地认识到信息产品的特殊成本结构，使得经典经济学中的定价方式不再适用，信息产品、网络产品的定价问题成为一个专门的研究领域，可参见King（1983）、Lamberton（1996）、Rubin（1986）的研究。奥兹·谢伊（2001）在他的著作《网络产业经济学》中明确提出，由于网络信息产品具有边际成本低至可以忽略不计的特性，所以网络信息产品以成本为基础的定价失去了意义，实行差别定价或以低价出售产品可以获得更高利润。再往后，人们开始细化研究不同类型网络产品的定价策略。概括这个领域的研究，有几个较有共识的关注点。第一，任何产品的价格都受到价值、成本、市场供求等因素的影响，网络信息产品也不例外，因此与其他产品的定价有相同的影响因素。第二，网络信息产品具有与传统产品不同的特征，网络信息产品价格的影响因素具有其特殊性，包括产品生命周期、消费者偏好、销售方式、长尾结构、衍生产业链、精神与心理评价的差异性，等等。第三，具有不同特点的信息产品，定价策略并不相同，虽然可以提出若干"定价规则"，但每个产品如何定价是不确定的，与企业对市场的理解、风险承受能力、长期发展战略、市场占有策略等因素相关。上述研究的内容很丰富也很复杂，许多是一事一议，还没有形成如传统价格理论那样简洁、普适的分析模型。

从上面分析可以看出，传统的价格理论以成本为基础，以趋向均衡为常态。而互联网经济时代，信息技术快速发展，新的服务模式不断推出，定制化、个性化产品成为主流，成本结构和定价机制发生了深刻变化。长久以来，无论制造业还是服务业，传统产品是市场主流，信息产品只是一个比例不高的例外，因此没有对整个市场行为造成明显影响，也没有对传统价格理论的适用性提出根本挑战。当下互联网已广泛渗透到经济社会各个方面，不用很久，网络信息产品、基于网络的产品和服务等将成为经济的重要组成部分，成为新增产出的主要部分。此时，传统价格理论需要进行根本性的创新和发展，增强对价格形成机理的解释能力、分析能力和预测能力。

（二）互联网大数据条件下的宏观调控

当前中国经济已经由高速增长阶段逐渐转换到中高速增长阶段，经济总量、生产能力、市场效率、贸易总额等，较21世纪初已经有了显著增长。全球经济规模和结构也有显著变化。由于经济环境已经发生明显变化，宏观数据变动机理也发生了明显变化，一些以往经常波动变化的指标呈现超稳状态，另一些以往相对稳定的指标却在剧烈波动。在这个背景和新的环境下，宏观调控要及时有效应对新的挑战。

宏观调控追求的目标是物价基本平稳，超过5%以上的物价指数变化，被视为明显的通货膨胀或通货紧缩，因此需要调控。宏观经济理论认为物价波动由总需求和总供给关系的变化引起，为此要保持总供给和总需求基本平衡。简言之，调节供给和需求关系、稳定价格是宏观调控的重要目标。

然而，在当前主要发达经济体中，经典类型的通货膨胀已经有相当长的一段时间没有发生，美国自1993年以来，已经23年没有出现过典型的通胀局面（其通胀率在此段时期内未超过4%），其他西方发达经济体（例如欧盟和日本）的情形也都类似。即使是尚处于高速发展阶段的中国，自2004年以后，也没有出现过典型、持续的通胀局面，居民消费价格指数自2004年以来均未超过6%。2008年以来，主要发达经济体都多次采取过宽松的宏观经济政策，在全球持续的扩张政策下，货币供给总量已远远超出经典模型给出的"合理区间",即使如此,这些国家也未出现明显的通货膨胀。

这种情况反映出总供给总需求关系变化与物价变化相关性的减弱,特别是总需求膨胀时物价会随之上涨的相关性减弱更为明显。主要原因是现在较为发达国家"增能增供"的能力已经很充裕,响应很迅速:一是物质产品生产能力很雄厚而且在经济收缩期间减能缓慢,二是信息化水平提高实现了生产的网络化社会化,三是进口的调节能力增强,因此生产对需求的响应迅速有效。以中国为例,我们有许多生产能力居世界第一,近几年产能过剩明显;同时,外汇储备高达三四万亿美元,进口调节能力强大。即使国内市场需求持续扩张,国内发达的产业体系立即增加生产供应不成问题,即使一时短缺,也可以迅速进口增加供给。这种状况下,以往"货币供给增加快因而需求增加快、实物产品供给增加慢"的问题不会出现,因供需关系变化而导致的价格上升也就不会出现。

然而,与通胀压力减小相对应,通缩压力明显加大。以中国为例,工业生产者出厂价格指数(PPI)自2011年起,已经连续4年负增长,而且进入2015年后,通缩趋势进一步加强,这种现象自中国改革开放以来从未出现。国外主要发达经济体也存在类似现象。这反映了增产容易减产难,大量过剩能力不能及时淘汰,势必压低产品价格,使价格回不到均衡水平。除了国内需求不足、国际经济疲软等"常规因素"外,还有两个影响因素:其一,劳动力市场黏性加大,政府顾及失业、社会压力等因素,对解雇、减薪等行为有较多干预,因此劳动力市场调整速度较慢;其二,政府出台激励政策,技术改进基础上增加产能受到鼓励,"旧的未去,新的又来",往往是新增产能超过淘汰产能而有余,生产能力总量始终偏大，库存不能削减甚至还在增加，使产品价格始终处于低位。

经济中也存在波动幅度很大的市场，主要是投资品市场，但这类波动对普通民众的生活影响较小。股市、期市、艺术品等投资品市场价格的上涨，多数情况下不会传导到普通百姓的生活必需品。只要处于基本温饱型的消费者没有在这些投资市场上投入过多，也没有金融机构货款的大量卷入，这些市场的波动就主要对那些有"闲钱"的人群产生影响，而不会引起粮食、肉类和基本生活必需品价格的大幅波动，因此对人们的日常生活不会产生普遍影响。一定程度上，这类市场的存在为宽松的调控政策提供了储水池：即使投放的货币量较大，投资市场如股票市场、期货市场、房地产市场、艺术品市场等也可以吸纳部分过剩的流动性，再加上物质生产部门强大的增能，不会如同传统模式所提示的那样造成物价持续上涨。

上述变化表明，宏观调控的环境和背景发生了重要变化，事实、数据和指标的相关性下降，反映变化的敏感度下降。此时，要谨慎解读数据和指标的意义，数据和指标的变与不变，不能等同于现实状况的变与不变。调控目标和方式都应有调整和改变。例如，物价指标及时有效反映总需求总供给的关系，总量宽松也不能表明实体经济资金充裕等。

从上述变化可以导出许多重要的理论和现实判断。本章仅强调两点：一是预测可以具体细化，二是调控可以定向差异。

第一，预测可以更及时、具体和细化。以往政府决策主要依靠行政层级汇总得到的数据，大数据时代，有能力实时掌握各种产业、产品、企业的具体数据，还可以了解某类经济活动的实时状态，例如某种类型原材料的价格变动情况、某种设备的开工情况等。因此，政府完全能够比以往更加清晰、快速地了解具体、细化的现实情况，而不只是观察 CPI、PPI、设备利用率这些汇总指标，政府调控经济、预测趋势有了更多、更好的数据基础。

第二，调控可以定向和差异化。在新的信息条件下，经济调控在继续关注总量调控的同时，有可能也有必要更多采用定向政策、结构政策，实施差异化调控。例如，在股市很热时，无导向无差别地投入货币，资金很可能主要进入了资本市场。为了促进实体经济发展，资金投入需要以产业或项目为指向，保证资金进入预定领域，而不是无目标的"总量"宽松。但是，定向和差异调控要谨慎操作，多年的经验表明，政府在定向定点调控上容易出现偏差，例如由政府来选定哪些企业应该扩张，哪些企业应该收缩，或者对本应该被淘汰的企业加以支持使其在市场上"撑下去"等，干扰了市场机制发挥作用。需要把握好分寸和尺度，尽可能在市场导向和政府干预之间保持所需要的平衡。

三 学习研究模式的变化

互联网大数据的出现，不仅改变了众多领域的生产生活实践，而且对人类学习思考模式和研究方法产生广泛深刻影响，这些影响主要发生在服务领域，如教育、科研、创新等。以教育为例，长久以来，人们需要通过长时间的学习，来理解人类智慧已经取得的成就，掌握解决复杂问题的能力。长期学习的成本很高，学生在学习阶段要做大量的复杂习题和记忆大量的知识。大数据给了我们其他选择，能够轻松便捷和以较低成本学习使用已有的知识。例如，许多问题可以通过互联网获得答案，获得巨量已有知识只需简单的搜索技术。学生只要能够正确地提出问题，解题可以通过网上搜索答案来解决。当然，网上答案都是前人努力的成果，如果后人只是抄袭利用，就没有新的成果可以积累，人类也无法进步。但是，能够提供科学技术创新性成果和知识增量的只能是极少数人，对大多数人来说，"学习"原本就是掌握和记忆这些知识并加以应用，因此，在掌握了方法后，如果能直接搜索到答案，就是最直接有效的方法。这仅是互联网时代学习方法调整的一个例子。

大数据对研究方法的影响，最重要的莫过于对"寻求因果关系"这种研究范式的影响。为了理解经济和社会中各种现象的原因和结果，寻求因果关系是最为通常的研究模式。人们常说"把握规律"，基本上就是在说把握事物间的因果关系，从有限数据观察到"是什么"，由此出发寻求有普遍意义的"为什么"，再由此拓展到对"整体""全局"的理解判断。因为当信息成本较高时，人们在某时某地看到了一种现象，却难以证明这种现象在更大范围存在，因此需要通过特定的研究方法来证明其普遍性。大数据的应用提供了更多的可能。大数据可以低成本提供巨量数据，在此基础上观察数据间的相关性即"是什么"，由于数据及时足量，并且可以即时将其他因素的影响剔除，因而无须再进一步探索因果关系并验证其普遍性。大数据自身能够自证，无须更多探究。

四 创新高回报、市场控制力与收入差距扩大

（一）创新为王与收入差距扩大

收入分配的一个规律是稀缺要素可以索要高价。土地缺少时地价昂贵，资本缺少时利息昂贵，人工缺少时工资昂贵。在农业为

主的时期，土地资源最重要，因此地主获得主要收益。制造业快速发展时期，生产技术主要以机器设备为载体，形成生产能力主要取决于能否拿到钱、融到资，购买现代技术设备，资本是项目成功的关键，因此这个时期是资本主导的时期，资本家发挥配置资源的主导作用，地位关键。这是资本为王的时期。再往后，生产能力已经很充裕，社会资本积累已经较多，因而资本的重要性下降，开拓和占领市场成为企业生存发展的关键因素，此时企业家成为关键要素，企业家在收入分配中的地位上升。

进入知识经济和服务经济时代，产业发展靠大量的创新创意，创新特点和商业模式的变化使得要素稀缺性发生变化，服务业创新的特点，决定了人的创造力是最重要也是最稀缺的资源，谁带来创新创意，谁就能获得高额回报。由于创意活动主要依靠人的主动性，资本家无法从外部对这类人力资本的工作状况如努力程度、工作效率等进行有效监控，因此由资本家组织生产要素面临较高风险。此时，持有知识、技术、创意和企业经营能力的人才是新商业模式的关键要素，他们往往成为新的企业或商业模式的组织者，资本持有者、土地持有者和普通劳动者，都只能获得以供求关系为基础而约定的"正常"回报，而技术创新、文化创意和商业模式创新带来的巨额"余数"即利润，就主要由这些关键人力资本获得。

进入互联网时代，创新带来的新产业、新业态呈现"爆涨式"增长，创新者从中获得巨额回报，与互联网络相关的服务业成为一个制造富豪的领域。21世纪以来，新富豪的产生多数来自科技、传媒、通信、软件等行业。例如来自软件行业的比尔·盖茨位居首富数年，还有马克·扎克伯格、拉里·佩奇、谢尔盖·布林、鲍威尔·乔布斯等，无不是从互联网领域起家的大企业家、大富豪。这个名单还可以拉得很长，其中包括中国的马云、李彦宏、马化腾、刘强东这些互联网领域中的领军人物。在新的社会财富的积累中，这些互联网界的新星们已经是收入分配中的赢家。

（二）互联网企业市场控制力与收入差距扩大

以往多年，能够被一个或少数几个企业占据市场的行业，往往是自然垄断和行政垄断相结合的行业，例如电信、电力、铁路和城市供水等行业。这些行业需要巨额的网络性基础设施投资，具有特别显著的规模经济性，被称为具有自然垄断性质的产业，即一定范围内由一个企业提供产品或服务更有效率。不过，这些行业垄断地位的形成往往是"不自然"的，常常要由政府授权，即政府指定某个主体在特定市场上独家经营，排除或者限制竞争者。随着技术进步和生产消费方式的变化，许多这类行业的自然垄断性质明显减弱甚至不复存在，例如有线通信向无线通信的转变，铁路运输向航空运输的转变等，但是，由于垄断带来巨大经济利益，这些垄断企业会游说政府不要放开进入或采取间接办法阻止进入，继续保持特许经营权，保持垄断地位从而保持高价格。在有些稀缺资源生产行业中，政府也控制着较多的资源配置权力，房地产行业的"拿地"，资源行业的"拿矿"，特许行业的"拿牌"，有时会显现行政权力配置资源的影子。因此，许多国家都存在的一个现象是，房地产和能源资源等行业的富豪们经常被指在其成功中有行政权力的影子，并不完全是真正市场竞争中的获胜者。

互联网经济是在一个全新、自由、开放的市场环境中发展起来的。互联网企业特别是近些年表现优异的企业，往往出身"清白"，依靠创新能力在市场上打拼，创造出事业和财富的奇迹。由于互联网具有极为显著的规模经济性，因此创新领先者往往占有极大的市场规模，具有事实上的市场控制力，但这是在市场竞争中产生的，是创新和市场规则的胜出。虽然有学者在研究这些巨型互联网企业带来的竞争、垄断和福利效应，但总体上看，社会层面尚未对这种状况产生普遍质疑。

但是，互联网企业的巨大市场规模，带来了收入分配结构的变化。互联网出现之前，运输、信息的高成本和消费的区域性，限制了生产规模与市场范围的扩张。分割的市场能容纳多个大型企业、众多的中小企业和无数的个体小业主，这种生产结构决定了分配的多层次结构，少数大资本家和大企业高管能获得高收入，大企业中的中层、中小企业家和部分小业主都能进入中产阶级群体，支撑着相对公平的收入分配。在互联网技术广泛应用后，"赢者通吃"的产业范围和地理范围迅速扩张，其中的佼佼者迅速集中和积累了大量财富，在原本已存在的大资本家之外，社会收入结构中冒出了新的高峰。

收入差距、财富差距的扩大也跟资本市场发展有密切关系。在没有股票的时期，即使创业者成功创办了利润颇丰的企业，都需要一年一年甚至一代一代地收获果实，也得等待一生甚至几代人才能成为亿元级的富翁。最早成为世界首富的是石油大王洛克菲勒，其财富靠几代人用100多年时间积累而成，而成为更高级别富翁的机会更少，因为"富不过三代"的现象会终止创业者后代财富的继续增加。在没有股市的社会里，财富的积累是逐渐的，收入差距的变化也是逐渐的。股市的发展迅速提升了财富积累速度。资本市场对股票的定价，既看当前收益，更注重未来预期收益。股市给上市公司股票确定的价格，本质上是对未来的定价。微软上市时，市场对企业未来收入预期的贴现值达到2000多亿美元，使得盖茨在20多岁时就成了百亿美元级的富翁。亚马逊网上书店创始人贝佐思赚取人生第一个亿万美元,仅仅用了3年的时间。李彦宏和马化腾都是30多岁就成为数十亿美元级别的富翁。股市让他们不需要等几十年、几代人才能收获创业的果实,而是现在就能将公司的未来变现,当期获得财富。甚至当企业还在亏损时,资本市场也会对其未来定价并允许将其变现。以京东商城为例,迄今京东还没有盈利,如果只能分配当期获利,刘强东的个人收入应该是零。然而2014年5月京东在纳斯达克上市,到2015年6月,其市值已经达到500亿美元,刘强东手中持有京东16%的股份,其财富量级已超过400亿元人民币。可以预期,未来新的社会财富积累主体将不仅仅是资本家,更有科技、知识和创意持有者中的成功者。

从前面的分析可以看出,以往对贫富差距的分析框架,已经不能适应对互联网富豪的解析,诸如资本雇用工人、剥削劳动、资本获利、食利者阶层等概念都不适合用于描述这一批新的财富拥有者。在当代,"收入差距"和"收入公平"这两个概念存在差异,"收入差距大与分配不公平"之间的关系需要重新梳理和思考,虽然目前人们很少认为比尔·盖茨和马云等的高收入是不公平的,但是这种状况能持久吗?这将会成为一个突出问题。讨论收入分配问题时,已经不能简单地回到所谓公平和效率谁优先、政府还是市场更有效这种非此即彼的简单选项中。要研究的新问题很重要,也很有现实和理论挑战性。

需要明确和强调,无论什么原因造成人们收入差距的拉大,政府都要为低收入者提供基本的生活保障。特别是在技术进步和社会变化快的时代,会有更多的人不能适应变化而成为落伍者,因此更高比例的财政收入和转移支付可能是必要的,使那些在竞争中不幸运的人们能够维持低水平的正常生活。还需要强调的是,今后人力资本的价值高于任何时代,政府要提供更加公平而有效的教育和卫生保障,使青少年无论家庭贫富都能受到良好教育,具有健康的身体和心理素质,具备市场竞争能力,获得发展机会,尽力克服贫富差距的代际传递和社会矛盾的积累和激化。

五 服务业劳动生产率低的判断还正确吗

服务业劳动生产率低,是一个影响持久的观点。早在亚当·斯密时期,经济行为划分为生产性与非生产性两类,服务业被认为是非生产性的。马克思也提出过类似观点,他认为商业企业数量的相对增长是因为商业领域的经济活动不容易实现机械化,因此没有效率提高[①]。20世纪60年代,鲍穆尔提出了服务业生产率低的判断,认为商品生产部门受技术进步和规模经济的影响,劳动生产率持续提高,工资随之增长。由于部门之间工资趋同的要求,服务业部门的工资随之增长,但服务业基本上没有采用新技术和产生规模经济,工资增长不能被劳动生产率的增长所抵消,因此,提供单位服务的成本将变得越来越高。随着服务比重上升,经济总体生产率增长将不可避免地下降。他的这个观点既来自对当时经济现象的观察,也被其后一段时期的经济实践所证实,产生了广泛的影响。

可以看出,长期以来认为服务业劳动生产率低,是由于服务业不能广泛采用新技术和产生规模经济,然而,信息化特别是网络经济的出现,相当一批服务业的特征有了很大改变。特别是依托网络新出现的服务业,从一开始就摆脱了劳动生产率低的特点。

[①] 马克思关于服务经济的更多论述及文献来源,可参见本书附录。

（一）技术效率高的产品成为市场主流

许多传统服务业只能"现场欣赏"，如音乐会和其他艺术表演等，这类产业是被举例为低效率的经典案例。但是，在信息产业和互联网快速发展的情况下，许多传统产业创新服务提供模式并大幅度地提高效率。现代娱乐和休闲产业在劳动生产率方面的进步，足以使许多制造企业相形见绌。显而易见的是，服务提供者如果发现采用新技术提供服务可以赢得更高收益，他们会放弃那些传统的表演方式，而这些与新技术相结合的服务成本低、质量好、形式多，必定获得消费者的青睐。例如数字音乐作品的制作和通过视频与网络转播的比赛等早已成为音乐市场和竞技体育的主流形态，现场表演已不占产业主导地位。可以依托互联网进行营销的服务业，多数实现了新产品新渠道占据产品供给主流的转变。

当然，对有些"不缺钱"的成功艺术家来说，这种转变痛苦而缓慢，有时甚至迫不得已，也有少数人将传统坚持到底。例如国内外的作家们都有过要不要用电脑写作的纠结，结果是绝大多数人都"换笔"，开始使用电脑写作。虽然还有人时常念及用笔写作的"感觉"，但也无法抵制电脑带来的巨大便利。还有一些舞台艺术表演家，对可以重复拍摄、可以后期配音和制作的影视节目持排斥态度，但后者的影响力之大和收入之高，使得真正能不与之合流的人少之又少。

（二）规模经济效应显现

以信息技术特别是互联网技术为依托的新型服务业，从一开始就是大规模生产的产业。即使一些传统服务业，借助网络也摆脱了面对面、"一对一"等效率低下的服务状况，获得规模效益和提高劳动生产率。典型如零售业的实体店和网店的差别。传统零售业中，销售人员一天中接待有限批次的客人，大部分时间都处于"等待"之中，劳动生产率很低。在网店中，销售人员可以交叉为多位客户服务，还可以交叉做多项工作，任务很饱满，劳动生产率大大提高。再例如售后服务，企业推出新产品前后一个时期，售后服务需求往往较大，随着产品不断完善改进，客服需求趋于稳定。如果企业自己提供售后服务，峰顶谷底需求波动很大，维修人员忙闲不均。近些年迅速发展起来的专业互联网客服企业，可以为多个企业提供服务，调节需求峰谷，达到规模经济。还有保安服务，借助互联网，一个保安公司可以同时服务多个客户甚至全球客户。中国的保安公司可以通过视频系统，向全球任何一个地点提供监视服务，发现异常情况即时向当地警察部门或保安公司报告。这类服务有了足够规模，就能够使用最先进的设备和聘用专门人才，用低成本提供更好的服务。

（三）范围经济极为显著

一个巨型平台形成后，可以销售多种产品和服务，并且以品牌优势不断拓展新的产品和服务。对消费者来说，登录一个平台就会应有尽有，对企业来说能最大化地利用平台资产，降低成本提高效率。我们以"长尾效应"为例（克里斯·安德森，2006），所谓长尾效应，是指当产品和服务多样化的成本足够低时，那些个性化强、需求不旺、销量很低的产品和服务仍然能够"上架"，这些"小众""冷僻"的需求汇聚而成的市场份额可以和那些少数热销产品所占据的市场份额相匹敌甚至更大，如图13-1所示。互联网企业没有库存，网站维护费用远比传统店面低，平台能够聚焦无数的卖家和买家，能够极大地扩大销售品种，最有效地形成"长尾效应"。例如，一家大型书店通常可摆放10万本书，因此不可能摆放那些很小众和过期已久成为"冷门"的书刊，但网络书店则完全不受此限制，亚马逊排名 10 万以后的书籍贡献了销售额的 1/4 以上。笔者女儿是梅西球迷，2014 年世界杯时想要一件阿根廷国家队"太太女友"啦啦队的球服，这是"小众需求"，国内实体店没有销售，在"58 同城"上发布求购信息后，很快就有在国外代购但尺码不合适的卖家回应，这个尺码恰恰适合女儿，当日就成交，没有网络，这笔交易无法想象。如果互联网企业销售的是虚拟产品，则支付和配送成本几乎为零，可以把长尾理论发挥到极致。Google adwords、iTunes 音乐下载都属于这种情况。可以说，虚拟产品销售天生就适合长尾理论。由于尾巴很长，汇聚起来就成为巨额销售。这表明在网络时代，多样性、复杂性的增加并不意味着平均成本的增加，是市场规则改变的一个例证。

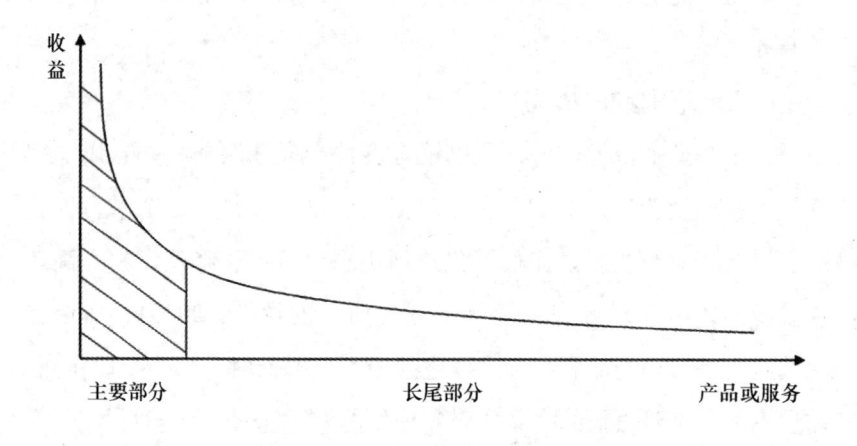

图 13-1 "长尾理论"模型

(四) 分工与专业化程度提高

许多服务需要多种能力，每一项具体业务需要的人力资本以及相关技术和装备不同。服务达不到足够规模时，服务人员就只能做"全面手"，专业化分工程度低，在信息发达特别是网络经济发展后，许多服务业规模化水平提高，专业化分工也相应深化。特别是生产性服务诸如研究设计、IT系统管理、供应链管理、市场和客户服务等，都是高度专业化的知识密集型服务，以往内部提供，业务量有限，不可能形成高度专业化的团队。专业服务企业依托网络向多个企业提供服务，可以显著提高专业化水平。还以家电企业售后服务为例，早期各个企业自己提供这项服务时，维修服务人员都是"全能"的，要能够维修本企业的所有产品。现在的专业化服务公司，都依托网络平台聚集大量专业和兼职维修人员，维修人员的专长分工很细，配备的仪器设备也非常专门化，公司按双方方便的时间，就近安排服务，因此服务更好，收费降低，例如北京市区的壁挂式空调清洗业务，2008年一台收费约60元，2014年只需40—50元。

（五）研发部门的效率提升

这个问题本应包含在上面三点之中，因其特别重要而专门分析。研发活动的重要性早已被普遍认可，但其中却含有被忽视的悖论：研发虽然能够提升整个经济的效率，但是其本身却具有劳动生产率低的特点，这是研发部门一个非常独特的性质。因为导致服务业低效率的若干因素在研发部门表现得特别突出。首先，原创性研究成本持续上升。研发活动特别是原创性的研究，"思考"过程非常重要，但这是一个高度劳动密集型行为，甚至是纯粹的"劳动"过程，因此劳动生产率无法提高。我们还看不出来当代人为"思考"投入的"劳动"与前人为"思考"而投入的"劳动"在产出效率方面有什么差别，我们时代的科学家是否比牛顿、爱因斯坦的"思考"效率更高？但社会其他部门劳动投入的产出效率早已今非昔比了，制造业单位劳动投入的产出效率已经提高了数十倍，研发投入机会成本很高。如果社会要保持相同比例的"思考"产出,就要数十倍地增加投入。因此原创性的研发投入总显得不足。

不过,技术开发的规模经济、专业化分工程度已经有所提高。互联网发达后,研发活动的效率特别是技术开发的效率有明显提升。效率改善来自分工发展、专业化程度提高和人力资本能力提升。随着信息技术特别是互联网技术的发展,许多企业将原先内置于企业内部的创新开发活动外部化,专业化的研发机构成长很快,可以以低成本通过网络服务多个用户企业,提供新产品开发、工业设计、软件编程等专业服务。这些专门的研发机构为多家企业提供多项研发服务,业务量显著增加,可以显著提高专业化水平。每种类型的研发都有专家、专门设备和专用软件,甚至能够通过互联网将部分研发任务"众包",散布在社会上的各类专业人才都能参与进来,依托互联网组合研发团队,大大提高了专业化程度及生产效率。有些研发活动还能在全球范围内组合资源,发达国家公司主要从事客户需求分析、系统设计等对人才、管理和专业知识积累要求高的高端业务,而发包给发展中国家的主要是软件编码、系统测试、本地化、维护运营等劳动力密集型低端功能模块。信息技术使知识能够编码化和标准化。研发、设计、编程等以知识为基础的服务可以分解为模块或片断分散进行,同时通过网络即时连接和同步推进。

上述分析表明,随着信息技术特别是互联网技术的发展,服务业劳动生产率低的判断应该受到质疑,或者说已经发生变化。但是,要从总体上证实"服务业效率不低"这个判断,还需要有全面系统的计量分析,这超出了本书的目标,希望有学者能够感兴趣并继续深入研究。

六 经济理论创新发展的探索方向

随着网络经济的蓬勃发展,对网络经济学的研究也日益受到关注。就笔者所知,目前仍然没有形成一个系统、有机、整体的研究体系。重点研究的问题可以分为两类,第一类是从网络经济现实出发,做出经济学的分析和解释,即"网络经济学""互联网经济学"等类型的研究。这类研究虽然致力于分析与网络相关的新问题,但明显受到传统产业组织理论角度和逻辑的显性或隐性影响,特别体现在如何组织内部经济和外部经济、如何选择企业规模和协作关系、市场结构如何对企业行为和绩效产生影响等。第二类从传统经济学的基础理论出发,研究如何设计更有效率的市场机制,强化和优化互联网环境下市场配置资源的功能,例如对宏观理论和微观理论的影响,对拍卖行为的影响,等等。

"网络经济学"(The Economics of Networks)一词的出现早于我们今天所讲的网络经济或互联网经济,当时主要指对电信、电力、交通、广播电视等行业的经济学研究,因为这些行业共同具有"网络"式的产业特征。研究的核心问题是,当这些基础设施类产业具有自然垄断的特征时,其他依存于这些基础设施提供增值服务的企业以什么条件和价格进入网络,也称为接入策略。其中最核心的内容源于传统产业组织理论:分析网络产业中的厂商结构、厂商行为和产业绩效以及相应的政府规制问题。20世纪80年代以后,有关互联网(Internet)的研究成为网络经济学的重要研究内容,不过,随着互联网的迅速发展和广泛应用,其与电力、交通等行业的显著差异日趋显著,互联网经济学(Internet Economics）很快就成为独立的新学科。一个标志性的成果是，1995年3月，美国麻省理工学院举办了 Internet 经济学研讨会，W. M. Lee 和 P. J. Bailey 将会上的发言稿编纂成 Internet Economics 一书，产生了广泛的影响[1]。这个阶段互联网经济学研究的内容比较庞杂，既有传统网络经济学的接入问题，也有服务价格和供给方竞争等内容，还有互联网资源的有效配置、适宜的税收政策、适当的政府管制等方面的内容。最近几年，随着移动互联网的发展，信息网络形态已经不限于有线互联网，移动互联网发展极为迅速，相应产生了信息基础结构经济学（The Economics of Information Infrastructure），研究的内容除了接入定价、建设和盈利模式、竞争行为、政府规制等问题之外，还有不同类型网络的竞争、博弈、合作等问题。这些都是典型的产业组织问题在网络经济时代的表现。

　　最近几年，随着互联网经济从基础设施领域向更多的商业领域扩张，出现了若干新的研究重点。一是平台经济学，这较像传统"经济理论"的一个研究领域，主要研究平台经济的效率、成本、垄断、竞争、创新、外部性、社会福利和管制等问题[2]。二是网络性生产组织的研究，此时的生产组织已经不仅限于信息基础设施，而是广泛应用于各行各业中。例如所谓的工业4.0，就是指通过互联网构建一个高度灵活的个性化、数字化智能制造模式。生产由大规模标准化向分散化个性化转变，规模效应不再是工业生产的关键因素。产品由同质向异质转变，此时市场结构、厂商规模和生产绩效的相关性已经不同于传统生产组织方式。不过总体上看，无论在哪个发展阶段，无论哪个分支领域，网络经济学研究都没有产生出类似于古典经济学、信息经济学这种范畴清晰、前提明

---

[1] Lee, W. M. and P. J. Bailey 1997, *Internet Economics*, Massachusetts: MIT Press.
[2] Gawre, A. 2004, *Platform, Markets and Innovation*, Cheltenham: Edward Elgar.

第十三章 服务经济理论：挑战及创新

确、体系完备、逻辑连续并能广泛应用的经济理论。

另一类研究者则遵循现有经济理论的基本原理，致力于将互联网时代的新现象纳入分析框架之中。能划入这个范围内的研究成果类型繁多，无法穷尽也难以概括。新的企业行为、新的市场结构、新的价值链结构，新的商业模式等，都被研究者们置于传统理论框架中尝试加以分析。本章前面部分的内容，或多或少都与这个主题相关。这里我们再举两个例子。拍卖是一个传统理论含量很高的领域，在互联网时代，如何在网站上进行拍卖？芝加哥大学的教授苏珊·阿西（Susan Athey）专门研究这个问题，并获得了2015年度克拉克（John Bates Clark）经济学奖。另一个例子是马修·根茨科（Matthew Gentzkow），也来自芝加哥大学，他并没有先验地设定新媒体是传统媒体当然的替代品，而是使用规范的经济学方法，研究网络媒体如何与传统媒体竞争，得出了与非经济学研究者不同的结论：导致传统媒体困境的主要原因，并不是免费网络媒体对信息消费者的直接吸引力，而是因为广告商急速向网络媒体的迁移。换言之，对报社运转最大的打击并不是读者的下降，而是广告大幅度下滑。根茨科也因这一研究成果获得了2014年度的克拉克奖。

最后我们做一点预测。在互联网大数据时代，通过传统的学术研究特别是实证研究、案例研究和计量分析等来判断事实的需求可能会下降，但通过理论研究提供判断标准的需求将会上升。现在人们有海量的资讯来源，众声喧哗，观点陈杂，容易失去方向感。此时，需要理论提供判断标准，解读事实的意义，排序重要性，降低不确定性等。总之，理论不会多余和过时，必将产生新的价值。

参考文献

杨小凯、张永生，2001，《新贸易理论、比较利益理论及其经验研究的新成果：文献综述》，《经济学》（季刊）第1期。

[美] 科斯，1993，《论生产的制度结构》，盛洪、陈郁译，上海：上海三联书店。

[英] 伊恩·本、吉尔·珀斯，1994，《外包制胜：利用外部资源提高竞争优势》，陈瑟译，北京：人民邮电出版社。

陈郁，1996，《企业制度与市场组织》，上海：上海三联书店。

Alchian, A. A. and H. Demsetz 1972, "Production, Information Costs, and Economic Organization". The American Economic Review, 62 (5).

黄少军，2000，《服务业与经济增长》，北京：经济科学出版社。

韶泽、婧赟，1996，《国际服务贸易的相关理论》，《财贸经济》第11期。

汪尧田、李力，1997，《国际服务贸易政策与措施》，《国际市场》第6期。

陈宪、程大中，2003，《服务贸易的发展：上海的经验》，《上海经济研究》第10期。

冼国明、陈建国，2003，《国际直接投资规制框架：进展与问题》，《国际经济合作》第9期。

李辉文，2004，《现代比较优势理论的动态性质——兼评"比较优势陷阱"》，《经济评论》第1期。

江小涓，2007，《我国出口商品结构的决定因素和变化趋势》，《经济研究》第5期。

吴义爽、张传根，2015，《平台市场的产业组织研究：一个跨学科文献述评》，《科技进步与对策》第 6 期。

汤琭，2015，《中国电子商务网络购物平台产业组织分析》，《科技进步与对策》第 6 期。

Bain, J. S. 1959, *Industrial organization*, New York: Wiley.

[美] 爱德华·J. 迪克，2006，《电子商务与网络经济学》，杨青、郑宪强译，大连：东北财经大学出版社。

[美] 凯文·凯利，2015，《网络经济的十种策略》，肖华敬、任平译，广州：广州出版社。

[美] 奥兹·谢伊，2002、2011，《网络产业经济学》，张磊译，上海：上海财经大学出版社。

[美] 卡尔·夏皮罗、哈尔·瓦里安，2000，《信息规则：网络经济的策略指导》，张帆译，北京：中国人民大学出版社。

孙健，2001，《网络经济学导论》，北京：电子工业出版社。

Lee, W. M. and P. J. Bailey 1997, *Internet Economics*, Massachusetts: MIT Press.

徐晋，2007，《平台经济学》，上海：上海交通大学出版社。

G. Sampson and R. Snape 1985, "Identifying the issues in trade in services". The World Economy, 8 (2).

G. Feketebuty 1988, *International Trade in Services: an overview and Blueprint for Negotiations*, Cambridge, Mass.: Ballinger Publishing Company.

Grubel, H. G. 1987, "All Traded Service Are Embodied in Materials or People". The World Economy, 10 (3).

Athey, S. and G. Ellison, 2011, "Position Auctions with Consumer Search", *Quarterly Journal of Economics*, 126 (3).

Athey, S., E. Calvano, and J. Gans 2008, "Consumer Tracking

and Efficient Matching in Online Advertising Markets". Working paper, Graduate School of Business, Knight Management Center, Stanford University.

Gawre, A. 2004, *Platform, Markets and Innovation*, Cheltenham: Edward Elgar.

Hayek, F. A. 1945, "The Use of Knowledge in Society". *The American Economic Review*, 35 (4).

King, D. W. 1983, *Key Papers in the Economics of Information*. New York: Knowledge Industry Publication.

Lamberton, D. M. 1996, "The Mergence of Information Economies", in Jussawalla, M. and H. Ebenfield (ed.) Communication and Information Economics: New Perspectives, Amsterdam: North Holland, 7-22.

Rubin, M. R., M. J. Huber, T. E. Lloyd 1986, *The Knowledge Industry in the USA: 1960—1980*. Princeton: Princeton University Press.

Gentzkow, M. 2007, "Valuing New Goods in a Model with Complementarity: Online Newspapers." American Economic Review. 97 (3).

第十四章　中国服务业展望：巨大创新空间和发展潜力

2015年，中国服务消费接连出现令人难以置信的巨量案例：电影总票房达444亿元，比上年增长48.7%，其中国产影片票房271.36亿元，占61.58%，全年票房过亿影片共计81部；这一年"双11"，阿里巴巴交易额高达912亿元，刷新世界最大购物日成交纪录；中国公民出境旅游人数达到1.2亿人次，旅游花费1045亿美元，同比分别增长12.0%和16.7%；职业体育市场呈现出爆发式增长，9月25日，中超联赛5年转播版权以80亿元的价格拍卖，此前几年的转播价格最高也仅为8000万元，此次可谓是"天价"，中超成为欧洲5大联赛之后转播费用最贵的足球联赛。这些令人吃惊的增长案例，显示出今后服务消费的巨大潜力和广阔前景。

在持续较快增长近40年之后，中国正在进入一个新的发展阶段。从国际经验和中国现实看，服务业加快发展和比重上升必将是这个阶段的重要特征。速度能有多快？比重能有多高？通常的思路是与其他国家相似发展阶段进行比较，但是，今日信息技术、网络技术的发展，新的服务内容、服务业态的涌现，先行国家在以往相似发展阶段时不可比拟，以往的趋势外推、国际类比等适用于分析渐进式发展的研究思路，在快速变化的环境下作用有限，不足以揭示今后中国服务业的发展趋势。上述变化将在许多服务业中重塑产业结构、产业组织和商业模式，中国巨大的市场规模与这些变化高度匹配，未来发展潜力更为广阔。

本章先通过传统的国际比较研究做一点基础性预测，然后分析信息技术、网络技术和中国国情的重要影响，接下来讨论加快改革开放对服务业发展的促进作用，在这些基础上展望今后中国服务业的发展。本章分析的重点是新因素、新变化和新趋势，而不是计量分析和预测。

一　国际比较：进入加速发展时期

长期以来，中国三次产业的比重不断变化。变化总体上符合产业结构变化的一般趋势，第一产业的产值比重和就业比重持续下降，第二产业和第三产业相继成为增长的主导产业。2013年，第三产业增加值比重为46.1%，首次超过第二产业成为占据首位的产业，2015年所占比重达到50.5%，首次占据了经济半壁江山。

不过，与国际相同收入水平国家平均情况相比，中国服务业比重仍然偏低。2014年，上中等收入组别的国家，增加值比重平均为62.4%。

有国外学者的研究表明，服务部门增长呈现两波（two waves）态势。第一波发生在人均收入1800美元以下（以2000年购买力平价美元计算），在达到大约1800美元时则趋于稳定。第二波出现在人均收入4000美元左右，服务部门产出份额又开始上升，进入"第二波"增长。1990年以后，由于信息与通信技术在服务业的应用，第二波增长启动的收入水平降低了。这个研究结论与上文阐述的服务业比重上升的规律大体上是一致的。此外,研究还发现开放程度高的国家,服务业比重上升的速度相对较快,显然这是有利于我国服务业发展的因素(Eichengreen and Gupta, 2009)。

2010年,我国人均国民收入达到4000美元,进入了中等偏上收入组别和服务业"第二波"增长时期。与中等偏上组别的情况相比,我国服务业的两项发展指标与同组内其他国家比较都明显偏低,服务业比重继续提高符合规律(表14-1)。

表14-1 不同国家组别服务业增加值比重和劳动力比重(2014)

组别	服务业平均(%)	男性平均(%)	女性平均(%)
高收入国家	68.5	61.1	85
低收入国家	46.4		
下中等收入国家	54.1	41.3	52.9
上中等收入国家	62.4	51.9	69.5

数据来源:根据世界银行在线数据库计算,样本取全部国家2013年数据。分组标准是2013年世界银行最新标准。其中,低收入国家组别劳动力比重数据缺乏。

二 与国情特点相关的强劲推动力

其他国家所具有的推动服务业发展的动力我们都具有,与此同时,中国还有一些与国情相关的特殊因素,推动服务业发展的动力更强。

(一)资源环境约束

由于人口多和经济总量不断加大,中国资源和环境约束强度居世界前列。今后要保持经济中高速增长,资源生产率必须有大幅度提高，增长对环境和生态的影响必须大幅度降低。服务业具有能源资源消耗较低、对环境和生态影响较轻的特点，加快服务业的发展，提高服务业对经济增长的贡献程度，有利于突破资源环境的约束。

（二）提供就业创业机会

制造业发展达到一定水平后，结构升级和技术进步加速，吸纳就业的能力必然下降，服务业成为吸纳就业的主要行业。近10多年来，中国吸纳新就业的机会主要来自服务业。表14-2计算了中国1981—2014年第二产业和服务业就业增长弹性的变化情况。

表14-2　　　　　　第二产业与服务业就业增长弹性

年份	第二产业就业增长弹性	服务业就业增长弹性
1981—1985	0.45	0.31
1986—1990	0.34	0.34
1991—1995	0.05	0.20
1996—2000	0.06	0.26
2001—2005	0.13	0.24
2006—2010	0.26	0.13
2011	0.18	0.19
2012	0.41	0.11
2013	-0.04	0.52
2014	-0.05	0.54

资料来源：国家统计局在线数据库。

今后中国就业压力将呈现新的特征，农业劳动力向非农产业转移就业的压力趋缓，就业压力主要来自城乡新增劳动力特别是大量高校和中职毕业生的就业需求。服务业在吸纳这类就业方面具有独特优势：服务业行业多门类广，劳动密集、技术密集、知识密集行业并存，就业和创业的方式灵活多样。

（三）生产性服务业需求巨大

中国制造业较早推进改革开放，制造环节的竞争能力已经较强。但是，生产性服务业发展相对滞后，专业化水平低，降低了制造业整体竞争力。目前在加工装配型制造业中，产品在生产过程中停留的时间只占其全部循环过程的不足5%，而处在产前产后服务领域中的时间要占其全部循环过程的95%以上；产品在制造过程中的增值部分不到产品价格的30%，70%以上的增值发生在服务领域。因此，即使制造过程中的技术、工艺和成本控制达到世界先进水平，但如果相关生产性服务业缺乏效率，其竞争力就会大打折扣。随着经济增长速度放慢，制造业将从规模扩张为主转向全面提升技术与效率水平。在这个过程中，制造业对高水平生产性服务业有巨大需求，包括研发设计服务、供应链服务、分销服务、金融服务、会计、审计、法律服务，等等。加快发展生产性服务业也是全面提升农业竞争力的要求，推进农业产业化经营，促进农业生产分工体系发展，提高农产品的商品率，扩大农产品出口等，都需要农业产前产后服务体系加快发展。

三 互联网时代的独特优势

本章伊始已经指出，信息技术、网络技术的发展将在很大程度上重塑服务业的发展前提和发展条件，催生大量新的服务模式和服务内容，拓展服务业的发展空间，服务业将面临更广阔的发展机遇。对这些正在发生的重大变化做出精确预测和分析几乎是不可能的,这里仅简略描述中国互联网基础设施和人口规模方面的突出优势,由此展示与互联网相关服务业的良好发展条件。

中国互联网基础设施和相关产业发展居世界前列。首先,中国接入互联网的绝对人数和相对比例都很高。国际电信联盟(ITU)发布的数据表明,2014年年底,全球已接入网络的人数为29亿人,占全球人口的40%。据网络调研公司EMarketer的数据,2014年年底接入网络的手机用户达到17.6亿人,占全球人口的24%。据全球移动通信系统协会(GSMA)2014年的调查显示,目前世界上约有19亿人活跃于社交网络,相当于全球人口的1/4。中国的相关比重均明显高于世界平均水平。中国互联网络信息中心(CNNIC)发布的第35次《中国互联网络发展状况统计报告》显示,到2014年年底,中国网民规模达6.49亿人,互联网普及率为47.9%,高出全球平均水平。中国手机网民规模达5.57亿人,占比达到44.1%,大大高于世界平均水平。增长最快的服务是手机旅行预订、手机网购、手机支付、手机银行等手机商务应用。与此同时,餐饮、休闲O2O发展起步较早,市场模式趋于成熟,正在向服务精细化发展。医疗和家政O2O发展刚刚起步,且用户需求较为强烈,未来将具有较大的发展潜力。中国一般的城市家庭,有线电视有几十个、上百个频道,而且还能实现互动式的节目存储、选播及互联式的通信。在北京、上海、广州这样人口密度高的城市中,能够实现这样密度的信息传输与存储量,互联网应用技术达到了很高水平。

中国还有以阿里巴巴、腾讯和百度为代表的世界顶端互联网企业。KPCB发布的《2015年全球互联网趋势报告》显示,截至2015年5月,按照市值计算的全球15大互联网公司均为平台型公司,其中美国11家,中国4家。中国的阿里巴巴仅次于苹果和谷歌,排在第3位,腾讯、百度和京东分别排在第6位、第8位和第

11位。2015年"双11",阿里巴巴交易额高达912亿元,再次刷新世界最大购物日成交纪录。这是对中国互联网技术和相关保障体系的一次大考。阿里巴巴的云计算技术实现了多项世界级技术突破。例如蚂蚁金服集团旗下支付宝"双11"交易峰值处理能力达到8.59万笔/秒,超越VISA(其最新实验室测试数据是5.6万笔/秒),成为全球处理能力最强的支付平台。再如菜鸟网络可以实现"订单未下,物流先行",由"时段预测"升级为"实时预报",预报准确率超过90%。再如移动支付发展迅速。早在2013年年底,支付宝实名制用户已近3亿户,移动支付总金额超过9000亿元,超过了硅谷两大移动支付巨头PayPal和Square移动支付的总和,成为全球最大的移动支付公司。阿里巴巴于2014年10月在美国发起了全球最大规模的首次公开募股(IPO),共筹得250亿美元,这就是全球投资者对阿里巴巴未来发展潜力的认可。

2014年年底全球性社交营销研究机构We Are Social对世界大型网络社交平台进行调查排名。在其列出的世界五大社交网络中,脸谱(Facebook)月活跃用户达到13.5亿户,排名第一。中国互联网巨头腾讯公司旗下的电脑聊天软件QQ和互动网站QQ空间以8.29亿个和6.45亿个月活跃账户包揽排名榜第二名、第三名。腾讯另一款即时通信手机应用微信凭借当时4.38亿个月活跃用户,成为全球第五大社交网络平台。最近两年,微信继续快速发展和扩大应用,截至2015年年末,微信已经覆盖中国90%以上的智能手机,月活跃用户超过6亿个,用户覆盖200多个国家、超过20种语言。微信支付用户则达到了4亿个左右。微信依托海量用户推出各种业务,包括游戏、支付业务、广告、O2O、电商等,为企业提供了商机,为用户提供了极为方便的购物和服务体验。

与网络相关的服务业是边际成本极低、规模经济极为显著的行业。例如中国电影业高速发展和形成庞大规模，基础条件是人口众多，也得益于近几年电影制作和市场运作水平的提高。再如网络游戏产业过去多年高速成长，也因为有庞大人口基数支撑着巨量消费。2015年年底，中国的活跃智能设备总量已增至8亿部，百度的网络搜索量每天高达50亿次，这种数量级的市场规模不仅是全球第一，而且是全球唯一。有了这个级别的人口数量，企业只要开发出广泛适用的应用，短时间内就能达到上千万甚至上亿的用户。腾讯公司2011年才推出微信（WeChat），2012年用户数就已经过亿户，此后每年以亿户以上的量级扩张，2015年年底达到6亿个的活跃用户规模。

为了衡量各个国家互联网经济的规模，麦肯锡全球研究院推出了iGDP指标。2010年，中国的互联网经济只占GDP的3.3%，落后于大多数发达国家。而到了2013年，中国的iGDP指数升至4.4%，已经达到全球领先国家的水平，互联网经济对中国经济的影响已经超过美国、法国和德国。最近两年，中国互联网经济的增长速度仍然居世界前列。网络相关服务业的发展不仅对经济增长有意义，对社会发展和人们的生活方式、生活质量都有广泛深刻的影响。从教育、医疗等公共服务的网络提供，到政府服务与管理透明度的增加，网络已经成为一个改变我们学习、工作和生活状态、影响社会变革的强大力量。

从各个方面看，中国已经是互联网技术、生产和消费的先进国家，互联网对经济社会各个方面的渗透度极为广泛。这将为现代服务业特别是以网络为基础的新型服务业的发展提供极为有利的条件。过去几年的发展已经证明了这一点，并将继续有力推动未来发展。

四 加快改革开放促进创新发展

在现代信息条件特别是互联网大数据时代下,服务业创新极为活跃,新的服务内容和新的商业模式层出不穷。这种多点发力、多极增长的繁荣状态,使决策者难以对产业发展做出有效预测,因而也做不出相应发展规划,甚至政府的鼓励政策都难以明确着力点。只有加快改革开放,释放和激发市场的创新创造活力,才能让增长潜力最大限度地迸发出来。

(一) 放开进入和促进竞争

有些服务业如金融、电信、文化传媒、教育、医疗保健等行业,长期以来存在着各种类型的进入管制和竞争限制。这些行业程度不同地与经济安全、社会稳定、公共服务、文化传承、价值取向等"非经济"问题相关,因此有些管制是必要的。例如坚持义务教育、基本医疗和公共卫生的政府主导性,在金融、电信等行业中保持国有资本的控制力,在文化传媒领域中管控好价值导向等。但同时,也有不少领域和许多业务限制进入和排斥竞争的理由并不充分,导致服务内容单调、服务质量差和高收费,抑制了服务消费。改革开放多年的经验表明,竞争能够提高质量,降低成本,推动技术进步,从而促进服务消费和增长,这方面空间很大。过去几十年,国内外电信行业提供了一个很好的案例,在电信巨头拆分重组、多家企业进入市场后,竞争推动服务品种增多、价格下降和服务质量改善,消费潜力大量释放,呈现出爆发式增长。

从中国近些年经验看,放开进入促进竞争重要,如何保护竞争秩序同样重要。有两个问题比较普遍和突出。

一是服务质量问题。服务质量本就不易把握,在互联网时代,远程交易很普遍,更加大了服务质量保障的难度。这在很长时间内成为互联网相关服务发展的瓶颈。为了突破这个制约,互联网服务平台普遍建立了服务质量评价和保障制度,消费者的反馈可以快速通过网络来表达,用户的产品体验和评价成为企业信誉的重要构成并且公之于世,为其他消费者提供了足够的甄别和选择信息,大大减少了生产商、服务商的机会主义行为。这个公开评价体系的建立是互联网企业的重大制度创新,有了这个体系,网络交易才得以快速发展。但是,对服务质量的担心仍然普遍存在,仍然是制约互联网服务消费的重要因素。因此,凡是与质量控制相关的商业模式创新都应该大力支持。同时,政府也需要适应互联网时代的质量监管要求,创新监管方式。近些年政府相关部门进行了有效探索,例如,中国工商总局已经建成经营异常名录数据库,与百度等公司开展运用大数据加强市场主体监管和服务的试点。工商总局2015年6月开通的"信用中国"网站,归集了来自多个部门的1500多万条信用记录。半年时间访问量达到1200多万人次。

二是政府补贴问题。服务业的发展受到重视,各级政府加大投入并采取更多形式的支持政策。然而,补贴和支持过度,会干扰市场正常有效发挥作用。特别是对生产者广泛过度补贴,会使原本没有竞争力的企业也大量进入,人为加大了市场竞争难度;同时,竞争失败者有补贴支撑,迟迟不退出市场,这种状况使竞争中的优胜者无法快速扩大市场规模,市场无法发挥优胜劣汰的功能。例如,前些年中国鼓励发展动漫产业,各级政府财政支持和土地、税费等方面的补贴数额很大,鼓励了动漫企业一哄而起,遍地开花,过度竞争。2009年,经广电总局备案公示的国产动画片达到43万分钟,播出的却只有17万分钟,但财政投入的资金足以"买下"当年产出的全部动画片,没有市场却有收入的企业比比皆是,还继续有更多的企业携政府补贴资金不断涌入。对新兴产业给予适当支持是必要的,但是要尽可能体现市场的判断和选择,把握好两个标准。一是是否有市场客户订单或者市场主体的投入,如果有市场主体愿意购买产品或投资于项目,其发展前景就相对可靠。二是尽可能补贴用户,因为新技术新产品有可能在其生产初期因价格高限制了需求,适度补贴后有人购买,表明了成本下降后的真实需求,例如电动车,各国都是补贴消费者为主,补贴生产者为辅。

(二) 加快金融服务创新

金融创新对服务业发展至关重要。传统金融服务不能满足服务业特别是当代服务业发展的需求。长期以来,金融部门主要为有资产可抵押的制造业提供融资服务,但许多服务业特别是文化创意类的服务业,核心资本是人和专业知识,没有多少可抵押的实物资产,需要通过创新提供对借贷双方都合意的融资方式。近些年国内有不少探索,例如艺术品具有投资属性,因此可以做质押贷款业务;以中小板、创业板以及新三板为代表的场外交易市场组成的多层次资本市场体系为文化产业的股票融资提供了更多平台,风险偏好不同的各类资本也为服务业提供了更多的融资选择。

扩大服务消费也需要有更多的金融创新。一是能够以未来收入支付当期消费的金融服务。例如,教育贷款使家庭经济困难的青少年可以先接受教育,就业后再以收入支付教育费用,还有各种各样的分期付款服务,一般都是比较大额的服务项目如培训、医疗、旅游、美容等。二是能够用未来可变现资产支付当前服务消费的金融创新,如各种形式的不动产倒按揭服务,老年人或者将房屋产权抵押给银行或保险公司等金融机构,金融机构对房产价值和抵押人的寿命进行估算后，按月将现金支付给老人，老人去世后房屋产权归金融机构；或者老人向金融机构贷款消费，继承人承诺将房屋拍卖后用一部分钱还款，等等。中国城市有大量"房产富翁，现金穷人"，这些金融服务对"老人经济"的发展很重要，老年人对医疗看护、养生健身、生活服务、旅游、文化娱乐等服务的巨大需求能够有效实现。在中国现有收入水平和财产结构下，如果消费者以当期收入支付，许多服务消费能力是有限的。但是通过商业模式创新特别是金融创新，能释放出巨大的服务购买能力。没有这些金融服务，不仅服务需求不能释放，还会有相当一部分老年"有产者"的看护成本要由政府部分承担，会占用本应用于真正低收入者的有限资源。

（三）加快人事制度改革

服务业特别是创新创意类服务业，比农业和制造业更加依赖于人力资本。越是高知识含量和高度专业化的服务，少数关键人力资本的重要性就越突出。在研发、设计、演艺、影视、体育等科技和文化创意行业，个人才能往往居核心地位。为了有效激励关键人才，需要给予特殊高报酬。在不少国家的最高收入人群中，"特殊人才"甚至多于"资本家"，诸如影星、歌星、球星、著名主持人、大企业家、著名律师、著名专栏作家等，都位居收入塔尖。因此，服务业需要有更加灵活的组织形态和分配结构，以体现人力资本的价值及其个性化贡献。在中国，大部分高水平专业人才集中在国有事业单位，以教育程度、工作年限、职位职称等传统标准作为收入分配的主要决定因素，对高水平个体的激励明显不足，抑制了他们的创造性，甚至这些人才并没有在最能发挥作用的领域满负荷运转。例如，许多专业性强的医疗专家在公立医院接诊普通常见病患者，另一方面，民办医院却无法获得这些高水平人才因而缺乏吸引力。需要加快改革，形成更灵活有效的人事管理制度，使关键优秀人才能够配置到最合适的地方，更好地发挥作用。

（四）加快服务业对外开放

中国以往的开放重点是制造业领域，极大地提高了制造业的水平和国际竞争力，中国服务业要加快发展和提高竞争力，扩大开放是必然选择。

在互联网的推动下，各类服务业的全球分工体系发展迅速，许多服务生产过程被分解，分散在全球不同地点进行，利用各个地点在人力资本、成本、市场、规模经济等方面的优势，又能通过信息技术连为一个有机整体。例如，信息技术使知识能够编码化和标准化，各个国家的研发人员可以发挥各自优势，研发、设计、编程等以知识为基础的服务可以分解为模块或片断分散进行，同时通过网络即时连接和同步推进。信息技术还创造出网上商品交易、网络教育和医疗等新的远程服务消费方式，服务商能够直接与消费者沟通。不同国家和地域的消费者的个性化喜好可以快速地通过网络来反馈，设计者、生产者和消费者有着更为充分的沟通反馈机制，所谓当地产品和服务更符合当地消费者需求的情形正在发生变化。更重要的变化是，在大数据时代，信息反馈已经无需消费者自己提供信息，而是通过智能互联网的感应能力，通过大数据收集、挖掘、分析，为消费者提供个性化的服务。这是"互联网+"这个概念更重要、更具根本性创新的意义。在这种服务生产和消费迅速全球化的格局下，局限在国内配置服务资源，竞争力会大打折扣。服务业开放还能促进人力资本能力积累，目前全球合作研究已经成为重大科学项目的主要方式，开放合作的研发体系对科研成果水平和科研人员能力提升有重要意义。总之，扩大开放使我们能有效利用两个市场两种资源，丰富服务消费，促进服务业发展和增强国际竞争力。

需要强调的是，服务业有些领域与意识形态、社会价值观、文化传承创新、公共治理、国家安全等特殊重要问题相关，公共服务也要强调社会效益和公共效益相统一，这些服务业不能完全交由市场机制配置和完全开放，政府要严格监管和有效引导，有些要由公共机构直接提供，在这个前提下，仍然可以采用多种商业模式运作，适应市场需求和提高效率。对外开放也需要先强壮自身，有了这个前提，就能有效抵御外部不良因素的侵扰并不断发展自己。

五　协同共治与有效监管

在互联网大数据时代，社会相互联通程度极大提高，生产方式、交易方式、消费方式和社会交往方式都发生了深刻而广泛的变化。各类经济社会主体和公民个人在分享互联网社会巨大便利的同时，也感受到不适、冲击甚至威胁，经济社会现有的治理模式和监管模式也面临巨大压力。

隐私保护无疑是大数据时代公民最为普遍担忧的问题。大数据时代，每个人使用互联网时会在网络上留下大量信息。大数据的本质就是"挖掘"，散落在网络上的零散信息通过大数据的整合很可能变成了对个人隐私的深度"挖掘"。如何确定对个人数据的保护原则和监管方式？前文已指出，欧盟在 2012 年提出了数据所有者（用户）的个人数据删除权（也被称为"数据被遗忘权"，"right to be forgotten"）[1]。在中国，全国人大常委会也出台了《关

---

[1] 本书第十二章对此有详细分析。

于加强网络信息保护的决定》,但其内容、措施和细则等都有待进一步健全和完善。目前来看,各国在隐私保护方面受到的挑战日益严峻。

金融体系的稳定性也是现实挑战。近些年,互联网金融在鼓励发展和加强监管之间努力保持平衡,但高风险案例仍时常发生。除去有意诈骗的案例外,还有两个因素导致互联网金融的风险,一是互联网金融针对传统金融的弱点,主要服务于个人、新创业者和小微企业,业务本身风险系数高。二是融资的小微企业特别是互联网企业大都白手起家,但最后能活下去的公司是极少数,大多数的公司不能成功,从一个个具体项目看,投资者必然受到损失。尽管社会融资应该由投资者自负盈亏责任,但在中国,出了问题"找政府"几乎成为固定模式,给社会稳定造成较大压力。

互联网带来的冲击有些还未充分显现,但很快会成为新的焦点和难题。例如社会保障体系的设计和运转。在许多国家,企业为职工的各项社会保障缴费。然而,互联网时代自主创业、灵活就业人数增长很快,依托企业才能运转的社会保障体系就面临挑战,需要设计新的模式。2014年美国就业人数中,自由就业者约占35%,而通过线上平台得到灵活就业机会的更是高达60%。2016年开始实施的《平价医疗法案》考虑到这个变化,提供了更多供个人选择的医保产品,购买人数大幅上升,参加政府医疗补助计划的人数也有所上升①。在中国,互联网经济推动出现更多灵活就业方式,新型就业人群不断增加,例如网购平台天猫和淘宝,就

---

① 《平价医疗法案》的主旨是为了帮助中低收入的个人和家庭购买医疗保险,美国政府为通过医疗保险市场购买保险的个人和小企业提供补助(subsidies)。收入在联邦贫困线100%—400%的个人/家庭可以得到税收抵免和补助,帮助支付保险费用。同时,根据该法案,那些全职员工在50人以下的小公司则不必强制为员工提供医疗保险,员工可以自己申请医疗保险。这为小微企业和灵活就业人员提供了新的社会保障机会。

直接创造了 1000 万个新的工作机会，这些商户绝大多数是小微企业或者个体户，阿里巴巴并不为其提供社会保障。

社会舆情中突发因素增加，治理难度大。互联网所构建的"言论"开放环境多数是在"匿名"状态下运行的，突发信息出现后一时难以确定真伪，社交网络的发展使得信息多点多线交叉迅速传播，使得政府治理面临着很多随机因素。如果不能及时对其中的虚假信息予以澄清和及时有效处置真实信息中显示的不稳定因素，很可能会酿成事端。互联网如此普及，舆论对社会事态的发展和人们思想行为的影响相当有冲击力，一个很小的消息或传言就可以带来一系列的连锁反应并迅速蔓延，造成巨大的社会影响。

法律也面临很多挑战。专车、短租等例子大家都已经很熟悉，再举一个二手票务网站的例子。2000 年全世界最大的线上二手票券交易平台 StubHub 上线，当时美国很多州都有反倒买倒卖方面的法律，因此有 20 多个州禁止这种二手票的转让行为。但到 2015 年，所有的州都给予 StubHub 合法地位。大家认识到，线上平台有利于提高市场的流动性，长期可重复交易提供了信誉和透明度，公开交易远优于"黄牛"私下交易。目前线上每天都交易数以千计体育、演唱会、剧院等方面的票源。

总之，互联网大数据时代，经济社会治理的挑战现实而巨大，核心问题是如何在鼓励创新和降低风险之间寻求平衡。"多元利益相关方协同共治"是认可度高的应对原则，但具体可行的治理架构和治理方式还处于探索之中。"多方"不能成为谁也不愿担责、不愿"从我做起"的借口，政府需要引导各方面一起努力，共同积极探索和共同承担责任。

本章分析表明，依托中国庞大的人口规模、世界领先的互联网产业和极为活跃的商业模式创新，今后中国服务业的发展速度、规模和比重，可能在某些方面会超越其他国家经验所提示的状态，我们迈进服务经济时代的时间可能相对更早，与互联网相关的服务业所占比重可能相对更高，服务业创新创意更为丰富，服务业将展现出前所未有的覆盖度、渗透力和融合性，成为经济持续发展、社会不断进步、人民生活质量和水平不断提高的主导产业。同时，变化必然带来冲击和挑战，要有充分准备和有效的调整应对之策。

附录：服务经济理论演进及启示

本部分回顾服务经济理论的发展过程，扼要述评各个时期主要观点的形成和演变，探讨若干重要争论对当代服务经济理论研究的启示和意义。

在中国经济理论研究中，服务业是一个独特领域。新中国成立后，引进借鉴苏联社会主义经济理论体系和产业发展实践，长期将服务业视为非生产性的经济活动。最近10多年来，国内各个方面对服务业的看法有根本变化，普遍赞同发展服务业。但是，这种转向的理论准备并不足，一些争论没有被深入探讨。应该看到，服务业为主的增长与制造业为主的增长确有显著差异，回顾经济思想史中有关服务问题的讨论，对于全面理解服务经济和服务业发展问题有重要参考价值。

研究服务经济思想史的学者对服务经济思想划段不完全相同。在让—克洛德·德劳内等学者研究的基础上，笔者将经济思想史中对服务问题的研究划分为五个阶段：质疑服务时期（18世纪晚期—19世纪中期），服务泛在时期（19世纪50年代—20世纪30年代中期），第三产业时期（20世纪30年代中期—20世纪70年代早期），服务经济时期和产业融合时期（20世纪70年代至21世纪初期），网络服务时期（从 21 世纪初期开始至今）①。

本文回顾服务经济理论的发展过程，分别评介各个阶段中有关服务的主要观点和争论，探讨这些观点和争论对当代服务经济理论研究的启示和意义，希望能为读者提供一个全过程、有重点的服务经济思想史概述。

一 质疑服务时期

（一）以斯密为代表的观点：质疑服务对财富和增长的意义

古典经济学家中，在服务经济思想史中有开拓性重要影响的学者无疑是亚当·斯密②（Adam Smith），他明确将经济行为划分为生产性与非生产性两类，并将服务归于后一类。斯密并没有专门论述服务业的论著，相关的观点分散在《国富论》中各个部分。但概括起来，他判断生产性还是非生产性劳动有两项主要标准：资本增值和财富积累能力。③

斯密认为，经济产出中只有用于投资的部分，才能够产生利润，才能够带来社会财富的积累。在斯密时代，能够吸收大量投资并产生可观利润的主要是制造业，而许多服务虽然也是工作，

---

① 本文作者是让—克洛德·德劳内和让·盖雷《服务经济思想史：三个世纪的争论》一书中文版的译者，本文所划分的五个阶段，前四个借鉴了该书的划分方法，但在内容上，作者还参考了其他文献，并进行了取舍、重组和重新概括，第五个阶段是作者根据近些年服务业的发展变化总结提出的。

② 在斯密之前，有三位学者的研究值得提及。格利高利·金（Gregory King）和威廉·配第（William Petty）都将社会人群区分为创造或者减少财政收入两类，即"挣钱的"和"花钱的"，后一类指服务活动，诸如士兵、用人，还包括乞讨者和流浪汉。弗朗索瓦·魁奈（Francois Quesnay）提出了一个财富生产和流转的经济表。由此产生了利润、再生产等概念，形成了生产导向的分析框架。转引自德劳内和盖雷（2011：7）。

③ 亚当·斯密，1972，《国民财富的性质和原因的研究》，郭大力、王亚南译，北京：商务印书馆。

却不具备这种性质，例如家仆的劳动、艺术家的表演等。不仅如此，由于人们对服务的支出来源于利润，因此减少了资本积累，与工商业的扩张产生竞争。概括这些论述，斯密是从财富和资本能否被积累的角度看待生产性和非生产性。对斯密来说，国民财富的增长要靠资本积累，服务性消费对积累无益。因此服务活动虽然是必要的，但必须做出严格限制。

与上述观点密切相关，斯密强调生产结果的性质。斯密认为，只有实物性的产出具有耐久性，能够保留下去随时取用，是可积累的财富。而非实物性的产出随产随用不能积累。斯密还为非生产性服务经济活动列表，包括神职人员、律师、医护人员、作家、艺术家、喜剧演员、音乐家，以及家仆、公务员、军队等。

（二）马克思关于服务的观点

据德劳内等人的研究，马克思并没有专门的服务业理论，只是在讨论其他问题时附带涉及了服务业。他实际上提出了两类服务业，虽然后一类他并未明确指出是不是服务业，却研究了它们的生产性和非生产性。第一类包含个人、国家或者其他类型组织提供给个人的服务，教师、教授、家仆、教士和公务人员都归为这一类。第二类包含此后人们归为服务业的那些行业，如商品运输、机器与设备的养护和贸易、银行、保险以及财务会计等，对这类服务业马克思有鲜明的观点：运输和养护活动是生产性的，商业和金融活动不是。

马克思注重对资本主义的实际观察，当时有两个现象给他留下深刻印象，对其研究产生重要影响。一是产业资本的扩张及其强大的盈利能力，这导致他从资本的要求出发来判断劳动是否具有生产性，生产性的劳动在创造价值的同时必须也创造剩余价值，即能产生利润。二是技术革命和机械化带来实物生产力的巨大提升，因此马克思强调"物质生产"（material production）。这两个立场与斯密相似。根据马克思的观点，只要劳动生产率还没有提高到能够使人类"从必然王国进入自由王国"即物质极大丰富的程度，物质生产将继续占有优先重要地位。

马克思有一个观点非常重要，即服务业存在"低效率"问题。他认为在商业部门，劳动分工并不是依据机械化过程，而是根据他们活动的专门化。商业企业数量的相对增长是因为商业领域的经济活动不容易实现机械化，因此没有规模经济。在笔者看到的文献中，马克思不是最早表述这个观点的研究者，例如斯密也有过类似表述，但马克思的观点更加系统和鲜明。（马克思关于服务不创造价值的观点，对社会主义国家的经济运行和产业结构产生过重要影响。下面部分专门介绍。）

（三）不同观点：肯定服务有重要作用

在古典经济学家中，也有一些学者与斯密的观点不同。其中有重要影响的一位是让·巴蒂斯特·萨伊，他提出的效用理论和长期投资理论，从不同角度观察服务和服务业，对斯密提出了质疑，并为后面的研究开启了新的思路。让·巴蒂斯特·萨伊地位之所以重要，不仅因为他的观点重要而深刻，更因为他的论断在今天也很有意义。

萨伊是效用价值论的创始者，他对生产的定义是：所谓生产，不是创造物质，而是创造效用。从这个定义出发，他必然将服务视为生产性劳动，因为服务同样创造效用①。除了这个根本性的定义外，他对服务理论的研究有以下几点应该提及。

(1) 各类经济活动之间的相互依存性。萨伊认为不同类型的经济活动之间有相互依存性，没有服务，生产就难以顺利进行，社会无法正常运转。因此文官、医生、法官等服务业也创造财富。

---

① 萨伊，1997，《政治经济学概论》，陈福生、陈振骅译，北京：商务印书馆，第59页。

他对生产的定义是：凡是需要支付价格的东西就是真实的生产。①

（2）描述了服务业的一些特性。在这方面萨伊有两点突出贡献：一是定义了"非物质性产品"这一概念，即"在生产同时被消费的产品"②，这是传统服务业的本质特征之一。二是讨论了公共支出和政府提供服务的问题。萨伊认为，由于一些政治和社会原因，有些服务不能由市场模式提供，应该作为社会的共同需要由政府提供，他特别举了教育的例子。

（3）将服务和"人力资本"联系起来。虽然斯密及其他学者也有相似的表述，③但萨伊对这个问题的表述更明确。他认为服务业也有投资和收益，从事服务需要获取知识和技能，因此需要有投资。"在一个医生能够给出专业建议使其患者受益前，双方都必须接受医生多年学习的成本。律师、歌手、乐师等也是同样的道理，公务人员的专门技术对其自身也是一项投资。"④ 他还认为银行活动是生产性的，因为此类活动需要依赖银行家特殊的专业知识，市场对这些知识有需求，提供这些服务得到的报酬就是投资收益。萨伊的这些观点，可以说是后来"人力资本"理论的起源。

还有一位学者海因里希·斯塔齐（1766—1835）表达过类似

---

① 需要指出的是，同期的其他学者也提出过服务创造财富这个观点。例如皮埃尔·L. 布阿吉尔贝尔（P. Lepesant de Boisuilbert），转引自德劳内和盖雷《服务经济思想史：三个世纪的争论》。

② 《政治经济学论文》，第 122 页。即 Say, J. B., Traité d'Economie Politique, Paris, Calman - Levy, 1972.

③ 例如斯密讲过这样的意思：学习的结果可以固化在学习者身上，虽然要支付费用，但能得到偿还，因此是资本积累过程。（亚当·斯密，1997，《国民财富的性质和原因的研究》上卷，北京：商务印书馆，第 256—258 页）这已经是人力资本投资的含义。

④ Ssy, J. B., Traité d' Economic Politique, Paris, Caluan - Levy, 1972.《政治经济学论文》。

的观点①。他认为,当期不产生国民财富那些服务,也能产生其他类型的价值。斯塔齐将这些价值称为"内在收益"(internal benefits),即能够发展与完善我们自身能力,这些内在收益虽然没有交换价值,但是有社会价值,而且其有效期可以比特定类型实物商品的有效期更长。内在收益的生产并不减少国民财富,相反是增加国民财富的有力工具。内在收益可以被积累,并且对整个经济实物生产部门的效率和积累都有贡献。

二 服务泛在时期

这个时期从19世纪中期到20世纪30年代前后。从19世纪中期开始,经济学家对斯密时代生产性非生产性论战的兴趣下降。到19世纪末,关于服务业是否创造价值的讨论逐渐消失,非生产性劳动的概念已经很少能够见到。变化不仅如此,有些学者还将服务视为泛在的生产性活动:所有的经济活动都可以视为服务,都是生产性的,学者们以服务关系描述各种经济关系。德劳内在其书中将这一章命名为"一切皆生产,一切皆服务"(All Is Productive, All Is Service),概括地表述了这个时期服务泛在的理论倾向。[让—克洛德·德劳内和让·盖雷(1992)第4章的标题。]

这个时期对服务经济理论发展有重要贡献的两位经济学家是弗里德里克·巴斯夏(Frederic Bastiat)(1801—1850)和克莱芒·卡尔松(Clément Colson)(1853—1939),两人立场相近。巴斯夏的代

---

① 这些观点体现在其《政治经济讲稿》的第二部分中(Storch, H. 1823, Coursd' EconomiePolitiqueou exposition des principes qui déterminant la prospérité des nations, Pairs: Aillaut.)。

表作是1851年重版的《和谐经济论》(*Harmonies Economiques*)[①]，其理论的核心观点是：资本主义条件下的经济关系都是交换服务的关系。卡尔松的观点与巴斯夏基本相同：人类的每一项活动都是服务，物质生产本身也是提供服务[②]。

巴斯夏对斯密的反驳主要出于两个角度：其一，斯密从生产所需劳动这个角度解释价值（马克思也认为劳动创造价值），而服务从其纯粹的形式上完全由劳动构成，难道它们不含有价值吗？完全可以将服务看作直接劳动，而将商品看作间接劳动，即劳动凝结在商品之中。其二，所有的生产都不创造物质，而只是通过移动或者组合来改变物质的形态和功能。"生产和形成物质实体没有什么关系，但是不论生产过程最终显示为服务还是某种物质实体，由于都满足了我们的需要，在经济性上的重要性是一样的。为他人提供健康服务的医生，和一个农夫一样，都是生产性的。"（Bastiat, 1851: 21）巴斯夏同时还将服务看作一种社会关系，因为一个人做出努力，另一个人从中得到满足，而"满足另一个人的需要而做出的努力，实际上就是提供一种服务"（Bastiat, 1851: 45），社会由相互提供劳动的个体组成，"我们提供服务，并得到等量的服务作为回报"（Bastiat, 1851: 113）。

这个时期后半段，学术界越来越关注公共服务问题。其背景是许多国家的公共服务快速扩张。此前，由于公共服务的地位较弱，使得"所有服务都是生产性的"和"所有生产都是服务"这样的观点基本上可以解释当时的经济活动。然而随着公共服务的扩张，"所

---

① 原文是：Bastiat, F. 1851, *Harmonies économiques*, Paris: Guillaumin, 2nd edition; 巴斯夏, 1995,《和谐经济论》，许明龙译，北京：中国社会科学出版社。

② 其代表作：Colson, C. 1924, *Cours d'Economie Politique*, Paris: Gauthier Villars & Alcan。

有服务都是生产性的"这个观点受到质疑。因为许多公共服务是通过再分配产生的消费行为。对于公共支出增长很快这种现象，学者们普遍抱有矛盾的看法。例如巴斯夏认为，政府行使的职能表明了"职业专业化的进步"。但与此同时，他又对政府作用的扩张有些担心。卡尔松一方面认为政府的新职能很重要，例如铁路、电报的发明，煤气和街道电力照明的发展，改善营养不良和劣质饮用水，完善排水设施等，都需要扩大公共投资和公共建设的范围，并逐渐成为政府的正常职能。人们更加重视文化和物质层面的幸福也促进了教育和社会安全服务的发展[①]。（Colsou，1924：175）另一方面，卡尔松对这种现象又有深深的担忧，认为存在政府干预过度的可能性。他说："……如果社会主义思想继续传播，我们必须要担心现在由私人运作的很多企业，比如银行、矿山、炼油厂和糖厂等等，将会逐渐归入政府手中，并因此增加政府预算。"（Colsou，1924：175）"……当前某些流行思想鼓励政府免费提供服务，并取消初等教育学校收费和桥梁、运河的收费。"（Colsou，1924：176）"……如果政府能够明智地使用经费，这些预算的增长可能不会是坏事。但是我们必须要问的问题是：假设不可能用更低的成本得到同样的结果，公共服务是否运作良好？"他承认，这是一个每天都会出现的问题，而且基本上无解。（Colsou，1924：177）

三 第三产业时期

这个时期指从 20 世纪 30 年代中期到 70 年代早期，此时关注的重点已经从此前的价值判断转向分析框架的构建和相应的结构性分析。

[①] Colson, C. 1924, *Coursd' Economie Politique*, Paris: Gauthier Villars & Alcan.

理论的进展主要体现在三个方面,一是分类和度量,即将经济部门划分为第一、第二、第三产业,测量各个产业的比重并解释它们在发展中的作用;二是分析专业化服务提供,即由企业化的专业机构提供服务活动;三是分析第三产业的发展对经济社会结构变化的意义。

第三产业部门是按这一名词的本意来界定的,即它是除农业(第一产业)和工业(第二产业)以外的所有经济活动的集合体,此前研究中提到的种种服务业都被归为第三产业。使用三次产业分类方法有重要意义。首先,标志着开始对经济进行结构性分析,服务业和农业、制造业获得了同等重要的理论地位,经济分析的框架更加完善和规范。其次,将种类繁多的服务业归纳概括为第三次产业,表示认同这个产业内部各细分行业具有一定的同质性。

国民经济统计方法的确定及其使用是政府行为,但三次产业概念和方法的形成要归于许多学者做出的贡献。代表性的学者有阿兰·G. B. 费希尔(Allan G. B. Fisher)、科林·克拉克(Colin Clark)和让·福拉斯蒂(Jean Fourastié)。三人对经济活动宽口径的分类方法相似,但在增长和发展的原因解释上存在差异。这三位学者的贡献都非常重要,我们分别予以简述。

费希尔的观点体现在他的两本著作中:发表于1935年的《安全与进步的冲突》(*The Clash of Progress and Security*)[1]和发表于1945年的《经济进步与社会安全》[2]。两本书的主题都是如何应对结构性变化的挑战。他指出,发达经济体需要解决的主要问题是怎样充分迅速地与需求结构变化以及由此引起的产业部门变化相适应。费希尔第一个明确指出,尽管第一产业是维持人类基本需求的产业,但是劳动力仍然逐渐从这些根本性的"初级"经济活

---

[1] Fisher, A. G. B. 1935, *The Clash of Progress and Security*, London: MacMillan.
[2] Fisher, A. G. B. 1945, *Economic Progress and Social Security*, London: MacMillan.

动中转移出来，进入第二产业，而后更多地进入第三产业。他指出，第三产业的重要性在于它包含了很多潜在的"增长点"，这些增长点需要政府的经济政策创造条件，吸引资本进入，减少在这些新兴非传统部门的企业风险。

克拉克的主要著作《经济进步的条件》（The Conditions of Economic Progress）[1] 出版于 1940 年。该书的重点是真实（不变价）的国民产品、国民收入和消费等变量增长的原因与度量，三次产业划分是基本分析框架。他的研究有重要贡献，不仅有分类，而且有对每类产业特点的表述，其观点对服务经济理论研究产生了长期影响。

在克拉克的分类中，第一产业活动包括农业、林业和渔业，由于自然因素地位重要，因此表现出规模收益递减规律。第二产业或者工业将原材料转化为可以运输的产品（1957：326），表现出规模经济的规律。第三产业或者服务业包括独立艺术家的小规模生产、建筑、公共设施（煤气、水、电力）、运输、贸易和其他更多类型的服务业，可以是也可以不是由市场提供的。克拉克并不认为在工业和服务业生产率之间存在系统差距，尽管建筑业生产率增长趋势似乎比制造业要慢，但贸易和运输业并不比制造业落后。

克拉克认为，就业向服务业转移的主要原因是消费需求总量和需求构成变化。克拉克使用了德国统计学家克里斯蒂安·恩格尔（Christian Engel）[2] 提出的需求饱和水平理论，即随着收入水平的提高，人们的支出结构发生变化，较高收入水平时，对服务需求比例相对较高。

让·福拉斯蒂（Fourastié）1949 年出版的《××世纪的伟大

---

[1] Clark, C. 1940, *The Conditions of Economic Progress*, London: MacMillan, 1940.
[2] Engel, C., 1857, *Die produktions und consumptionsverhaltnisse des Konigreiches-Sachens*, Zeitschrift des statistischen Bureaus des koniglichsachsischenMinisterium des Innern.

希望》(*The great white hope of the XXth century*)① 一书提出了划分三次产业的一个标准。福拉斯蒂认为在自然因素收益率和资本与组织收益率之间存在差别，因此不同产业在规模经济和劳动生产率之间存在差别。他的标准是：生产率增长为平均水平的是第一产业，生产率增长快于平均水平的是第二产业，慢于平均水平就是第三产业。这种用生产率增长状况来划分产业的标准在实际应用中有许多困难，例如同一产业，如果劳动生产率发生变化，产业分类就要改变。但是，这种划分方法标准唯一，逻辑严谨，普适性好，理论架构很完美。

福拉斯蒂还提出了更多有启发性的观点。他认为第二产业和第三产业对消费者时间支出的不同意义："使用第二产业的产品需要时间，而使用第三产业的服务节省时间"（Fourastié, 1949：314），很多情况下可以用服务替代商品来满足同样的需求。他还讨论了服务业部门增长和整体经济增长之间的矛盾，认为在经济整体发展和经济能够承受的服务业活动数量之间存在均衡点，这个均衡点由技术进步的速度决定，符合这个数量比例要求的，服务业就是生产性的，否则不是："只要投入的资源适合当时的经济条件，第三产业部门当然是生产性的。但是如果超过这一合理水平，超出的部分就是非生产性的。"（Fourastié, 1949：74）

总之，1935—1965年这30年是第三产业部门概念逐渐成熟时期，相关概念和术语基本上延续至今。表1列出了上述几位学者使用的分类法，同时还增加了库兹涅兹（S. Kuznets, 1966）和索韦（1949）的分类。增加库兹涅兹是因为他在中国的影响较大②。而

---

① Fourastié, J. 1949, *Le grand espoir du XXe siècle*, Paris：PUF, Gallimard, 1963.

② Kuznets 1966, *Modern Economic Growth, Rate, Structure and Spread*, New Haven, Yale University Press.

增加索韦是由于他的独特视角及其重要意义①：作为一个人口研究专家，他提出应该根据职业的不同划分经济活动人口。这意味着一个在办公室工作的人将被视为在第三产业就业，即便这个办公室属于一个制造业公司。索韦的研究被认为是现在产业和职业互动这一领域研究的先行之作。② 可以看出，对第三产业（服务业）定义最宽的是克拉克，除制造业之外都包括在内。而定义最窄的是库兹涅兹，他将建筑、公用设施、运输和通信都定义为工业。

表1　　　　　　　　　　不同学者的行业分类

行业	费希尔（1935）	克拉克（1941）	索韦（1949）	克拉克（1957）	福拉斯蒂（1959）	库兹涅兹（1966）
制造业	第二	第二③	根据职业分类	工业	第二	工业
建筑业	第二	第二		服务业	第二	工业
公用设施	第二	第二④		服务业	第二	工业
运输	第三	第三		服务业	第三	工业
通信	第三	第三		服务业	第三	工业
贸易	第三	第三		服务业	第三	服务业
服务	第三	第三		服务业	第三	服务业
政府	第三	第三		服务业	第三	服务业

---

① Sauvy, A. 1949, *Le pouvoir et l' opinion: essai de psychologie politique et sociale*, Paris.
② See Browning, H., Singelmann, J. 1978, "The Transformation of the U. S. Labor Force: the Interaction of Industries and Occupations", *Politics and Society*, 8 (3-4): 481-509.
③ 包括采矿业。
④ 只有电力。

总之,三次产业的概念和若干相关理论范畴,成为此后经济学家描述经济发展历史变化和阶段性特征的一个重要分析框架。

四 服务经济和产业融合时期[①]

这个时期从20世纪70年代到21世纪初期,对服务经济理论来说,其中前10年非常重要,许多在现代服务理论中有重要地位的观点在这个时期产生。对产业融合来说,21世纪以来的发展变化加快。

(一)服务经济时期

首先要提到的是维克多·富克斯(Victor Fuchs),现代服务经济理论的重要开创者。同时,这个时期还产生了若干当代服务经济理论的经典文献和代表性学者。

1. 富克斯与服务经济理论的发展

富克斯在服务经济理论发展中发挥了关键作用,他的专著《服务经济学》(The Service Economy)[②]已经成为服务经济研究的经典之作。这是经济研究文献中,第一次明确地将服务经济作为研究对象。

富克斯的著作之所以重要,有以下几点原因:

第一,他明确了服务型社会的判断标准:吸纳一半以上的就业人口。对于富克斯而言,服务经济的概念来自就业分布:"这个国家(美国)在经济发展中处于一个领先阶段。我国是世界历史上

---

① 在笔者见到的服务经济学文献中,都未单独列出这个阶段。笔者根据近20多年服务业最新进展和长期研究这个问题的体会,认为有必要将这个阶段单独划出,并命名为产业融合时期。从这一部分开始,文中的划分方法与让—克洛德划分方法不同。

② 富克斯,1968,《服务经济学》,许微云等译,北京:商务印书馆。

第一个实现了'服务经济'的国家——超过半数的就业人口不从事食品、服装、房屋、汽车以及其他有形商品生产。"[①]

第二,他从服务业自身特点来解释服务业相对高增长的原因,强调了服务业自身效率较低这个因素的影响。例如,富克斯以1930—1960年的数据说明,就业向服务业转移的原因并不是商品和服务在收入弹性上的差异,而是在人均产出(生产率)上的差异。这些差异有多方面原因,包括技术、劳动力素质和资本密集度。同时,他也指出了服务最终需求增长和中间服务需求增长的重要性。

第三,富克斯明确将消费者视为生产效率的一个要素。虽然此前已有学者对消费者参与的必要性和意义有过表述,但没有集中到对提供者效率的影响这个重要角度上。富克斯得出了一个重要理论结论:"……许多服务业部门的生产率部分地依赖于消费者的知识、经验和动机"(Fuchs, 1965: 25)。

2. 后工业化理论:大服务业概念的确立

20世纪70年代初期,"后工业社会"理论开始出现,其代表作是社会学家丹尼尔·贝尔(Daniel Bell)出版的《后工业社会的来临——对社会预测的一项探索》(The Coming of the Post-Industrial Society, A Venture in Social Forecasting)一书[②],该书总结了他对美国社会未来转型的一些主要观察和预测。和富克斯相似,贝尔以经济活动人口的分布作为发展阶段分类的主要依据,美国战后劳动力产业分布的数量特征,是第三产业部门呈现相

[①] Fuchs, 1965, "The Growing Importance of the Service Industries", *The Journal of Business*, Vol. 38, No. 4. 在这些研究中,富克斯将运输、通信和公共事业归为商品生产部门。

[②] Bell, D. 1973, *The Coming of Post-Industrial Society, A Venture in Social Forecasting*, New York: Basic Books, r. 1976, UK edition: Heinemann Educational, 1974.

对更快的增长速度。自 1947 年以来,增长最快的部门是公共管理(联邦政府以及州和市政府),其中教育更快(1968 年在教育部门就业的人数超过在非联邦公共部门就业的一半);增长第二快的是"私人和专业提供服务",其中增长最快的是医疗服务。贝尔提出的一个重要判断是:美国已经进入后工业社会,即第三产业为主导的社会。

贝尔认为,大量人口在第三产业就业的主要原因有:第一,收入水平提高。恩格尔曲线显示,随着富裕程度不断提高,需求结构向高档品(通常是服务)迁移。第二,主要经济部门生产率趋势之间存在差异。即便对三个部门产品的需求以相同速度增长,由于服务业跟不上工业部门生产率的增长,仅仅为了保持同样的增长,服务业也需要吸收更多的就业[1]。另外,他还强调了工业社会和后工业社会不同的消费构成和生活方式:如果工业社会是由标志着生活水平的商品数量来界定,那么后工业社会就是由服务和舒适所计量的生活质量来界定的,比如健康、教育、娱乐和艺术。

3. 服务业生产率低?一个持久的负面视角

威廉·鲍莫尔(William Baumol)在 1967 年发表的一篇论文成为最著名的服务业文献之一[2],在该文中,他从一个相对负面的视角看待服务业的增长。他的研究发现,美国许多大城市由于服务

---

[1] Bell, D., op cit, p. 125. 贝尔的预测与劳工统计署(Bureau of Labor Statistics, BLS)1989 年的官方预测很好地一致。BLS 报告,虽然经济增长速度较缓,制造业部门工资和薪水收入工人的比重从 1976 年的 24% 下降到了 1988 年的 20%,预计到 2000 年将进一步下降到 15.6%。而"操作工、制造工和劳工"的比例(即不包括白领工人)预计到 2000 年将下降到 12.6%,而在 1988 年是 14.4%。(Monthly Labor Review, Nov. 1989). 27 Bell, op cit, p. 15.

[2] Baumol, W, 1967, "Macroeconomics of Unbalanced Growth: The Anatomy of an Urban Crisis", *American Economic Review*, 57, June: 415 – 426.

业高成本，出现了所谓的"成本病"（cost disease），引发了财政危机。由此，鲍莫尔提出了"服务业效率低"这个著名的观点。虽然鲍莫尔后来转而使用更为复杂的解释[1]，并不断修订自己的观点[2]，但第一篇论文仍然是他对服务业理论做出的最重要的标志性文献。

鲍莫尔提出，"成本病"在很多服务业部门都存在，这是因为与制造业相比，服务业在生产方法和技术方面存在差异。鲍莫尔将经济活动分为两个主要部门：一个是技术导向的"进步部门"（progressive sector），这个部门由于"创新、资本积累和规模经济带来人均产出的累积增长"；另一个是"非进步部门"（non-progressive sector），这个部门的劳动生产率保持在一个不变水平，这种状况是由生产过程的性质导致的。非进步部门的基本特征是，由于工作本身就是最终产品，基本上没有采用资本和新技术的空间，也就没有提高生产率的可能。鲍莫尔提出了下面的经典例子："乐队五重奏半个小时的表演要求 2.5 个小时的人工费用，而任何试图提高生产率的打算都会受到在场观众的批评。"

第一个部门主要指生产商品的工业，第二个部门主要指的是服务业。商品生产部门不断增加资本和技术含量会带来实际工资的增长，由于不同部门之间工资水平的趋同要求，工业部门工资增长的效应，会"溢出"（roll out）到服务业部门，却不能被劳动生产率的增长所抵消，因此，提供单位服务的成本将变得越来越高。由此可以得到一个"非平衡增长"（unbalanced growth）的宏观经

---

[1] Baumol, W., Blackman, S., and Wolff, E. 1985, "Unbalanced Growth Revisited: Asymptotic Stagnancy and New Evidence", *American Economic Review*, 75: 806 – 816.

[2] Baumol, W., Blackman, S., and Wolff, E. 1989, *Productivity and American Leadership*, Cambridge: MIT Press.

济模型，其中一个结果就是非进步部门（服务业）产出的相对价格水平呈现指数化增长。如果我们假设服务业的需求对价格变化无弹性，并且将随着生活水平的提高而增长，一个必然结果就是由于需求增长而劳动生产率提高缓慢，服务业吸纳的就业比例越来越高。相应地，经济总体生产率增长（非进步部门的零增长和进步部门一个恒定增长率的平均数）将不可避免地下降。

从20世纪70年代开始，几乎每一个发达国家都出现了服务业就业比重提高，同时实际增长放慢的现象，鲍莫尔的理论似乎得到证实，因而更得到学术界的重视。虽然鲍莫尔并不是最早提出上述观点的学者，例如斯密、马克思、让·福拉斯蒂和维克多·R.富克斯都提到过服务业和制造业的生产率差距问题，但鲍莫尔提出的观点简洁概括，并且构建了一个可分析的模型，因此在服务经济史上具有里程碑式的地位。

过于简化的模型虽然优美，却不可避免地存在对复杂现象解释力不足的问题。鲍莫尔受到的批评不少，特别是下述质疑始终存在：并不是所有的服务业都存在低效率问题，那些类似于"音乐五重奏"的服务业只是部分，包括艺术服务（剧院表演、舞蹈、音乐）、饮食旅馆等，也包括一些公共服务业。但是，有数量众多的其他类型服务业已经出现明显的技术进步，例如运输、通信、银行、零售等。这个质疑随着信息技术的迅速发展愈来愈多。鲍莫尔后来也修正完善了自己的观点，他和苏·安妮·布莱克曼（Sue Anne Blackman）、爱德华·N.沃尔夫（Edward N. Wolff）一起发表了一篇论文（1985），扩展了他的理论，在两个典型部门（进步部门和非进步部门）之外引入了第三个部门，其生产过程要求从停滞部门和进步部门引入固定比例的投入品。作者证明，在经历过一段时间的经济增长后，这一部门的表现倾向于（渐近地）

与停滞部门相似,也会受到成本病的影响。

4. 更多关注服务业内部的异质性

第三产业的原始定义是指除农业和工业以外的所有经济活动的集合体。这是一个使用排除法的宽泛定义,并没有给出这个集合体的共同特征,为研究工作带来很大难度。在后来的研究中,服务业内部的异质性受到更多关注。越来越多的研究者针对特定类型的服务业开展研究。因此,"服务业"的复数形式(services)逐渐替代了单数形式(service),研究的对象从"服务部门"转向"服务产业"。

富克斯首先明确提出了要考虑服务产业的多样性,同期及此后有不少学者研究这个问题。我们重点介绍与分类有关的两类研究。一是 J. 辛格曼(J. Singelmann)的研究[①],他提出,服务业的不同类别对应了不同的经济行为和社会特征。例如,"克拉克法则"(Clark Law,第三产业就业与人均国民收入正相关)适用于某些服务业,但是并不适用于其他服务业。据此,辛格曼将第三产业分为四个子类别:分配服务业(distributive services,运输、通信、贸易),生产者服务业(producer services,银行、商务服务、房地产),社会服务业(social services,医疗护理、教育、邮政服务、公共和非营利性服务)和私人服务业(personal services,家务料理、旅店、饭店、旅游、修理等)。辛格曼的分类对后来的研究产生了深远影响,至今它仍是服务业分类的基本文献。二是有关生产性服务业的研究。托马斯·斯坦贝克(Thomas Stanback)、蒂里·诺伊尔(Thierry Noyelle)等学者对生产性服务业给予特别关注。他们认为,新经济最典型的特

---

① Browning, H., and Singelmann, J. 1978, "The Transformation of the US Labor Force: the Interaction of Industries and Occupations", *Politics and Society*, 8 (3-4): 481-509.

征是当代工业生产必需的"先进服务业"（advanced services），需要给予特别的关注[①]。在服务型社会中，最应关注的不是家庭而是生产，特别是变得更为复杂的生产结构，其中生产型服务业扮演重要角色。

（二）产业融合加速

从20世纪80年代开始，产品制造和服务提供在生产消费全过程中相互渗透，两者融合的领域日益拓展，到21世纪初，产业融合已经成为一种普遍现象。在融合程度最高的信息产业中，制造和服务已经密不可分。这种高度融合的状况，已经成为许多学者研究问题的背景，他们不再区分信息制造和信息服务，而是将信息产业作为研究的整体[②]。产品制造和服务提供的广泛融合表现在生产消费过程的各个环节中。

（1）生产过程中的融合。多少年来，产品制造和服务提供是各自独立的生产过程，现在愈来愈多表现出两者融合的生产过程。以信息产业为代表的新技术产业，从开始就表现出产品制造和服务提供相融合的特征，例如通信产业、计算机产业、互联网产业、广播电视产业等，都是硬件软件（即制造与服务）不可分离的产业。即使是许多传统产业如设备制造、服装制造甚至家具制造业，出售的都不仅仅是商品，而是商品和服务的综合体，商品中含有大量的研发、设计、管理、信息、分销、售后服务等生产者服务的内容，"商品"价格中服务投入所占的比重明显上升，在相当多

[①] Noyelle, T. J. 1990, *Skills, Wages, and Productivity in the Service Sector*, Boulder, Colo.: Westview Press.

[②] 代表学者有：卡尔·夏皮罗和哈尔·瓦里安（Carl Shapiro and Hal Varian, 1999, *Information Rules*, Harvard Business School Press.），布林约尔松和卡欣（Brynjolfsson and Kahin, 2000, *Understanding the Digital Economy*, MIT Press.），钱尔和韦恩斯顿（Choi and Whinston, 2000, *The Internet Economy: Technology and Practice*, SmartEcon.）等。

的产品中已经超过一半。同样,许多服务提供中的实物载体也愈来愈多。以公共服务为例,长期以来,许多公共服务都是典型的"纯劳动",例如教育、治安、政务服务等。随着信息技术的发展,社会管理和公共服务已经大量采用信息设备,例如远程教育和医疗需要信息远程传输设备,社会治安大量采用监测设备,政府服务事项网上办理需要大量的设备投入等,这类服务已经从以往的劳动密集型转变为技术、资金投入的重要性不断提升的服务业。

(2) 企业性质的融合。多年来,企业被分为工业企业、服务企业等,产业界限清晰。近些年来,许多企业跨界生产和经营,从单纯的设备制造商或服务提供商,向制造服务综合提供商的方向转变。有些企业提供一揽子解决方案,既承担系统设计,也承担设备制造,还长期提供售后服务。有些制造企业提供愈来愈多的服务,例如汽车制造商设立销售公司并提供汽车金融服务;有些服务企业销售产品,例如通信服务商以优惠条件出售甚至制造手机。最典型的是大型 IT 企业,将制造产品和提供服务融为一体,为企业用户提供整套解决方案,为消费者提供制造产品和丰富的在线服务。这些企业的产业界定已经很模糊,学术界已经普遍使用"综合服务提供商"来描述这类企业。2011 年,全球 IT 产业市值最高的前 10 家公司,多数已经难以区分它们是制造企业还是服务企业。例如排名第一的苹果公司,产品和在线服务对其市场竞争力而言同等重要;排名第三的 IBM,原先是典型的制造商,却早已宣称自己已经转型,从设备制造转变成为综合服务提供商;排名第四的甲骨文,原先是典型的软件企业,近些年却在不断地增强硬件能力,特别是在收购 SUN 以后,成为软硬兼备的企业。

(3) 消费过程的融合。当代消费产品特别是信息产品消费中,相当一部分已经不是单纯的商品消费或者服务消费,两者不能分离,已经一体化了。例如购买苹果公司的终端机,同时也就购买了苹果极为丰富的在线服务。一台不能接入互联网的计算机,在消费者眼中几乎毫无价值。不提供良好售后服务的耐用消费品,多数消费者不会选择购买。和融合不同但意义相近的一种现象,是商品和服务的消费可以相互替代,消费者通过购买汽车、电视机、家庭影院、家用医疗器械等商品消费行为,与搭乘出租车、去影院看电影和去医院接受保健治疗等服务消费行为,获得了同等"效用"①,特别是能够替代家政服务的家用智能产品日益增长,例如洗衣机、智能炊具、洗碗机、保洁机器人等。

笔者的观点是,从目前的技术和产业发展看,制造和服务的融合趋势还会继续。因此,再回顾萨伊和巴斯夏的观点很有意思:萨伊强调"效用"这个概念,不论生产过程最终显示为服务还是某种物质实体,由于都满足了我们的需要,在经济性上的重要性是一样的。而巴斯夏强调商品和服务都是劳动,服务是直接劳动,商品是间接劳动,因此两者都是泛定义下的"服务","一切皆生产,一切皆服务"。

五　网络服务时期

过去10年,与互联网、大数据相关的服务业加快发展,传统服务业的许多重要性质发生变化,许多全新服务业产生并快速发展。长期以来认为服务业劳动生产率低,是由于服务业不能广泛

---

① 经济学效用学派的一个重要观点,就与"商品和服务效用等价"。可以参见萨伊(中译本,1997)、巴斯夏(中译本,1995)和马歇尔(中译本,1997)。本文使用这个概念仅限于表达消费者通过商品消费和通过服务消费获得福利的同质性,并不意味着笔者赞同这个学派的一些基本观点。

采用新技术和产生规模经济,然而,信息化特别是网络经济的出现,相当一批服务业的特征有了很大改变。特别是依托网络新出现的服务业,从一开始就摆脱了劳动生产率低的特点,服务业对整个经济发展的影响在质和量上都有重要变化。这方面的相关理论研究,本书第十章已有较为详细的分析,这里不再展开。

六　中国有关服务业的理论研究[①]

专门将中国有关研究进行梳理有特殊意义。19世纪中期以后,对服务是生产性还是非生产性活动的讨论已经不再是西方经济思想史中的重要问题。但是延用马克思分析思路的学者仍然使用这种划分,特别是实行计划经济的社会主义国家坚持这个体系,对其经济实践活动产生了长期重要影响。苏联的政治经济学按照马克思的理论,强调工业发展的优先性,将服务业特别是个人服务业作为非生产性活动看待,置于次要地位。中华人民共和国成立以来,基本上沿用苏联的政治经济学体系,产业结构问题主要是重工业和轻工业"两大部类"的关系和"农、轻、重"三者的关系,服务业基本上处于主流研究边界之外。

20世纪80年代初期,中国开始改革开放,经济研究相应进入一个新的开放时期,服务业的发展随即引起学术界的高度重视。一些学者认为,除重工业和轻工业两大部类之外,还应该加上服务业,两大部类分类法将服务业部门排除在生产部门之外、排除在产业结构研究之外、排除在国民收入范畴之外是不合适的,西方三次产业

---

① 这部分内容中有关20世纪相关研究的综述,主要引自江小涓,2010,《制度变革与产业发展:进程和案例研究》一书中第五章:"理论、实践、借鉴与中国经济学的发展——以产业结构理论研究为例",北京:北京师范大学出版社。

分类法可以为我国所用[①]。但也有些学者坚持认为，第三产业的概念是资产阶级经济学的概念，以资产阶级经济学中的效用理论作为基础，不能在社会主义经济研究中采用[②]。或是认为三次产业的划分没有严格的科学标准，各国分类的口径并不一致，把两大部类同"第三产业"加在一起并不科学[③]。总之，在80年代初期，关于服务业是否创造价值是经济学界讨论的重要问题之一[④]。

到80年代中期前后，这些争论基本消失，学术界开始直截了当地讨论第三产业的发展问题。对这类问题较早进行研究的是李江帆，他于1984年和1985年发表的两篇论文，提出了服务消费品发展的可能性和必然性。从可能性上看，由于物质生产领域劳动生产率的提高，使工农业生产上耗费的劳动时间逐渐趋于缩短，使社会总劳动中越来越大的份额有可能投入服务领域，导致服务消费品生产规模的扩大。从必要性上看，社会劳动生产率提高使收入水平提高和余暇时间增多，引起对服务消费品需求的增加。因此，经济发展达到一定水平时，就不能只考虑农轻重的比例关系，还要考虑物质生产部门与服务消费品部门之间的比例关系[⑤]。可以看出，此时经济研究的思路和分析角度已经与国外对服务业的研究相似。20世纪90年代初期，刘伟、杨云龙在他们颇具影响的论文中，从工业化

[①] 较早讨论这个问题的论文见何小峰，1981，《劳务价值论初探》，《经济研究》1981年第4期；陈志标，1981，《国民收入范畴的重新思考》，《经济研究》第4期；朱明耀，1981，《轻重工业的划分问题》，《经济学动态》第3期。

[②] 孙治方，1981，《关于生产劳动和非生产劳动、国民收入和国民生产总值的讨论——兼论第三产业这个资产阶级经济学范畴以及统计学的性质问题》，《经济研究》第8期。

[③] 刘国光，1981，《马克思的社会再生产理论》，北京：中国社会科学出版社。

[④] 可以参见于光远，1981，《首都经济学界继续座谈生产劳动与非生产劳动的问题》，《经济学动态》第4期。

[⑤] 李江帆，1984，《服务消费品的使用价值和价值》，《中国社会科学》第3期；李江帆，1985，《服务消费品的生产规模与发展趋势》，《经济理论与经济管理》第2期。

采用新技术和产生规模经济,然而,信息化特别是网络经济的出现,相当一批服务业的特征有了很大改变。特别是依托网络新出现的服务业,从一开始就摆脱了劳动生产率低的特点,服务业对整个经济发展的影响在质和量上都有重要变化。这方面的相关理论研究,本书第十章已有较为详细的分析,这里不再展开。

六 中国有关服务业的理论研究[①]

专门将中国有关研究进行梳理有特殊意义。19世纪中期以后,对服务是生产性还是非生产性活动的讨论已经不再是西方经济思想史中的重要问题。但是延用马克思分析思路的学者仍然使用这种划分,特别是实行计划经济的社会主义国家坚持这个体系,对其经济实践活动产生了长期重要影响。苏联的政治经济学按照马克思的理论,强调工业发展的优先性,将服务业特别是个人服务业作为非生产性活动看待,置于次要地位。中华人民共和国成立以来,基本上沿用苏联的政治经济学体系,产业结构问题主要是重工业和轻工业"两大部类"的关系和"农、轻、重"三者的关系,服务业基本上处于主流研究边界之外。

20世纪80年代初期,中国开始改革开放,经济研究相应进入一个新的开放时期,服务业的发展随即引起学术界的高度重视。一些学者认为,除重工业和轻工业两大部类之外,还应该加上服务业,两大部类分类法将服务业部门排除在生产部门之外、排除在产业结构研究之外、排除在国民收入范畴之外是不合适的,西方三次产业

[①] 这部分内容中有关20世纪相关研究的综述,主要引自江小涓,2010,《制度变革与产业发展:进程和案例研究》一书中第五章:"理论、实践、借鉴与中国经济学的发展——以产业结构理论研究为例",北京:北京师范大学出版社。

分类法可以为我国所用[1]。但也有些学者坚持认为，第三产业的概念是资产阶级经济学的概念，以资产阶级经济学中的效用理论作为基础，不能在社会主义经济研究中采用[2]。或是认为三次产业的划分没有严格的科学标准，各国分类的口径并不一致，把两大部类同"第三产业"加在一起并不科学[3]。总之，在80年代初期，关于服务业是否创造价值是经济学界讨论的重要问题之一[4]。

到80年代中期前后，这些争论基本消失，学术界开始直截了当地讨论第三产业的发展问题。对这类问题较早进行研究的是李江帆，他于1984年和1985年发表的两篇论文，提出了服务消费品发展的可能性和必然性。从可能性上看，由于物质生产领域劳动生产率的提高，使工农业生产上耗费的劳动时间逐渐趋于缩短，使社会总劳动中越来越大的份额有可能投入服务领域，导致服务消费品生产规模的扩大。从必要性上看，社会劳动生产率提高使收入水平提高和余暇时间增多，引起对服务消费品需求的增加。因此，经济发展达到一定水平时，就不能只考虑农轻重的比例关系，还要考虑物质生产部门与服务消费品部门之间的比例关系[5]。可以看出，此时经济研究的思路和分析角度已经与国外对服务业的研究相似。20世纪90年代初期，刘伟、杨云龙在他们颇具影响的论文中，从工业化

---

[1] 较早讨论这个问题的论文见何小峰，1981，《劳务价值论初探》，《经济研究》1981年第4期；陈志标，1981，《国民收入范畴的重新思考》，《经济研究》第4期；朱明耀，1981，《轻重工业的划分问题》，《经济学动态》第3期。

[2] 孙治方，1981，《关于生产劳动和非生产劳动、国民收入和国民生产总值的讨论——兼论第三产业这个资产阶级经济学范畴以及统计学的性质问题》，《经济研究》第8期。

[3] 刘国光，1981，《马克思的社会再生产理论》，北京：中国社会科学出版社。

[4] 可以参见于光远，1981，《首都经济学界继续座谈生产劳动与非生产劳动的问题》，《经济学动态》第4期。

[5] 李江帆，1984，《服务消费品的使用价值和价值》，《中国社会科学》第3期；李江帆，1985，《服务消费品的生产规模与发展趋势》，《经济理论与经济管理》第2期。

的产品中已经超过一半。同样,许多服务提供中的实物载体也愈来愈多。以公共服务为例,长期以来,许多公共服务都是典型的"纯劳动",例如教育、治安、政务服务等。随着信息技术的发展,社会管理和公共服务已经大量采用信息设备,例如远程教育和医疗需要信息远程传输设备,社会治安大量采用监测设备,政府服务事项网上办理需要大量的设备投入等,这类服务已经从以往的劳动密集型转变为技术、资金投入的重要性不断提升的服务业。

(2) 企业性质的融合。多年来,企业被分为工业企业、服务企业等,产业界限清晰。近些年来,许多企业跨界生产和经营,从单纯的设备制造商或服务提供商,向制造服务综合提供商的方向转变。有些企业提供一揽子解决方案,既承担系统设计,也承担设备制造,还长期提供售后服务。有些制造企业提供愈来愈多的服务,例如汽车制造商设立销售公司并提供汽车金融服务;有些服务企业销售产品,例如通信服务商以优惠条件出售甚至制造手机。最典型的是大型IT企业,将制造产品和提供服务融为一体,为企业用户提供整套解决方案,为消费者提供制造产品和丰富的在线服务。这些企业的产业界定已经很模糊,学术界已经普遍使用"综合服务提供商"来描述这类企业。2011年,全球IT产业市值最高的前10家公司,多数已经难以区分它们是制造企业还是服务企业。例如排名第一的苹果公司,产品和在线服务对其市场竞争力而言同等重要;排名第三的IBM,原先是典型的制造商,却早已宣称自己已经转型,从设备制造转变成为综合服务提供商;排名第四的甲骨文,原先是典型的软件企业,近些年却在不断地增强硬件能力,特别是在收购SUN以后,成为软硬兼备的企业。

(3) 消费过程的融合。当代消费产品特别是信息产品消费中,相当一部分已经不是单纯的商品消费或者服务消费,两者不能分离,已经一体化了。例如购买苹果公司的终端机,同时也就购买了苹果极为丰富的在线服务。一台不能接入互联网的计算机,在消费者眼中几乎毫无价值。不提供良好售后服务的耐用消费品,多数消费者不会选择购买。和融合不同但意义相近的一种现象,是商品和服务的消费可以相互替代,消费者通过购买汽车、电视机、家庭影院、家用医疗器械等商品消费行为,与搭乘出租车、去影院看电影和去医院接受保健治疗等服务消费行为,获得了同等"效用"①,特别是能够替代家政服务的家用智能产品日益增长,例如洗衣机、智能炊具、洗碗机、保洁机器人等。

笔者的观点是,从目前的技术和产业发展看,制造和服务的融合趋势还会继续。因此,再回顾萨伊和巴斯夏的观点很有意思:萨伊强调"效用"这个概念,不论生产过程最终显示为服务还是某种物质实体,由于都满足了我们的需要,在经济性上的重要性是一样的。而巴斯夏强调商品和服务都是劳动,服务是直接劳动,商品是间接劳动,因此两者都是泛定义下的"服务","一切皆生产,一切皆服务"。

五 网络服务时期

过去10年,与互联网、大数据相关的服务业加快发展,传统服务业的许多重要性质发生变化,许多全新服务业产生并快速发展。长期以来认为服务业劳动生产率低,是由于服务业不能广泛

---

① 经济学效用学派的一个重要观点,就与"商品和服务效用等价"。可以参见萨伊(中译本,1997)、巴斯夏(中译本,1995)和马歇尔(中译本,1997)。本文使用这个概念仅限于表达消费者通过商品消费和通过服务消费获得福利的同质性,并不意味着笔者赞同这个学派的一些基本观点。

与市场化的双重角度,论述了第三次产业发展的重要性,认为中国第三次产业的发展落后于经济成长阶段,特别是作为一个劳动力过剩的国家,第三次产业由于其吸纳劳动力方面的特点,在中国经济成长过程中更具有举足轻重的作用。[1] 此后,西方产业结构和产业组织理论的分析方法逐渐被中国学者特别是中青年学者所知晓,并愈来愈多地用于分析中国问题。不过,在这个时期,第三产业问题研究主要还是产业结构理论研究的一个部分,未能和工业经济、农业经济等部门研究取得同等重要的地位[2]。

进入21世纪以来,服务业发展问题受到更多重视。一方面,中国经济发展面临消费不足、就业和资源环境压力加大等问题,服务业发展被认为有利于克服这些困难和问题。另一方面,随着产业结构和消费结构的升级,对生产型服务业和生活型服务业的需求快速增长。因此,服务经济理论研究和服务业发展问题研究日益成为经济理论研究的重要组成部分。这个时期国内服务经济研究既包括服务的特性、服务业统计和分类、服务业劳动生产率等基础理论问题,也包括服务全球化、服务外包等前沿领域[3]。总之,服务经济理论研究进入了经济理论研究的主流,并且开始使

---

[1] 刘伟、杨云龙,1992,《工业化与市场化:中国第三次产业发展的双重历史使命》,《经济研究》第12期。

[2] 2002年,笔者时任中国社会科学院财贸经济研究所所长,建议将服务经济作为研究所的主要研究方向之一,并就此召开了一次学术研讨会。在会议筹备时发现,当时国内几乎没有将服务经济或第三产业作为主要研究方向的大学院系和研究机构,专业从事服务经济研究的学者也很有限。

[3] 这个时期的相关研究可以参见黄少军,2000,《服务业与经济增长》,北京:经济科学出版社。江小涓等,《服务业与中国经济:相关性、结构转换和加快增长的潜力》,《经济研究》第3期。许宪春,2004,《中国服务业核算及其存在的问题研究》,载于江小涓主编,2004,《中国经济运行与政策报告 No.2:中国服务业的增长与结构》,北京:社会科学文献出版社。程大中,2006,《中国生产性服务业的增长、结构变化及其影响——基于投入产出法的分析》,《财贸经济》第10期。江小涓,2011,《服务业增长:真实含义、多重影响和发展趋势》,《经济研究》第4期。

用更加规范的研究方法和分析框架。

本文表明，服务经济理论在经济思想史上是一个独特领域，对立的观点贯穿始终，出现过许多方向性的理论拐点。理论脉络之所以如此延展，在很大程度上是因为三个相继出现的观点的影响：首先是亚当·斯密及同期学者对服务业的负面评价，即将其定位为非生产性；其次是鲍莫尔等学者提出了服务业劳动生产率停滞的判断；最后是不少学者对公共服务比例不断提高提出质疑。这三个方面的争议时起时伏，影响着人们对服务业发展的看法。现今，国内外理论界实业界对实体经济的肯定、对制造业回归的期盼、对流通领域获利较多的质疑等，在一定程度上是上述观点在特定情景下的延续。特别是公共服务领域，争论没有减少，甚至不同观点没有收敛的趋势。原则上各方都同意公共服务太多或太少都不好，但什么是不多不少的恰当度，却没有一致的看法，经济学也未给出有共识的明确标准。在现实世界中，实际提供公共服务的多少，在很大程度上并不受经济理论的约束，而是发展水平、财政能力、公共选择和政治博弈等多种因素共同作用的结果。只要现代服务业在一些重要经济特性上不同于现代制造业，服务经济理论研究就是一个具有独特性的重要研究领域，相关讨论和争议还会继续下去。

后 记

本书是社科基金项目"服务经济理论与中国服务业发展改革"的成果,是集体研究项目。本书的作者是:李辉(中国社会科学院研究生院经济系博士后)撰写第三章和第八章,平新乔(北京大学经济学院教授)和黄昕、安然(北京大学经济学院博士研究生)撰写第四章,刘绍坚(北京市国有文化资产监督管理办公室)撰写第九章,姜容春(北京对外经济贸易大学)撰写第十章,杨琳(中国保险监督管理委员会)撰写第十一章,江小涓(中国社会科学院研究生院教授)和宋洋(中国社会科学院研究生院财经系博士后)撰写第十二章,江小涓撰写了第一章、第二章、第五章、第六章、第七章、第十三章、第十四章和附录,并承担了全书的编纂工作。

中国社会科学出版社社长赵剑英先生对本书的出版给予了大力支持。责任编辑王茵博士做了大量细致的编辑加工工作,在此表示诚挚感谢。

感谢所有的读者,期待各位的批评指正。

江小涓

2016 年 4 月